住房城乡建设部土建类学科专业"十三五"规划教材
高等学校工程管理专业系列教材

# 工程项目经济分析与评价

主　编　刘炳胜
副主编　肖　艳　袁竞峰　李　灵
主　审　刘晓君

中国建筑工业出版社

图书在版编目（CIP）数据

工程项目经济分析与评价/刘炳胜主编．—北京：中国建筑工业出版社，2020.7

**住房城乡建设部土建类学科专业"十三五"规划教材**
**高等学校工程管理专业系列教材**

ISBN 978-7-112-25243-5

Ⅰ.①工… Ⅱ.①刘… Ⅲ.①工程经济分析-高等学校-教材 Ⅳ.①F403.7

中国版本图书馆 CIP 数据核字（2020）第 100731 号

本书围绕工程项目经济分析与评价的基本理论和方法进行阐述，内容共分为12章，包括工程项目经济分析与评价概述、工程项目市场调研与市场分析、现金流量分析、资金时间价值分析、项目评价指标、工程项目方案比选、工程项目投资估算概述及编制方法、工程项目融资方案与分析、工程项目财务分析、工程项目经济分析、工程项目社会评价、不确定性分析与风险分析、工程项目后评价、并购项目经济评价和 PPP 项目物有所值评价等。

本书的特色是突出高校教育，吸收工程经济研究领域的最新成果，例题新颖、案例丰富。各章均附有内容概要、课后习题，以达到学、练同步的目的。同时，相关热点内容结合到相应章节中，紧紧围绕工程项目活动和与之相伴的资金运动，列举了大量工程项目各阶段的经济分析案例，注重经济知识及其分析方法在工程项目中的运用，内容精炼、重点突出、文字叙述通俗易懂。

本书可作为高等学校工程管理、工程造价管理、投资管理、土木工程、建筑工程技术、房地产经营与估价、工程监理等建筑工程类和工程管理类等专业的本科生教材和教学参考书。也可供政府经济部门、工程项目建设单位、银行金融机构、工程管理咨询机构和评估人员参考以及作为注册建造工程师、注册监理工程师、注册造价工程师等有关技术人员的参考用书。

为更好地支持相应课程的教学，我们向采用本书作为教材的教师提供教学课件，有需要者可与出版社联系，邮箱：cabpkejian@126.com。

责任编辑：张　晶　王　跃
责任校对：李美娜

**住房城乡建设部土建类学科专业"十三五"规划教材**
**高等学校工程管理专业系列教材**
**工程项目经济分析与评价**
主　编　刘炳胜
副主编　肖　艳　袁竞峰　李　灵
主　审　刘晓君

\*

中国建筑工业出版社出版、发行（北京海淀三里河路9号）
各地新华书店、建筑书店经销
北京红光制版公司制版
北京建筑工业印刷厂印刷

\*

开本：787×1092毫米　1/16　印张：18¾　字数：462千字
2020年10月第一版　　2020年10月第一次印刷
定价：**48.00**元（赠课件）
ISBN 978-7-112-25243-5
（36017）

**版权所有　翻印必究**
如有印装质量问题，可寄本社退换
（邮政编码 100037）

# 序　言

全国高等学校工程管理和工程造价学科专业指导委员会（以下简称专指委），是受教育部委托，由住房城乡建设部组建和管理的专家组织，其主要工作职责是在教育部、住房城乡建设部、高等学校土建学科教学指导委员会的领导下，负责高等学校工程管理和工程造价类学科专业的建设与发展、人才培养、教育教学、课程与教材建设等方面的研究、指导、咨询和服务工作。在住房城乡建设部的领导下，专指委根据不同时期建设领域人才培养的目标要求，组织和富有成效地实施了工程管理和工程造价类学科专业的教材建设工作。经过多年的努力，建设完成了一批既满足高等院校工程管理和工程造价专业教育教学标准和人才培养目标要求，又有效反映相关专业领域理论研究和实践发展最新成果的优秀教材。

根据住房城乡建设部人事司《关于申报高等教育、职业教育土建类学科专业"十三五"规划教材的通知》（建人专函［2016］3号），专指委于2016年1月起在全国高等学校范围内进行了工程管理和工程造价专业普通高等教育"十三五"规划教材的选题申报工作，并按照高等学校土建学科教学指导委员会制定的《土建类专业"十三五"规划教材评审标准及办法》以及"科学、合理、公开、公正"的原则，组织专业相关专家对申报选题教材进行了严谨细致地审查、评选和推荐。这些教材选题涵盖了工程管理和工程造价专业主要的专业基础课和核心课程。2016年12月，住房城乡建设部发布《关于印发高等教育　职业教育土建类学科专业"十三五"规划教材选题的通知》（建人函［2016］293号），审批通过了25种（含48册）教材入选住房城乡建设部土建类学科专业"十三五"规划教材。

这批入选规划教材的主要特点是创新性、实践性和应用性强，内容新颖，密切结合建设领域发展实际，符合当代大学生学习习惯。教材的内容、结构和编排满足高等学校工程管理和工程造价专业相关课程的教学要求。我们希望这批教材的出版，有助于进一步提高国内高等学校工程管理和工程造价本科专业的教育教学质量和人才培养成效，促进工程管理和工程造价本科专业的教育教学改革与创新。

**高等学校工程管理和工程造价学科专业指导委员会**

# 前　言

随着社会生产力的发展，工程项目经济已经成为经济的一个不可分割的部分，孤立于经济之外的工程项目是没有生命力的，经济的发展更是离不开工程项目的发展。工程项目经济分析与评价正是研究工程项目与经济之间关系的一本书。

工程项目经济分析与评价是项目周期中的重要组成部分，是项目建设前期工作的核心和主要内容。本书系统介绍了工程项目经济分析与评价的基本理论和方法，并体现国内相关政策的变动，反映项目评价领域的新动态及要求，体现工程项目评价的全过程、全方位理念。本书编写者力图为读者提供工程经济分析与评价完整的理论与应用图景，通过本书的学习，能掌握工程经济分析与评价的基本方法，具有初步的工程经济分析的能力。

本书大量吸收了近年来国内外的有关研究成果和先进经验，借鉴了相关学科的最新知识，注重经济管理理论与具体的工程实践活动相结合，内容丰富，学科体系完整，有较强的实用性和可读性，是一本比较全面的关于工程项目经济分析和评价的教材。

全书共分为12章，编写人员来自多个高等院校。全书由刘炳胜主编，肖艳、袁竞峰和李灵担任副主编，刘晓君主审。各章的分工为：第1章由重庆大学刘炳胜和天津大学肖艳编写；第2章由重庆大学顾湘编写；第3章由哈尔滨工业大学杨晓冬和中国矿业大学（北京）樊静丽编写；第4章由天津大学李灵编写；第5章由华北水利水电大学李慧敏编写；第6章由河北工业大学牟玲玲编写；第7章由华侨大学祁神军编写；第8章由重庆大学吴光东编写；第9章由重庆大学汪涛编写；第10章由南京林业大学毛鹏编写；第11章由天津大学肖艳编写；第12章由东南大学袁竞峰编写。全书由刘炳胜、肖艳进行统一修改和定稿。

本书的出版得到了中国建筑工业出版社的大力支持。在编写过程中，作者参阅和引用了很多专家、学者教材、论著中的有关资料，在此表示衷心的感谢。西安建筑科技大学刘晓君担任了本书的主审工作，在此致以深深的谢意，并向付出辛勤劳动的编辑致以衷心的感谢。

限于编者水平，书中难免有缺点和不足，敬请广大读者及同行批评指正。

2020年3月

# 目　　录

1 绪论 ……………………………………………………………………………… 1
　本章概要 …………………………………………………………………………… 1
　1.1 工程项目概述 ………………………………………………………………… 1
　1.2 工程项目经济分析与评价的含义及内容 …………………………………… 7
　1.3 工程项目经济分析与评价的分类及作用 …………………………………… 9
　1.4 工程项目经济分析与评价的工作程序与基本要求 ………………………… 12
　1.5 工程项目经济分析与评价的发展 …………………………………………… 15
　复习思考题 ………………………………………………………………………… 17

2 市场分析 ………………………………………………………………………… 18
　本章概要 …………………………………………………………………………… 18
　2.1 市场调查 ……………………………………………………………………… 18
　2.2 市场预测 ……………………………………………………………………… 25
　2.3 市场分析案例 ………………………………………………………………… 39
　复习思考题 ………………………………………………………………………… 41

3 资金时间价值与方案经济比选 ………………………………………………… 43
　本章概要 …………………………………………………………………………… 43
　3.1 资金时间价值与等值换算 …………………………………………………… 43
　3.2 项目评价指标的计算 ………………………………………………………… 52
　3.3 项目方案比选 ………………………………………………………………… 58
　复习思考题 ………………………………………………………………………… 76

4 工程项目投资估算 ……………………………………………………………… 79
　本章概要 …………………………………………………………………………… 79
　4.1 投资估算概述 ………………………………………………………………… 79
　4.2 投资估算编制方法 …………………………………………………………… 85
　4.3 投资估算编制案例 …………………………………………………………… 95
　复习思考题 ………………………………………………………………………… 98

5 工程项目融资方案分析 ………………………………………………………… 99
　本章概要 …………………………………………………………………………… 99
　5.1 工程项目融资概述 …………………………………………………………… 99
　5.2 资本金筹措 …………………………………………………………………… 103
　5.3 债务资金筹措 ………………………………………………………………… 105
　5.4 融资方案设计与分析 ………………………………………………………… 109
　5.5 政府和社会资本合作（PPP）融资方案分析 ……………………………… 119

  复习思考题 ················································································· 122
**6 工程项目财务分析** 123
  本章概要 ························································································ 123
  6.1  财务分析概述 ············································································ 123
  6.2  盈利能力分析 ············································································ 131
  6.3  偿债能力分析 ············································································ 138
  6.4  生存能力分析 ············································································ 143
  6.5  财务分析案例 ············································································ 146
  复习思考题 ················································································· 156
**7 工程项目经济分析** 158
  本章概要 ························································································ 158
  7.1  经济分析概述 ············································································ 158
  7.2  经济效益与费用的识别与计算 ···················································· 161
  7.3  影子价格的确定 ········································································ 165
  7.4  经济分析基本方法 ···································································· 171
  7.5  投资项目经济影响分析方法 ······················································· 177
  复习思考题 ················································································· 184
**8 工程项目社会评价** 186
  本章概要 ························································································ 186
  8.1  社会评价概述 ············································································ 186
  8.2  社会评价的内容 ········································································ 190
  8.3  社会评价的步骤和方法 ······························································ 192
  8.4  社会效果评价指标 ···································································· 196
  复习思考题 ················································································· 197
**9 不确定性分析与风险分析** 198
  本章概要 ························································································ 198
  9.1  概述 ·························································································· 198
  9.2  不确定性分析 ············································································ 201
  9.3  风险分析 ··················································································· 211
  复习思考题 ················································································· 223
**10 项目后评价** 224
  本章概要 ························································································ 224
  10.1  项目后评价概述 ······································································· 224
  10.2  项目后评价的内容 ··································································· 227
  10.3  项目后评价的方法与程序 ························································ 231
  复习思考题 ················································································· 236
**11 并购项目经济评价** 238
  本章概要 ························································································ 238
  11.1  概述 ························································································ 238

11.2　并购投资估算·············································································241
　　11.3　并购效益估算·············································································247
　　复习思考题························································································250
**12　PPP项目物有所值评价**·································································252
　　本章概要···························································································252
　　12.1　物有所值评价概述······································································252
　　12.2　物有所值评价的国际经验·····························································255
　　12.3　物有所值定性评价······································································262
　　12.4　物有所值定量评价······································································264
　　12.5　物有所值评价案例······································································273
　　复习思考题························································································285
**参考文献**···························································································286

# 1 绪 论

**本章概要**

> 工程项目的类型、基本特征与项目周期划分
> 工程项目经济分析与评价的含义、内容、分类、作用
> 工程项目经济分析与评价的工作程序与基本要求
> 工程项目经济分析与评价的发展历程

## 1.1 工程项目概述

### 1.1.1 工程项目的概念与类型

1. 工程项目的概念

项目是指在一定约束条件下（限定的资源、时间、质量等）完成的具有特定目的的一次性任务。工程项目是在一定约束条件下，以形成固定资产为目标的一次性事业。工程项目的建设不同于其他工业产品的批量性生产，也不同于其他重复性生产。建设一个污水处理厂，建设一个博物馆，建设一家汽车制造厂等，都是工程项目。

2. 工程项目的类型

工程项目类型多样，按照不同标准进行划分，可以得到不同的分类结果。

（1）按照投资再生产的性质划分

按照投资再生产的性质划分，工程项目一般可以分为基本建设项目和更新改造项目。

基本建设项目是指在一个总体方案下形成的、经济上实行独立核算、管理上具有独立组织形式的全部工程之和，其主要目标是扩大生产能力或增加工程效益。凡属于一个总体方案中的主体工程和相应的附属配套工程、综合利用工程、环境保护工程、供水供电工程等，只作为一个工程项目。凡是不属于一个总体方案、经济上分别核算、工艺流程上没有直接联系的几个独立工程，应分别列为几个工程项目。

更新改造项目是指经国家或主管部门批准的具有独立设计文件的更新改造工程，或者企业、事业单位及其主管部门制定的独立发挥效益的更新改造计划内所包括的全部工程。其目的是在技术进步的前提下，通过采用新技术、新工艺、新设备、新材料，努力提高产品质量，增加品种数量，促进产品升级换代，降低能源和原材料消耗，加强资源综合利用和治理污染等，提高经济效益和环境效益等，实现以内涵为主的扩大再生产。更新改造项目包括挖潜工程、节能工程、安全工程、环境保护工程等。

按照项目建设性质，基本建设项目又可分为新建、扩建、改建（包括迁建）和恢复建设四类。新建项目是指根据国民经济和社会发展的近远期规划，按照规定的程序立项，从无到有的建设项目。在原有基础上兴建的项目，其新增加的固定资产价值超过原有全部固

定资产价值（原值）3倍以上时，也列为新建项目。扩建项目是指现有企业、事业单位在原有场地内或其他地点，为扩大产品的生产能力或增加经济效益而增建的生产车间、独立的生产线或分厂的项目；事业和行政单位在原有业务系统的基础上扩充规模而进行的新增固定资产投资项目。迁建项目是指原有企业、事业单位，根据自身生产经营和事业发展的要求，按照国家调整生产力布局的经济发展战略的需要或出于环境保护等其他特殊要求，搬迁到异地而建设的项目。恢复项目是指原有企业、事业和行政单位，因在自然灾害或战争中使原有固定资产遭受全部或部分报废，需要进行投资重建以恢复生产能力和业务工作条件、生活福利设施等的建设项目。

（2）按照建设规模划分

按照建设规模划分，基本建设项目分为大型、中型、小型三类；更新改造项目分为限额以上和限额以下两类。按照建设规模划分，主要是满足国家对工程建设项目分级管理的需要。具体的划分标准根据各个时期经济发展和实际工作中的需要而有所变化。

（3）按照投资用途划分

按照投资用途划分，工程建设项目可分为生产性建设项目和非生产性建设项目。生产性建设项目是指直接用于物质资料生产或直接为物质资料生产服务的工程建设项目，主要包括：工业建设、农林牧渔建设、水利建设、基础设施建设等。非生产性建设项目是指用于满足人民物质和文化、福利需要的建设和非物质资料生产部门的建设，主要包括：居住建筑项目、办公用房、公共建筑等。

（4）按照投资目标划分

按照投资目标划分，工程项目可以分为经营性项目和非经营性项目。其中，经营性项目主要是指投资效益比较高、竞争性比较强的一般性建设项目。这类项目一般以企业作为基本投资主体，由企业自主决策、自担投资风险。非经营性项目是不以盈利为目标的项目。

（5）按照项目产出属性划分

按照项目的产出属性（产品或服务）划分，分为公共项目和非公共项目。其中公共项目主要是指具有自然垄断性、建设周期长、投资额大而收益低的基础设施和需要政府重点扶持的一部分基础工业项目，以及直接增强国力的符合经济规模的支柱产业项目，主要包括科技、文教、卫生、体育和环保等设施等。公共项目的投资主要由政府用财政资金安排的项目。非公共项目是指公共项目以外的其他项目。

（6）按照投资管理形式划分

按照投资管理形式划分，可分为政府投资项目、企业投资项目和PPP项目。

政府投资项目是指政府有关投资管理部门根据经济社会发展的需要，以实现经济调节、满足国家经济安全和社会公共需求、促进经济社会可持续发展，按照符合政府投资的范围和政府投资的目标，投资建设的项目。我国政府投资项目实行审批制。

企业（包括国有企业和民营企业投资或混合所有制企业以及外商投资企业）投资项目，是指企业根据总体发展战略和规划，自身资源条件、在市场竞争中的地位以及项目产品所处生命周期中的阶段等因素，以获得经济、社会效益和提升持续发展能力为目标，投资建设的项目。企业投资项目原则上应由企业依法依规自主决策投资，同时按照有关规定满足备案或政府核准要求。其中，实行核准制的项目，是指企业投资列入国务院颁发《核准目录》内的项目，政府对企业提交的项目申请报告主要从维护经济安全、合理开发利用资源、保护生态环境、优化重大布局、保障公共利益、防止出现垄断等方面进行核准。除《核准目录》范围以外的企业投资项目，一律实行备案制，由企业自主决策，按照属地原则，企业在开工建设前通过在线平台将有关信息告知备案机关。

PPP项目是由政府和社会资本合作投资的项目，一般针对建设周期长、投资额大而收益低的基础设施类项目，由政府和企业参与投资的项目。

不同类型的工程项目各具不同特点，其经济分析与评价的某些具体做法和要求上也不尽相同。

### 1.1.2 工程项目的基本特征

工程项目具有自身的内在规律和特征，包括：

(1) 具有明确的目标

工程项目都具有特定的目标，要按照目标进行管理。不同性质的项目，目标也不同。项目目标具有两个层次，即项目的宏观目标和具体目标。宏观目标指项目建设对国家、地区、部门或行业要达到的整体发展目标所产生的积极影响和作用。项目具体目标指项目建设要达到的直接效果，可以表现为效益目标、规模目标、功能目标和市场目标。

(2) 受到资源、时间、质量等的约束

工程项目受到的约束包括资源、时间、质量等的约束。资源约束方面，由于资源的有限性及稀缺性，项目所需求的资金、人力、物力等资源应进行最佳配置。时间约束方面，项目要有合理的建设期，尤其是生产高科技产品的工程项目，对时间要求最敏感。质量约束方面，工程项目必须满足预期的生产能力、技术水平、效益指标等要求。

(3) 具有单件性和一次性

工程项目的单件性特征决定了项目管理的一次性特征，这也是工程项目区别于非项目活动的重要特征。工程项目的建设具有设计的单一性、施工的单件性及建成后的不可移动性，这些均不同于工业产品的批量生产，也不同于其他生产过程的重复性。

(4) 遵循必要的建设程序

工程项目需要遵循特定的建设程序和过程，且是一个有序的全过程。

(5) 工程项目的总体性与统一性

工程项目在一个总体设计或初步设计范围内，由一个或若干个相互联系的单项工程组成，建设中实行统一核算、统一管理。

### 1.1.3 工程项目的项目周期

工程项目从其设想、酝酿、发起、筹资、建设、运营直至项目结束的全过程，称为项目周期。项目周期可以概括为三个时期：投资前期、投资时期和生产运营期。每个时期又可以分为若干个不同的阶段。

1. 投资前期

投资前期也称为建设前期，包括项目设想、项目初选、项目拟定与准备和项目评估与审批等四个阶段。主要的工作包括投资机会研究、初步可行性研究（项目建议书编制）、可行性研究和项目评估等。

(1) 项目设想阶段

项目的投资设想可能来自几个方面：以开发、利用某一地区的丰富资源为基础，谋求投资机会；以市场调查和研究结果为基础，谋求投资机会；以优越的地理位置、便利的交通条件为基础寻找投资机会。

这一阶段的主要工作是进行投资机会研究，也称投资机会鉴别，是指为寻找有价值的投资机会而进行的准备性调查研究。其目的是发现有价值的投资机会。投资机会研究的内容包括市场调查、消费分析、投资政策、税收政策研究等，其研究重点是分析投资环境，如在某一地区或某一产业部门，对某类项目的背景、市场需求、资源条件、发展趋势以及需要的投入和可能的产出等方面进行准备性的调查、研究和分析，从而发现有价值的投资机会。投资机会研究的成果是机会研究报告。

(2) 项目初选阶段

项目初选阶段的主要工作是在投资机会研究的基础上，对项目方案进行初步的技术、经济分析和社会、环境评价，对项目是否可行作出初步判断，是否值得投入更多的人力和资金进行可行性研究。项目初选阶段的成果是初步可行性研究报告或者项目建议书。

对于政府投资项目，初步可行性研究报告可以代替项目建议书。政府投资项目的项目建议书是立项的必要程序，应按照程序和要求编制和报批项目建议书。

企业投资项目可参照政府投资项目执行。实际工作中，企业投资项目往往省略了机会研究和项目建议书的决策程序，而是依据企业发展规划，直接进入项目可行性研究阶段，用企业发展规划代替了机会研究和初步可行性研究。企业自主决策过程中，企业根据自身需要自主选择前期不同阶段的研究成果作为立项的依据。

(3) 项目拟定与准备阶段

项目拟定与准备阶段的主要工作是进行可行性研究，通过对拟建项目的建设方案和建设条件的分析、比较、论证，从而得出该项目是否值得投资、建设方案是否合理可行的研究结论，为项目的决策提供依据。这一阶段的成果是可行性研究报告。

(4) 项目评估与审批阶段

项目评估是投资项目前期和项目投资决策过程中的一项重要工作。投资决策部门、金融机构或工程咨询机构对项目可行性研究报告进行详细、全面的审核和评估，并根据评估结果进行决策。项目评估的成果是项目评估报告。

图 1-1 是政府投资项目投资前期工作与决策流程（审批制项目），图 1-2 是企业投资项目投资前期工作与决策流程（核准制项目），图 1-3 是企业投资项目投资前期工作与决策流程（备案制项目）。

2. 投资时期

投资时期也称为建设时期，主要可以分为设计阶段、施工阶段和竣工验收阶段。投资时期的主要任务有谈判及签订合同，工程项目设计、施工、试车投产、竣工验收等。这一时期的工作重点是控制项目建设实施的投资费用、建设周期和工程质量。

(1) 设计阶段

要根据投资决策和项目工作目标，进行初步设计、详细设计和施工方案设计等，具体提出项目的技术要求、技术指标、技术参数、施工进度计划、总体设计方案和分项设计方案。在这一阶段，还需要落实资金筹措等事宜，准备进行施工招标投标工作。

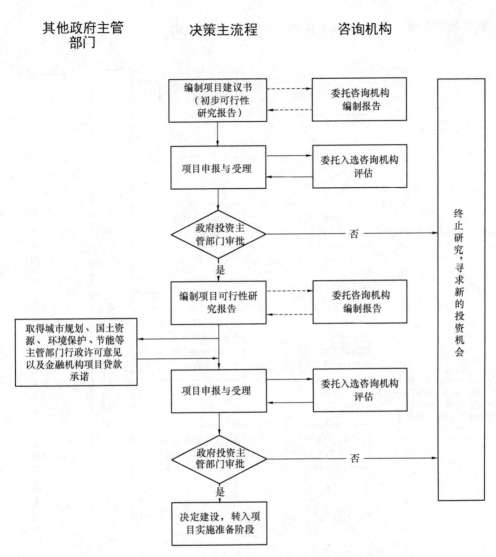

图 1-1 政府投资项目投资前期工作与决策流程（审批制项目）

(2) 施工阶段

选定施工单位，进行设备材料订货，做好开工准备，按照计划进行施工，做好资金、人员、材料、设备、管理等工作，确保施工进度和施工质量。

(3) 竣工验收阶段

进行质量检查，设备、工艺调试，整体试运转，当设备运行稳定并实现原设计要求后，项目通过竣工验收。

3. 生产运营时期

生产运营时期是项目建成后的投产运营期。这一时期的主要工作是项目正常运营、投资回收、后评价直至项目终止。主要任务是保证项目在整个运营期内达到预期的经济效益、社会效益和环境效益。建设项目在生产时期的运行状况，是对建设前期工作质量和建

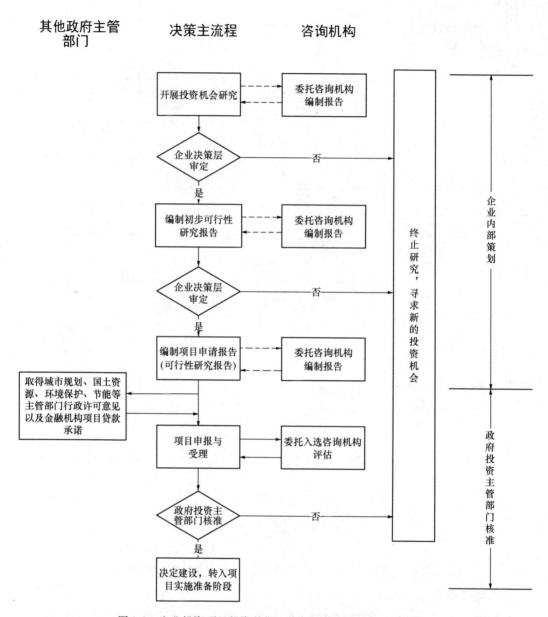

图 1-2　企业投资项目投资前期工作与决策流程（核准制项目）

设时期项目管理工作的检验，同时对生产时期的运营管理也提出了新的要求。生产运营时期还要做好整个项目周期中的经验总结工作。

项目周期中，投资前期、投资时期和生产时期并非截然分开的独立阶段。这三个阶段是相互联系、相互渗透的，有些工作如设计、咨询、评价和决策，往往需要在不同层次上由粗到细地多次反复才能完成。

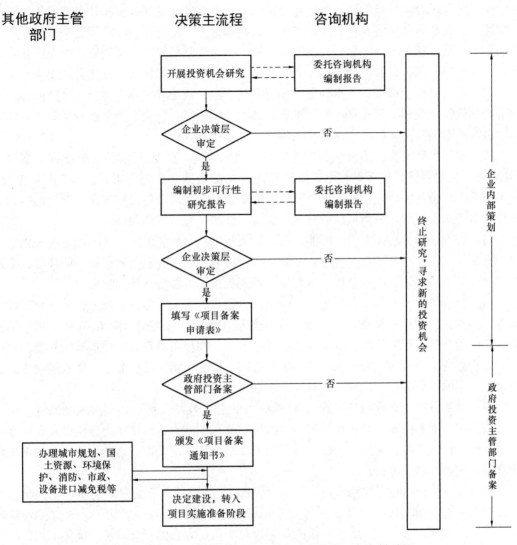

图1-3 企业投资项目投资前期工作与决策流程（备案制项目）

## 1.2 工程项目经济分析与评价的含义及内容

工程项目经济分析与评价是项目评价的重要组成部分。为了更好理解工程项目经济分析与评价的含义及内容，先介绍项目评价的含义及内容。

### 1.2.1 工程项目评价的含义和内容

1. 工程项目评价的含义

工程项目评价是对项目的全面系统分析和论证，包括对工程项目建设的必要性、技术的可行性、财务可行性、经济合理性及社会可行性等进行的系统分析和论证。

2. 工程项目评价的内容

一般而言，项目评价的内容主要包括：

(1) 项目建设的必要性分析。要从两个层次进行分析，一是结合项目功能定位，分析拟建项目对实现企业自身发展，满足社会需求，促进国家、地区经济和社会发展等方面的必要性；二是从国民经济和社会发展角度，分析拟建项目是否符合合理配置和有效利用资源的要求，是否符合区域规划、行业发展规划、城市规划的要求，是否符合国家产业政策和技术政策的要求，是否符合保护环境、安全生产、可持续发展、社会稳定的要求等。

（2）市场分析。调查、分析和预测拟建项目产品（或服务）和主要投入品的国际、国内市场的供需状况和销售价格；研究确定产品的目标市场；在竞争力分析的基础上，预测可能占有的市场份额；研究产品的营销策略，分析市场风险。

（3）建设方案研究。主要包括产品方案与建设规模，工艺技术和主要设备方案，厂（场）址，主要原材料、辅助材料、燃料供应，总图运输和土建方案，公用工程，节能、节水措施、环境保护治理措施方案，安全、职业卫生措施和消防设施方案，项目的组织机构与人力资源配置等，分析项目的技术、装备、环境、安全等相关风险。

（4）资源利用分析。对于高耗能、耗水、大量消耗自然资源的项目，如石油天然气开采、石油加工、发电等项目，应分析能源、水资源和自然资源利用效率；一般项目也应进行节能、节水、节地、节材分析；所有项目都要提出降低资源消耗的措施。

（5）投资估算与融资方案分析。在确定项目建设方案工程量的基础上估算项目的建设投资，分别估算建筑工程费、设备购置费、安装工程费、工程建设其他费用、基本预备费、涨价预备费，还要估算建设期利息和流动资金。在投资估算确定融资额的基础上，研究分析项目的融资主体，资金来源的渠道和方式，资金结构及融资成本、融资风险等。结合融资方案的财务分析，比较、选择和确定融资方案。

（6）财务分析（也称财务评价）。估算项目的财务效益和费用，预测现金流量；编制现金流量表等财务报表，计算相关指标；进行财务盈利能力、偿债能力分析以及财务生存能力分析，评价项目的财务可行性。对于财务现金流量不能全面、真实地反映其经济价值的项目，应进行经济分析。

（7）经济分析（也称国民经济评价）。从社会经济资源有效配置的角度，识别与估算项目产生的直接和间接的经济费用与效益，编制经济费用效益流量表，计算有关评价指标，分析项目建设对社会经济所作出的贡献以及项目所耗费的社会资源，评价项目的经济合理性。对于非营利性项目以及基础设施、服务性工程等，主要分析投资效果以及财务可持续性分析，提出项目持续运行的条件。

（8）经济影响分析。对于行业、区域经济及宏观经济影响较大的项目，还应从行业影响、区域经济发展、产业布局及结构调整、区域财政收支、收入分配以及是否可能导致垄断等角度进行分析。对于涉及国家经济安全的项目，还应从产业技术安全、资源供应安全、资本控制安全、产业成长安全、市场环境安全等角度进行分析。

（9）社会评价。对于涉及社会公共利益的项目，如农村扶贫项目，要在社会调查的基础上，分析拟建项目的社会影响，分析主要利益相关者的需求，对项目的支持和接受程度，分析项目的社会风险，提出需要防范和解决社会问题的方案。

（10）风险分析。对项目主要风险因素进行识别，采用定性和定量分析方法估计风险程度，研究提出防范和降低风险的对策措施。

上述任务可以归结为市场分析、技术分析、效益分析。其中，市场分析主要回答项目是否有建设的必要性；技术分析是对项目建设规模、技术方案、设备方案、选址方案、环境影响等的评价，回答项目建设方案是否具有可行性；效益分析包括了财务分析、经济分析和社会评价，其中财务分析和经济分析对项目的投入产出关系进行分析，回答建设项目是否具有财务合理性和经济合理性，社会评价主要分析项目的社会效益，回答项目是否具有社会可行性。

项目评价的各部分内容是密切相关的。其中，市场分析是后续各项分析的基础和前提。技术分析在市场分析基础上进行，构造建设方案并分析方案的可行性，是后续经济评价和社会评价的基础，即技术分析起到承前启后的作用。财务分析站在投资人的角度分析项目投入产出关系，国民经济分析站在国家的立场进行项目投入产出关系，社会评价则是以社会公众为关注点，分析公众利益，重点对项目的利益相关者的利益进行分析。市场分析、技术分析、财务分析、经济分析和社会评价是项目评价中的紧密相关的评价内容。由于技术评价具有技术专业性强的特点，本书不进行此部分的介绍，对除技术分析以外的内容进行介绍。

### 1.2.2 工程项目经济分析与评价的含义及内容

从狭义理解，工程项目经济分析与评价是对工程项目的财务可行性和经济合理性进行分析论证，包括财务分析与经济分析。

由于项目评价内容之间密切相关，本书从广义理解，工程项目经济分析与评价包括了技术分析以外的其他评价内容，是对项目市场分析、财务分析、经济分析及社会评价等进行的分析和论证。围绕上述内容，本书将工程项目经济分析与评价的主要内容分为：市场分析、投资估算、融资方案分析、财务分析、经济分析、社会评价、不确定性分析与风险分析。资金时间价值与方案经济比选是项目经济分析与评价的理论基础，故纳入本书。此外，从工程项目经济分析与评价理论与方法的应用角度，后评价、并购项目经济分析和PPP项目的物有所值分析也纳入本书内容。

## 1.3 工程项目经济分析与评价的分类及作用

### 1.3.1 工程项目经济分析与评价的分类

工程项目经济分析与评价可按照评价时间、评价主体等进行分类。

1. 按照项目评价开展的时间划分

按照项目评价开展的时间在项目周期中的不同，可以分为前评价、中间评价和后评价。

（1）前评价

前评价是在投资前期所进行的评价，根据国民经济与社会发展以及行业、地区发展规划的要求，在项目初步方案的基础上，采用科学的分析方法，对拟建项目进行的分析论证，为项目的科学决策提供依据。前评价包括项目建议书阶段的评价、初步可行性研究阶段的评价和详细可行性研究阶段的评价。

（2）中间评价

中间评价是投资人或项目管理部门对正在建设尚未完工的项目所进行的评价。中间评价的作用是通过对项目投资建设活动中的检查评价，可以及时发现项目建设中的问题，分析产生的原因，重新评价项目的目标是否可以实现，并有针对性地提出解决问题的对策和措施，以便决策者及时调整方案，使得项目按照决策目标继续发展，对没有继续建设条件的项目可以及时中止，防止造成更大浪费。中间评价又根据启动时点的不同，包括项目实施过程中从立项到项目完成前的很多种类，及项目的开工评价、跟踪评价、完工评价等。

（3）后评价

后评价有狭义的项目后评价和广义的项目后评价。广义的项目后评价是相对于前评价而言，包括了中间评价。狭义的项目后评价是指项目投资完成之后所进行的评价。它通过对项目实施过程、结果及其影响进行调查研究和全面系统回顾，与项目决策时确定的目标以及技术、经济、环境、社会指标进行对比，找出差别和变化，分析原因，总结经验，汲取教训，得到启示，提出对策建议，通过信息反馈，改善和指导新一轮投资管理和决策，达到提高投资效益的目的。

2. 按照评价主体或委托主体角度划分

项目周期中，根据管理的需要，需要由不同的主体开展项目评价，包括项目（法人）单位的评价、政府投资主管部门的评价及银行等金融机构的评价。不同的评价主体，评价的侧重内容有差别。上述评价也可以由评价主体将评价任务委托给工程咨询机构，由工程咨询机构代表相关主体进行项目分析与评价工作。

（1）项目（法人）单位的评价

企业法人或投资者根据自身总体发展战略和自身资源条件等因素，以获得经济效益、社会效益和提升持续发展能力为目标，对投资项目进行评价，作为企业投资决策的依据，同时满足备案或政府核准的要求。

（2）政府投资主管部门的评价

在项目决策过程中，政府投资主管部门对项目的审批或核准承担责任，政府投资主管部门的评价作为政府进行项目审批或核准的依据。着重审查项目是否符合国家宏观调控政策、发展建设规划和产业政策，是否维护了经济安全和公众利益，资源开发利用和重大布局是否合理，能耗指标是否先进，节能措施是否合理，是否有效防止出现垄断，是否有利于防范和化解社会稳定风险等。

（3）银行等金融机构的评价

银行等金融机构的项目评估，主要目的是为项目提供贷款的决策依据。一般是以项目单位提供的可行性研究报告为基础，对可行性研究报告的真实性和可靠性进行复核，重点评价项目的财务偿债能力。

（4）咨询机构的评价

工程咨询是遵循独立、公正、科学的原则，综合运用多学科知识、工程实践经验、现代科学和管理方法，在经济社会发展、境内外投资建设项目决策与实施活动中，为投资者和政府部门提供阶段性或全过程咨询和管理的智力服务。

工程咨询机构可以接受政府、企业委托，对项目规划、项目建议书（初步可行性研究报告）、可行性研究报告、项目申请报告、资金申请报告、PPP实施方案等进行项目分析与评价，或者对上述前期咨询成果进行评估论证，并根据不同的评价或评估内容和要求，从专业角度，科学地、实事求是地回答委托方的疑问，评价咨询成果的质量，向委托者提出明确的评估结论和提供咨询意见及建议。

不同的委托主体，对评估的内容及侧重点的要求可能有所不同。总体上，政府部门委托的评估项目，一般侧重于项目的经济及社会影响评价，分析论证项目对于国家法律法规、政策、规划等的符合性，资源开发利用的合理性和有效性，是否影响国家安全、经济安全、生态安全和公众利益等；银行等金融机构委托的评估项目，主要侧重于融资主体的清偿能力评价以及项目风险等；企业委托的评估项目，重点评估产品的竞争力、项目本身的赢利能力、资金的流动性和财务风险等方面。

### 1.3.2 工程项目经济分析与评价的作用

项目周期中不同阶段的项目经济分析与评价具有不同的作用。

1. 项目建议书的作用

对于政府投资项目，项目建议书是立项的必要程序要求。对于企业投资项目，企业自主决策过程中会根据自身需要自主选择前期不同阶段的研究成果作为立项的依据。

2. 可行性研究的作用

（1）投资决策的依据

可行性研究对项目产品的市场需求、市场竞争力、建设方案、项目需要投入的资金、可能获得的效益以及项目可能面临的风险等都要作出结论。对企业投资项目，可行性研究的结论既是企业内部投资决策的依据，同时，对属于《核准目录》内、须经政府投资主管部门核准的投资项目，可行性研究又可以作为编制申请报告的依据。政府投资的项目，可行性研究是政府投资主管部门审批决策的依据。

（2）筹措资金和申请贷款的依据

银行等金融机构一般都要求项目业主提交可行性研究报告，通过对可行性研究报告的评估，分析项目产品的市场竞争力、采用技术的可靠性、项目的财务效益和还款能力、项目的风险，然后作为对项目提供贷款的参考。

（3）编制初步设计文件的依据

按照项目建设程序，一般只有在可行性研究报告完成后，才能进行初步设计（或基础设计）。初步设计文件（或基础设计）应在可行性研究的基础上，根据审定的可行性研究报告进行编制。

3. 项目评估的作用

项目评估是政府、金融机构或建设单位等投资主体进行项目投资决策的重要基础与依据，是促进投资决策科学化、民主化的有力措施，是提高投资项目经济效益的重要手段，其作用主要体现在：①提高投资项目决策水平，为投资主体和投资管理部门提供决策依据；②提高投资效益，避免决策失误带来的损失；③提高项目前期工作质量与效率，避免重复返工造成的资源浪费。

4. 项目后评价的作用

（1）对提高项目前期工作质量起促进作用

开展项目后评价，回顾项目前期决策成功的经验及失误的原因，评价前期工作的质量及决策的正确合理性，能够促使和激励参与项目可行性研究、评估和决策的人员增强责任感，提高项目前期工作质量和水平；通过项目后评价反馈的信息，及时发现和暴露决策过程中存在的问题，吸取经验教训，提高项目决策水平。

（2）对政府制定和调整有关经济政策起参谋作用

集合多个项目后评价总结的经验教训和对策建议，作为政府进行宏观经济管理的借鉴，有关部门可参考这些建议，合理确定和调整投资规模与投资流向，修正某些不适合经济发展要求的宏观经济政策、产业政策，以及过时的指标参数和技术标准等。

（3）对银行防范风险起提示作用

银行系统的项目贷款后评价（信贷后评价），通过对贷款条件评审、贷款决策、贷款合同的签订、贷款发放与本息回收等运作程序的回顾，分析风险防范措施及效果，可以发现项目信贷资金使用与回收过程中存在的问题，明确主要责任环节；还可了解资本金和其他配套资金到位与项目总投资控制情况，及时掌握项目产品市场需求变化与企业经营管理状况，完善银行信贷管理制度和风险控制措施。

（4）对项目业主提高管理水平起借鉴作用

项目后评价对项目业主在项目实施过程中的管理工作、管理效果进行分析，剖析项目业主履行职责的情况，总结管理经验教训。这些经验教训既是对被评价项目业主管理工作的检验总结，也可通过行业系统组织后评价经验交流，为其他项目业主提供借鉴，为提高工程项目建设管理水平发挥作用。

（5）对企业优化生产管理起推动作用

项目后评价涉及评价时点以前的生产运营管理情况，从生产组织、企业管理、财务效益等方面分析产生偏差的原因，提出可持续发展的建议与措施，对企业优化生产运营管理，提高经济效益和社会效益起到推动作用。

（6）对出资人加强投资监管起支持作用

项目后评价涉及分析评价资金使用情况、企业生产经营状态，分析成功或失败的原因和主要责任环节，可以为出资人监管投资活动和测评投资效果提供支撑，为建立和完善政府投资监管体系和责任追究制度服务。

## 1.4 工程项目经济分析与评价的工作程序与基本要求

### 1.4.1 工程项目经济分析与评价的工作程序

一般而言，工程项目经济分析与评价的工作程序包括资料收集、分析、编制报告三个阶段。

1. 资料收集阶段

项目经济分析与评价依据的主要资料和数据有：

（1）国家和地方的经济和社会发展规划、行业部门的发展规划，如江河流域开发治理规划、铁路公路的路网规划、电力电网规划、森林开发规划，以及企业发展战略规划等；

（2）国家颁布的产业政策、土地政策、环境保护政策、资源利用政策、税收政策、金融政策等；

（3）国家颁布的有关技术、经济、工程方面的规范、标准、定额等；

（4）国家或行业颁布的有关项目评价的基本参数和指标；

（5）拟建项目厂（场）址的自然、地理、气象、水文、地质、社会、经济等基础数据资料，交通运输和环境保护资料；

（6）合资、合作项目各方签订的协议书或意向书；

（7）对外投资项目，项目所在国家或地区的相关法律、法规和基础资料等；

(8) 改、扩建和技术改造项目以及并购项目应全面了解既有企业、现有项目以及目标企业的基本情况，并购企业应根据具体情况出具目标企业资产评估、法律尽职调查、财务审计等相应报告和审批文件等；

(9) 与拟建项目有关的各种市场信息资料或社会公众要求等。

在收集齐全资料并进行整理后，要对资料在时间顺序、数据异常、情况突变和同行业对比等方面进行核实，并提出疑问。必要时，进一步调查，确保资料的真实可靠。由于项目决策分析与评价是个动态过程，在实施中要注意新情况的出现，要及时、全面、准确地获取新的信息，必要时作出追踪分析。

2. 分析阶段

分析阶段是项目经济分析与评价程序中最重要的阶段。项目决策分析与评价的方法很多，可归纳为三大类：

(1) 经验判断法

经验判断法是依靠分析评价人员的经验进行综合判断。这是一种常用的方法，尤其是对有较多难以定量化的抽象因素（如社会因素、心理因素、道德因素等）进行分析时，经验判断更是不可缺少。经验之所以可作为项目分析与评价的依据，在于历史发展存在规律性和继承性。经验判断法的最大缺点是容易受个人主观认识的限制，因此，在应用经验判断法时，应结合其他方法互相补充、验证。

(2) 数学分析法

数学分析法指系统分析、线性分析、统筹方法等建立在数学手段基础上的定量分析方法。采用这些定量分析方法，可以使评价结论更加严密与准确。

(3) 试验法

对于一些经不起失误的重大决策问题，尤其是对于缺乏经验的新问题，可以采用试验法。先选少数典型单位或部分环节做试点，然后总结经验作为最后评价的依据。

在分析过程中，当有多种方法可以采用时，要对分析方法进行选择，选择更优的方法进行分析。具体分析方法在后续各章进行介绍，此处不再赘述。

3. 编制报告阶段

在完成前面两项工作后，可以进行报告的编制，包括初稿，讨论修改，定稿。报告应达到一定的深度要求。在工程项目周期中，尤其是在项目的投资前期，因为不同的报批要求或者不同阶段决策的需要，报告形式可能是多样化的。项目周期中可能涉及的分析与评价报告类型及内容有：

(1) 项目建议书

项目建议书的内容一般包括：①投资项目建设的必要性和依据；②产品方案、拟建规模、建设地点的初步设想；③资源情况、交通运输及其他建设条件和协作关系的初步分析；④环境影响的初步评价；⑤主要工艺技术方案的设想；⑥投资估算、资金筹措及还贷方案的设想；⑦财务效益的初步结算；⑧经济效果和社会效益的初步估计；⑨有关的初步结论和建议。

(2) 可行性研究报告

可行性研究是建设项目决策分析与评价阶段最重要的工作。可行性研究是通过对拟建项目的建设方案和建设条件的分析、比较、论证，从而得出该项目是否值得投资、建设方案是否合理、可行的研究结论,为项目的决策提供依据。可行性研究报告的编制内容一般包括:①总论;②市场预测分析;③建设方案研究与比选;④投资估算与资金筹措;⑤财务分析;⑥经济分析;⑦社会评价;⑧风险分析;⑨研究结论与建议。

(3) 项目申请报告

根据我国现行投资管理规定,对关系国家安全、涉及全国重大生产力布局、战略性资源开发和重大公共利益的企业投资项目,实行核准管理。企业为获得项目核准机关对拟建项目的行政许可,按核准要求报送项目申请报告(即项目申请书)。项目申请书的编制内容一般有:①项目单位及拟建项目情况;②资源开发及综合利用分析;③生态环境影响分析;④经济影响分析;⑤社会影响分析;⑥项目主要风险及其防范措施;⑦结论与建议。

(4) 资金申请报告

资金申请报告是企业为获得政府补贴性质资金(财政专项资金和财政贴息等)支持、国际金融组织或者外国政府贷款(简称国际金融组织贷款),按照政府相关要求而编制的报告。资金申请报告的编制内容一般有:①项目单位及拟建项目情况;②项目融资分析;③项目财务、经济和清偿能力分析;④社会影响分析;⑤项目主要风险及其防范措施;⑥结论与建议。

(5) 项目评估报告

项目评估是投资项目前期和项目投资决策过程中的一项重要工作。不同的委托主体,不同阶段的项目前期咨询成果,对评估的内容及侧重点的要求会有所不同,项目评估报告的内容参照相应的项目前期咨询报告,此处不再赘述。

(6) 后评价报告

项目后评价是项目管理的一项重要内容,也是出资人对投资活动进行监管的重要手段。通过项目后评价反馈的信息,可以发现项目决策与实施过程中的问题与不足,吸取经验教训,提高项目决策与建设管理水平。项目后评价作为投资项目管理周期的最后一环,与项目周期的各个阶段都有密不可分的关系。根据中共中央、国务院发布《关于深化投融资体制改革的意见》要求,政府投资项目要建立后评价制度。项目后评价的内容参照本书第10章。

除了上述报告类型,在项目决策过程中,对一些影响项目决策的重大或重要事项,根据其复杂程度,可以开展专题研究,为决策提供补充材料,这些资料或专题报告构成了项目咨询成果的一部分。包括:市场研究报告、竞争力分析报告、厂址选择报告、技术方案比选报告、融资方案研究报告、社会评价报告和社会稳定风险分析报告、风险分析报告,等等。

### 1.4.2 工程项目经济分析与评价的基本要求

1. 贯彻以人为本,和谐发展的理念

项目经济分析与评价必须坚持以人为本,促进经济社会和人的全面发展,统筹人与自然的和谐发展,实现永续的可持续发展,推进和谐社会建设。

2. 资料数据准确可靠

信息是项目经济分析与评价的基础和必要条件,全面、准确地了解和掌握有关资料数据是项目经济分析与评价的最基本要求。

3. 方法科学

应当根据项目分析与评价的内容特点、研究的深度要求等选用方法,并通过多种方法进行验证,以保证分析与评价的准确性。

**4. 定量分析与定性分析相结合,以定量分析为主**

随着应用数学和计算机的发展,经济决策更多地依赖于定量分析的结果。工程项目经济分析与评价的本质是对项目建设和运营过程中各种经济因素给出明确的数量概念,通过费用和效益的计算、比选取舍。但是一个复杂的项目,总会有一些因素不能量化,不能直接进行定量分析,只能通过文字描述、对比,进行定性分析。在项目经济分析与评价时,应遵循定量分析与定性分析相结合,以定量分析为主的原则,对不能直接进行数量分析比较的,则应实事求是地进行定性分析。由于项目的不确定性、不可预见性等因素,有时候定性分析反而很重要。

**5. 动态分析与静态分析相结合,以动态分析为主**

动态分析是指在项目经济分析与评价时要考虑资金的时间价值,对项目在整个计算期内的费用与效益进行折(贴)现现金流量分析。动态分析方法将不同时点的现金流入和流出换算成同一时点的价值,为不同项目、不同方案的比较提供可比的基础。静态分析是指在项目经济分析与评价时不考虑资金的时间价值,把不同时点的现金流入和流出看成是等值的分析方法。静态分析方法不能准确反映项目费用与效益的价值量,但指标计算简便、易于理解。在项目经济分析与评价中应遵循动态分析与静态分析相结合、以动态分析为主的原则,根据工作阶段和深度要求的不同,选择采用动态分析指标与静态分析指标。

## 1.5 工程项目经济分析与评价的发展

### 1.5.1 西方国家工程项目经济分析与评价的发展过程

西方国家项目经济评价的诞生可以追溯到资本主义的发展早期,主要注重项目财务分析。在资本主义早期,受亚当·斯密和马歇尔古典经济学派思想的影响,资本主义社会提倡的是自由竞争的市场经济,逐渐形成了以寻求企业最大利润为基本目标的项目经济评价,与现代项目财务评价的目标基本一致。

20世纪30年代世界经济大萧条后,一些西方国家开始实施新的经济政策,在公共投资领域开始运用公共项目评价方法,1936年,《洪水控制法案》在美国正式颁布,规定评估论证洪水控制和水域资源开发要运用成本效益分析方法。

1968年,经济合作与发展组织(OECD)出版了由英国牛津大学著名福利经济学家里特尔和经济学教授米尔里斯合著的《发展中国家工业项目分析手册》。这是一本应用现代费用效益分析方法来解决发展中国家的项目经济评价的著作。

1972年,联合国工业发展组织(UNIDO)出版了《项目评价准则》。此书系统地介绍了工业项目编制和评价社会费用效益的一整套方法和所积累的一整套实践经验,是针对发展中国家需要而制定的一套准则。此书被称为对项目评价具有指导意义和有一定权威性的文献。

1975年由世界银行经济学家林恩·斯奎尔和范德塔尔合著的《项目经济分析——影子价格的推导和估算》是西方项目经济评价方面的主要文献之一。此书使世界银行的传统实践和项目评价领域理论上的最新进展相一致,并提供了一套项目评价的理论与方法。该书重点讨论了影子价格的理论和方法,推导了影子价格的计算公式,并考虑了收入分配的影响，通过加权方法把所有的评价指标数值归纳成一个最终单一的数值，为使复杂的多目标项目决策变成简单的单项目标决策提供了一种示范性方法。

1978年世界银行工作人员约翰·汉森组织撰写的《项目评价使用指南》，是主要根据UNIDO法编写的一本适用于发展中国家项目评价的工作指南，书中确立了把项目评价的最重要方面内容结合在一起的结构，把《准则》中项目评价方法的程序分为财务分析、经济分析、储蓄分析、收入分析和高价值与低价值分析五个阶段来衡量项目的社会经济效益，并逐一详细地介绍了各个阶段的调整与评价方法，创造性地设计了便于分析计算的标准表格和图解法，可以简便地按顺序得出各阶段的分析结果，又可将各阶段各种因素综合并列进行比较，以利于对项目作出全面适当的评价和正确的选择。

1980年由联合国工业发展组织和阿拉伯国家工业发展中心联合编写的《工业项目评价手册》是提供给发展中国家评价工业投资项目用的一本工作手册。《工业项目评价手册》所推荐的方法被称为阿拉伯方法，其目的是为发展中国家的社会费用效益分析提供一种协调、简单、容易理解的逐步进行工作的方法，以利于缩小理论与实践之间的差距。此法不主张在项目实际评价中应用影子价格，而采用实际国内市场价格，计算项目的国民收入净增值，作为判断项目的价值标准，其基本思想是以一个项目对社会总生产的贡献来判断项目的好坏。

20世纪80年代后，世界银行在项目评价理论和实践的发展过程中发挥了积极的作用。世界银行要求将项目评价的结果作为是否贷款及贷款额度确定的依据。为了提高各会员国项目评价水平，世界银行出版了一系列著作，为发展中国家培训了大量专业技术人才。

### 1.5.2 我国工程项目经济分析与评价的发展过程

从20世纪50年代开始，我国主要沿用苏联的技术经济论证方法，对"一五"期间的156个重点项目建设采用了较为简单的静态的技术经济分析方法，用以选择项目和编制项目设计任务书，这对当时的项目投资决策和前期工作管理起到了积极有益的作用，获得了良好的投资效果。1982年，中国银行在世界银行的帮助下，制定了《工业贷款项目评估手册》，作为评估贷款项目的依据。这在我国是首次将费用效益分析方法较系统地应用于项目评估手册中，《工业贷款项目评估手册》经过两次全面修订，实践证明，这套项目评估方法是行之有效的。

1983年，原国家计划委员会颁布《关于建设项目可行性研究的依据试行管理办法》，1986年，国务院发展研究中心和中国建设银行组织在昆明召开了可行性研究与经济评价讨论会，会议针对我国当时在项目可行性研究和项目评估中所存在的问题开展了深入的讨论，并提出了关于项目决策合理化的政策与建议。1987年，由原国家计委和原城乡建设环境保护部组织专家编写的《建设项目经济评价方法与参数》公布，为国内建设项目评估工作提供了必要的方法和依据。1988年国家经济委员会公布了《工业企业技术改造项目经济评价方法》，初步形成了较为完整的评价标准和规范。1993年原国家计委、建设部联合公布了《建设项目经济评价方法与参数》（第二版），结合经济体制改革形势的发展和对第一版《建设项目经济评价方法与参数》试行中反映出来的问题，在大量调查研究和专题研究工作的基础上进行了补充和修改。从2001年开始，建设部标准定额司组织了中国社会折现率的研究与参数计算、人民币影子汇率研究、土地影子价格研究、建设项目财务评价指标体系研究、建设项目财务评价参数测算方法研究。为规范和指导项目前期可行性研究工作，原国家发展计划委员会委托中国国际工程咨询公司编写了《投资项目可行性研究指南》（试用版），并于 2002 年颁发。这是我国第一部与国际惯例接轨，用以指导全国投资项目可行性研究的规范性文本。《投资项目可行性研究指南》的编写总结了国内改革开放以来可行性研究工作的经验教训，借鉴了国际上可行性研究的有益经验，力求符合我国实际情况，并尽可能与国际通常做法接轨。2004 年 7 月，国务院颁布了《国务院关于投资体制改革的决定》，界定了政府投资项目和企业投资项目的决策程序。2006 年 7 月，国家发展和改革委员会与建设部又颁布了修订后的《建设项目经济评价方法与参数》（第三版），为工程项目评价提供了技术依据。

随着国民经济发展水平的不断提高，我国的经济政策不仅仅是以经济增长为主要目标，同时也包括了更加广泛的社会发展内容。为了考察投资项目对社会目标的贡献，2002 年出版的《投资项目可行性研究指南》将社会评价纳入项目可行性研究内容。自 2012 年以来，我国先后颁发了中共中央《关于建立健全重大决策社会稳定风险评估机制的指导意见（试行）》（中办发［2012］2 号）国家发展改革委《重大固定资产投资项目社会稳定风险评估暂行办法》（发改投资［2012］2492 号）《固定资产投资项目社会稳定风险分析篇章编制大纲》（发改办投资［2013］428 号）以及相应的政策规定和说明。按照我国基本建立的社会稳定风险分析（评估）制度，凡与人民群众切身利益密切相关、牵涉面广、影响深远、易引发矛盾纠纷或有可能影响社会稳定的重大事项（包括重大项目决策、重大改革、重大活动和重点工作领域等），在投资项目实施前，都要开展社会稳定风险分析（评估）。重大固定资产投资项目的可行性研究报告或项目申请报告中要求对社会稳定风险分析设独立篇章，对特别重大和敏感的项目可单独编制社会稳定风险分析报告。

随着 PPP 模式运作的项目在我国的增加，为推动政府和社会资本合作（Public-Private Partnership，以下简称 PPP）项目物有所值评价工作规范有序开展，财政部立足国内实际，借鉴国际经验，制订了《PPP 物有所值评价指引（试行）》（财金［2015］167 号），对规范我国的物有所值评价提供了依据。

## 复习思考题

1. 简述工程项目周期的阶段划分及各阶段工作内容。
2. 简述工程项目经济分析与评价的内容。
3. 简述按照时间划分的工程项目经济分析与评价类型。
4. 简述按照评价主体或委托主体划分的工程项目经济分析与评价类型。
5. 简述项目经济分析与评价在项目周期中不同阶段的作用。
6. 简述项目后评价的作用。
7. 开展工程项目经济分析与评价应包括哪些工作程序？
8. 工程项目经济分析与评价的基本要求是什么？

# 2 市 场 分 析

**本章概要**
- 市场调查的原则、内容、流程与方法
- 市场预测的原则、内容、流程与方法

工程项目市场分析是根据获得的目标市场调查数据，运用适宜的统计原理，分析相关市场的未来变化。市场分析包括市场调查和市场预测。

## 2.1 市 场 调 查

工程项目市场调查是运用科学的方法，有目的系统地搜集、记录、整理有关目标市场的信息资料，分析目标市场情况，了解目标市场的现状及其发展趋势，为项目预测和投资决策提供客观、准确的资料。工程项目市场调查是工程项目市场分析的基础性工作。

### 2.1.1 市场调查的原则

在市场调查过程中，为规范调查人员的行为，避免调查工作出现失误，需坚持和遵循市场调查的下列原则，以保证调查资料的质量。

1. 时效性原则

时效性是指调查人员在市场调查中应及时收集和掌握目标市场上的有价值信息，及时地作出分析和信息反馈，以便于决策者在生产经营过程中能适时地制定、调整策略。市场调查工作能利用的时间有限，调查人员应充分利用既定时间尽量多地收集有用资料。否则调查时间的拖延会导致额外费用的支出，并使得企业的生产和经营发生延误。

2. 系统性原则

市场调查中的系统性原则是指调查人员在进行市场调查时应全面地收集相关信息资料。例如，在关注工程项目内部影响因素的同时，也应注意其外部影响因素信息的获取。

3. 准确性原则

市场调查的准确性是指市场调查工作必须符合实际，资料的收集和信息的筛选必须尊重客观事实，切忌以主观臆造来代替科学的分析，并避免以偏概全。

4. 经济性原则

市场调查的经济性是指尽量提高市场调查的经济效益，即尽可能地实现"以较少的投入取得最好的市场调查效果"这一目标。因此在确定调查内容、调查方式时，应根据自身财力情况确定调查费用的支出，以制定相匹配的调查方案。

5. 科学性原则

市场调查的科学性是指调查过程及其结论必须具有逻辑性。这包括科学地安排调查过程，借助计算机科学地统计和分析数据信息，请专业人员对汇总的资料和信息作出科学、深入的分析等。

#### 2.1.2 工程项目市场调查内容

按市场调查维度，可将市场调查分为宏观调查和微观调查。

1. 宏观调查

宏观调查也称市场环境调查。其内容包括社会的经济、政治、文化、教育、自然地理等各个方面。

(1) 经济环境

构成外部经济环境的因素众多，包括工程项目所在国家或地区的经济制度、经济结构、国民收入水平及消费水平等，其中起决定性作用的是当地的经济体制。

(2) 政治和法律环境

政治和法律环境调查，包括政府的有关经济政策和法规，如工农业生产政策、工商业政策、市场管理政策、银行信贷和税收政策等；也包括政府有关法令和规章制度，如工商法、环境保护法、商品检验法等多种法令条例。对于跨国项目而言，这类调查还应包括国际关系和国际法规等内容。

(3) 社会文化环境

社会文化环境调查包括工程项目所在地的风俗习惯、价格观念、宗教信仰、家庭结构、社会成员受教育的程度等内容。

(4) 自然地理环境

自然地理环境调查的内容包括地理位置、气候和其他重要的自然条件，以及交通运输状况等。

2. 微观调查

微观调查也称为市场专题调查，是指为达到一定目的，而在特定范围内选定专题进行的调查。调查专题的具体需求因工程建设项目的不同而存在差异。从项目分析与评价的角度出发，微观调查的主要内容包括市场需求调查、市场供应调查、消费者调查和竞争者调查。企业可能进行其中一个方面的调查，也可能进行全面的综合调查。

(1) 市场需求调查

市场需求调查包括产品或服务市场需求的数量、价格、质量、区域分布等的历史情况、现状和发展趋势。具体包括：①项目产品的品种需求调查。消费者或使用者，对产品或服务通常存在具体的诉求，因此，在进行项目产品市场需求调查时，不能只停留在产品数量这个简单概念上，必须对产品的具体品种需求状况进行调查。②项目的质量需求调查。这是对项目产品的用途特性满足顾客需求的程度以及顾客对产品质量的具体要求的调查。产品质量包括内在质量和外观质量。产品内在质量的需求调查，主要是指对消费者在产品构造性能等方面特征的要求以及满足程度的调查。拟建项目产品内在质量的设计，应以满足这些方面的需求为依据。对拟建项目产品的外观质量的需求调查，应调查市场上同类产品外观质量的优缺点，发掘尚未满足的需求。③项目产品寿命周期的调查和新产品发展前景的调查。对产品寿命周期的调查，主要是通过描绘同类产品的寿命周期曲线，结合项目产品的技术特征和有关参数，测得项目产品在未来市场所处的寿命阶段，避免在项目投产之时，产品已经处于衰退期而导致失败。

(2) 市场供应调查

主要调查市场的供应能力、主要生产或服务企业的生产能力,了解市场供应与市场需求的差距。市场供应调查,要调查供应现状、供应潜力以及正在或计划建设的相同产品的项目的生产能力。

(3) 消费调查

消费调查包括产品或服务的消费群体、消费者购买能力和习惯、消费演变历史和趋势等。某一种具体产品针对某一特定的消费者群,在经过市场细分明确了产品的消费者之后,需要对这部分消费者的消费层次、消费要求、心理状况、消费动机、消费方式进行调查和分析。只有了解消费动机与消费层次,才能在细分市场中把握企业的目标市场,正确预测市场需求。

(4) 竞争者调查

竞争者调查是对同类生产企业的生产技术水平高低、经营特点和生产规模、主要技术经济指标、市场占有率以及市场集中度等市场竞争特征的调查。包括调查区域内同类及替代产品或服务的企业数量、各企业的市场占有率、生产能力、销售数量、销售渠道、成本水平、管理能力、盈利水平等,可能的潜在竞争者的情况等。只有充分了解竞争对手,才能制定有效的竞争策略。

### 2.1.3 工程项目市场调查流程

市场调查是针对企业生产经营中所要解决的问题而进行的意向复杂的科研活动,因此,调查工作必须按照科学的程序进行,从准备到方案的制定,直至最后的实施和完成,每个阶段都有自己特定的工作内容,这样才能保证调查工作的效率和质量,确保其有序进行,减少盲目性。

工程项目市场调查的流程包括准备阶段、实践阶段、整理阶段三大部分,见图 2-1。

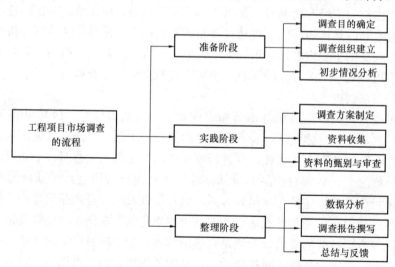

图 2-1 工程项目市场调查流程图

### 2.1.4 工程项目市场调查方法

市场调查方法有多种,每种市场调查方法都有其相应的适用范围、不同的优缺点,调查人员需要根据调查任务、调查目的、调查对象的特点、调查活动的经费预算及调查活动所需的时间等限制因素来选择恰当的市场调查方法。在现实工作中，一般一项工程项目市场调查不会仅采用一种市场调查方法，而是要综合运用多种方法。此处重点介绍在实际工作中常用的一些工程市场调查方法。

1. 文案调查法

(1) 文案调查法的概念

文案调查法是对收集的资料进行整理、分析和判断以掌握市场动态的一种方法。市场调查所需要的资料分为原始资料和现成资料两类。前者是直接从调查中获取的第一手资料，它具有及时和准确的特点。后者是从其他人或其他单位所取得的已经归纳整理的第二手资料，由于获得这类资料的时间少、代价低，所以也要充分利用。文案调查法要求调查人员根据调查研究的主题，将现有的资料，如国家和有关部门公布的经济情报和统计资料，报纸杂志上的有关资料，企业的调查报告和销售资料等进行分类，并加以分析研究，得出结论。

(2) 文案调查的资料来源

文案调查的资料来源主要可以分为两大类：企业内部资料来源和外部资料来源。

1) 内部资料来源

内部资料主要是由所调查企业内部的各管理部门、各个经营环节及各层次产生并发出的各种信息资料，主要包括三个方面：

① 企业职能管理部门提供的资料

例如企业内部的会计、统计、计划部门的统计数字、原始凭证、相关报表、会计账目、企业分析总结报告等，都可以作为文案调查法的内部资料来源直接采用，这些资料取得比较容易，而且信息真实可靠，调查人员必须重视。

② 企业经营机构提供的资料

企业经营机构提供的例如进货统计、销售报告、库存动态记录、合同签订执行情况、广告宣传效果、消费者意见反馈等信息。

③ 其他各类记录

如来自企业领导决策层的各种规划方案、各种调研报告、经验总结、顾客意见和建议、同业卷宗及有关照片和录像等。这些资料都对市场研究有着一定的参考作用。例如：根据顾客对企业经营、工程产品质量和售后服务的意见，就可以对如何改进加以研究。

2) 外部资料来源

外部资料主要是来自被调查企业以外的信息资料，包括以下几个方面：

① 政府机构、经济管理部门或者工程相关协会提供的资料

如政府机构及经济管理部门的有关方针：政策、法令、经济公报、统计公报等。这些方面的信息取得较容易，且基本均免费。工程相关行业协会方面会发表和保存的有关行业销售情况、经营特点、发展趋势等信息资料，均可加以整理利用。

② 相关会议、咨询机构或研究机构提供的资料

会议方面如各地定期或不定期举办的工程博览会，以及专业性、学术性经验交流会上，所发放的文件和材料可加以利用。而咨询机构和工商业研究所则经常会发表有关市场调查报告和专题评论文章，这些资料通常能提供大量的背景材料。

③ 其他途径获得的资料

如从图书馆获得资料。各类型的图书馆是各种文献资料集中的地方，市场调查人员可以充分利用图书馆资源，获得关于某个特定调查主题的信息资料。

如从各种大众传播媒体或者互联网上获取资料。工程市场历来都是各媒体关注的重点，因此在电视、广播、报纸、杂志及文献资料中，也含有丰富的工程方面的经济信息和技术情况。而互联网上信息资源丰富，同时较节约成本。但由于网上的信息资料鱼龙混杂，对于调查人员来讲，需要具有一定的甄别能力。

（3）文案调查法的特点

文案调查法的优点有：①节省时间、人力、物力，成本较低；②可以克服时空条件的限制；③可以获得历史资料，适合作纵贯分析；④较少受调查者的主观情感判断的影响。

文案调查法的缺点有：①加工、审核工作量比较大；②资料时间上的滞后性；③难以收集齐全所需的文献资料；④对调查者的专业知识、实践经验和技巧要求较高。

2. 观察调查法

（1）观察调查法的概念

观察调查法就是调查者不与被调查人员直接接触，而是在旁边通过自己的感官或借助各种器材，直接或间接地观察、记录被调查对象行为、活动、反应、感受或现场事实的一种搜集资料的方法。采用观察法进行市场调查，被调查对象通常没有压力，表现比较自然，受人为因素干扰较少，因而通常可以取得比较理想的调查效果。

（2）观察调查法的类型

观察法有不同的形式，调查人员可以根据不同情况，采取不同的观察方法。观察调查法大致有两大类：直接观察法和间接观察法，其中间接观察法又可细分为实际测量法和行为记录法。

1) 直接观察法

直接观察法是指调查者置身于被调查者中间开展调查，记录市场中发生的事情真相，从而取得客观的市场信息。在进行直观调查法时，为了了解市场真实情况，一般不让被调查者了解自己的身份。另外，调查者要始终保持客观的态度，避免主观因素影响调查结果。

2) 实际测量法

实际测量法是指调查人员不亲自观察被调查者的行为，而是经过观察行为发生后的痕迹来获得相关信息。例如：为了比较在不同报纸杂志上刊登广告的效果，可以在广告下半部分附表，邀请读者将表格寄回，企业可以根据收集到的表格，统计得出哪家报纸杂志上刊登广告的效果最佳。

3) 行为记录法

行为记录法，也称仪器观察法，是指调查人员借助各种记录仪器，如录音摄像器材、记数仪器、记数表格等对调查对象进行观察，从而得到调查的结果。行为记录法可减轻调查人员记数的负担，提高资料的可信度。

（3）观察调查法的特点

观察调查法的优点有：①信息直观可靠；②实施简便易行，适用性比较强；③可以排除语言交际、人际交往的干扰。

观察调查法的缺点有：①调查深度欠缺；②观察活动时间过长导致调查成本较高；

③观察人员素质差异导致观察结论误差。

3. 网络调查法

（1）网络调查法的概念

网络调查法是指通过网络，针对特定的工程问题进行的调查设计、收集资料和分析等活动的方法。

（2）网络调查的常用方法

网络调查也有对原始资料的调查和对二手资料的调查两种方式。根据调查方法的不同，网络调查可分为网上问卷调查法、网上讨论法和网上观察法等。

1）网上问卷调查法

网上问卷调查法是在网上发布问卷，被调查对象通过网络填写问卷，完成调查。根据所采用的技术，网上问卷调查一般有两种：一种是站点法，即将问卷放在网络站点上，由访问者自愿填写；另一种是用 E-mail 将问卷发送给被调查者，被调查者收到问卷后，填写问卷，点击"提交"，问卷答案则回到指定的邮箱。

2）网上讨论法

网上讨论法可通过多种途径实现，如 BBS、ICQ、newsgroup、网络实时交谈（IRC）、网络会议（net meeting）等。主持人在相应的讨论组中发布调查项目请被调查者参与讨论，发布各自观点和意见。或是将分散在不同地域的被调查者通过互联网视讯会议功能虚拟地组织起来，在主持人的引导下进行讨论。网上讨论法是小组讨论法在互联网上的应用。它的结果需要主持人加以总结和分析，对信息收集和数据处理的模式设计要求很高，难度较大。

3）网上观察法

网上观察法即是调查人员直接或者通过相关软件对网站的访问情况和网民的网上行为进行观察和监测，从而获得大量的有益信息。

（3）网络调查法的特点

计算机网络作为一种信息沟通渠道，具有开放性、自由性、平等性、广泛性和直接性等特点。由于这些特点，网络调查具有传统调查所不可比拟的优势，包括：①网络调查成本低；②网络调查速度快；③网络调查隐匿性好；④不受时间和调查范围的限制。

虽然网络调查优势明显，但同时也存在部分缺点，如：①调查样本可能有偏差，网络调查的受访者仅局限于网民，网民并不能代表全部被研究者；②回答率较低。

4. 询问调查法

询问调查法是调查人员以询问为手段，从调查对象的回答中获得信息资料的一种方法。它是统计调查中最常用的方法之一。采用询问法进行工程市场调查，调查者可以将欲了解的问题直接向被调查者提出，以被调查者的口头回答作为原始材料进行整理分析，也可以把所要收集的资料事先设计成调查问卷，然后利用问卷向被调查者询问，因此，在实际应用中，根据调查人员同被调查者接触方式的不同，询问调查法又可分为面谈调查、电话调查、邮寄调查和留置问卷调查等。

（1）面谈调查法

面谈调查法是指访问者与被访问者面对面的进行口头交流，从而获得调查资料的方法。按访谈的方式和对象不同，又可细分为入户访问法、路上拦截法、经理访问法及小组讨论法。

① 入户访问法

入户访问法由调查人员直接到被访对象家中进行调查的一种方式，主要用于了解某区域居民对工程项目的接受程度和发展趋势的看法。但是由于现代社会居民的安全防范意识增加，加上先进的门禁系统，拒绝率很高，入户调查的难度较大。

② 路上拦截法

在某些公共场所、接到拦截消费者进行询问调查的一种方式。为了调查资料更加真实、全面，一般采用定点拦截访问的方式。路上拦截法操作起来比较简单，而且成本相对比较低，询问的成功率也较高。不过，路上拦截拒绝率也较高，对调查者的交际能力有一定的要求。

③ 经理访问法

经理访问法，又叫深度访谈法，主要是通过对重大客户、公司型或机构型客户，以及业内专家对某问题或是某一类问题进行深入的交流，从而获得深层次、本质性的信息及资料。

④ 小组讨论法

小组讨论在国外又被称为"焦点小组访谈"。一般是在一名主持人的主持下，由小组成员对某一主题问题或观念进行深入讨论，目的在于了解被访者心中的想法及原因。小组讨论法一般由不超过10人的被访者组成，在被访者不受压抑的环境下，由主持人引导对预先设定的某主题展开充分和详尽的讨论。小组讨论法可以尽可能深入地了解被访者对调研主题的看法及原因，了解所调研项目与其生活的契合度，从而寻找设计中的缺陷，吸收好的建议，为以后的产品开发及改进营销策略提供相关信息。

（2）电话调查法

电话调查法是由调查人员通过电话向被调查者询问了解有关问题的一种调查方法。

电话调查有很多优点，如取得市场信息的速度较快；节省调查费用和时间；调查的覆盖面较广；可能在某些问题上得到更为坦诚的回答，例如，有些关于个人方面的问题。面访调查可能使被调查对象不自然，致使数据不真实，但是在电话调查中则有可能得到比较坦诚的回答，易于控制实施的质量。

电话调查也有缺点。首先是受到时间的限制，时间不能过长，否则可能会受到被调查者思想抵触，因此调查内容也不能深入。其次是对调查员的要求也较高，例如要求调查员应严格按问答题提问，说话吐字清晰，声调、速度适中，声音甜美。再次是调查者难以针对被调查者的性格特点控制其情绪，从而出现被调查者挂线的问题。最后是电话可能是空号或者是错号，被访者可能不在或正在忙不能接电话，被访者不愿意接受调查等。

（3）邮寄调查法

邮寄调查法是将调查问卷邮寄给被调查者，由被调查者根据调查问卷的填写要求填写好后寄回的一种调查方法。

邮寄调查法的优点有：①可扩大调查区域，调查成本相对较低；②被调查者有比较充分的答卷时间。

邮寄调查法的缺点有：①无法对被调查对象进行控制；②问卷回收率较低，问卷回收时间较长；③无法判断被调查者的性格特征和其回答的可靠程度；④被调查者应具有一定的文字理解能力和表达能力，对文化程度较低的人不适用。

5. 问卷调查法

在前面介绍的询问调查中,几乎每一种询问调查方法都会用到问卷。问卷几乎成为调查者收集市场信息资料的基本思路和重要载体。

(1) 问卷调查法的含义

问卷调查法是研究者通过事先设计好的问题来获取有关信息和资料的一种方法。研究者以书面形式给出系列与所要研究的目的有关的问题,让被调查者作出回答,通过对问题答案的回收、整理、分析,获取有关信息。

(2) 问卷调查的特点

问卷调查法是工程市场调查中应用最普遍的一种方法,由于应用广泛,而且种类较多,问卷调查法的种类和特点可以总结如表 2-1 所示。

问卷调查法　　　　　　　　　　　　　　表 2-1

| 项目 | 自填式问卷调查 | | | 代填式问卷调查 | |
| --- | --- | --- | --- | --- | --- |
| | 报刊问卷 | 邮政问卷 | 送发问卷 | 访问问卷 | 电话问卷 |
| 调查范围 | 很广 | 较广 | 窄 | 较窄 | 可广可窄 |
| 调查对象 | 难控制和选择,代表性差 | 有一定控制和选择,但回复卷的代表性难以估计 | 可控制和选择,但过于集中 | 可控制和选择,代表性较强 | 可控制和选择,代表性较强 |
| 影响回答的因素 | 无法了解、控制和判断 | 难以了解、控制和判断 | 有一定了解、控制和判断 | 便于了解、控制和判断 | 不太好了解、控制和判断 |
| 回复率 | 很低 | 较低 | 高 | 高 | 较高 |
| 回答质量 | 较高 | 较高 | 较低 | 不稳定 | 很不稳定 |
| 投入人力 | 较少 | 较少 | 较少 | 多 | 较多 |
| 调查费用 | 较低 | 较高 | 较低 | 高 | 较高 |
| 调查时间 | 较长 | 较长 | 短 | 较短 | 较短 |

(3) 问卷调查的适用范围

由于问卷调查使用的是书面问卷,问卷的回答有赖于调查对象的阅读理解水平,它要求被调查者首先要能看懂调查问卷,能理解问题的含义,懂得填答问卷的方法,因此它只适用于有一定文化水平的调查对象。

从被调查的内容看,问卷调查法适用于对现实问题的调查;从被调查的样本看,适用于较大样本的调查;从调查的过程看,适用于较短时期的调查。

## 2.2 市 场 预 测

市场预测是指对事物未来或未来事物的推测,是根据已知事件通过科学分析去推测未知事件。市场预测是在市场调查取得一定资料的基础上,运用已有的知识、经验和科学方法,对市场未来的发展状态、行为、趋势进行分析并作出推测与判断,其中最为关键的是产品需求预测。市场预测是项目可行性研究的基本任务之一,是项目投资决策的基础。

### 2.2.1 市场预测的原则

1. 相似性原则

即利用已知的类似产品发展变化规律来类推预测对象的相关情况。相似性的类推主要包括：一是依据历史上曾经发生过的事件类推当前或未来；二是依据其他地区或国家曾经发生的事件进行类推；三是根据局部类推总体。在利用相似性原则进行预测时，存在一个基本前提，是两个事物之间具有相似的发展变化情况。

2. 相关性原则

主要指两事物之间需要具有相关性。相关性有多种表现，其中因果关系是最典型的相关关系。因果关系是事物之间普遍联系和相互作用的一种关系，相互依存、制约、促进与预测对象有关的各种因素。预测者只要通过了解分析影响预测对象的主要因素及其发展变化规律，就可能推测出预测对象本身的发展趋势等情况，进而掌握预测对象的变化规律。

3. 延续性原则

在一定的范围内，事物的发展是按照一定的规律进行的，这种规律在一定的时期内具有惯性，即市场状况在一定时期内按照这种规律持续发展。需要注意的是，利用事物发展延续性这一特征进行预测的前提是系统具有一定的稳定性。

4. 概率推定原则

预测是关于预测对象的概率描述。在推断预测结果以较大的概率发生时，就认为预测结果是成立的、可用的。因此，在实际预测中，除了给出预测结果外，还应给出明确的概率说明，以全面反映预测情况。

### 2.2.2 工程项目市场预测内容

1. 工程项目产品供需预测

工程项目产品供需预测是指利用市场调查所获得的信息资料，对项目产品未来市场供应和需求的数量品种、质量、服务进行定性与定量分析。

（1）工程项目产品供需预测应考虑的因素

1）国民经济与社会发展对项目产品供需的影响；

2）相关产业产品和上下游产品的情况及其变化，项目产品供需的影响；

3）产品结构变化，产品升级换代情况，特别是高新技术产品和新的替代产品，对项目产品供需的影响；

4）项目产品在其生命周期中所处阶段（投入期、成长期、成熟期、衰退期）对供需的影响；

5）不同地区和不同消费群体的消费水平、消费习惯、消费方式及其变化对项目产品供需的影响；

6）涉及进出口的工程项目产品，应考虑国际政治经济条件及贸易政策变化对供需的影响。

（2）工程项目产品供需预测的内容

1）供应预测

预测拟建项目产品在生产运营期内全社会和目标市场的可供量，包括国内外现有供应量和新增供应量；

2）需求预测

预测拟建项目产品在生产运营期内全社会和目标市场需求总量，包括国内需求量和出口需求量；

交通运输项目，预测拟建项目影响区域内，随着经济和社会发展，用户对各种运输方式的需求量；

水利水电项目，预测拟建项目流域范围内经济和社会发展，用户对水利水电的需求结构和需求量变化情况，以及水电资源的可供量和需求满足的程度；

城市基础设施项目，根据法律规定、政府政策导向、经济发展水平和城市规划等，预测项目所在地对城市基础设施的需求量。

（3）工程项目产品供需平衡分析

在项目产品供应和需求预测的基础上，分析项目产品在生产运营期内的供需平衡情况和满足程度，以及可能导致供需失衡的因素和波及范围。

（4）工程项目目标市场分析

根据市场结构、市场分布与区位特点、消费习惯市场饱和度以及项目产品的性能质量和价格的适应性等因素，选择确定项目产品的目标市场，预测可能占有的市场份额。

2. 工程项目产品价格预测

项目产品价格是测算项目投产后的收入、生产成本和经济效益的基础，也是考察项目产品竞争力的重要方面。预测价格时，应对影响价格形成与导致价格变化的各种因素进行分析，初步设定项目产品的销售价格和投入品的采购价格。

（1）价格预测需要考虑的因素

1）项目产品国际市场的供需情况、价格水平和变化趋势。

2）项目产品和主要投入品在国内市场的供需情况、价格水平和变化趋势。

3）项目产品和主要投入品的运输方式、运输距离、各种费用对价格的影响。

4）新技术、新材料产品和新的替代产品对价格的影响。

5）国内外税费、利率、汇率等变化，以及非贸易壁垒对价格的影响。

6）项目产品的成本对价格的影响。

7）价格政策变化对项目产品价格的影响。

进行价格预测时，不应低估投入品的价格和高估产出品的价格，避免预测的项目经济效益失真。

（2）价格预测方法

价格预测一般可采用以下方法：

1）回归法。采用这种方法预测价格，需占有充分资料数据，而且价格与影响因素之间应存在因果关系。

2）比价法。采用这种方法预测价格，产成品价格与原料、半成品价格之间，以及不同产品价格之间应存在着比价关系。如果相关产品的现时价格是非正常的比价关系，则应剔除导致价格扭曲的因素，恢复到正常的比价关系。

充分竞争性产品的价格应按国际市场价格预测，同类、同档次产品的销售价格不应高于国际市场价格。

城市基础设施和服务产品的价格，应根据政府价格政策，以及消费者支付意愿和承受能力，预测产品或者服务的价格。

### 2.2.3 工程项目市场预测流程

市场预测的流程如图2-2所示。

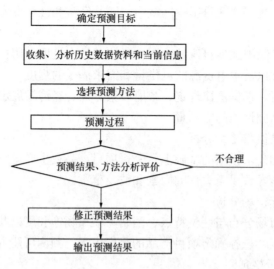

图 2-2 市场预测的流程

### 2.2.4 工程项目市场预测方法

市场预测，因预测的对象、内容、期限、需求等不同，采用的方法也不尽相同，每种预测方法都有其特定的用途。近年来，由于应用数学和计算机等科学技术的发展，预测方法增加至百余种。

按方法性质划分，市场预测的方法一般可以分为定性预测和定量预测两大类，预测方法体系见图 2-3，常见预测方法的特点见表 2-2。

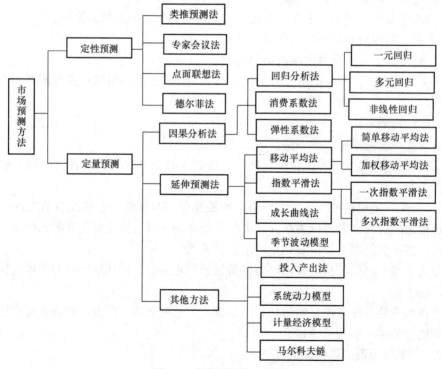

图 2-3 市场预测方法体系

## 2.2 市场预测

**表 2-2 常用预测方法的特点**

| 预测方法 | 定性方法 | | | 定量方法 | | | | 延伸性预测（时间序列分析） | | |
|---|---|---|---|---|---|---|---|---|---|---|
| | 类推预测法 | 专家会议法 | 德尔菲法 | 点面联想法 | 回归分析法 | 消费系数法 | 弹性系数法 | 购买力估算法 | 移动平均法 | 指数平滑法 | 成长曲线模型 |
| 方法简介 | 运用相似性原理，对类似产品发展变化规律寻找，进行预测 | 组织有关专家，通过会议形式进行预测，综合专家意见，得出预测结论 | 组织有关专家的资料为基础，通过进行多轮匿名式调查，反馈分析、判断、联想等由点到面来预测得出预测结论 | 以调查对象的资料为基础，通过分析、判断、联想等由点到面来预测的方法 | 运用因果关系，建立回归分析模型，包括一元回归、多元回归和非线性回归 | 对产品在各行业的消费数量进行分析，结合行业规划，预测需求总量 | 运用两个变量之间的弹性系数进行预测 | 通过分析社会居民总购买力，和投向，导出对某种产品的需求总量 | 对于具有时序变化规律的事物，取时间序列中连续几个数据值平均值得平均值，作为下期预测值 | 与移动平均法相似，只考虑历史数据的近远期作用不同，给予不同权值 | 运用数学模型，拟合一条趋势线，外推未来事物的发展规律 |
| 适用范围 | 长期预测 | 长期预测 | 长期预测 | 较好 | 短、中长期预测 | 短、中长期预测 | 中长期预测 | 短、中长期预测 | 近期或远期预测 | 近期或远期预测 | 短、中长期预测 |
| 数据资料需求 | 多年历史资料 | | | | 需要多年数据 | | | | 数据最低要求 5~10 个 | | 至少 5 年数据 |
| 精确度 | 尚好 | 较好 | 较好 | 较好 | 很好 | 很好 | 较好 | 较好 | 尚好 | 较好 | 较好 |

1. 定性预测法

定性预测是根据掌握的信息资料，凭借所选专家个人的经验及能力，对市场未来的趋势、规律、状态作出性质和程度上的判断和描述的方法。

其优点是：简便，节省时间和费用，对现象发展的方向把握较准确，一般对难以量化的现象进行预测时常采用此方法。其缺点为：主观性较强，专家的选择以及专家本身的能力及经验对预测结果的影响较大，因此必要时可与定量分析法结合使用。

定性预测法是凭借专家个人或群体的经验、智慧和能力，根据已掌握的相关信息资料对拟建项目未来市场发展趋势等内容进行主观判断和描述。

(1) 类推法

许多事物相互之间在结构、模式、性质、发展趋势等方面存在着相似之处。根据这种相似性，我们可以在已知某一事物的发展变化情况的基础上，通过类推的方法推演出相似事物未来可能的发展趋势。

1) 类推预测法的含义

事物发展有各自的规律性但其间又有许多相似之处。例如，发展中国家的房地产市场的发展过程与发达国家已经历的房地产市场发展过程，就有许多共同的规律性。将先发生的事件称为先导事件，后发生的事件称为迟发事件。当发现它们之间有某些相似之处，就可以利用先导事件的发展过程和特征，来推测迟发事件的发展过程和特征，并推测迟发事件的发生和未来的发展，起到预测的作用。

类推即类比推理，类推预测法是根据市场及其环境的相似性，从一个已知的产品或市场区域的需求和演变情况，推测其他类似产品或市场区域的需求及其变化趋势的一种判断预测方法。它是由局部、个别到特殊的分析推理方法，具有极大的灵活性和广泛性，适用于新产品新行业和新市场的需求预测。类推原理就是根据事物及其环境因素的相似性，从一个已知事物的发展变化情况，推测类似事物变化趋势的一种判断预测方法。

类推预测法就是根据对某些经济现象之间的相似性或相关性的认识，对预测目标的未来发展趋势作出合乎实际和逻辑的推理判断。

2) 类推预测法的特点

类推预测法的突出特点就是要求预测对象与类比对象具有类比性、相似性或近似性。类比推断法适用广泛，手段简单，论证性强。它要求预测人员具有丰富的实践经验，对预测目标及其关联内容有深入的了解，掌握比较全面的有关类比对象的信息资料，有较强的分析能力、综合能力和逻辑推理能力。

3) 类推预测法的类型

根据预测目标和市场范围的不同，类推预测法可以分为产品类推预测、行业类推预测、地方类推预测三种。

① 产品类推预测法

产品类推预测法是依据产品在功能、结构、原材料、规格等方面的相似性，推测产品市场的发展可能出现的某些相似性。例如，某房地产企业开发的某种商品房销售情况很好，于是，其他房地产企业也开发出类似的商品房推向市场，果然销量不错。

② 行业类推预测法

行业类推预测法是依据相关和相近行业的发展轨迹，推测行业的发展需求趋势。有不少产品的发展是从某个行业开始，逐步向其他行业推广，而且每进入一个新的行业，往往要对原来的产品作些改进和创新，以适应新行业的市场需要。

③ 地区类推预测法

通常来说，一类产品的发展和需求经历了从发达国家和地区，逐步向欠发展的国家和地区转移的过程。同类产品的市场不仅在同行业之间存在着时差，而且在不同地区之间，这种时差表现得更明显。这种空间和时间上的传递也有着一定的规律性，找出领先和滞后的地区，并且分析出差别程度，便可以很方便地预测事物发展的趋势。

4) 类推预测法的应用

类推法的应用范围十分广泛，但最有效的是在新产品需求和销售预测方面。在预测工作中大多采用形式类推。形式类推是指当发现了两个事件有某些相似之处时，就尽力探求其他的相似性。例如，为了解决某个领域中的问题，需要发明或发现某个东西，于是就去寻找一个类似事件，进行形式类推。预测人员在某些领域中不断收集到新的信息或发生某种变化的信号，并发现了新的原则或结构，然后可利用形式类推法去考虑它对其他领域发展的影响。

在对先导事件和被预测事件进行类比时，必须考虑环境因素。这些因素包括：技术、经济、管理、政治、社会、文化、生态等方面的因素。考虑的环境因素越周到，用类推法预测的结果越准确。

类推法亦有缺点。例如很难找到非常相似的两个事件，历史局限性较大，同时还受到人为行动的各种限制等。因此，类推法不是一种严格的预测方法，是在探索性预测方法中比较典型的一种预测技术。一般地，这种方法在推测未来趋势的初步发展阶段时，效果较好。

(2) 专家会议法

专家会议法就是组织按照一定原则选择相应的专家参加会议，拼接各位专家的智慧和经验对市场发展前景进行预测并给出合理判断，然后综合专家的预测及建议得出市场预测结论。

该方法的不足之处在于：往往受到专家个人的专业知识、经验能力的局限，可能作出的判断与实际不符；特别是在分析判断新产品的需求和市场趋势时，其局限性更加明显。

1) 专家会议法分类

专家会议预测法主要包括以下三种形式：

头脑风暴法，也称非交锋式会议。会议不带任何限制条件，鼓励与会专家畅所欲言，没有批评或评论，形成轻松融洽的会议气氛。其主要目的是激发创造性思维，产生新观念。

交锋式会议法。参加会议的专家围绕一个主题，各抒己见，并对提出的想法进行充分讨论，以求达成共识，最终取得比较一致的预测结论。

混合式会议法。是对头脑风暴法的进一步改进，因此也称为质疑式头脑风暴法。它将会议分为非交锋式会议和交锋式会议两个阶段，前者主要由与会专家产生各种设想和预测方案；后者对前者提出的各种设想逐一质疑和讨论，分析其现实可行性，也可提出新的思路，相互不断启发，最后取得一致的预测结论。

2) 专家会议法的特点

信息量大。专家会议法汇集了一定数量的相关方面的专家,既充分考虑到了专家的信息深度,又兼顾了专家的信息广度。

集思广益。专家会议有助于专家们在阐述自己观点的同时,通过相互启发、交流,弥补个人意见的不足,进一步完善自己的建议。

避免预测结果的偏颇。专家会议法以专家较为一致或多数意见作为预测结果,使其不会因个人的偏激、主观和随意而作出错误判断,能够得到较为客观、可靠和可行的预测结果。

3) 专家会议法应注意的要点

与会专家应客观阐述自己的意见,不带任何偏见地分析他人的意见。为此,应处理好三个因素:

① 感情因素。与会专家中,可能有权威、上级、前辈、同学、同事、朋友等多种人际关系,即使有不同意见,也会因考虑彼此情感而放弃当面提出,不便展开充分讨论。

② 个性因素。人的个性本身是极其复杂的,有的人善于表达,会下意识成为会议的主导者;有的人不能容忍反对意见,爱争执,等等。这些都将影响专家们的意见表达。

③ 利益因素。若与会人员的意见与自身利益有关,将会影响到预测结果的公正性、客观性。

在专家会议法中,应充分准备,做好以下三方面的工作:

① 准备工作。组织众多专家进行预测,选择专家至关重要,既有专家信息的深度和广度,又有专家的代表性。

② 控制会议。要使会议能达到预期的预测目的,与会者一是要把握会议节奏,引导会议气氛,形成自由的讨论氛围,防止偏离预测主题;与会者本人应不带偏见,不先入为主,不对会议中的任何意见作出带有倾向性的表达,要尊重任何一位参会人员的想法。

③ 归纳综合。要使会议意见成为预测方案往往经过两类归纳和综合,一是会议归纳。会议结束时,将大家较为一致认可的意见进行归纳,这既要代表会议绝大多数人的意见,又要考虑和吸收另外小部分人的建议。必要时,可把不同意见附上供决策者综合考虑。二是会后归纳。会议终结时,若尚未形成较为统一的共识,则难以产生一致的结果,应在会后对尚有分歧的意见进行合理的讨论,进一步明确预测结果。

(3) 德尔菲法

德尔菲法(Delphi)以专家个人判断法和专家会议法为基础,在众多领域中被广泛应用,如市场预测、技术预测、方案比选、社会评价等。

第一次将德尔菲法应用于技术预测的是在1964年美国兰德公司发表的"长远预测研究报告"中,此后该方法在世界范围内迅速推广开来。

1) 德尔菲法的步骤

德尔菲法一般包括五个步骤,如图2-4所示:

① 建立工作组

工作组主要负责组织工作。其中,工作组成员应具备较高的个人素质,不仅能正确认识并理解德尔菲法的实质,还要熟悉计算机统计软件,能以其专业的数理统计知识进行必要的统计和数据处理。

② 选择专家

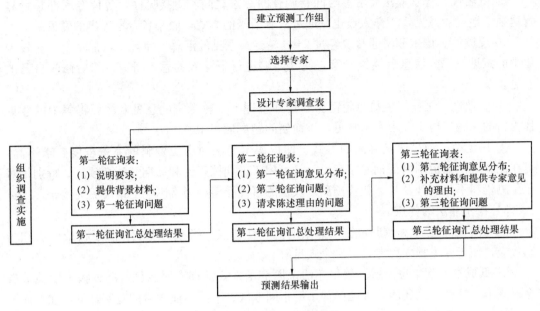

图 2-4　德尔菲法操作步骤

德尔菲法是一种应用广泛的专家调查法，因此预测的关键就在于如何科学地选择专家。首先，专家的选择应在目标预测领域的范围内进行，且专家应在相关领域内拥有较为突出的能力；其次，专家应包括熟悉本行业的学术研究者和一线工作者；最后，专家不仅要包括本部门的，还需有来自相关行业和其他部门的。总而言之，专家组的构成需含有技术专家、宏观技术专家、企业管理者、行业管理者等。此外，专家的人数可根据预测问题的大小和涉及范围而定，一般不超过20人。

③ 设计调查表

调查表没有统一的格式，但基本要求是：所提问题应措辞准确，不能出现歧义；回答方式应尽量简单，更加便于汇总和整理调查结果。若目的是预测某件事情发生的时间和概率，请专家进行选择性预测（即优先选择）和排序预测（即优先排序）是两种比较常见的调查表设计形式。

④ 组织调查实施

德尔菲法一般将经过2~3轮调查，故其结果也较为准确。第一轮将预测主题和相应预测资料发给大家，对专家不作任何要求任其自由发挥。第二轮将第一轮各专家的意见进行统计并适当修正，然后再将调查结果返还给专家，让专家对其中较为集中的预测事件进行评价和判断，并对偏离结果的意见给出进一步说明，后经预测工作组整理统计后，形成初步预测意见。如有必要可再根据第二轮的预测结果制定调查表，进行第三轮预测。

⑤ 汇总、处理调查结果

德尔菲法的最后一步是对专家提出的调查结果进行汇总整理，并作出进一步的数据处理以及统计分析工作。在此工作后，还需对专家估计值的平均数、中位数、众数以及平均主观概率等指标进行综合分析，以确保预测方案的信度和效度。

2）德尔菲法的特点

① 匿名性。德尔菲法要求参与问卷调查的专家之间不直接见面,各位专家都是背靠背地独立地发表意见,工作人员也是通过匿名信函的方式,收集各专家提出的意见。

② 反馈性。德尔菲法通常要经过2~3轮专家意见的汇总,而且每轮都将上一轮较为集中的意见或部分信息反馈给专家,使其能够进行更深入的思考研究,然后修改自己的意见。

③ 收敛性。工作组成员每轮都会收集并整理上一轮专家的意见,然后将集中的意见作为新的问题,再次征求专家意见,进而使问题更加集中。

④ 广泛性。通过信函询问的方式,使得德尔菲法对历史资料的完备程度要求不高,可在比较广泛的范围内征询专家意见,且可用于近期探索性和远期开放性预测。特别是对于预测资料不足、涉及长远趋势预测以及预测事件受多种因素影响的情况更为适合。

3) 德尔菲法的优点

① 便于独立思考和判断。德尔菲法的匿名性特点,极大程度上克服了权威效应和情感效应,便于专家独立思考,提出个人见解。

② 低成本实现集思广益。德尔菲法采用信函方式征询专家意见,能较大限度地节省会议成本。这种方式还能较大范围地了解不同地区、不同专业领域的专家意见,在总体上达到集思广益的效果。

③ 有利于探索性解决问题。德尔菲法采用的多轮征询意见反馈的方式,使参加会议的专家能够了解到整体的意见倾向,以及其他专家发表与自己不同意见的理由,这样专家就会受到启发,进而完善自己的意见。

④ 应用范围广泛。德尔菲法应用非常广泛,因为其能解决诸如历史资料缺乏等许多其他预测方法所解决不了的问题。此外,德尔菲法不仅能预测近期的现实问题,还能用于对远期抽象性问题的估计。

4) 德尔菲法的不足

① 缺少思想沟通交流。由于专家个人受到知识、经验和拥有数据资料等方面的局限,尤其是专家还采用背靠背的方式,使得用德尔菲法预测出的结果可能存在一定的主观片面性。背靠背方式使专家没有机会讨论和相互交流,尽管采用多轮意见征询,能使专家间存在一定程度的交流,但还是难以达到思维碰撞的激变式预测的效果。

② 易忽视少数人的意见。真理有时可能掌握在少数人的手中,而由于德尔菲法是采用中数原则,进行对专家意见的整理,少数人的创意,一般都会被组织者忽视,所以预测出来的结果可能会与实际情况不符,甚至相悖。

③ 主观因素影响预测结果。运用德尔菲法的过程中,无论是专家意见的给出,还是专家意见的整理,都是由专家或者是组织者完成的,因而有时候预测结果都有主观倾向。

(4) 点面联想法

点面联想法是以某地区或企业的普查资料和抽样调查资料等为基础,根据事物的相似性和相关性,通过由点及面的分析、判断确定其预测目标的预测值的一种方法。

在市场预测中,普查固然可以获得全面、系统的资料,更好地掌握相关市场的实际情况,但由于受到人力、财力、物力和时间限制,企业往往只能进行局部普查或抽样调查,并以某些局部资料为基础,对整体市场进行预测。

运用点面联想法的关键在于局部资料或抽样资料要具有代表性,近似于总体特征或反映总体全貌，否则预测结果就不能反映出行业和整个市场的实际趋势。

点面联想法的基本步骤既朴素又简单，一般包括：①了解预测事物，并确定预测事物的局部与全局存在着明显的相似关系；②掌握事物局部的详细资料及其可能的变化趋势（方向和程度）；③根据事物的局部与全局的关系推测事物全局，得出预测值。

2. 定量预测法

定量预测是使用市场历史数据和因素变量来预测市场需求的方法。其指标均为量化指标。定量分析一般是在对所得数据进行科学分析、处理的基础上，借助统计软件及相应的模型得出预测结果的一种方法。其中，因果关系预测法和时间序列预测法是最常见的定量预测方法。

因果关系预测方法是通过寻找变量之间存在的因果关系，分析自变量对因变量的影响程度，建立适当的计量模型进而对未来进行预测的方法。目前广泛采用的因果分析法就是通过寻找变量之间的关系，对因变量进行预测的方法，一般适用于具有较强相关关系的数据预测，其中主要包括回归分析法、消费系数法和弹性系数法等。

时间序列预测法是以各种变量的历史数据及其变化规律为依据，预测未来工作的一种定量预测方法。这种预测方法一般是用于预测具有时间序列关系的数据，主要包括移动平均、指数平滑、成长曲线分析、季节变动分析等。该方法以时间 $t$ 为自变量，以预测对象为因变量，根据预测对象的历史数据，找出其中的变化规律，从而建立预测模型并进行预测。

定量预测，是工程项目市场分析的主要方法。此处主要介绍简单移动平均法、简单指数平滑法和趋势外推法。

(1) 简单移动平均法

移动平均法是在简单平均法的基础上发展起来的。它是通过对原有时间序列进行修匀，从而测定长期趋势的一种简单常用的预测方法。它是从时间序列的第一项起，采用逐项递移的办法，将原时间数列中的若干项数据进行平均，从而形成一个以移动平均数构成的新的时间序列，以消除短期的、偶然因素的影响，从而呈现出现象发展变化的长期趋势。通过移动平均法进行预测，移动平均项越多，则修匀的作用越大，曲线也就越平滑。

移动平均法分为简单移动平均法和加权移动平均法两种。

简单移动平均法是对过去某一时期区间内若干历史数据求出算术平均数，并把该算术平均数作为预测未来下一时期的值。

1) 简单移动平均法公式

简单移动平均的表达式为

$$F_{t+1} = \frac{1}{n} \sum_{i=t-n+1}^{t} x_i \tag{2-1}$$

式中　$F_{t+1}$ ——$t+1$ 时期的预测值；

$n$ ——历史数据时期的个数，即移动时段的长度；

$x_i$ ——前 $i$ 期的实际值。

为了进行科学预测，需计算出每一个 $t$ 所对应的 $F_{t+1}$，形成新的数据序列。经过 2～3 次同样的处理，历史数据序列的变化规律将会直观显现出来。

对于移动平均法来讲，分段数据的时期数 $n$ 的选择是一个关键点，这也是运用移动平均法的难点所在。如果 $n$ 值取得小，说明对近期观测数据越重视，预测值对数据变化的反应速度也越敏感，但预测的修匀程度较低，精度也可能降低。反之，$n$ 值取得大，预测值的修匀程度越高，对数据变化的反映程度较迟钝，容易滞后于发展趋势。

一般而言，$n$ 值的影响因素有很多，包括预测对象的差距、预测目标、预测精度等的要求，区间幅度在 3~200 之间。如果历史数据序列中包含大量随机成分，或者数据序列的发展趋势变化不明显，则 $n$ 值应大一点；对于具有明显趋势性或跳跃性特点的历史数据，为提高预测值对数据变化的灵敏度，$n$ 值应小一点；如果预测目标的趋势在不断变化，为更能体现发展变化趋势，$n$ 值也应小些。

2) 简单移动平均的应用范围

移动平均法只适合短期（以月或周为时间单位）的近期估算，它的另一主要功能是对原始数据资料进行预处理，以排除异常数据的影响，或除去数据中的周期变动因素。

移动平均法具有简单易行，容易掌握的优点。但它只适用于处理简单类型历史数据，而在实际中，历史数据的类型往往比较复杂。而且计算每次移动平均需要最近的 $n$ 个观测值，这样越接近近期的数据对预测影响越大，这就大大限制了移动平均法的应用范围。

(2) 简单指数平滑法

指数平滑法由布朗（Robert G. Brown）所提出，布朗认为时间序列的态势具有稳定性或规则性，所以时间序列可被合理地顺势推延；他认为最近的过去态势，在某种程度上会持续到未来，所以将较大的权数放在最近的资料。

指数平滑法实际上是一种加权的移动平均预测方法。指数平滑法克服了移动平均法中只考虑临近 $n$ 个观测值而忽略之前 $t-n$ 时期前数据的缺点，同样不舍弃 $t-n$ 时期前的历史数据，但赋予其递减权重的系数方式使其影响程度减小，以趋于 0。这种方法消除了历史统计序列中不确定因素影响的随机波动，确定其主线变动趋势。

1) 指数平滑法的特点

指数平滑法不舍弃过去的数据，仅是逐渐减弱数据的影响程度。其特点在于：①对离预测期最近的市场现象观察值，给予最大的权数，而对离预测期渐远的观察值给予递减的权数；②指数平滑法中的平滑系数，是一个可调节的权数值，预测者可以通过调整其大小，来调节近期观察值和远期观察值对预测值的不同影响程度。

2) 简单指数平滑法公式

指数平滑法按市场现象观察值被平滑的次数不同，将其分为一次指数平滑、二次指数平滑、三次指数平滑和高次指数平滑。多次数的指数平滑预测法是对一次平滑的结果再进行多次指数平滑而得到的预测值。由于原理相同，故在本书中仅介绍简单（一次）指数平滑法。

对一组时间序列值 $x_1$、$x_2$、$x_3$、$\cdots$、$x_{t-1}$，一次平滑指数的公式表示为

$$F_t = \alpha x_t + (1-\alpha) F_{t-1} \tag{2-2}$$

式中　$\alpha$——平滑系数，$\alpha$ 的取值范围为 $[0,1]$；

　　　$x_t$——历史数据序列 $x$ 在 $t-1$ 时的实际观测值；

　　　$F_t$——$t$ 时期的一次指数平滑值。

一次指数平滑，即简单指数平滑（single exponential smoothing），是一种对历史观测数据值赋予不同的权重系数以预测未来值的时间序列预测方法。与简单移动平均法相比，

简单指数平滑法能够对先前预测结果中产生的误差进行修正。

一次指数平滑法适用于市场观测呈水平波动，时间数列没有明显上升或下降趋势的预测，它以本期（$t$ 期）指数平滑值作为下期（$t+1$ 期）的平滑值，预测模型函数为

$$x'_{t+1} = F_t \tag{2-3}$$

亦即
$$x'_{t+1} = \alpha x_t + (1-\alpha)x'_t \tag{2-4}$$

3）平滑系数 $\alpha$

在应用指数平滑法进行预测时，选择合适的系数 $\alpha$ 非常重要。平滑系数 $\alpha$ 实际上是前一期观测值和本期预测值之间的关系权重。当 $\alpha$ 趋向于 1 时，表明新的预测值对前一个预测值的误差进行了较大的修正；当 $\alpha=1$ 时，$F_{t+1}=x_t$，即 $t$ 期平滑值（$t+1$ 期预测值）就等于 $t$ 期观测值；而当 $\alpha$ 趋向于 0 时，$F_{t+1}=F_t$，即本期（$t+1$ 期）预测值就等于上期（$t$ 期）预测值。可以看出，$\alpha$ 的取值与其平滑效果成反向关系。

一般情况下：

① 如果时间序列观察值的长期趋势变动接近一个稳定的常数时，应取居中的 $\alpha$ 值（0.4～0.6）；

② 如果时间序列观察值呈现明显的季节变动时，则宜取较大的 $\alpha$ 值（0.6～0.9）；

③ 如果时间序列观察值的长期趋势变动较缓慢，则宜取较小的 $\alpha$ 值（0.1～0.4）。

事实上，$\alpha$ 是一个经验数据，因此在实际应用中，$\alpha$ 的取值通常是通过对多个 $\alpha$ 值进行试算比较而定，通过比较，哪个 $\alpha$ 值造成的预测误差小，就采用哪个值。

4）初始值 $F_0$ 的确定

从指数平滑法的定义式可以看出，用该法进行预测之前必须确定初始值 $F_0$。$F_0$ 值是指第一期的观测值，实质上 $F_0$ 是在起点 $t=0$ 之前所有历史序列数据的平均值。在实际操作中，$F_0$ 的取值一般有如下规定：当时间期数在 20 个以上时，初始值对预测结果的影响很小，可用第一期的观测值代替，即 $F_0=x_1$；当时间期数小于 20 个时，初始值的选取对预测结果影响较大，可用前 3～5 个观测值的平均值代替，如 $F_0=(x_1+x_2+x_3)/3$。

（3）趋势外推法

趋势外推法（trend extrapolation）又称趋势延伸法，是遵循事物连续性原则，通过建立数学模型，分析预测对象时间序列数据呈现的长期趋势变化轨迹的规律性，拟合恰当的趋势线，将其外推或延伸，用以预测经济现象未来可能达到的水平。趋势外推法通常用于预测对象的发展规律是呈渐进式的变化，而不是跳跃式的变化，并且能够找到一个合适函数曲线反映预测对象变化趋势的情况。趋势外推法的基本假设是未来是过去和现在连续发展的结果，其基本理论是：决定事物过去发展的因素，在很大程度上也决定该事物未来的发展，且预测对象发展过程一般是渐进变化，而不是跳跃式的。趋势外推法可分为直线趋势外推法（线性趋势外推法）和曲线趋势延伸法（非线性趋势外推法）。

1）直线趋势外推法

如果观察期内时间序列数据（观察值）呈直线上升或下降的情形，便可选用直线趋势外推法对未来一定时期内的经济现象进行预测。该预测变量的长期趋势可以用关于时间的直线描述，通过该直线趋势的向外延伸（外推），估计其预测值。

应用直线趋势外推法首先应建立直线趋势预测模型。直线趋势模型的表达式为

$$F_t = b_0 + b_1 t \tag{2-5}$$

式中 $F_t$ 为预测值,$t$ 为时间序列编号,$b_0$、$b_1$ 为常数系数。

要想用上式进行预测,必须想办法求出系数 $b_0$、$b_1$ 的值。根据最小二乘法原理,即可以推导出求解待定参数的两个标准方程式,即

$$\Sigma F_t = nb_0 + b_1 \Sigma t \tag{2-6}$$

$$\Sigma t F_t = b_0 \Sigma t + b_1 \Sigma t \tag{2-7}$$

式中 $n$ ——时间序列的项数或期数。

解标准方程式得

$$b_0 = \frac{1}{n}(\Sigma F_t - b \Sigma t) \tag{2-8}$$

$$b_1 = \frac{n \Sigma t F_t - \Sigma t \Sigma F_t}{n \Sigma t^2 - (\Sigma t)^2} \tag{2-9}$$

故直线趋势外推法的具体步骤为,利用已有的时间序列数据,求出 $b_0$、$b_1$ 两个参数,然后代入到直线趋势预测模型 $F_t = b_0 + b_1 t$ 中,便可得到与实际观察值相对应的趋势预测值。

2) 曲线趋势外推法

当变量之间的关系由于受到众多因素的影响,其变动趋势并非总是一条直线方程形式,而往往会呈现出不同形态的曲线变动趋势。并且这种变动趋势曲线方程(模型)也很难化为线性形式。此时,可根据时间序数资料的散点图走向趋势,选择恰当的曲线方程。

常见的曲线模型包括二次曲线模型、指数曲线模型等。

由于计算方法与直线趋势外推法相同,故不详细说明。

3. 预测方法选择

在实践中常采用组合预测法。组合预测法是指采用两种及以上不同预测方法的组合方法。它既可以是几种定量方法的组合,也可以是几种定性方法的组合,但实践中更多的则是同时利用定性方法与定量方法进行预测。

各种预测方法都有其各自的优势、应用范围和局限之处,在实际工作中应根据预测的内容、时限、范围、数据可得性、费用限制、精度要求等因素合理选择。

定性预测带有较大的主观性,甚至有时会出现较大偏差。其结果代表了预测者的个人感觉,是预测者利用过去的经验所作出的预感和猜测,因此其结果受预测者的知识、经验及偏好等因素的影响。但是定性预测仍然很重要,因为总存在一些预测对象并无确切可行的规律,也缺少适合所有研究都能运用的定量方法。

定量预测需要有一定量的数据以及合理的模型支撑,选择具体模型的形式取决于预测者的知识、经验和数据三者的结合所作出的判断。面对同样的数据,不同的预测者可能会选择不同的模型,从而得出不同的结论。由于在预测过程中,定量预测法中模型及其参数的选择都不可避免地受到主观因素的影响,因此定量分析法同定性分析法一样,都会带有一定程度的主观性。

随着社会经济发展和各项管理工作的加强,需要预测的对象不断增多,现象之间关系状态和现象变化日趋复杂,使得预测的广度、深度与难度也不断增加。同时,随着科学技术发展,为适应预测要求,预测方法也迅速发展。据初步统计,目前的预测方法大约有300多种,其中常用的有10多种。各种方法都有自身特点和适应范围。要使预测实用、

有效，必须认真选择预测方法。

（1）根据预测的目的、要求进行选择

预测是按照某项市场分析需要，提出对某商品、某地域、某时期市场中某问题变动趋势和水平的预见要求。预测时必须选择符合上述要求的方法，才不致歪曲预测对象真实的变动规律。此外，预测结果的精确程度、预测期远近等要求，也影响预测方法的选择。

（2）根据预测对象的性质、特点进行选择

市场预测的对象有许多，只有现象之间存在同质性，才有预测方法的一致性，所以预测之前必须对预测对象进行定性分析，缩小预测模型的选择范围，再根据预测要求及数据的全面性程度，确定可行的预测模型。如果现有模型与预测对象性质有差异，则应改进原模型，不可生搬硬套。此外，应注意预测方法与效果的统一，始终把效果放在第一位。切忌将能够确切反映预测对象性质和变动规律的模型人为复杂化、扩大化，导致现象变化趋势的扭曲，预测结果失实。当然，也不可将复杂现象过分简单化，忽视数量与性质的联系，盲目注重模型，不考虑现实经济意义。

（3）根据影响因素相关性进行选择

如果用影响现象的因素预测市场变化，则应分析因素多少、因素与现象间存在何种类型相关及关系的密切程度，然后才能确定预测应考虑的因素，确定因素与现象的函数关系式。如果采用现象的发展规律预测市场变化，则应分析该市场现象过去与现在表现出的变化规律是否在未来依然存在。在影响因素的个数和相关程度、相关方式没有变化或变化不大时，方可采用时序法预测。当各种市场现象的变动规律具有类似性，并且现象出现的时间有先后顺序，方可采用类推法预测。

（4）根据预测机构的条件和能力进行选择

预测需要充实的资料，需要有一定经验，熟悉预测方法，了解市场情况，具备一定专业知识和观察判断、推理能力的预测专业人员和组织者；需要使用某些设备，需要耗费资金。预测的问题和方法不同，对条件能力的要求不同，因此，选择预测方法要充分考虑可能利用的资源条件和预测能力。

（5）根据行业特点、历史资料进行选择

例如，分析交通量时尽量采用四阶段预测法，分析市场占有率建议采用马尔科夫预测法等。为提高预测精度，在工作中应根据实际数据对结果进行后验差检验，选择误差较小的模型或方法。为了充分利用单一模型所反映的有效信息，同时克服单一模型的缺陷，减少预测的系统误差和随机误差，尽可能采用组合预测的方法分析市场趋势。

## 2.3 市场分析案例

### 2.3.1 项目概况

在A市，现计划引入BZ天然气专用输气管道工程建设项目。该项目除了主要为给某铝厂供气外，还供应途经的B、C两个居民较为集中的居住片区，涉及天然气的适用范围包括工业用气、商业用气、居民用气、车用燃气等方面。为了判断项目是否值得推行，现从前期的产品市场分析入手，从市场调查和市场预测两个角度考察项目的可行性。

### 2.3.2 市场调查

主要运用了文案调查法、网络调查法和询问调查法。通过查阅相关文件数据、统计报表等资料，以及实地调研的方式，获取到了诸如该铝厂的生产能力、居民片区的人口规模、天然气的供应量及价格和政府制定的有关环保政策及发展规划等文件资料：

铝厂方面，多年来一直采用传统煤气发生炉生产低能值煤气，自产自用。目前，该铝厂的氧化铝年产量能力为200万t，正在筹建生产能力可增值70万t～100万t。但随着环保政策的出台以及污染治理力度的加大，煤制气生产过程产生的煤焦油、粉尘和含酚污水处理不但要耗费大量治理资金，而且很难达到排放标准。

人口和用地规模方面，据统计，B区在2000年用地规模为6.6km$^2$，用地控制规模为12km$^2$。C区在2000年人口规模为54796人，2018年人口控制规模为15万人，增长约174%。同时，为改善环境空气质量，着力缓解二氧化硫、氮氧化物、烟尘等污染因子对A市大气环境造成的影响，A市政府印发了相关方案，全面加强和完善A市天然气基础设施建设，不断提高天然气的供应保障能力。

供气方面，2018年，A市天然气的供应量为15.68亿m$^3$，市区居民使用率达到85%，周边县城达到50%。

价格方面，通过分析各类燃料价格，得出了各类燃料同等热值价格比较，如表2-3所示。

各类燃料同等热值价比较表　　　　　　表2-3

| 序号 | 燃料种类 | 价格 | | 热值 | 同等热值价格（元/1000kcal） |
|---|---|---|---|---|---|
| 1 | 燃料煤 | 800～1000元/t | | 600kcal/kg | 1.33 |
| 2 | 液化石油气 | 130元/15kg | | 11000kcal/kg | 0.79 |
| 3 | 居民用电 | 0.56元/度 | | 865kcal/度 | 0.65 |
| 4 | 工业用电 | 0.725元/度 | | 865kcal/度 | 0.84 |
| 5 | 商业用电 | 1.2元/度 | | 865kcal/度 | 1.39 |
| 6 | 89号汽油 | 5.52元/L | | 7540kcal/L | 0.73 |
| 7 | 92号汽油 | 6.89元/L | | 7540kcal/L | 0.91 |
| 8 | 95号汽油 | 7.35元/L | | 7540kcal/L | 0.97 |
| 9 | 0号柴油 | 6.48元/L | | 9153kcal/L | 0.71 |
| 10 | 管道天然气 | 民用 | 2.05元/m$^3$ | 8000kcal/m$^3$ | 0.26 |
|  |  | 工业生产 | 2.77元/m$^3$ | 8000kcal/m$^3$ | 0.35 |
|  |  | 商业 | 3.65元/m$^3$ | 8000kcal/m$^3$ | 0.46 |

从表2-3可以看出，天然气相对于其他几种燃料来说，在价格上相对便宜，具有绝对的优势，而当地居民和工商企业是可以完全接受的。

### 2.3.3 市场预测

1. 定性预测法——德尔菲法

根据市场调查中得到A市经济、社会发展情况，以及2010～2018年的天然气使用量数据，邀请10位A市天然气行业专家以及燃气局资深工作者，对2020年的天然气需求量进行预测，见表 2-4。

**德尔菲法预测** 表 2-4

| 专家成员 | 天然气行业专家 | | | | | 燃气局资源工作者 | | | | | 均值 | 权重 |
|---|---|---|---|---|---|---|---|---|---|---|---|---|
| | A | B | C | D | E | A | B | C | D | E | | |
| 最高需求量 | 28 | 29 | 32 | 29 | 28 | 30 | 29 | 29 | 29 | 30 | 29.30 | 0.2 |
| 最可能需求量 | 24 | 24 | 27 | 26 | 25 | 26 | 25 | 23 | 24 | 26 | 25.00 | 0.7 |
| 最低需求量 | 20 | 19 | 23 | 21 | 20 | 21 | 22 | 19 | 20 | 22 | 20.70 | 0.1 |

其中，最高需求量、最可能需求量、最低需求量的加权比率分别为 0.2、0.7、0.1。

故，2020 年的预测值 = 29.30×0.2 + 25.00×0.7 + 20.70×0.1 = 25.43 亿 m³。

2. 定量预测法——移动平均法

根据市场调查中得到的 2010~2018 年 A 市的天然气使用量数据，采用 3 年期移动平均法对 2020 年 A 市的天然气需求量进行预测，见表 2-5。

**移动平均法预测** 表 2-5

| 年份 | 实际值 | 3年平均 | |
|---|---|---|---|
| | | 预测值 | 绝对误差 |
| 2010 | 6.32 | | |
| 2011 | 6.57 | | |
| 2012 | 7.64 | 6.45 | 1.20 |
| 2013 | 8.20 | 6.84 | 1.36 |
| 2014 | 9.34 | 7.18 | 2.16 |
| 2015 | 10.12 | 7.61 | 2.51 |
| 2016 | 11.47 | 9.22 | 2.25 |
| 2017 | 13.67 | 10.31 | 3.36 |
| 2018 | 15.68 | 11.75 | 3.93 |
| 合计 | | | 14.20 |
| 平均 | | | 2.84 |

故，2020 年的预测值 = $\frac{15.68+18.52+21.36}{3}$ = 18.52 亿 m³。

3. 预测结果

将上述两种方法所得结果进行平均，有：

$$2020 年的预测值 = \frac{18.52+25.43}{2} = 21.98 亿 m^3$$

到 2020 年，A 市将实现天然气使用量由 2018 年的 15.68 亿 m³ 增加到 21.98 亿 m³。为了满足不断扩大的天然气需求，保证居民、工业生产以及商业领域的燃气输送，必须大力加强天然气管道建设。

## 复习思考题

1. 简述工程项目市场调查的原则，并结合所知实际情况进行举例阐述。

2. 简述工程项目市场调查的主要内容。
3. 简述工程项目市场调查的流程。
4. 简述工程项目市场预测的主要内容。
5. 简述工程项目市场预测流程。
6. 搜集某一城市的房价数据，使用移动平均法对来年房价进行预测。
7. 谈谈在工程项目市场预测中定性预测与定量预测的优缺点。
8. 简述选择预测方法的依据。

# 3 资金时间价值与方案经济比选

**本章概要**
- 现金流量的概念及构成
- 资金时间价值的等值换算公式
- 项目评价指标的含义、计算及判断
- 工程项目方案的基本类型
- 各类型方案的比选方法

## 3.1 资金时间价值与等值换算

### 3.1.1 现金流量及其构成

**1. 现金流量的概念**

在进行工程经济计算时,可把所考察的对象视为一个系统,在这个系统中投入的资金、花费的成本和获取的收益,都可以看成是以资金形式体现的该系统的资金流入和资金流出。这种经济系统在一定时期内各时间点 $t$ 上实际发生的资金流入或资金流出称为现金流量。现金流量是衡量企业资产变现能力,经营状况是否良好,是否有足够的现金偿还债务的重要指标。其中,流出系统的资金称为现金流出(Cash Outputting,CO),流入系统的资金称为现金流入(Cash Inputting,CI),在同一时点上现金流入与现金流出之差(CO-CI)称为净现金流量(Net Cash Flow,NFC)。

**2. 现金流量的构成**

在项目工程经济分析与评价中,现金流量主要由投资、成本、销售收入、税金等构成。具体来说,现金流入包括销售收入、固定资产余值的回收、流动资金的回收等,现金流出包括固定资产投资、流动资金、经营成本和税金等。

**3. 现金流量图**

在评价不同投资方案的经济效果时,常利用"现金流量图"把各个方案的现金收支情况表示出来,以便于计算。所谓"现金流量图",就是将现金流量绘入时间坐标中。绘图时先画一条横线作横坐标,上面记有利息的时间单位(年或月);某期的现金收入(现金的增加),以垂直向上的箭头表示;某期的现金支付(现金的减少),以垂直向下的箭头表示,箭头的长、短与收、支的大小成比例。图 3-2 所示为贷款人的现金流量图。对借款人来说,由于立足点不同,绘成的现金流量图和图 3-2 大小相等,方向相反,如图 3-1 所示。

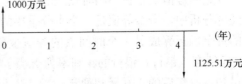

图 3-1 现金流量图(借款人)

### 3.1.2 资金时间价值与等值的概念

当比较投资方案的经济效果时,存在利息计算问题。计算利息就是考虑时间因素对投资效果的影响。

**1. 资金的时间价值**

由于货币通过投资在一定时期内能获得一定利息,每一元钱在将来和现在相比,其价值都不一样。正是由于利息和时间的这种关系,得出了"货币的时间价值"这一概念。货币的时间价值意味着相等的货币量,在不同的时点,就获得不同的值。

在工程经济计算中,无论是技术方案所发挥的经济效益还是所消耗的人力、物力和自然资源,最后都是以价值形态,即资金的形式表现出来的。资金运动反映了物化劳动和活劳动的运动过程,而这个过程也是资金随时间运动的过程。因此,在工程经济分析时,不仅要着眼于方案资金量的大小(资金收入和支出的多少),而且也要考虑资金发生的时间。资金的价值是随时间变化而变化的,是时间的函数,随时间的推移而增值,其增值的这部分资金就是原有资金的时间价值。

影响资金时间价值的因素很多,其中主要有:

(1) 资金的使用时间。在单位时间的资金增值率一定的条件下,资金使用时间越长,则资金的时间价值就越大;使用时间越短,则资金的时间价值就越小。

(2) 资金数量的大小。在其他条件不变的情况下,资金数量越大,资金的时间价值就越大;反之,资金的时间价值则越小。

(3) 资金投入和回收的特点。在总投资一定的情况下,前期投入的资金越多,资金的负效益越大;反之,后期投入的资金越多,资金的负效益越小。而在资金回收额一定的情况下,离现在越近的时间回收的资金越多,资金的时间价值就越大;反之,离现在越远的时间回收的资金越多,资金的时间价值就越小。

(4) 资金周转的速度。资金周转越快,在一定的时间内等量资金的时间价值越大;反之,资金的时间价值越小。

总之,资金的时间价值是客观存在的,投资经营的一项基本原则就是充分利用资金的时间价值并最大限度地获得其时间价值,这就要加速资金周转,早期回收资金,并不断进行高利润的投资活动;而任何积压资金或闲置资金不用,就是白白地损失资金的时间价值。

**2. 资金的等值**

在进行经济分析时,为了比较投资方案的经济效益,需对方案寿命周期内不同时点发生的现金流量进行计算和分析。由于资金具有时间价值,不同时点上发生的现金流入或现金流出,不能直接进行数值上的加减,应该将其等值换算到同一时点上进行分析。

资金的等值是指在不同时点上的绝对数值不等的若干资金具有相等的经济效益。在工程经济分析中,资金等值是一个十分重要的概念,利用等值的概念,可以把一个时间点发生的资金额折算成另一个时间点的等值金额,这一过程被称为等值计算。例如,现在将100元钱存入银行,银行的年利率为10%,则一年后价值110元,两年后价值121元。由此可知,一年后的110元和两年后的121元与现在的100元钱是等值的。资金的等值计算,是以资金的时间价值原理为依据,以利率为杠杆,结合资金的使用时间及增值能力,对工程项目和技术方案的现金进行折算，以期找出共同点上的等值资金额来进行比较、计算和流量选择。

### 3.1.3 利息、利率及其计算

1. 单利与复利

每单位时间增加的利息与原金额（本金）之比，称为利率，其公式如下：

$$利率 = \frac{每单位时间增加的利息}{本金} \times 100\% \tag{3-1}$$

用以表示利率的时间单位，称为利息周期。利息周期通常为一年，也有以半年或一个季度、一个月为周期的。

（1）单利利息的计算方法

单利利息的计算方法是仅用本金来计算利息，不计算利息的利息，即利息不再生利。利息与本利和的计算公式如下：

$$I = P \cdot i \cdot n \tag{3-2}$$

$$F = P(1+in) \tag{3-3}$$

式中 $I$——利息；

$i$——利率；

$n$——利息周期数；

$P$——本金（投资的现值）；

$F$——本利和（投资的未来值）。

【例3-1】如某工程项目建设贷款1000万元，合同规定四年后偿还，年利率为3%，单利计息，问四年后应还贷款的本利和共多少？

**解**：$F = P(1+in) = 1000 \times (1+0.03 \times 4) = 1120$ 万元

（2）复利利息的计算方法

复利利息的计算方法就是除了要计算本金的利息之外，还要计算利息的利息，即利息还要生利。

现仍以例3-1举例，如果按复利计息，则四年后应偿还的本利和，如表3-1所列，其现金流量图（贷款人的）见图3-2。

工程项目投资贷款时，有的是一次贷款，一次偿还；有的是一次贷款，分期等额偿还；有的是分期等额贷款，一次偿还，等。后面将对其复利利息的计算方法，分别介绍。

例3-1 复利计算表　　　　　　　　　　　　　　表3-1

| 利息周期(年) | 年初借款(A) | 年末利息(B) | 年末借款总额(A+B) | 年末偿还 |
| --- | --- | --- | --- | --- |
| 1 | 1000 万元 | 1000×0.03=30 万元 | 1000+30=1030 万元 | 0 |
| 2 | 1030 万元 | 1030×0.03=30.9 万元 | 1030+30.9=1060.9 万元 | 0 |
| 3 | 1060.90 万元 | 1060.90×0.03=31.83 万元 | 1060.9+31.83=1092.73 万元 | 0 |
| 4 | 1092.73 万元 | 1092.73×0.03=32.78 万元 | 1092.73+32.78=1125.51 万元 | 1125.51 万元 |

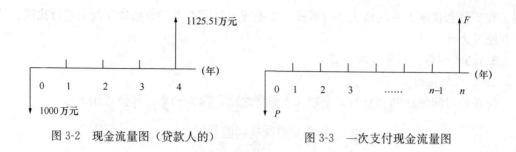

图 3-2 现金流量图（贷款人的）　　图 3-3 一次支付现金流量图

## 2. 名义利率与实际利率

以上的复利利息计算中，都把利息周期作为一年。当利息周期不满一年时，就有了名义利率与实际利率之区分。

名义利率为利息周期利率乘以每年的利息周期数，如利息周期利率为每月1%，则每年名义利率以12%表示（即每月1%×每年12月）。由此可见，计算名义利率时，忽略了利息的时间价值，正如计算单利时一样，仅用本金来计算利息，不计入在先前利息周期中所累加的利息（即利息不再生利）。

实际利率是以利息周期利率来计算年利率，也就是考虑了利息的时间价值（即利息再生利息）。

为了说明名义利率和实际利率的不同，现以两种利率来计算1000元钱一年后的未来值。

如某项存款按复利计息，利息周期为半年，年利率8%，以名义利率每年8%计算，1000元存款一年后的未来值是：

$$F = P(1+i) = 1000 \times (1+8\%)^1 = 1080 \text{ 元}$$

因为利息周期为半年，即利息半年复利一次，其一年后的未来值将包括第一个利息周期中所得利息的利息。年利率8%半年复利一次，表示存款每年可得4%利息两次（也即每6个月一次）。

很明显，在上式计算中忽略了第一个利息周期中所得的利息。考虑到半年复利一次，则1000元存款一年后的未来值实际上是：

$$F = 1000(1+4\%)^2 = 1000 \times 1.0816 = 1081.60 \text{ 元}$$

其中4%为实际半年利率，由8%÷2=4%计算出，因为每一年中有两个利息周期。所以实际年利率是8.16%，而不是8%。

由名义利率求实际利率的计算公式为：

$$\begin{aligned}(1+i) &= \left(1+\frac{r}{t}\right)^t \\ i &= \left(1+\frac{r}{t}\right)^t - 1\end{aligned} \tag{3-4}$$

式中　$i$——实际利率；
　　　$r$——名义利率；
　　　$t$——复利周期数。

当利息周期为一年时,名义利率就等于实际利率。

### 3.1.4 等值换算的基本公式

1. 基本参数及其含义

利用资金等值的概念,把不同时点上发生的资金金额换算成同一时点的等值金额,这一过程叫作资金等值计算。资金等值的计算方法与利息的计算方法相同,根据支付方式不同,可以分为一次支付系列、等额支付系列、等差支付系列和等比例支付系列。

在资金等值计算中,常涉及以下基本参数:

(1) 利率($i$)

利率又称折现率。在工程经济分析中,如不做其他说明,概指年利率,其意义是在一年内投资所得利润或利息与原投资额之比。

(2) 计息期数($n$)

是指资金在计算期内计息次数,其单位通常用"年"。

(3) 现值($P$)

表示资金发生在某一特定时间序列始点上的价值,它代表本金。在资金等值计算中,将一个(一系列)时点上的资金"从后往前"折算到某个时点上都是求其现值,通常情况下是折算到0时点上。求现值的过程称为折现(或贴现),折现计算是工程经济分析时常采用的一种基本方法。

(4) 终值($F$)

表示资金发生在某一特定时间序列终点上的价值,它代表本利和。在资金等值计算中,将一个(一系列)时点上的资金"从前往后"折算到某个时点上都是求其终值,通常情况下是折算到$n$时点上,求资金的终值就是求其本利和。

(5) 年值($A$)

是指隔年等额收入或支出的金额,通常以等额序列表示,即在某一特定时间序列期内,每隔相同时间收支的等额款项。其意义是在利率$i$的条件下,在$n$次等额支付中,每次支出或收入的金额。

2. 基本公式

(1) 一次支付复利公式

如果有一笔资金$P$,以年利率$i$进行投资,按复利计息,到第$n$年年末其本利和$F$应为多少?

其现金流量图如图 3-3 所示。

第$n$年年末的本利和为

$$F = P(1+i)^n \tag{3-5}$$

为了计算方便,我们可以按照不同的利率$i$和利息周期$n$计算出的值$(i+i)^n$,列成一个系数表。这个系数称作"一次支付复利系数",查普通复利表即可得出,通常用$(F/P, i, n)$表示。

因此,公式可写成:$F = P(F/P, i, n)$

【例 3-2】如在第一年年初以年利率5%投资1000万元,按复利计息,到第四年年末的本利和是多少?

**解:** $F = 1000(F/P, 5\%, 4) = 1000 \times 1.216 = 1216$ 万元

**(2) 一次支付现值公式**

从以上的复利计算可以看出，如年利率为 5%，四年后的资金 1216 万元，仅相当于现在的 1000 万元。这种把将来一定时间所得收益（或应支付费用）换算成现在时刻的价值（即现值）就叫"折现"或"贴现"。

由 $F = P(1+i)^n$

可得

$$P = \frac{F}{(1+i)^n} = F(1+i)^{-n} \tag{3-6}$$

式中 $\frac{1}{(1+i)^n}$ 称作"一次支付现值系数"，并用 $(P/F, i, n)$ 表示，利用这个系数查普通复利表可以求出未来金额的现值。

【例 3-3】为了在四年后得到 1216 万元，按复利计息，年利率为 5%，现在必须投资多少？

**解**：$P = 1216(P/F, 5\%, 4) = 1216 \times 0.8227 = 1000$ 万元

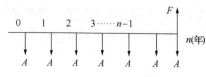

图 3-4 等额支付系列现金流量图

**(3) 等额支付系列复利公式**

如某工程项目建设，在 $n$ 年内，每年年末由银行获得贷款金额为 $A$，年利率为 $i$，到年末按复利计息，共需偿还本利和 $A$ 为多少？

其现金流量图（贷款人的）如图 3-4 所示。

由现金流量图可以看出：

$$F = A + A(1+i) + A(1+i)^2 + \cdots\cdots + A(1+i)^{n-1}$$

根据等比数列前项的和的公式，得出：

$$F = A\frac{(1+i)^n - 1}{i} \tag{3-7}$$

式中　　$A$——$n$ 次等额支付系列中的一次支付，在各个利息周期末实现；

$\frac{(1+i)^n - 1}{i}$——这个系数称作"等额支付系列复利系数"，通常用 $(F/A, i, n)$ 表示。

【例 3-4】若连续五年每年年末投资 1000 元，年利率 6%，按复利计息，到第五年年末可得到的本利和是多少？

**解**：$F = 1000(F/A, 6\%, 5) = 1000 \times 5.637 = 5637$ 元

**(4) 等额支付偿债基金公式**

这一公式用来计算为了在若干 $n$ 年后，得到一笔未来资金 $F$，从现在起每年年末必须存储若干资金。

从等额支付系列复利公式可得：

$$A = F\frac{i}{(1+i)^n - 1} \tag{3-8}$$

系数 $\frac{i}{(1+i)^n - 1}$ 称作"等额支付偿债基金系数"，通常用 $(A/F, i, n)$ 表示。

【例 3-5】如果要在五年后得到资金 5637 元（未来值），按年利率 6%，复利计息，从现在起每年年末，必须存储多少？

解：$A = 5637(A/F, 6\%, 5) 5637 \times 0.1774 = 1000$ 元

(5) 等额支付系列资金回收公式

若以年利率 $i$，按复利计息，投入一笔资金 $P$，希望在今后 $n$ 年内，把本利和以在每年末提取等额 $A$ 的方式回收，其 $A$ 值应为多少？其现金流量图见图 3-5。

（借款人的）（贷款人的）
先用现值 $P$ 计算出未来值 $F$

$$F = P(1+i)^n$$

已知等额支付系列偿债基金公式为：

$$A = F \frac{i}{(1+i)^n - 1}$$

将已计算出的未来值代入上式

$$A = P \frac{i(1+i)^n}{(1+i)^n - 1} \tag{3-9}$$

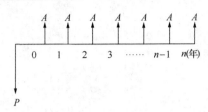

图 3-5 等额支付系列资金回收现金流量图

系数 $\dfrac{i(1+i)^n}{(1+i)^n - 1}$ 称作"等额支付系列资金回收系数"，又称"资金回收系数"，通常用 $(A/P, i, n)$ 表示。

【例 3-6】如现在以年利率 5%，按复利计息，投资 1000 元，分 8 年以等额收回，每年年末可收回多少？

解：$A = 1000(A/P, 5\%, 8) = 1000 \times 0.1547 = 154.70$ 元

(6) 等额支付系列现值公式

已知等额支付系列资金回收公式为：

$$A = P \frac{i(1+i)^n}{(1+i)^n - 1}$$

现已知等额支付系列中的 $A$，求现值 $P$。

$$P = A \frac{(1+i)^n - 1}{i(1+i)^n} \tag{3-10}$$

系数 $\dfrac{(1+i)^n - 1}{i(1+i)^n}$ 称作"等额支付系列现值系数"，通常用 $(P/A, i, n)$ 表示。

【例 3-7】今后 8 年，每年年末可以支付 154.70 元，按年利率 5%，复利计息，其现值是多少？

解：$P = 154.70(P/A, 5\%, 8) = 154.70 \times 6.463 = 1000$ 元

(7) 均匀梯度支付系列复利公式

当投资随着时间的增长，每年（或某单位时间）以等额递增（减）的方式进行时，便形成一个均匀梯度支付系列。若第一年年末的支付是 $A_1$，第二年年末的支付是 $A_1 + G$，第三年年末的支付是 $A_1 + 2G$，……，第 $n$ 年年末的支付是 $A_1 + (n-1)G$。其现金流量图，如图 3-6 所示。

对于这样一个均匀梯度支付系列的复利计算，比较简便的方法，是把它看作由两个系列组成，如图 3-7 所示。一个是等额支付系列，其每年年末的等额支付为 $A_1$；另一

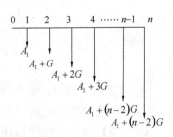

图 3-6 均匀梯度支付系列现金流量图

## 3 资金时间价值与方案经济比选

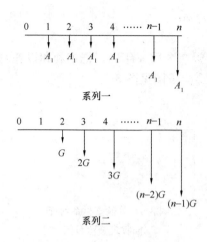

图 3-7 均匀梯度支付系列分解为两个系列的现金流量图

个是由 $0、G、2G、\cdots\cdots、(n-1)G$ 组成的梯度支付系列，即从第二年年末起，每年递增（减）一个 $G$，$G$ 称为梯度量。

由图 3-7 可见，第一个系列即等额支付系列，$A_1$ 为已知。如果能将第二个系列即梯度支付系列，也转换成每年年末等额支付系列，则两个系列都是等额支付系列了。

设 $A=A_1+A_2$，为两个系列每年年末的等额支付之和。这样，得出 $A$ 后，均匀梯度支付系列的复利计算就可应用等额支付系列复利公式求出。

为了将梯度支付系列转换为等额支付系列，首先将图 3-7 中的系列二，分解成 $(n-1)$ 个年末支付为 $G$ 的等额支付系列，如图 3-8 所示。

由等额支付系列复利公式，求出各个系列的未来值，将其汇总后就得出系列二的未来值（本利和）$F_2$。

$$F_2 = G\left[\frac{(1+i)^{n-1}-1}{i}\right] + G\left[\frac{(1+i)^{n-2}-1}{i}\right] + \cdots\cdots + G\left[\frac{(1+i)^2-1}{i}\right] + G\left[\frac{(1+i)^1-1}{i}\right]$$

$$= \frac{G}{i}[(1+i)^{n-1} + (1+i)^{n-2} + \cdots\cdots + (1+i)^2 + (1+i) - (n-1) \cdot 1]$$

$$= \frac{G}{i}[(1+i)^{n-1} + (1+i)^{n-2} + \cdots\cdots + (1+i)^2 + (1+i) + 1] - \frac{nG}{i}$$

上式中方括弧内各项之和，正是 $n$ 年的等额支付系列复利系数。所以

$$F_2 = \frac{G}{i}\left[\frac{(1+i)^n-1}{i}\right] - \frac{nG}{i}$$

求出 $F_2$ 后，由等额支付偿债基金公式即可求出 $A_2$，即

$$A_2 = F_2\left[\frac{i}{(1+i)^n-1}\right]$$

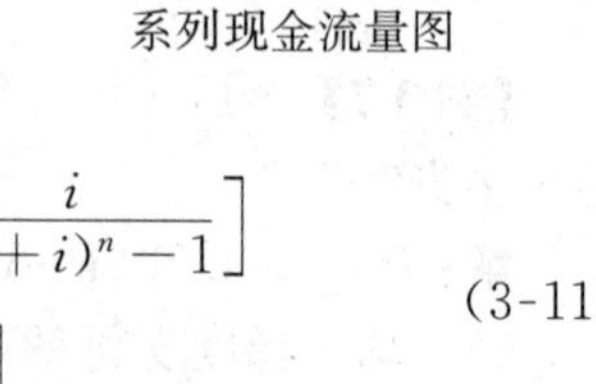

图 3-8 $(n-1)$ 个等额支付系列现金流量图

将 $F_2$ 值代入，得

$$\begin{aligned}A_2 &= \frac{G}{i}\left[\frac{(1+i)^n-1}{i}\right]\left[\frac{i}{(1+i)^n-1}\right] - \frac{nG}{i}\left[\frac{i}{(1+i)^n-1}\right] \\ &= \frac{G}{i} - \frac{nG}{(1+i)^n-1} = G\left[\frac{1}{i} - \frac{n}{(1+i)^n-1}\right]\end{aligned} \tag{3-11}$$

系数 $\left[\dfrac{1}{i} - \dfrac{n}{(1+i)^n-1}\right]$ 称作"均匀梯度支付系列复利系数"，通常用 $(A/G, i, n)$ 表示。

$A_2$ 求出后，将 $A_1$ 和 $A_2$ 相加即可得出值 $A$。然后由等额支付系列复利公式，即可求出均匀梯度支付系列的复利本利和 $F$。

【例 3-8】如某工程项目建设在八年内，第一年年末贷款 1000 万元，自第二年年末开始，每年末递增贷款 100 万元，按复利计息，年利率为 10%，求到第八年年末共需偿还本利和多少？

**解：**

$$A = A_1 + A_2 = 1000 + 100(A/G, 10\%, 8)$$
$$= 1000 + 100 \times 3.0045 = 1000 + 300.45 = 1300.45 \text{ 万元}$$

已知 $A$，求 $F$

$$F = 1300.45 \times (F/A, 10\%, 8) = 1300.45 \times 11.4359 = 14871.82 \text{ 万元}$$

以上介绍的各种复利系数，均可在普通复利表中查出。表 3-2 是复利利率为 5% 时的普通复利表。

**5%普通复利表**    表 3-2

| 期数 | 一次支付 | | 等额支付系列 | | | | 均匀梯度支付系列 |
|---|---|---|---|---|---|---|---|
| | 复利系数 | 现值系数 | 复利系数 | 偿债基金系数 | 资金回收系数 | 现值系数 | 复利系数 |
| | 已知$P$求$F$ $F/P, i, n$ | 已知$F$求$P$ $P/F, i, n$ | 已知$A$求$F$ $F/A, i, n$ | 已知$F$求$A$ $A/F, i, n$ | 已知$P$求$A$ $A/P, i, n$ | 已知$A$求$P$ $P/A, i, n$ | 已知$G$求$A$ $A/G, i, n$ |
| 1 | 1.050 | 0.9524 | 1.000 | 1.00000 | 1.05000 | 0.952 | 0.0000 |
| 2 | 1.103 | 0.9070 | 2.050 | 0.48780 | 0.53780 | 1.859 | 0.4878 |
| 3 | 1.158 | 0.8638 | 3.153 | 0.31721 | 0.36721 | 2.723 | 0.9675 |
| 4 | 1.216 | 0.8227 | 4.31 | 0.23201 | 0.28201 | 3.546 | 1.4391 |
| 5 | 1.276 | 0.7835 | 5.526 | 0.18097 | 0.23097 | 4.329 | 1.9025 |
| 6 | 1.340 | 0.7462 | 6.802 | 0.14702 | 0.19702 | 5.076 | 2.3579 |
| 7 | 1.407 | 0.7107 | 8.142 | 0.12282 | 0.17282 | 5.786 | 2.8052 |
| 8 | 1.477 | 0.6768 | 9.549 | 0.10472 | 0.15472 | 6.463 | 3.2445 |
| 9 | 1.551 | 0.6446 | 11.027 | 0.09069 | 0.14069 | 7.108 | 3.6785 |
| 10 | 1.629 | 0.6139 | 12.578 | 0.07950 | 0.1295 | 7.722 | 4.0991 |
| 11 | 1.710 | 0.5847 | 14.207 | 0.07039 | 0.12039 | 8.306 | 4.5144 |
| 12 | 1.796 | 0.5568 | 15.917 | 0.06283 | 0.11283 | 8.863 | 4.9219 |
| 13 | 1.886 | 0.5303 | 17.713 | 0.05646 | 0.10646 | 9.934 | 5.3215 |
| 14 | 1.980 | 0.5051 | 19.599 | 0.05102 | 0.10102 | 9.899 | 5.7133 |
| 15 | 2.079 | 0.4810 | 21.579 | 0.04634 | 0.09634 | 10.380 | 6.0973 |
| 16 | 2.183 | 0.4581 | 23.657 | 0.04227 | 0.09227 | 10.838 | 6.4736 |
| 17 | 2.292 | 0.4363 | 25.840 | 0.03870 | 0.08870 | 11.274 | 6.8423 |
| 18 | 2.407 | 0.4155 | 28.132 | 0.03555 | 0.08555 | 11.690 | 7.2034 |
| 19 | 2.527 | 0.3957 | 30.539 | 0.03275 | 0.08275 | 12.085 | 7.6569 |
| 20 | 2.653 | 0.3769 | 33.066 | 0.03024 | 0.08024 | 12.462 | 7.9030 |

**3. 公式使用注意事项**

1）计息期为时点或时标，本期末即等于下期初。0 点就是第一期初，也叫零期；第一期末即等于第二期初；依此类推。

2）$P$ 是在第一计息期开始时（0 期）发生。

3）$F$ 发生在考察期期末，即 $n$ 期末。

4) 各期的等额支付 $A$，发生在各期期末。

5) 当问题包括 $P$ 与 $A$ 时，系列的第一个 $A$ 与 $P$ 隔一期。即 $P$ 发生在系列 $A$ 的前一期。

6) 当问题包括 $A$ 与 $F$ 时，系列的最后一个 $A$ 与 $F$ 同时发生。不能把 $A$ 定在每期期初，因为公式的建立与它是不相符的。

## 3.2 项目评价指标的计算

### 3.2.1 指标的分类

项目经济评价指标是多种多样的，它们从不同角度反映项目的经济性。本书考虑到资金的时间价值，将这些指标分为静态指标和动态指标两类。不考虑资金时间价值的现金指标被称为静态指标，静态指标计算简便、直观，便于理解，但不够准确，主要用于技术经济数据不完备和不精准的项目初选阶段。考虑资金时间价值的现金指标被称为动态指标，动态指标考察了项目在整个计算期内的收入与支出的全部经济数据，用于项目最后决策前的可行性研究阶段。现金流量指标的分类如图 3-9 所示。

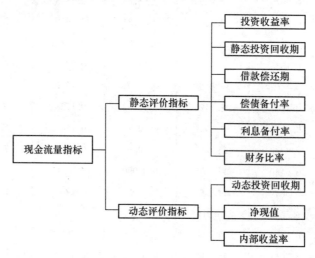

图 3-9 评价指标分类图

### 3.2.2 静态指标的含义和计算

静态指标是指不考虑资金时间价值因素影响而计算的现金指标，主要包括投资收益率、投资回收期、借款偿还期等指标。

1. 投资收益率

投资收益率（Investment Rate of Return，IRR）是指项目在正常年份的净收益与期初的投资总额的比值。其表达式为：

$$R = \frac{NB}{K} \tag{3-12}$$

式中，$K$ 为投资总额，$K = \sum_{t=0}^{m} K_t$；$K_t$ 为第 $t$ 年的投资额；$m$ 为完成投资额的年份；$R$ 为投资收益率；$NB$ 为正常年份收益率；根据不同分析目的，$NB$ 可以是税前利润也可以是税后利润。

根据 $K$ 和 $NB$ 的具体含义，$R$ 可以表现为各种不同的具体形态。投资收益率常见的具体形态有总投资收益率、项目资本金净利润率、投资利税率、投资利润率等。

用投资收益率判断方案的优劣需要用方案的投资收益率与国家或行业确定的基准投资收益率相比较。而基准投资收益率是国家或行业根据历史数据确定的。设基准投资收益率为 $R_b$，当 $R \geq R_b$ 时，项目可行，可以考虑接受；当 $R < R_b$ 时，项目不可行，应予以拒绝。若多个方案比较，则在各个方案满足 $R \geq R_b$ 时，投资收益率越大的方案越好。

2. 静态投资回收期

投资回收期又可称为返本期，是反映投资方案盈利能力的指标。静态投资回收期（Satic Payback Period，SPP）是在不考虑资金时间价值的条件下，以方案的净收益回收其总投资（包括固定资产投资和流动资金）所需要的时间，一般以年为单位。项目投资回收期宜从项目建设开始年算起，若从项目投产开始年算起，应予以特别注明。其表达式为：

$$P_t = T - 1 + \frac{|第 T-1 年的累计净现金流量|}{第 T 年的净现金流量} \tag{3-13}$$

式中，$T$ 为项目各年累计净现金流量首次出现正值或零的年份。

利用静态投资回收期进行评价时，需要与根据同类项目的历史数据和投资者意愿确定的基准投资回收期 $P_c$ 对比：若 $P_t \leq P_c$，说明方案经济效益好，方案可以考虑接受；若 $P_t > P_c$，说明方案经济效益不好，方案应予以拒绝。由于静态投资回收期越长，项目的盈利能力越弱，而且方案面临的风险越大。因此，投资者必然希望投资回收期越短越好。

【例 3-9】依据表 3-3 数据计算静态投资回收期。

各年净现金流量表　　　　表 3-3

| 年序/年 | 0 | 1 | 2 | 3 | 4 | 5 | 6 | 7 | 8 |
|---|---|---|---|---|---|---|---|---|---|
| 现金收入(万元) | | | | 800 | 1200 | 1200 | 1200 | 1200 | 1200 |
| 现金支出(万元) | | 600 | 900 | 500 | 700 | 700 | 700 | 700 | 700 |
| 净现金流量(万元) | | −600 | −900 | 300 | 500 | 500 | 500 | 500 | 500 |
| 累计净现金流量(万元) | | −600 | −1500 | −1200 | −700 | −200 | 300 | 800 | 1300 |

**解**：由表 3-3 可知静态投资回收期在第 5 年和第 6 年间，按照公式（3-13）进行计算。该项目静态投资回收期为 $P_t = 6 - 1 + \frac{|-200|}{500} = 5.4$ 年。

3. 借款偿还期

借款偿还期是根据国家财政规定及投资项目的具体财务条件，以项目投产后可作为偿还贷款的收益（利润、折旧及其他收益）来偿还项目投资借款本金和利息所需要的时间，是反应项目借款偿债能力的重要指标。其表达式为：

$$P_d = (借款偿还后出现盈余年份 - 开始借款年份) + \frac{当年应偿还借款额}{当年可用于还款的收益额} \tag{3-14}$$

一般借款偿还期满足贷款机构的要求期限时，即认为项目是有借款偿债能力的。借款偿还期适用于那些计算最大偿还能力，尽快还款的项目，不适用于那些预先给定借款偿还期的项目。对于预先给定借款偿还期的项目,应采取利息备付率和偿债备付率指标来分析项目的偿债能力。

4. 偿债备付率

偿债备付率(Debt Service Coverage Ratio,DSCR),又称偿债覆盖率,是指项目在借款偿还期内,各年可用于还本付息的资金与当期应还本付息金额的比值。偿债备付率是表示项目偿还能力的指标,表示可用于还本付息的资金偿还借款本息的保障倍数。其表达式为:

$$偿债备付率 = \frac{可用于还本付息资金}{当期应还本付息金额} \times 100\% \tag{3-15}$$

偿债备付率通常在借款偿还期内分年计算。偿债备付率表示可用于还本付息的资金偿还借款本息的保障倍数。偿债备付率在正常情况应当大于 1,当指标小于 1 时,表示当年资金来源不足以偿付当期债务,需要通过短期借款偿付已到期债务。

5. 利息备付率

利息备付率(Interest Coverage Ratio,ICR)是指在借款偿还期内的各年可用于支付利息的息税前利润与当期应付利息的比值。它从付息资金来源的充裕性角度反映项目偿付债务利息的保障程度和支付能力,因此也称为已获利息倍数。其表达式为:

$$利息备付率 = \frac{息税前利润}{年应付利息费用} \times 100\% \tag{3-16}$$

利息备付率通常按年计算。

6. 财务比率

(1) 资产负债率

资产负债率(Liability On Asset Ratio,LOAR)是综合反映项目各年所面临的财务风险程度及偿债能力的指标,它是各期末负债总额与资产总额的比值。资产负债率揭示了项目投资者对债权人债务的保障程度,是分析项目长期债务清偿能力的重要指标。其表达式为:

$$资产负债率 = \frac{负债总额}{资产总额} \times 100\% \tag{3-17}$$

资产负债率没有具体的合理数值,它取决于项目的盈利率、银行贷款利率、通货膨胀率、国民经济的积累率和国民经济发展水平。一般地,项目盈利率较高,其可承受负债率也可以高一些;贷款利率提高,会使企业负债减少;国民经济景气时,企业会有高负债率。另外,规模较大、期限较长、投资额较大的项目,其资产负债率也较高。

(2) 流动比率

流动比率是流动资产与流动负债之比,反映项目流动资产偿还流动负债的能力。其表达式为:

$$流动比例 = \frac{流动资产}{流动负债} \times 100\% \tag{3-18}$$

流动比率描述的是项目流动资产变现为现金以偿还流动负债的能力,流动比率的高低反映了项目承受流动资产贬值的能力和偿还中、短期债务能力的强弱。流动比率越高,说明该项目偿还能力越强。

（3）速动比率

速动比率是企业一定时间速动资产与流动负债之比，反映项目在短时间内（一年内）偿还流动负债的能力。其表达式为：

$$速动比率 = \frac{速动资产}{流动负债} \times 100\% \tag{3-19}$$

式中，速动资产＝流动资产－存货。速动比率描述企业实际短期债务偿还能力，较流动比率更为准确。该指标越高，说明偿还流动负债的能力越强。与流动比率一样，该指标过高，说明企业资金利用率低，对企业的运营也不利，国际公认的标准比率为100%。同样，行业间该指标也有较大差异，实践中应结合行业特点分析判断。

### 3.2.3 动态指标的含义和计算

动态指标是指考虑资金时间价值因素影响而计算的现金指标，主要包括动态投资回收期、净现值、内部收益率等。动态指标更加注重计算期内各年现金流量的具体情况，因此更加科学和全面，其应用更加广泛。

**1. 动态投资回收期**

动态投资回收期（Dynamic Payback Period，DPP）是指在给定的基准收益率下，用项目或方案各年净收益的现值来回收全部投资的现值所需的时间。其表达式为：

$$\sum_{t=0}^{P'_t}(CI_t - CO_t)(1+i_c)^{-t} = 0 \tag{3-20}$$

式中，$P'_t$ 为动态投资回收期；$CI$ 为第 $t$ 年的现金流入量；$CO$ 为第 $t$ 年的现金流出量；$i_c$ 为基准收益率。实际计算时，通常是根据方案的现金流量采用表格计算的方法，并用下列公式：

$$P'_t = 累计净现金流开始出现正值的年份 - 1 + \frac{|上年累计净现金流量折现值|}{当年净现金流量折现值} \tag{3-21}$$

利用动态投资回收期评价方案或项目，也是与基准投资回收期 $T_0$ 进行比较来判断。判断准则是：$P'_t \leq T_0$ 时，说明方案的经济效益好，方案可行；$P'_t > T_0$ 时，说明方案经济效益不好，方案不可行。当方案进行比较时，在每个方案自身满足 $P'_t \leq T_0$ 时，动态投资回收期越短方案越好。

**【例3-10】** 某工程项目各年的净现金流量如表3-4所示，基准收益率为12%，试计算该项目的动态投资回收期。

某工程净现金流量表　　　　　表3-4

| 年序/年 | 0 | 1 | 2 | 3 | 4 | 5 | 6 | 7 |
|---|---|---|---|---|---|---|---|---|
| 净现金流量(万元) | −60 | −80 | 30 | 40 | 60 | 60 | 60 | 60 |

**解**：根据给定表计算各年净现金流量现值和累计净现金流量现值，如表3-5所示。

现金流量表　　　　　表3-5

| 年序/年 | 0 | 1 | 2 | 3 | 4 | 5 | 6 | 7 |
|---|---|---|---|---|---|---|---|---|
| 净现金流量(万元) | −60 | −80 | 30 | 40 | 60 | 60 | 60 | 60 |
| 净现金流量现值(万元) | −60 | −71.429 | 23.916 | 28.471 | 38.131 | 34.046 | 30.398 | 27.141 |
| 累计净现金流量现值(万元) | −60 | −131.429 | −107.513 | −79.042 | −40.911 | −6.865 | 23.533 | 50.674 |

根据公式（3-21）可计算得出该项目动态投资回收期为 $P'_t = 6 - 1 + \frac{|-6.865|}{30.398} = 5.23$（年）

2. 净现值

净现值（Net Present Value，NPV）是反映投资方案在计算期内获利能力的动态评价指标。方案的净现值是指方案在寿命期内各年的净现金流量按照设定的折现率（或预定的基准收益率）折现到期初的现值之和。其表达式为：

$$NPV = \sum_{t=0}^{n}(CI_t - CO_t)(1+i_c)^{-t} \tag{3-22}$$

式中，$NPV$ 为项目或方案净现值；$CI_t$ 为第 $t$ 年的现金流入量；$CO_t$ 为第 $t$ 年的现金流出量；$n$ 为该方案的计算期；$i_c$ 为设定的折现率（或基准收益率）。

利用净现值判断方案时，对一方案而言，若 $NPV \geqslant 0$，则方案可行，可以接受；若 $NPV < 0$，则方案不可行，应予以拒绝。净现值表示在设定的折现率 $i_c$ 的情况下，方案在不同时点发生的净现金流量折现到期初时，整个寿命期内所能得到的净收益。如果方案的净收益等于零，表示该投资方案刚好达到预定的收益率标准；如果方案的净收益大于零，表示该投资方案实施后除保证可实现预定的收益率外，尚可获得更高的收益；如果方案的净收益小于零，表示该投资方案实施后的投资收益率不能达到所预定的收益率水平，但不能确定项目已经亏损。

【例 3-11】某投资项目的数据如表 3-6 所示，基准收益率为 10%，计算该项目的净现值，并判断该项目是否可行。

某工程净现金流量表　　　　　　　　　　　　　　表 3-6

| 年序/年 | 0 | 1 | 2 | 3 | 4 | 5 | 6 | 7 | 8 | 9 | 10 |
|---|---|---|---|---|---|---|---|---|---|---|---|
| 净现金流量(万元) | -2500 | -2000 | 1200 | 1200 | 1200 | 1200 | 1200 | 1200 | 1200 | 1200 | 1200 |

解：$NPV = -2500 - 2000(P/F, 10\%, 1) + 1200(P/A, 10\%, 9)(P/F, 10\%, 1) = 1964.39$（万元）

由于 $NPV > 0$，故方案可行。

从净现值的计算公式（3-22）可知，当项目的净现金流量确定的情况下，净现值 $NPV$ 会随着折现率 $i_c$ 的增加而减少，若 $i_c$ 连续变化，可得出净现值 $NPV$ 随折现率 $i_c$ 变化的函数，此函数即为净现值函数，如图 3-10 所示。

3. 内部收益率

内部收益率（Internal Rate of Return，IRR）又称为内部报酬率，是指项目在计算期内各年净现金流量现值代数和等于零（即净现值等于零）时的折现率。也就是说，在这个折现率时，项目的现金流入的现值和等于其现金流出的现值和。如图 3-10 所示，随着折现率不断增大，净现值逐渐减至少。当折现率增加到 $i^*$ 时，项目的净现值是零，这个 $i^*$ 就是内部收益率。因此，内部收益率就是净现值曲线与横坐标交点处对

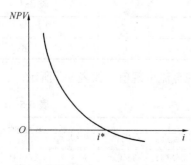

图 3-10　净现值与折现率函数关系图

应的折现率。其表达式为：

$$NPV(IRR) = \sum_{t=0}^{n}(CI_t - CO_t)(1+IRR)^{-t} = 0 \tag{3-23}$$

式中，$IRR$ 为内部收益率，其余符号意义同前。

通过观察可以发现，公式（3-23）是一个高次方程，直接求解比较复杂，因此在实际应用过程中，通常采用"试算内插法"求解 $IRR$ 的近似解。如图 3-11 所示，给出 $i_1$ 和 $i_2$ 两个折现率，计算出他们对应的净现值 $NPV(i_1)$、$NPV(i_2)$，可以得出 $NPV(i_1) > 0$，$NPV(i_2) < 0$，然后用线性内插法计算内部收益率的近似值。

根据相似形原理，图 3-11 中有如下关系：

$$\frac{i^* - i_1}{i_2 - i^*} = \frac{NPV(i_1)}{|NPV(i_2)|}$$

等式变换可得：

$$IRR = i_1 + \frac{NPV(i_1)(i_2 - i_1)}{NPV(i_1) + |NPV(i_2)|} \tag{3-24}$$

具体的求解过程如下：

（1）给出一个折现率 $i_1$，并计算该折现率所对应的净现值 $NPV(i_1)$，并不断测试，使得 $NPV(i_1) > 0$，且接近于 0。

（2）再给出一个折现率 $i_2$，并计算该折现率所对应的净现值 $NPV(i_2)$，不断测试，使得 $NPV(i_2) < 0$，且接近于 0。

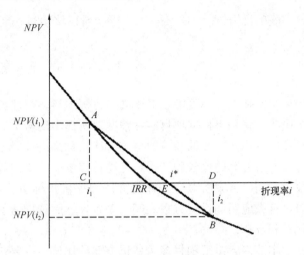

图 3-11　内插法求解内部收益率

（3）计算 $\Delta = i_2 - i_1$。但选取的 $i_1$ 和 $i_2$ 的差别不能太大，要求 $\Delta < 5\%$，目的是减少内插的误差。

（4）将上述试出的数据代入公式（3-23）计算内部收益率。

内部收益率的判断准则是：设基准折现率为 $i_c$，若 $IRR \geqslant i_c$，则项目可行；若 $IRR < i_c$，则项目不可行。

内部收益率的经济含义是，在项目的寿命期内，项目投资将不断通过项目的净收益加以收回，其尚未回收的资金将以内部收益率获取收益，直到项目计算期结束，能反映项目自身的盈利能力，其值越高，方案的经济性越好。内部收益率是除净现值以外的另一个重要的经济评价指标。

内部收益率通常适用于常规项目的经济评价，否则会出现内部收益率的多个解，造成评价指标失效。所谓常规项目，是指在项目寿命期内除了建设期或投产初期的净现金流量是负值，其余年份项目进入运营期后，净现金流量均为正值，即计算期内净现金流量的符号变化一次且由负变正的项目。

【例 3-12】某工程项目现金流量如表 3-7 所示，设基准折现率为 $10\%$，试计算该项目的内部收益率并判断项目可行性。

某项目净现金流量表　　　　　　　　　　表 3-7

| 年序/年 | 0 | 1 | 2 | 3 | 4 | 5 |
|---|---|---|---|---|---|---|
| 净现金流量(万元) | −2000 | 300 | 500 | 500 | 500 | 1200 |

**解**：$NPV = -2000 - 300(P/F, i, 1) + 500(P/A, i, 3)(P/F, i, 1) + 1200(P/F, i, 5)$

取 $i_1 = 12\%$ 代入上式计算得 $NPV(i_1) = 19 > 0$

取 $i_2 = 14\%$ 代入上式计算得 $NPV(i_2) = -84 < 0$

根据公式(3-23)得 $IRR = 12\% + (14\% - 12\%) \times \dfrac{19}{19 + 84} \approx 12.4\%$

该项目 $IRR = 12.4\% > 10\%$，所以该项目在经济上是可行的。

## 3.3 项目方案比选

在实际工程项目中，对于同一目标项目，往往会有多个备选方案。工程经济学中的方案比选，就是指根据项目实际情况对所提出的若干方案，通过选择适当的经济评价方法与指标，对不同方案的经济效益进行比较，最终选择出经济效果最佳的投资方案。

项目方案的比较和选择，是项目评价的重要内容，也是寻求合理的经济方案的必要手段。不同的方案所对应的评价方法和评价指标也会不同，所以在进行项目投资方案比选时，首先应明确投资方案之间的关系，然后选择适宜的评价方法和评价指标来进行方案的比较和选择。

本节内容讲解项目多个备选方案的比选，主要包括工程项目方案基本关系、独立方案的经济分析与比较、互斥方案的经济分析与比较、混合方案的经济分析与比较、相关方案的经济分析与比较。

### 3.3.1 工程项目方案基本关系

工程项目建设过程中，由于技术工艺、机械设备、原料或工程坐落位置等的不同，通常为实现某一项目目标，往往会形成多种工程项目方案。同时，由于各方案间原料、施工工艺及产品等各不相同，其投资、运营维护及经济效益可能存在较大差异。对于一个理性的决策者而言，不同工程项目方案之间的经济效益是必需的。需要注意的是，在对某一工程项目多个备选方案进行评价的过程中，采用不同类型的指标去进行评价，得出的结论未必是一致的，甚至有可能是矛盾的，产生这一结果的原因是在多个备选方案的评价与选择的过程中，由于工程项目的复杂性和系统性，工程项目人员所要考察的对象往往不是单一的方案，而是多个方案所组成的一个方案群，故所追求的目标是这个方案群的整体最优，而不是单个方案的最优。因为上述原因，在进行方案的比选中，首先应确定项目各方案之间的关系，而后进行项目方案的比较与选择。工程项目方案存在三种基本关系，分别是独立方案、互斥方案和混合方案。

1. 独立方案

独立方案是指作为工程项目评价对象的各个方案的现金流是独立的，方案间不具有相关性，并且任意方案的采用与否都不影响其他方案是否采用的决策。也就是说，对多个独立方案进行评价选择时，在条件允许的情况下（如资金条件），可以选择多个有利的方案，即多个方案可以同时存在，方案之间互不影响。例如，个人投资者在资金充裕的情况下，可以投资房地产,也可以购买股票,或者购买债券,这三种投资方案之间不存在任何制约和排斥的关系。独立方案的效果之间具有可加性,即各方案的投资、经营成本与效益之间具有可加性。独立方案的采用与否,只取决于方案自身的绝对经济效果,因此,决策者只需考虑此项目方案是否能够满足工程项目的基本经济要求即可,如 $IRR \geqslant i_c$ 或 $NPV \geqslant 0$。

2. 互斥方案

互斥方案是指作为评价项目的所有备选方案之间具有互斥性,不能同时存在。即在进行方案的比选时,选择其中一个方案就必须放弃其他的方案。例如,假设要修建一座桥,可供选择的主体设计方案有使用强化混凝土或者钢材,因为只能选择一种主体设计方案,所以这就是方案的互斥性。互斥方案的诸方案的效果之间不具有可加性。在实际工作中,互斥方案是最常见到的。互斥方案可分为寿命相同的互斥方案、寿命不同的互斥方案、无限寿命期的互斥方案。相较于独立型方案的评价选择,互斥型方案的比选不仅需要对各方案自身进行绝对经济效果检验,在此基础上,还要进行方案之间的横向比较,即相对经济效果检验,以此按照经济效果优劣对各互斥方案进行排序,并从中选择经济效益最优的方案。

3. 混合方案

混合方案是独立方案和互斥方案的混合情况,这些方案之间有些具有互斥关系,有些具有独立关系,或具有其他的关系。

混合方案在结构上可组成以下两种形式:

(1) 在一组独立多方案中,每个独立方案下又有若干个互斥方案。例如,某大型零售业公司欲投资在两个相距较远的城市各建一座大型仓库,显然 A、B 是独立的。目前城市 A 有 3 个可行地点 A1、A2、A3 供选择,城市 B 有 2 个可行地点 B1、B2 供选择,则 A1、A2、A3 是互斥关系,B1、B2 也是互斥关系。这组方案的层次结构如图 3-12 所示。

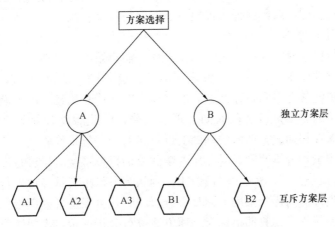

图 3-12 第一种类型混合方案的结构图

(2) 在一组互斥多方案中,每个互斥方案下又有若干个独立方案。例如,某房地产开发商在某地获得一块熟地的使用权,按照城市规划的规定,该地只能建居住物业(C 方案)或商业物业(D 方案),不能建商居混合物业,但对于居住物业和商业物业的具体类型没有严格规定,如居民住宅可建成豪华型(C1)、高档套型(C2)、普通套型(C3)或混合套型的住宅;商业物业可建成写字楼(D1)、商场(D2)、高档餐厅(D3)或综合性商业建筑。显然,C、D 是互斥方案,C1、C2、C3、C4 是一组独立方案,D1、D2、D3、D4、D5 也是一组独立方案。这组方案的层次结构如图 3-13 所示。

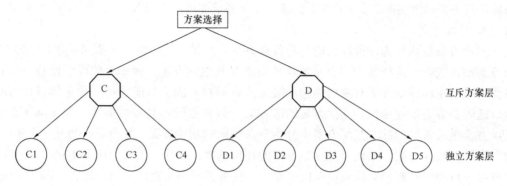

图 3-13　第二种类型混合方案的结构图

4. 相关方案

相关方案又称配套方案,是指在多个备选方案之间,若接受或拒绝某一方案,会明显改变其他方案的现金流量,即接受或拒绝某一方案会影响对其他方案的接受或拒绝。相关方案的经济性评价主要分为相互依存型方案的经济评价、现金流量相关型方案的经济评价、资源约束型方案的经济评价、混合相关型方案的经济评价。

### 3.3.2　互斥方案的经济分析与比较

工程项目建设过程中,经常涉及多个互斥方案的经济效果的评价与比较,例如项目的选址、工程技术的采纳以及构筑物结构类型等。对于互斥型工程项目方案经济性的比选通常分为两步:一是各项目方案的绝对经济效果检验,二是进行项目方案之间的相对经济效果检验。二者缺一不可,以此保证工程项目能够取得最优收益。

1. 互斥方案比较原则

互斥方案进行比较时,为保证决策的正确性,需遵循以下原则:

(1) 时间可比性原则。各互斥方案之间应该具有相同的寿命期,满足时间上的可比性。但实际工作中经常会遇到寿命期不等的互斥方案评价和比较,由于无法确定寿命期短的方案比寿命期长的方案短的那段时间的现金流量,因此需要对方案的服务期限作出假设,使得备选方案在相同服务期限的基础上进行相对经济效果检验。

(2) 差额(增量)分析原则。对互斥方案的差额投资现金流量进行评价,判断增量投资是否经济合理,若增量收益大于增量费用,则认为增量投资是经济可行的。

(3) 选择适当评价指标。采用差额投资分析法时,可以选择差额投资净现值、差额投资内部收益率、差额投资回收期指标对互斥方案进行分析评价,需要注意的是直接采用内部收益率或投资回收期指标评价互斥方案并不一定能选出净现值最大的方案。

此外,互斥方案经济评价包括两方面的内容:一是考察各个方案自身的经济效果,即进行绝对(经济)效果检验;二是考察哪个方案最优,即"相对(经济)效果检验"。两种检验的目的不同,通常缺一不可。

2. 寿命期相同的互斥方案的选择

寿命期相同的互斥方案比选可以采用差额投资分析法。

(1) 差额投资分析法的含义

差额（增量）投资分析法，其基本原理是用投资较大的方案减去投资小的方案，得到两方案间的差额投资现金流量，通过计算差额投资现金流量的经济评价指标，判断差额投资是否值得，即投资大的方案相对于投资小的方案多投入的资金能否带来满意的增量收益，从而选择合理方案。

(2) 差额投资分析法的步骤

差额投资分析法的具体步骤如下：

1) 计算各方案的绝对经济效果指标，并与判别标准比较，找出所有可行方案作为备选。

2) 按照投资额由小到大的顺序对项目备选方案进行排序，并将投资额最小的方案作为临时最优方案。

3) 计算方案 B 与方案 A（方案 A 是临时最优方案，方案 B 投资额大于方案 A，且与方案 A 最邻近）的差额投资现金流量，以及差额投资现金流量的经济评价指标。如差额投资净现值 $\Delta NPV$、差额投资内部收益率 $\Delta IRR$ 或差额投资回收期 $\Delta P_t$。

4) 将差额投资评价指标（$\Delta NPV$，$\Delta IRR$，$\Delta P_t$）的计算结果与相应的判断准则进行比较，结论如表 3-8 所示，如果评价指标达到标准，则说明差额投资能带来满意的增量收益，即增量投资是经济合理的，此时将投资大的方案改为临时最优方案；否则，临时最优方案保持不变。

5) 依次重复步骤 3) 和步骤 4)，直至比较完所有的备选方案，得到工程项目的最优方案。

**差额投资分析法方案优选准则** 表 3-8

| 指标 | 结果 | 评价结论 |
| --- | --- | --- |
| $\Delta NPV$ | >0 | 表示差额投资带来的收益超过基准收益率水平，投资额大的方案优 |
| | =0 | 表示差额投资带来的收益等于基准收益率水平，根据利润最大化原则，投资额大的方案优 |
| | <0 | 表示差额投资带来的收益小于基准收益率水平，投资额小的方案优 |
| $\Delta IRR$ | $>i_c$ | 表示差额投资带来的收益率水平超过基准收益率，投资额大的方案优 |
| | $=i_c$ | 表示差额投资带来的收益率水平等于基准收益率，根据利润最大化原则，投资额大的方案优 |
| | $<i_c$ | 表示差额投资带来的收益率水平小于基准收益率，投资额小的方案优 |
| $\Delta P_t$ | $>P_c$ | 差额投资回收期大于基准投资回收期，应选投资额较小的方案 |
| | $=P_c$ | 差额投资回收期等于基准投资回收期，可以接受投资额较大的方案 |
| | $<P_c$ | 差额投资回收期小于基准投资回收期，应选投资额较大的方案 |

【例 3-13】某工程项目有 A、B、C 三个设计方案，其寿命期均为 10 年，各方案的初始投资和年净收益如表 3-9 所示，设基准收益率为 $i_c=10\%$，基准投资回收期为 10 年。

**各方案的净现金流量表** 表 3-9

| 项目方案 | 期初投资/万元 | 年净收益/万元 | 寿命期/年 |
| --- | --- | --- | --- |
| A | 170 | 44 | 10 |
| B | 260 | 59 | 10 |
| C | 300 | 68 | 10 |

## 3 资金时间价值与方案经济比选

**解：**

1. 用差额投资净现值指标进行评价选择

(1) 进行绝对经济效果检验，计算各方案的绝对经济效果指标 $NPV$。

$NPV_A = -170 + 44 \times (P/A, 10\%, 10) = 100.36$ 万元 $> 0$，方案可行；

$NPV_B = -260 + 59 \times (P/A, 10\%, 10) = 102.53$ 万元 $> 0$，方案可行；

$NPV_C = -300 + 68 \times (P/A, 10\%, 10) = 117.83$ 万元 $> 0$，方案可行。

通过计算可知，A、B、C 方案均通过绝对经济效果检验。

(2) 按投资额大小对项目方案进行排序，即 A、B、C。

(3) 进行相对经济效果检验，计算差额投资现金流量的差额投资净现值。

$\Delta NPV_{B-A} = -90 + 15(P/A, 10\%, 10) = 2.17$ 万元 $> 0$，表明方案 B 优于方案 A；

$\Delta NPV_{C-B} = -40 + 9(P/A, 10\%, 10) = 15.3$ 万元 $> 0$，表明方案 C 优于方案 B；

因此 C 方案为最优方案。

2. 用差额投资内部收益率指标进行评价选择

(1) 进行绝对经济效果检验，计算各方案的绝对经济效果指标 $IRR$。

$-170 + 44(P/A, IRR_A, 10) = 0 \Rightarrow IRR_A = 22.47\% > i_c$，方案可行；

$-260 + 59(P/A, IRR_B, 10) = 0 \Rightarrow IRR_B = 18.49\% > i_c$，方案可行；

$-300 + 68(P/A, IRR_C, 10) = 0 \Rightarrow IRR_C = 18.52\% > i_c$，方案可行；

通过计算可知，A、B、C 方案均通过绝对经济效果检验。

(2) 按投资额大小对项目方案进行排序，即 A、B、C。

(3) 进行相对经济效果检验，计算差额投资现金流量的差额投资内部收益率。

$-260 - (-170) + (59 - 44)(P/A, \Delta IRR_{B-A}, 10) = 0 \Rightarrow \Delta IRR_{B-A} = 10.43\% > i_c$，表明方案 B 优于方案 A；

$-300 - (-260) + (68 - 59)(P/A, \Delta IRR_{C-B}, 10) = 0 \Rightarrow \Delta IRR_{C-B} = 18.68\% > i_c$，表明方案 C 优于方案 A；

因此 C 方案为最优方案。

3. 用差额投资回收期指标进行评价选择

为得到较为合理准确的结果，用差额动态投资回收期指标。

(1) 进行绝对经济效果检验，计算各方案的绝对经济效果指标 $P'_t$。

经计算得：$P'_{tA} = 5.1$ 年 $< 10$，$P'_{tB} = 6.1$ 年 $< 10$，$P'_{tA} = 6.1$ 年 $< 10$，A、B、C 方案均通过绝对经济效果检验。

(2) 按投资额大小对项目方案进行排序，即 A、B、C。

(3) 进行相对经济效果检验，计算差额投资现金流量的差额动态投资回收期。

由方程式：$-90 + 15(P/A, 10\%, t) = 0$ 求得，$\Delta P'_{tB-A} = 9.6$ 年 $< 10$，表明方案 B 优于方案 A；

由方程式：$-40 + 9(P/A, 10\%, t) = 0$ 求得，$\Delta P'_{tC-B} = 6.2$ 年 $< 10$，表明方案 C 优于方案 B；

因此 C 方案为最优方案。

4. 若直接采用内部收益率指标进行比选，计算结果如下：

由方程式：$-170 + 44(P/A, IRR_A, 10) = 0$ 求得，$IRR_A = 22.47\%$；

由方程式：$-260+59(P/A, IRR_B, 10)=0$ 求得，$IRR_B=18.49\%$；

由方程式：$-300+68(P/A, IRR_C, 10)=0$ 求得，$IRR_C=18.52\%$；

可见，$IRR_A>IRR_C>IRR_B$，且均大于 $i_c$，即方案 A 是最优方案，此结论与采用增量分析法得到的结论矛盾。由于互斥方案的比选，实质上是分析投资大的方案所增加的投资能否用其增量收益来补偿，即对增量的现金流量的经济合理性作出判断，因此可以通过计算增量净现金流量的经济效果来比选方案，以保证方案比选结论的正确性。

3. 寿命期不同的互斥方案的选择

现实中很多方案的计算期往往是不同的。例如各种建筑物、构筑物，采用的结构形式不同，计算期也不同；又如所购买的设备会因制造厂家和型号不同而计算期不同。当相互比较的互斥型方案具有不同的寿命期时，由于方案之间不具有时间上的可比性，不能直接采用增量分析法进行方案比选。为了使各方案具有可比性，需要对各方案的计算期进行适当的调整，令其在相同计算期下进行方案比选，从而得出合理的评价结果。

（1）年值法

年值法是将投资方案在计算期内的收入及支出按一定的折现率换算成年值，用各方案的年值进行比较并选择方案的方法，包括净年值和费用年值两种。方案比选时，净年值 $NAV$ 最大（或费用年值 $AC$ 最小）的方案是最优方案。年值法是对寿命期不同的互斥方案进行评价时最为简便的方法。需要注意的是在采用年值法进行寿命期不同的互斥方案比选时，实际隐含着各方案寿命期结束可重复实施的假设。

（2）最小公倍数法

最小公倍数法是假设各方案可重复实施，现金流量重复发生，则可以用各方案寿命期的最小公倍数作为共同的计算期，使之具备时间上的可比性，进而采用增量分析等方法进行方案的评价。

最小公倍数法适用于方案确实可重复执行的、技术进步不快的项目方案或技术设备等。对于不可再生资源开发类工程项目，由于方案可重复执行的假设对其不适用，因此无法使用最小公倍数法进行方案的比选。有的时候最小公倍数法求得的计算期过长，甚至远远超过所需的项目寿命期，这就降低了所计算方案经济效果指标的可靠性和真实性，故也不适合用最小公倍数法。

【例 3-14】某项目工程有三个寿命期不同的互斥投资方案，假设基准收益率为 15%，有关数据见表 3-10，试求应选择哪种投资方案。

**各方案净现金流量及寿命期**（单位：万元） 表 3-10

| 方案 | A | B | C |
|---|---|---|---|
| 初始投资 | 6000 | 7000 | 9000 |
| 残值 | 0 | 200 | 300 |
| 年度支出 | 1000 | 1000 | 1500 |
| 年度收入 | 3000 | 4000 | 4500 |
| 寿命期 | 3 | 4 | 6 |

**解**：通过最小公倍数法保证方案的时间可比性，计算期为 12 年，用净现值法对方案进行评价。

$$NPV_A = -6000 - 6000(P/F,15\%,3) - 6000(P/F,15\%,6) - 6000(P/F,15\%,9)$$
$$+ (3000 - 1000)(P/A,15\%,12)$$
$$= -3402.6 \text{ 万元}$$

$$NPV_B = -7000 - 7000(P/F,15\%,4) - 7000(P/F,15\%,8) + 200(P/F,15\%,4)$$
$$+ 200(P/F,15\%,8) + 200(P/F,15\%,12) + (4000 - 1000)(P/A,15\%,12)$$
$$= 3189.2 \text{ 万元}$$

$$NPV_C = -9000 - 9000(P/F,15\%,6) + 300(P/F,15\%,6) + 300(P/F,15\%,12)$$
$$+ (4500 - 1500)(P/A,15\%,12)$$
$$= 3558.1 \text{ 万元}$$

因为 $NPV_C > NPV_B > NPV_A$,故投资方案 C 最优。

(3) 研究期法

研究期法是根据对市场前景的预测,直接选取一个合适的分析期作为各个方案共同的计算期。对于某些产品或设备技术进步较快的方案,由于新旧技术间的迅速更替,以方案重复实施的假设显然是不合理的,用最小公倍数法显然不能保证得到最优的方案。对于不满足方案重复实施假设的方案比选,此时,可以考虑采用研究期法,不同研究期下的处理方法见表 3-11。

**不同研究期下的处理方法** 表 3-11

| 序号 | 方 法 | 描 述 |
|---|---|---|
| Ⅰ | 取备选方案中最短寿命期作为共同分析期 | 寿命期长的方案在确定的共同分析期内,强制寿命截止,其"未使用价值"予以估算回收 |
| Ⅱ | 取备选方案中最长寿命期作为共同分析期 | 寿命期短的方案在确定的共同分析期内,继续以同一方案重复执行,直到共同分析期为止。若有方案存在"未使用价值",予以估算回收 |
| Ⅲ | 根据需要设定特定的共同分析期 | 寿命期短的方案以原方案重复执行,寿命期长的方案强制截止,"未使用价值"予以估算回收 |

【例 3-15】某企业根据实际生产需要,拟引进一台设备,共有两种型号供选择,设备投资及经营费用见表 3-12,已知基准收益率为 10%,试选择设备。

**设备投资及年经营费用表** 表 3-12

| 型号 | 期初投资(万元) | 年运营成本(万元) | 年收益(万元) | 期末残值(万元) | 寿命(年) |
|---|---|---|---|---|---|
| 设备 A | 10 | 2 | 6 | 0.5 | 4 |
| 设备 B | 20 | 1.9 | 7.2 | 0.8 | 6 |

**解**:(1) 选择两方案中最短寿命期 $n=4$ 作为共同分析期,则有:
$$NPV_A = (6-2)(P/A,10\%,4) - 10 + 0.5(P/F,10\%,4) = 4 \times 3.17 - 10 + 0.5 \times 0.683$$
$$= 3.02 \text{ 万元}$$
$$NPV_B = [(7.2-1.9) - 20(A/P,10\%,6) + 0.8(A/F,10\%,6)](P/A,10\%,4)$$
$$= (5.3 - 20 \times 0.2296 + 0.8 \times 0.1296) \times 3.1699$$
$$= 2.57 \text{ 万元}$$

因为 $NPV_A > NPV_B > 0$，故选择设备 A 更经济。

(2) 选择两方案中最长寿命期 $n=6$ 作为共同分析期，则有：
$$NPV_A = [4 - 10 \times (A/P, 10\%, 4)] \times (P/A, 10\%, 6)$$
$$= (4 - 10 \times 0.3155) \times 4.3553$$
$$= 3.68 \text{ 万元}$$
$$NPV_B = 5.3 \times (P/A, 10\%, 6) - 20$$
$$= 5.3 \times 4.3553 - 20$$
$$= 3.08 \text{ 万元}$$

因为 $NPV_A > NPV_B > 0$，故选择设备 A 更经济。

4. 无限寿命期的互斥方案的选择

工程实践中，经常会遇到具有很长服务期限（寿命大于 50 年）的工程方案，例如桥梁、铁路、运河、大型水坝等。一般言之，经济分析对遥远未来的现金流量是不敏感的。因此，对于服务寿命很长的工程方案，我们可以近似地当作具有无限服务寿命期来处理。对于这种永久性设施的等额年费用可以计算其"资本化成本或资金成本"，资本化成本是指项目在无限长计算期内等额年费用的折现值，用 $P$ 表示。设年净收益为 $A$，则其计算式为：

$$P = \lim_{n \to \infty} A(P/A, i_c, n) = A \lim_{n \to \infty} \left[ \frac{(1+i_c)^n - 1}{i_c(1+i_c)^n} \right] = \frac{A}{i_c} \lim_{n \to \infty} \left[ 1 - \frac{1}{(1+i_c)^n} \right] = \frac{A}{i_c}$$

无限寿命期互斥方案净年值计算式为：$A = P \times i$

其评价准则为：净现（年）值大于或等于零且净现（年）值最大的方案是最优可行方案，相反地，若只评价无限寿命互斥方案的费用现金流量，可以用费用现值法或费用年值法进行方案比选，此时，费用现值或费用年值最小的方案是最优方案。

【例 3-16】某桥梁工程，初步拟定 2 个结构类型方案供备选。A 方案为钢筋混凝土结构，初始投资 1500 万元，年维护费为 10 万元，每 5 年大修一次费用为 100 万元；B 方案为钢结构，初始投资 2000 万元，年维护费为 5 万元，每 10 年大修一次费用为 100 万元。折现率为 5%，哪一个方案更经济？

解：(1) 现值法

A 方案的费用现值为：$PC_A = 1500 + \dfrac{10 + 100 \ (A/F, \ 5\%, \ 5)}{5\%} = 2062$ 万元

B 方案的费用现值为：$PC_B = 2000 + \dfrac{5 + 100 \ (A/F, \ 5\%, \ 10)}{5\%} = 2259$ 万元

由于 $PC_A < PC_B$，费用现值最小的方案为优，故 A 方案经济。

(2) 年值法

A 方案的年费用为：$AC_A = 10 + 100 \ (A/F, 5\%, 5) + 1500 \times 5\% = 103.10$ 万元

B 方案的年费用为：$AC_B = 5 + 100 \ (A/F, 5\%, 10) + 2000 \times 5\% = 112.95$ 万元

由于 $AC_A < AC_B$，费用年值最小的方案为优，故 A 方案经济。

### 3.3.3 独立方案的经济分析与比较

在独立方案的比选过程中，独立方案的选择不需要进行相互比较，只需要考虑方案的经济性，但也不能影响其他方案的选择。从多个备选方案中，可选择其中任意一个或多个

方案，甚至可以选择全部方案，也可一个方案都不选择，独立方案的现金流量及其效果具有可加性就是由这一特点决定的。

一般独立方案的比选分两种情况：一种情况是无资源约束的独立方案的选择，如果独立方案之间共享的资源（一般为资金）足够多，此时独立方案的比选方法与单一方案的评价方法相同，即方案的经济效果评价指标如内部收益率、净现值、净年值、投资回收期等达到基准要求，则方案就是可行的。另一种情况是有资源约束的独立方案的选择，如果独立方案之间共享的资源是有限的，就不能满足所有方案的需要，那么在不超出资源限制的条件下，独立方案的选择有三种方法：一是独立方案的互斥组合法；二是独立方案的效率指标排序法，即内部收益率排序法或净现值率排序法；三是整数规划法。

1. 无资源约束的独立方案的选择

对于无资源约束的独立方案，这里的资源一般是指资金，在没有资金约束的条件下，独立方案又称完全独立方案。完全独立方案的现金流是相互独立的，不具有相关性的，并且任意完全独立方案是否被采用都不影响其他方案的决策。

无资源约束的独立方案投资决策比较容易，只需对经济效果进行检验，独立方案经济评价常用的评价指标有净现值、净年值、内部收益率等。分别计算各备选方案的经济指标中的任一指标即可，若指标达到评价标准，满足工程项目的基本经济要求，则方案在经济效果上可以接受，否则就应拒绝。

【例 3-17】某建设项目有 A 和 B 两个寿命期均为 10 年的独立方案，且资金不受约束，其现金流量如表 3-13 所示。试判断方案的可行性（$i_0=15\%$）。

独立方案 A 和 B 的现金流量（单位：万元） 表 3-13

| 方案 | 初始投资额 | 年净收益 |
| --- | --- | --- |
| A | 1800 | 500 |
| B | 2000 | 350 |

解：
$$NPV_A = -1800 + 500(P/A, 15\%, 10) = 709.50 \text{ 万元}$$
$$NPV_B = -2000 + 350(P/A, 15\%, 10) = -243.35 \text{ 万元}$$

$NPV_A > 0$，A 方案可行；$NPV_B < 0$，B 方案不可行，应予以拒绝。

2. 资源约束条件下的独立方案的选择

在实际情况中，通常由于项目的经济、资源条件有限，能够同时采用的方案的数目会受到相应的限制，例如项目人力、物力和财力的限制，从而使独立方案的比选在有约束条件下进行。在有资金总额约束的条件下，项目独立方案比选的实质是进行各方案优先次序的排列，然后选出净收益较大的方案，且在不超过资金总额限制的条件下，所带来的总收益最多的一组方案为最优方案。

（1）互斥组合法

互斥组合是指各方案组之间是互斥关系，而组内各方案之间是独立关系的方案组合。互斥组合法是指在有资金限制的情况下，先将项目方案进行互斥组合，然后在总投资额不超过投资限额的互斥方案组合中，找出一组投资总额最大限度的接近（或等于）资金限额，并且经济效益最大的互斥组合作为最优方案组。

采用净现值指标（或内部收益率指标）来评价互斥组合方案的一般步骤如下：

1) 分别对各个独立方案进行经济效果评价，其目的是剔除 $NPV<0$（或 $IRR<i_0$）的方案。

2) 对余下的满足经济效果评价的独立方案，列出所有的方案组合，将所有的组合按初始投资额从小到大的顺序进行排列，并排除初始投资额超过投资限额的方案组合。

3) 对经过 1）2）两次筛选而剩下的方案组合按互斥方案的比选方法来确定最优的方案组合。采用净现值法来判定，分别计算各方案组合的净现值，净现值最大的组合方案为最优方案（也可采用增量内部收益率法来选出最优方案，其结论与净现值法一致）。

【例 3-18】某项目有 A、B、C 三个独立方案，寿命均为 10 年，有关的现金流量如表 3-14 所示（基准收益率为 10%）。该项目投资限额为 15000 万元，试选择最佳方案。

**各方案的现金流量表**（单位：万元）　　　　　　　　　　表 3-14

| 方案 | 初始投资 | 年净收益 |
|---|---|---|
| A | 4500 | 1000 |
| B | 5600 | 1300 |
| C | 6500 | 1500 |

**解**：第一步：求 A、B、C 三个独立方案的净现值。

$$NPV_A = -4500 + 1000 \ (P/A, 10\%, 10) = 1645.00 \text{ 万元}$$
$$NPV_B = -5600 + 1300 \ (P/A, 10\%, 10) = 2388.50 \text{ 万元}$$
$$NPV_C = -6500 + 1500 \ (P/A, 10\%, 10) = 2717.50 \text{ 万元}$$

**分析**：三个方案的净现值都大于零，从单一方案经济效果评价的角度来看都是可行的，但是由于投资总额是有限的，所以三个方案不能同时实施，只能选择其中的一个或两个方案。

第二步：列出所有组合方案，并找出不超过投资限额的方案，并计算净现值，如表 3-15 所示。

**组合方案的现金流量及净现值表**（单位：万元）　　　　　　　表 3-15

| 序号 | 组合方案 | 初始投资 | 年净收益 | 净现值 | 结论 |
|---|---|---|---|---|---|
| 1 | A | 4500 | 1000 | 1645.00 | |
| 2 | B | 5600 | 1300 | 2388.50 | |
| 3 | C | 6500 | 1500 | 2717.50 | |
| 4 | A+B | 10100 | 2300 | 4033.50 | |
| 5 | A+C | 11000 | 2500 | 4362.50 | |
| 6 | B+C | 12100 | 2800 | 5106.00 | 最优方案 |
| 7 | A+B+C | 16600 | 3800 | — | 超出投资限额 |

第三步：选择最佳组合方案，以净现值最大者为最优方案，即序号 6（B 和 C）的组合方案为最优方案。

互斥组合法的优点是在各种情况下都可以获得最优组合方案（净现值最大），并且在备选方案较少时，互斥组合法简单实用。但是在方案众多且多种关系并存的情况下，则不能采用互斥组合法，一是因为由各方案组成的方案组的数目为 $2^n-1$（$n$ 为独立方案备选的个数）个，若 $n$ 为 20，则组合方案的总数为 1048575 个。如果采用常规的互斥组合法评选最优方案，当方案数过多时，显然工作量很大，计算繁琐；二是由于生产状态和市场状态的连续性，当方案之间在生产运行上具有关联性或方案产品市场需求之间具有关联性，实际上会有无穷多个方案组合，因而互斥组合法无法使用。

（2）效率指标排序法

1）净现值率（NPVR）排序法

净现值率排序法是指在一定资金限制下，计算各方案的净现值率，然后将净现值率大于或等于零的方案按净现值率从大到小依次排序，并依此次序选取项目方案，直到所选取的项目方案的投资额之和最大限度地接近或等于投资限额为止。

净现值率排序法的基本思想是单位投资的净现值越大，则在一定投资限额内所能获得的净现值总额就越大。而该方法所要达到的目标就是在一定的投资限额约束的条件下，使所选项目方案的净现值最大。

【例 3-19】某项目的投资限额为 2300 万元，现有 A、B、C、D、E 五个独立方案，寿命均为 8 年，基准收益率为 12%，现金流量如表 3-16 所示，试采用净现值率排序法选出最优方案。

独立方案 A、B、C、D、E 的现金流量表（单位：万元） 表 3-16

| 方案 | 初始投资 | 年净收益 |
| --- | --- | --- |
| A | 350 | 125 |
| B | 450 | 100 |
| C | 500 | 150 |
| D | 550 | 190 |
| E | 600 | 230 |

解：第一步：求五个独立方案的净现值。

$$NPV_A = -350 + 125(P/A,12\%,8) = 271.00 \text{ 万元}$$
$$NPV_B = -450 + 100(P/A,12\%,8) = 46.89 \text{ 万元}$$
$$NPV_C = -500 + 150(P/A,12\%,8) = 245.20 \text{ 万元}$$
$$NPV_D = -550 + 190(P/A,12\%,8) = 393.92 \text{ 万元}$$
$$NPV_E = -600 + 230(P/A,12\%,8) = 542.64 \text{ 万元}$$

第二步：求五个独立方案的净现值率。

$$NPVR_A = NPV_A/I_{P_A} = 271.00 \div 350 = 0.77$$
$$NPVR_B = NPV_B/I_{P_B} = 46.89 \div 450 = 0.10$$
$$NPVR_C = NPV_C/I_{P_C} = 245.20 \div 500 = 0.49$$
$$NPVR_D = NPV_D/I_{P_D} = 393.92 \div 550 = 0.72$$
$$NPVR_E = NPV_E/I_{P_E} = 542.64 \div 600 = 0.90$$

第三步：按净现值率由大到小进行排序，如表 3-17 所示。

独立方案 ABCDE 的净现值率排序表   表 3-17

| 序号 | 方案 | 初始投资（万元） | 年净收益（万元） | 净现值（万元） | 净现值率 | 累计投资额（万元） |
|---|---|---|---|---|---|---|
| 1 | E | 600 | 230 | 542.64 | 0.90 | 600 |
| 2 | A | 350 | 125 | 271.00 | 0.77 | 950 |
| 3 | D | 550 | 190 | 393.92 | 0.72 | 1500 |
| 4 | C | 500 | 150 | 245.20 | 0.49 | 2000 |
| 5 | B | 450 | 100 | 46.89 | 0.10 | 2450 |

第四步：按表 3-17 净现值率排序的结果选择项目方案至资金约束条件为止。

依据排序结果和项目资金约束条件，方案的选择顺序为 E→A→D→C，由于资金限额为 2300 万，所以最优方案为 E、A、D、C 四个独立方案的组合。

在有明显的资金总额限制，且项目方案占用资金远小于资金总额时，采用净现值率排序法进行方案的优选是正确的。净现值率排序法有计算简便，选择方法简明扼要的优点。但由于投资方案的不可分性，一个方案只能作为一个整体被接受或放弃，也经常会出现资金不被充分利用的情况，因此不一定能保证获得最优组合方案。

2) 内部收益率（IRR）排序法

内部收益率排序法，也被称为"右下右上法"，是由日本学者千住重雄教授和伏见多美教授提出的。该方法基本原理与净现值率排序法基本相同，即首先剔除内部收益率低于基准收益率的方案，然后将剩余方案按照内部收益率由高到低进行排序，并依次选取方案，直至所选方案组的总投资额等于或最大限度地接近投资限额，其目的是在满足资源约束的条件下，使得所选方案组的投资收益率最高。根据内部收益率排序法来选取方案，其结论可能与净现值率排序法有所不同。

【例 3-20】某项目的投资限额为 500 万元，现有 A、B、C、D 四个独立方案，寿命均为 6 年，其基准收益率为 10%，现金流量表如表 3-18 所示，试求最优方案组合。

A、B、C、D 四个独立方案的现金流量表（单位：万元）   表 3-18

| 方案 | 初始投资（$I_P$） | 年净收益（$I$） |
|---|---|---|
| A | 120 | 36.00 |
| B | 90 | 30.40 |
| C | 160 | 42.40 |
| D | 150 | 56.60 |

**解：**

对该项目独立 A、B、C、D 进行评价和选择的步骤如下：

① 计算各方案的内部收益率。分别求出 A、B、C、D 四个方案的内部收益率，计算公式为：

$$-I_P + A(P/A, IRR, 6) = 0$$

则有，$IRR_A = 20\%$，$IRR_B = 25\%$，$IRR_C = 16\%$，$IRR_D = 30\%$。

② 将这组独立方案按内部收益率从大到小进行排列，并将它们用直方图的形式表示

出来（投资为横轴，内部收益率为纵轴），在图中标出基准收益率 $i_c$ 和投资限额，如图 3-14 所示，从左到右依次为方案 D、方案 B、方案 A、方案 C。

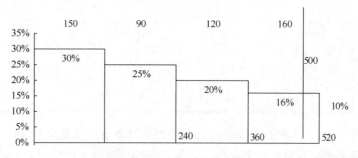

图 3-14　方案 IRR 顺序图

③ 剔除 $i_c$ 线以下和投资限额线右边的方案。由于方案具有不可分割性，所以方案 C 不可选，因此选择的最优方案为 D、B 和 A 三个方案的组合。

内部收益率排序法在使用时可能会出现投资资金没有被充分利用的情况。如上题，假设有个独立方案 E，初始投资额为 120 万元，内部收益率为 15%。很显然，再选入方案 E 并没有超过投资限额，但是方案 E 的内部收益率低于方案 C，将其表示在直方图中时方案 E 必然出现在投资限额右侧，此时使用该方法就可能遗漏了 E 方案。那么面对这一情况，可以采用后续检验的方法来解决这一问题，即检验未被选中的方案是否有初始投资额小于剩余投资额，并且内部收益率大于基准收益率，如果有，就选入最优方案组合中。

（3）整数规划法

整数规划法，即 0-1 整数规划法模型。对于有资源约束的独立方案的选择，运用该数学模型求解，以净现值最大为目标函数，其数学模型为：

$$\begin{cases} \max NPV = \sum_{j=1}^{m} NPV_j \cdot x_j \\ s.t. \sum_{j=1}^{m} I_j \cdot x_j \leqslant I \end{cases} \quad (3-25)$$

式（3-25）中：$x_j$ 取值为 0 或 1，其中 0 表示方案被舍去，1 表示方案被接受；$I$ 表示总投资限额；$I_j$ 表示第 $j$ 个方案的投资额的现值。

【例 3-21】现有 A、B、C、D、E 五个独立方案，其现金流量如表 3-19 所示，投资限额为 50 万元，试求最优方案。

独立方案现金流量表（单位：万元）　　　　表 3-19

| 方案 | 初始投资 | 净现值 |
| --- | --- | --- |
| A | 30 | 120 |
| B | 10 | 30 |
| C | 9 | 8 |
| D | 5 | 5 |
| E | 1 | 7 |

**解**：依据式（3-25）和表 3-19 的相关数据，建立如下数学规划模型：

$$\max NPV = \sum_{j=1}^{m} NPV_j \cdot x_j = 120x_A + 30x_B + 8x_C + 5x_D + 7x_E$$

$$s.t. \begin{cases} \sum_{j=1}^{m} I_j \cdot x_j = 30x_A + 10x_B + 9x_C + 5x_D + x_E \leqslant 50 \\ (x_j = 1 \text{ 或 } 0; j = 1,2,3,4,5) \end{cases}$$

计算得：

整数规划的解为 A、B、C、E 四个方案，净现值为 165 万元，投资总额为 50 万元。

### 3.3.4 混合方案的经济分析与比较

在实际情况下，一个项目的投资方案并不只有一个，不同投资方向之间的业务也是相互独立的，而且对每个投资方向而言，可能有不止一个可供选择的方案，即方案组合中既有独立方案，又有互斥方案时，该方案就成了混合方案。在无资源约束的条件下，选择最优方案的方法是从各独立方案中选择互斥方案中净现值或净年值最大的方案加以组合。在有资源约束的条件下，混合方案分为两种情形：一种是在一组独立多方案中，每个独立方案下又有若干个互斥方案；另一种是在一组互斥多方案中，每个互斥方案下又有若干个独立方案。

**1. 在一组独立多方案中，每个独立方案下又有若干个互斥方案**

该方案基本方法与独立方案互斥化法相似，首先剔除不可行的单一方案，然后列出可能的方案组合，而且这些组合方案之间是互斥的关系，再用评价互斥方案的方法进行比选。但在方案组合构成上，其组合的方案数目比独立方案的组合方案的数目少。设有 $m$ 个独立方案，$n_j$ 代表第 $j$ 个独立方案下互斥方案的数目（$j=1, 2, 3, \cdots, m$），则该混合方案能够组成的互斥组合方案数目为（其中包括 0 方案）

$$N = \prod_{j=1}^{m}(n_j + 1) = (n_1 + 1)(n_2 + 1)(n_3 + 1)\cdots(n_m + 1)$$

例如，有 A、B 两个相互独立的方案，A 方案下有 $A_1$、$A_2$ 互斥方案，B 方案下有 $B_1$、$B_2$、$B_3$ 三个互斥方案，则 A 方案和 B 方案构成的互斥方案表如表 3-20 所示。

混合方案组合成的互斥组合方案　　　　表 3-20

| 序号 | 方案组合 A | | 方案组合 B | | | 方案组合 |
|---|---|---|---|---|---|---|
| | $A_1$ | $A_2$ | $B_1$ | $B_2$ | $B_3$ | |
| 1 | 0 | 0 | 0 | 0 | 0 | 0 |
| 2 | 1 | 0 | 0 | 0 | 0 | $A_1$ |
| 3 | 0 | 1 | 0 | 0 | 0 | $A_2$ |
| 4 | 0 | 0 | 1 | 0 | 0 | $B_1$ |
| 5 | 0 | 0 | 0 | 1 | 0 | $B_2$ |
| 6 | 0 | 0 | 0 | 0 | 1 | $B_3$ |
| 7 | 1 | 0 | 1 | 0 | 0 | $A_1 + B_1$ |
| 8 | 1 | 0 | 0 | 1 | 0 | $A_1 + B_2$ |
| 9 | 1 | 0 | 0 | 0 | 1 | $A_1 + B_3$ |

续表

| 序号 | 方案组合 A | | 方案组合 B | | | 方案组合 |
|---|---|---|---|---|---|---|
| | $A_1$ | $A_2$ | $B_1$ | $B_2$ | $B_3$ | |
| 10 | 0 | 1 | 1 | 0 | 0 | $A_2+B_1$ |
| 11 | 0 | 1 | 0 | 1 | 0 | $A_2+B_2$ |
| 12 | 0 | 1 | 0 | 0 | 1 | $A_2+B_3$ |

**【例 3-22】** 某公司计划在 A、B 两地各投资一个项目，现在 A 地有 $A_1$、$A_2$ 两个可供选择的方案，在 B 地有 $B_1$、$B_2$、$B_3$ 三个可供选择的方案，各方案的现金流量表如表 3-21 所示，其中基准收益率为 10%，且该公司资金充足，试选择最优方案。

各方案的现金流量（单位：万元） 表 3-21

| 方案 | 初始投资 | 年净收益 | 寿命期 |
|---|---|---|---|
| $A_1$ | 1700 | 480 | 10 |
| $A_2$ | 1900 | 500 | 9 |
| $B_1$ | 800 | 350 | 8 |
| $B_2$ | 900 | 450 | 7 |
| $B_3$ | 750 | 370 | 9 |

**分析：** 由已知条件可知，A 和 B 是独立关系，$A_1$、$A_2$ 是互斥关系，$B_1$、$B_2$、$B_3$ 也是互斥关系。因此可以先根据互斥方案的比选方法分别在 $A_1$、$A_2$ 方案中和 $B_1$、$B_2$、$B_3$ 方案中选出最优方案，然后根据独立方案的比选原则从选出的最优方案中再选出最优方案。

**解：** 使用净年值指标计算：

$$NAV_{A_1} = -1700(A/P,10\%,10) + 480 = 203.33 \text{ 万元}$$
$$NAV_{A_2} = -1900(A/P,10\%,9) + 500 = 170.08 \text{ 万元}$$
$$NAV_{B_1} = -800(A/P,10\%,8) + 480 = 200.05 \text{ 万元}$$
$$NAV_{B_2} = -900(A/P,10\%,7) + 450 = 265.13 \text{ 万元}$$
$$NAV_{B_3} = -750(A/P,10\%,9) + 370 = 239.77 \text{ 万元}$$

因为 $NAV_{A_1} > NAV_{A_2}$，故应选择 $A_1$ 方案；又因为 $NAV_{B_2} > NAV_{B_3} > NAV_{B_1}$，故应选择 $B_2$ 方案。由于该公司资金充足，可在 A、B 两地同时投资，按独立方案的选择原则，该公司应选择 $A_1$ 和 $B_2$ 方案。

2. 在一组互斥多方案中，每个互斥方案下又有若干个独立方案的

该方法是先将互斥方案下的独立方案互斥化，并找出最优的方案组合，然后将选出来的最优方案组合进行比较，最后选出混合方案的最优组合。设有 $m$ 个互斥方案，$n_j$ 代表第 $j$ 个互斥方案下独立方案的数目（$j=1,2,3,\cdots,m$），则该混合方案能够组成的互斥组合方案数目为（其中包括 0 方案）

$$N = \sum_{j=1}^{m} 2^{n_j} = 2^{n_1} + 2^{n_2} + 2^{n_3} + \cdots + 2^{n_m}$$

例如，有 A、B 为互斥方案，A 方案下有 $A_1$、$A_2$、$A_3$ 三个独立方案，B 方案下有

$B_1$、$B_2$、$B_3$、$B_4$ 四个独立方案,则 A 方案和 B 方案构成的互斥方案见表 3-22 和表 3-23。由于 A 方案和 B 方案互斥,则最终的选择是 A 方案和 B 方案各自组合的最优方案。

A 方案组合表  表 3-22

| 序号 | 方案组合 | | | 方案组合结果 |
|---|---|---|---|---|
| | $A_1$ | $A_2$ | $A_3$ | |
| 1 | 0 | 0 | 0 | 0 |
| 2 | 1 | 0 | 0 | $A_1$ |
| 3 | 0 | 1 | 0 | $A_2$ |
| 4 | 0 | 0 | 1 | $A_3$ |
| 5 | 1 | 1 | 0 | $A_1+A_2$ |
| 6 | 1 | 0 | 1 | $A_1+A_3$ |
| 7 | 0 | 1 | 1 | $A_2+A_3$ |
| 8 | 1 | 1 | 1 | $A_1+A_2+A_3$ |

B 方案组合表  表 3-23

| 序号 | 方案组合 | | | | 方案组合结果 |
|---|---|---|---|---|---|
| | $B_1$ | $B_2$ | $B_3$ | $B_4$ | |
| 1 | 0 | 0 | 0 | 0 | 0 |
| 2 | 1 | 0 | 0 | 0 | $B_1$ |
| 3 | 0 | 1 | 0 | 0 | $B_2$ |
| 4 | 0 | 0 | 1 | 0 | $B_3$ |
| 5 | 0 | 0 | 0 | 1 | $B_4$ |
| 6 | 1 | 1 | 0 | 0 | $B_1+B_2$ |
| 7 | 1 | 0 | 1 | 0 | $B_1+B_3$ |
| 8 | 1 | 0 | 0 | 1 | $B_1+B_4$ |
| 9 | 0 | 1 | 1 | 0 | $B_2+B_3$ |
| 10 | 0 | 1 | 0 | 1 | $B_2+B_4$ |
| 11 | 0 | 0 | 1 | 1 | $B_3+B_4$ |
| 12 | 1 | 1 | 1 | 0 | $B_1+B_2+B_3$ |
| 13 | 1 | 1 | 0 | 1 | $B_1+B_2+B_4$ |
| 14 | 0 | 1 | 1 | 1 | $B_2+B_3+B_4$ |
| 15 | 1 | 0 | 1 | 1 | $B_1+B_3+B_4$ |
| 16 | 1 | 1 | 1 | 1 | $B_1+B_2+B_3+B_4$ |

**【例 3-23】** 假如例 3-22 中的公司受到资金限制,只能从 A、B 两地中选择一个投资项目,资金限额为 1800 万元,$A_1$、$A_2$ 和 $B_1$、$B_2$、$B_3$ 分别为 A、B 两地设立项目下的子项目,子项目间相互独立,试使用净现值指标选择最优方案。

**分析:** 在上述条件下,项目方案的比选,就是在一组互斥多方案中,每个互斥方案下又有若干个独立方案的情况。此时,A 和 B 是互斥的关系,而 $A_1$、$A_2$ 之间是相互独立的关系，$B_1$、$B_2$、$B_3$ 之间也是相互独立的关系。所以首先应分别求出五个独立方案的净现值，然后再分别将 A 和 B 之下的各自的独立方案依净现值进行排序，最后再从 A、B 中选择一个最优的方案组合。

**解：**

$$NPV_{A_1} = -1700 + 480(P/A, 10\%, 10) = 1249.60 \text{ 万元}$$

$$NPV_{A_2} = -1900 + 500(P/A, 10\%, 9) = 979.50 \text{ 万元}$$

$$NPV_{B_1} = -800 + 350(P/A, 10\%, 8) = 1067.25 \text{ 万元}$$

$$NPV_{B_2} = -900 + 450(P/A, 10\%, 7) = 1290.60 \text{ 万元}$$

$$NPV_{B_3} = -750 + 370(P/A, 10\%, 9) = 1380.83 \text{ 万元}$$

通过计算所有方案的净现值可知，每个独立方案自身都是可行的，然后将 A 地和 B 地的项目方案进行排序并比选，结果如表 3-24 和表 3-25 所示。

独立方案 $A_1$、$A_2$ 的净现值排序表（单位：万元） 表 3-24

| 序号 | 方案 | 初始投资 | 年净收益 | 净现值 | 累计投资额 |
|---|---|---|---|---|---|
| 1 | $A_1$ | 1700 | 480 | 1249.60 | 1700 |
| 2 | $A_2$ | 1900 | 500 | 979.50 | 3600 |

独立方案 $B_1$、$B_2$、$B_3$ 的净现值排序表（单位：万元） 表 3-25

| 序号 | 方案 | 初始投资 | 年净收益 | 净现值 | 累计投资额 |
|---|---|---|---|---|---|
| 1 | $B_3$ | 750 | 370 | 1380.83 | 750 |
| 2 | $B_2$ | 900 | 450 | 1290.60 | 1650 |
| 3 | $B_1$ | 800 | 350 | 1067.25 | 2450 |

在 A 地项目的 $A_1$ 和 $A_2$ 子项目中，由于资金限额为 1800 万元，所以只能选择 $A_1$ 子项目，其净现值为：

$$NPV_{A_1} = 1249.60 \text{ 万元}$$

在 B 地项目的 $B_1$、$B_2$ 和 $B_3$ 子项目中，在资金限额 1800 万的条件下，可以选择 $B_2$、$B_3$ 两个子项目，其净现值为：

$$NPV_{B_2+B_3} = 1290.60 + 1380.83 = 2671.83 \text{ 万元}$$

由于资金的限制，该建筑公司只能从两项目中选择一个，根据互斥方案的选择原则，由 $NPV_{B_2+B_3} > NPV_{A_1}$，所以应选择 $B_2$ 子项目和 $B_3$ 子项目的组合方案。

### 3.3.5 相关方案的经济分析与比较

**1. 相互依存型方案的经济评价**

如果两个或多个方案之间，某一方案的实施要求以另一方案（或另几个方案）的实施为条件，则这两个（或若干个）方案具有相互依存性，或者说具有完全互补性。例如，汽车总厂建设生产车间及其装配车间的项目就是互补型方案，装配车间是否建设取决于是否建设为其提供零件的生产车间。同样，建设某一机场，需要建设与机场相配套的机场与城市之间的道路，两者之间在建设时间、规模和等级上都要彼此适应，才能充分发挥各自的功能，达到最终的目的。

【**例 3-24**】某工程项目有 A、B、C、D 四个投资方案，各方案的现金流量如表 3-26 所示，其中，A、B、C 三个方案互斥，D 方案采用与否取决于是否采用 B 方案，设基准收益率为 10%，试选择最佳投资决策方案。

**工程项目各投资方案年净现金流量**（单位：万元）　　　　表 3-26

| 方案 | A | B | C | D |
|---|---|---|---|---|
| 投资（$t=0$） | −10 | −13 | −14 | −15 |
| 收益（$t=1\sim5$） | 3.8 | 4.5 | 4.6 | 5.0 |

**解：** 由于方案 B、D 是相互依存型方案，可以将其合并为方案组 BD，则方案组 BD 的总投资为 28 万元，年收益为 9.5 万元，于是将原问题转化为在方案 A、B、C、BD 四个互斥方案中选优。

计算四个方案的净现值分别为：

$$NPV_A = -10 + 3.8(P/A, 10\%, 5) = 4.4 \text{ 万元}$$
$$NPV_B = -13 + 4.5(P/A, 10\%, 5) = 4.1 \text{ 万元}$$
$$NPV_C = -14 + 4.6(P/A, 10\%, 5) = 3.4 \text{ 万元}$$
$$NPV_{BD} = -28 + 9.5(P/A, 10\%, 5) = 8.0 \text{ 万元}$$

根据净现值最大为原则，应当选择方案组 BD 进行投资。

2. 现金流量相关型方案的经济评价

现金流量相关型方案，是指在一组方案中，方案之间不完全是排斥关系，也不完全是独立关系，但任一方案的取舍会导致其他方案现金流量的变化，如建设城际高铁与建设城际高速公路，两方案中任一方案的取舍都会造成另一方案的现金流量的变化。

对于现金流量相关型方案的分析评价，需要确定方案之间的相关关系，对其现金流量之间的相互影响作出准确的估计，然后根据方案之间的关系，把方案组合成互斥的组合方案。例如有两种在技术上都可行的方案，一是在某江水两岸之间建一座收费公路桥（方案A），二是在桥址附近建收费轮渡码头（方案B），A、B两方案并不完全相互排斥，任一方案的实施或放弃都会影响另一方案的收入，则方案 A 和方案 B 为现金流量相关型方案，可以考虑的方案组合有方案 A、方案 B 和 AB 组合方案。需要注意的是当各个方案的现金流量之间存在相关性且方案之间不完全互斥时，某一方案的现金流入量将因另一方案的存在而受到影响，因此不能简单地按照独立方案或者互斥方案的评价方法进行决策，而应首先用"互斥方案组合法"，将各方案组合成互斥方案，重新计算组合方案的现金流量后，再按互斥方案的评价方法进行评价选择。

【**例 3-25**】为满足两地人员、物料运输需求，有关部门分别提出在两地之间建设铁路和公路项目，可以既建铁路，又建公路。若两个项目均实施，则由于运输量分流，两个项目的现金流量都将减少。基准收益率为 10%，两项目净现金流量如表 3-27 所示，请选择最佳方案。

**两项目及两项目均实施净现金流量**（单位：万元）　　　　表 3-27

| 方案 | $T=0$ | $T=1$ | $T=2$ | $T=3\sim32$ |
|---|---|---|---|---|
| 铁路（A） | −200 | −200 | −200 | 100 |
| 公路（B） | −100 | −100 | −100 | 60 |
| 铁路＋公路（A＋B） | −300 | −300 | −300 | 115 |

**解：**

求三个方案的净现值，净现值最大的为最优方案。

$$NPV_A = -200 - 200(P/F,10\%,1) - 200(P/F,10\%,2)$$
$$+ 100(P/A,10\%,30)(P/F,10\%,2)$$
$$= 231 \text{ 万元}$$

$$NPV_B = -100 - 100(P/F,10\%,1) - 100(P/F,10\%,2)$$
$$+ 60(P/A,10\%,30)(P/F,10\%,2)$$
$$= 193 \text{ 万元}$$

$$NPV_{A+B} = -300 - 300(P/F,10\%,1) - 300(P/F,10\%,2)$$
$$+ 115(P/A,10\%,30)(P/F,10\%,2)$$
$$= 75 \text{ 万元}$$

根据净现值判断准则，只建铁路的方案 A 是最佳方案。

3. 混合相关型方案的经济评价

如果方案之间存在多种类型就成为混合相关型方案。例如，在资金受限的情况下，有一些现金流相关型方案，而在这些方案中，又包括了一些互斥方案。

对混合相关型方案进行比选的方法很多，常用的方法为组合互斥法，包括以下三步：

（1）确定方案之间的相关性，并对方案现金流量之间的相互影响作出准确的估计。

（2）对于现金流量之间具有正影响的方案，等同于独立方案看待；对于相互之间具有负影响的方案，等同于互斥方案看待。

（3）根据方案之间的关系，把方案组合成互斥的组合方案，然后按照互斥方案比选的方法对组合方案进行经济比选。

## 复习思考题

1. 当互斥方案的投资额相等时，应采用（　　）评价方案的优劣。
   A. 综合费用法　　　　　　　　B. 年费用法
   C. 增量内部收益率法　　　　　D. 增量投资回收期法
2. 多个寿命期不等的方案进行必须比选时，（　　）是最为简便的方法。
   A. 最小公倍数法　　　　　　　B. 净现值法
   C. 研究期法　　　　　　　　　D. 净年值法
3. 确定一个投资方案可行的必要条件是（　　）。
   A. 净现值大于零　　　　　　　B. 内部报酬率大于 1
   C. 投资回收期小于 1 年　　　　D. 内报酬率较高
4. （　　）方案之间具有排他性，（　　）之间不具有排他性。
   A. 相关关系，独立关系　　　　B. 互斥关系，相关关系
   C. 互斥关系，独立关系　　　　D. 独立关系，相关关系
5. 现有 A、B、C 三个互斥方案，各方案的寿命均为 15 年，各方案的净现金流量如表 3-28 所示，试选择最优的方案（基准收益率 $i_0 = 10\%$）。

**各方案的净现金流量表**（单位：万元） 表 3-28

| 方案 | 初始投资 | 每年净现金流量 |
|---|---|---|
| A | 8000 | 1900 |
| B | 5000 | 1400 |
| C | 9000 | 2300 |

6. 设 A、B 为两个互斥方案，其净现金流量如表 3-29 所示，若基准收益率为 10%，试用两种方法进行方案选优。

**A、B 方案现金流量表**（单位：万元） 表 3-29

| 方案 \ 年末 | 0 | 1～10 |
|---|---|---|
| A | −1000 | 220 |
| B | −600 | 150 |

7. 现有三个互斥方案，其现金流量表如表 3-30 所示，试问：
(1) 资金没有限制，且基准收益率为 10%，哪个方案最佳？
(2) 若 B 方案最优，则基础收益率应在什么范围？

**方案现金流量表**（单位：万元） 表 3-30

| 方案 | 初始投资 | 年净收益 | 寿命周期 |
|---|---|---|---|
| A | 1000 | 250 | 8 |
| B | 1500 | 460 | 8 |
| C | 2300 | 650 | 9 |

8. 某项目现有三个投资方案，在 10 年的计划期内的三个方案的现金流量表如表 3-31 所示，其基准收益率为 10%，根据如下条件选择最优方案。
(1) 若三个方案都是互斥型方案，用差额投资内部收益率法进行方案评价。
(2) 若三个方案都是独立性方案，并且资金没有限制。
(3) 若三个方案都是独立性方案，资金限额为 160 万元。

**各方案现金流量表**（单位：万元） 表 3-31

| 方案 | 初始投资 | 年净收益 | 残值 |
|---|---|---|---|
| A | −65 | 20 | 12 |
| B | −58 | 17 | 10 |
| C | −93 | 25 | 15 |

9. 现有三个独立方案 A、B、C，其初始投资分别为 100 万元、70 万元、120 万元，已计算各方案的净年值分别为 30 万、29 万、32 万，且资金限额为 250 万元，该如何选择方案？

10. 某工厂近年来收益较好，计划再购进一批设备，现有四个可供选择的方案，其现金流量如表 3-32 所示，基准收益率为 15%。试问，哪种方案将被采用？

**各项目方案的现金流量表**(单位：万元)  表 3-32

| 方案 | A | B | C | D |
|---|---|---|---|---|
| 初始成本 | 30 | 38 | 46 | 50 |
| 年维护费用 | 5 | 4 | 3 | 2.5 |
| 经济寿命 | 15 | 20 | 28 | 40 |

# 4 工程项目投资估算

**本章概要**

➢ 工程项目投资估算的概念、阶段划分、作用
➢ 工程项目投资估算的内容
➢ 工程项目投资估算编制的依据、程序和要求
➢ 工程项目投资估算的方法

## 4.1 投资估算概述

投资估算是在项目的产品方案、建设规模、技术方案、设备方案、工程方案及项目实施进度等进行研究并基本确定的基础上,对项目总投资额及建设期内分年资金需要量进行的估计。

### 4.1.1 项目投资估算的阶段划分

投资估算具有多方面的作用。投资估算是投资决策和制定项目融资方案的依据;投资估算是进行项目经济评价的基础;投资估算是编制初步设计概算的依据,对初步设计起控制作用。投资估算是初步设计前期各个阶段中作为论证拟建项目是否可行的重要文件,涉及项目规划、项目建议书、初步可行性研究和可行性研究等阶段。在不同的阶段,投资估算所扮演的角色和发挥的作用也都不同,建设项目的投资估算可以分为以下四个阶段:

1. 项目规划阶段的投资估算

此阶段要求投资估算按照项目规划的内容和要求,能够获得建设项目的所需投资额的粗略估计值,在这个阶段,对投资估算的精度要求最低,允许误差大于±30%。由于这个阶段的精度要求不高,往往选用毛估法,节省时力,又能达到精度要求。

2. 项目投资机会研究阶段的投资估算

项目建议书阶段主要任务是按照项目建议书中的产品方案、企业车间组成、初选的建厂地点等内容和要求,估算项目所需的投资额,此阶段是用来判断项目能否进行下一阶段工作的重要依据,该阶段的误差控制范围要求在±30%以内,往往使用生产能力指数法、资金周转率法。

3. 初步可行性研究阶段的投资估算

在该阶段,已经掌握了较为详细深入的资料,估算项目投资额可以更为精确。此阶段估算精度误差要求控制在±20%以内,常使用比例系数法和指标估算法。

4. 可行性研究阶段的投资估算

这一阶段的投资估算较为重要,根据投资估算,要对项目进行详细的技术经济分析,确定项目是否可行,并以此作为方案比选、确定最佳投资方案的重要依据。该阶段的投资

估算误差范围要求控制在±10%以内，常使用模拟概算法。

上述内容总结见表4-1。

投资估算阶段划分及对比  表4-1

| 工作阶段 | 工作性质 | 投资估算误差率 | 投资估算作用 |
| --- | --- | --- | --- |
| 项目规划阶段 | 项目规划 | 允许大于±30% | 判断是否继续研究 |
| 投资机会研究阶段 | 项目设想 | ±30% | 判断投资潜力，提出项目投资建议 |
| 初步可行性研究阶段 | 项目初选 | ±20% | 广泛分析，筛选方案，确定项目初步可行性，确定专题研究课题 |
| 可行性研究阶段 | 项目拟定 | ±10% | 多方案比选，确定项目的可行性 |

但事实上，在这个过程中，存在前期工作条件限制、不可预见因素众多、技术条件模糊等问题，所以工程项目投资估算有以下的特点：

1）估算条件轮廓性大，假设因素多，技术条件内容粗浅。
2）估算误差大、准确性不确定。
3）估算技术条件伸缩性大，具有一定的估算难度，具有反复性。
4）工作涉及面较广，对工作人员的工作素养要求较高。

**4.1.2 项目投资估算的作用**

投资估算的作用在前面论述其重要性中已经提及，投资估算是制定融资方案，进行经济评价、编制初步设计概算的依据。投资估算是拟建项目前期可行性研究的重要内容，是经济效益评价的基础，是项目决策的重要依据，贯穿于整个工程项目投资决策过程中。投资估算涉及项目规划、项目建议书、初步可行性研究、可行性研究等阶段，其准确性不仅影响可行性研究的工作质量和经济评价的结果，还直接关系到下一阶段设计概算和施工图预算的编制。所以，只有全面准确地对工程项目建设总投资进行投资估算，才能发挥其重要作用。

投资估算在项目开发建设过程中的作用有以下几点：

1. 对设计方案选择的作用

项目建议书阶段的投资估算，实际上是多方案选择、优化前期设计、合理确定项目投资的基础，是进行工程设计招标，对各个方案进行优选的标准之一。项目主管部门审批项目建议书的依据之一，并对项目的规划、规模起参考作用，在经济层面上判断该项目是否可以列入投资计划的重要参考，以便衡量设计方案的合理性。

2. 对评价项目经济合理性的作用

项目可行性研究阶段的投资估算，是项目投资决策的重要依据，也是研究、分析、计算项目投资经济效果的重要条件。它扮演了正确评价项目的经济合理性、分析该项目的投资收益、为投资决策提供依据的一个重要角色。一旦可行性研究报告被给予批准，其投资估算额就成为该建设项目投资的最高限额，不可随意更改。

3. 对控制工程设计概预算的作用

项目投资估算对工程设计概算起控制作用，是核算建设项目建设投资需要额的重要依据。当可行性研究报告被批准之后，设计概算就不得突破批准的投资估算额，并应控制在投资估算额以内。也就是说，投资估算的确定即成为限额设计的依据，用以对各个设计专业的投资切块分配。

4. 对编制投资计划的作用

项目投资估算可作为项目编制建设投资计划并进行资金筹措及制定建设贷款计划的依据，建设单位可根据批准的项目投资估算额，进行资金筹措和向银行贷款。

### 4.1.3 项目投资估算的内容

工程项目总投资估算是项目从建设前期准备工作开始到项目全部建成投产为止发生的全部费用。项目总投资构成如图 4-1 所示。

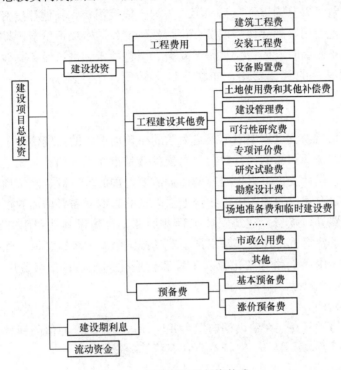

图 4-1 工程项目总投资构成

1. 按照内容划分

建设项目总投资估算内容按照费用的性质划分，包括建筑工程费、安装工程费、设备购置费、工程建设其他费、预备费、建设期利息和流动资金等。

(1) 建筑工程费

建筑工程费是指进行土建工程所花费的费用。建筑工程费包括各类房屋建筑工程，例如房屋工程预算的供水、供暖、卫生、通风、煤气等设备费用及其装饰、油饰工程的费用；设备基础、支柱、工作台、烟囱、水塔、水池、灰塔等建筑工程以及各种窑炉的砌筑和金属结构工程的费用。为施工而进行的场地平整，工程和水文地质勘察，原有建筑物和障碍物的拆除以及施工临时用水、电、气、路和完工后的场地清理，环境绿化，美化等工作的费用。矿井开凿、井巷延伸、露天矿剥离、石油、天然气钻井、修建铁路、公路、桥梁、水库、堤坝灌渠及防洪等工程的费用。

(2) 设备及工器具购置费

设备及工器具购置费是指为工程建设项目购置或自制的达到固定资产设备标准的设

备、工具器具的费用。固定资产的标准是：使用时间一年以上，单位价值在一定额度以上。具体标准由主管部门规定。

(3) 安装工程费

安装工程费用一般包括各种需要安装的机械设备和电气设备等工程的安装费用，如进行各类生产、动力、电信、起重、医疗、实验等设备的安装，附属于被安装设备的管线敷设，被安装设备的绝缘、保温、油漆、测定、单体试运转等的费用。

(4) 工程建设其他费

按其内容大致可以分为以下三类：第一类为土地使用费和其他补偿费。第二类指与工程建设有关的其他费用，如建设管理费、可行性研究费、专项评价费、勘察设计费、研究试验费、场地准备及临时设施费、工程保险费、引进技术和进口设备其他费等。第三类指与未来生产经营有关的其他费用，如联合试运转费、生产准备费、办公和生活家具购置费。

(5) 预备费

预备费主要是指投资过程中因不确定因素的出现而造成的投资估计不足而预先增设的费用，包括基本预备费和涨价预备费。基本预备费是指在投资估算时无法预见的今后可能出现的自然灾害、设计变更、工程内容增加等需要增加的投资额。涨价预备费也称为价差预备费，是指项目在建设期内，由于物价上涨因素的影响而需要增加的投资额。基本预备费是按设备及工器具购置费、建筑安装工程费用和工程建设其他费用三者之和为计算基础，乘以基本预备费率进行计算。基本预备费率按国家有关规定计取。涨价预备费是指建设项目在建设期间由于价格等变化引起工程造价变化的预备、预留费用，包括人工、材料、设备、施工机械价差、费率、汇率等调整。

(6) 建设期利息

建设期利息是债务资金在建设期内发生并应计入固定资产原值的利息，包括借款（或债券）利息及手续费、承诺费、发行费、管理费等融资费用。

(7) 流动资金

流动资金是指生产经营性项目投产后，用于购买原材料、燃料、支付工资及其他经营费用等所需的周转资金。流动资金是伴随着建设投资而发生的长期占用的流动资产投资，即财务中的营运资金，不包括运营中需要的临时性运营资金。项目建成后，为保证企业正常生产经营的需要，必须有一定量的流动资金维持其周转，如用以购置企业生产经营过程中所需的原材料、燃料、动力等，劳动对象和支付职工工资，以及生产中以周转资金形式被占用于在产品、半成品、产成品上的资金，在项目投产前预先垫支的流动资金。周转过程中流动资金不断地改变其自身的实物形态，其价值也随着实物形态的变化而转移到新产品中，并随着产品销售的实现而回收。流动资金属于企业在生产经营中长期占用和用于周转的永久性流动资金。

2. 按照资产法分类

建设投资估算内容按照形成资产法分类由三部分构成：分别是形成固定资产的费用、形成无形资产的费用、形成其他资产的费用。

(1) 形成固定资产的费用指项目投产后直接形成固定资产的建设投资，包括建筑安装工程费、设备购置费、预备费和固定资产其他费用（工程建设其他费中按规定将形成固定资产的费用）。固定资产其他费用往往包括建设单位管理费、勘察设计费、可行性研究费、研究试验费、场地准备及临时建设费、环境影响评价费、先进技术和引进设备其他费、特殊设备安全监督检验费、联合试运转费、工程保险费和市政公共设施建设和绿化费等。值得注意的是，建设期利息也计入固定资产原值中。

（2）形成无形资产的费用指建设投资中直接形成无形资产的部分，主要包括技术转让费、技术使用费、商标权和商誉等。土地使用权出让（转让）金应计入无形资产费用（房地产开发企业商品房的土地费用计入开发成本）。

（3）形成其他资产的费用指的是除以上提到的形成固定资产和无形资产以外的部分，也被称作递延资产，它是指不能全部计入当年损益，应在以后年度内较长时期摊销的除固定资产和无形资产以外的其他费用支出，如开办费、样品机购置费、生产准备费等。

#### 4.1.4 项目投资估算的编制

1. 投资估算的编制依据

投资估算的依据主要有以下几个方面：

（1）由专门机构发布的建设工程造价费用构成、估算指标、计算方法以及其他有关工程造价估算的文件。根据之前提到的费用的组成，依据国家有关政策规定的投资估算所需要的规费、税费及有关的取费标准进行编制。

估算指标以概算指标和概算定额为基础，与现行的工程造价资料相结合，并以此来确定建筑平方米造价投资费用或结构部分的标准，作为设计单位在可行性研究阶段编制建设项目设计任务书时进行投资估算的依据。但是因为项目建议书和可行性研究报告的编制深度有所不同，所以会选用不同的估算指标，具体有单位生产能力的投资估算指标或技术经济指标、单项工程投资估算指标或技术经济指标、建设项目综合指标和单位工程投资估算指标或技术经济指标等。建设项目综合指标反映了建设工程项目从立项筹措到竣工验收整个项目阶段所需的全部投资指标，其中包括了流动资金投资和建设投资。除此之外，设计参数、概算指标和概算定额等也是编制投资估算的依据。

有关的计量工程造价的文件有：

1) 项目策划文件、项目建议书、项目功能描述书、可行性研究报告等。这些都是根据项目的决策阶段如项目建议书、意向书、可行性研究报告等阶段产生的技术文件进行编制。

2) 根据历史数据，以及以往相似工程的数据资料和相似建设项目的投资经济指标、概（预）算指标、预（决）算资料等。

（2）由专门机构发布的工程建设其他费计算办法和费用标准，同时，政府部门发布的物价指数也是一个重要的编制依据。当地的收费标准和当地材料价格、设备的预算价格以及市场价格、当地历年/季调价指数等，这些都要掌握，作为投资估算的编制依据。

（3）拟建项目各单项工程的建设内容及工程量。

体现在有关文件上，包括产品方案、主要设备材料表、工程项目一览表等。一般包含了投资估算的基本内容，包括筹建项目的类型、建设地点、规模、时间、工期、施工方案、总体结构、建设标准、主要设备类型等。值得注意的是，水、电、交通、当地的地质条件等现场一切有关情况也是进行投资估算确立和调整的重要依据。对这些了解得越清晰全面，所得到的估算结果也就越准确。

2. 投资估算的编制要求

为保证投资估算能够达到精度要求，发挥其应有的作用，编制过程中应该遵守以下要求：

（1）输入的数据要准确、完整、可靠。

（2）工程内容和费用构成要齐全，计算合理，不重复计算，同时也不漏算、少算，不提高或者降低估算标准。

（3）要根据实际项目选择合适的估算方法，当发生选用指标与具体工程之间存在差异的情况，应进行必要的换算和调整。同时，采用的技术参数方程、经验曲线以及技术模型的建立等都需要有明确的规定。

（4）对能够影响投资变动的因素要进行敏感性分析，关注市场变动因素，提前估计物价上涨因素对造价产生的影响。

（5）估算文档要求完整归档。

（6）投资估算精度能满足要求。

3. 投资估算的编制程序

投资估算是根据项目建议书或者可行性研究报告中建设项目的整体构思和描述性报告，凭借估算人员的知识技能和经验利用各种经济信息以及以往工程投资资料编制而成的。工程建设项目是由单项工程构成的，按照投资顺序，从建筑工程到设备的购置安装，而工程项目投资估算的步骤通常与此是一致的。但不同的工程项目可以选用不同的估算方法，不同的投资估算方法也有不同编制程序。仅从工程项目的费用组成考虑，其编制步骤大致如下：

（1）前期准备

熟悉工程项目的特点、内容、工期以及规模等，收集有关的资料、数据和估算指标等，选择合适的投资估算方法。

（2）估算建筑工程费用

根据建筑方案和结构方案构思、建筑面积分配计划和单项工程的描述，列出来各个单项工程的用途、结构和建筑面积，即估算出工程项目各单位工程的建筑面积和工程量；同时结合市场经济信息以及技术经济指标，估算出建设项目的建筑工程费用。

（3）估算设备及工器具购置费、安装工程费

根据可行性研究报告中机电设备的构思和安装工程的描述，列出所需的设备以及工器具购置清单，同时，参照设备安装估算指标以及当时的市场经济信息，合理作出设备以及工器具、安装工程费的估算。

（4）估算工程项目建设其他费用和基本预备费

在对各单项工程费用进行汇总的基础上，按照国家以及当地的有关政策、法规，编制建设工程的其他费用估算。

（5）估算涨价预备费和建设期利息

（6）估算流动资金

参考类似项目的流动资金占有率或采用分项详细估算法估算流动资金，估算流动资金。

（7）估算项目投资的总额

根据以上各项的估算额汇总出总投资。

## 4.2 投资估算编制方法

### 4.2.1 建设投资的估算方法

1. 单位生产能力估算法

单位生产能力估算法是根据已建成的、性质类似的建设项目的投资额和生产能力，以及拟建项目的生产能力，作适当的调整之后估算拟建项目的投资额。其计算模型如下：

$$C_2 = \left(\frac{C_1}{Q_1}\right)Q_2 f \tag{4-1}$$

式中 $C_1$——已建类似项目的投资额；
$Q_1$——已建类似项目的生产能力；
$C_2$——拟建项目的投资额；
$Q_2$——拟建项目的生产能力；
$f$——不同时期、不同地点的定额、单价、费率等综合调整系数。

该方法将投资额与其生产能力的关系视为简单的线性关系，估算结果误差较大，可达 $\pm 30\%$，一般只能进行粗略的估算。由于项目之间时间、空间等因素的差异性，往往生产能力和造价之间并不是一种线性关系。因此，在使用这种方法时要注意拟建项目的生产能力和类似项目的可比性，否则误差很大。

由于在实际工作中不容易找到与拟建项目完全类似的项目，通常是把项目按其下属的车间、设施和装置进行分解，分别套用类似车间、设施和装置的单位生产能力投资指标计算，然后加总求得项目总投资。或根据拟建项目的规模和建设条件，将投资进行适当调整后估算项目的投资。

【例 4-1】假定 2021 年投资建成年产某种产品 200 万 t 的项目。调查研究表明，2016 年该地区年产该产品 50 万吨的同类项目的固定资产投资额为 2500 万元，假定从 2016 年到 2021 年每年平均造价指数为 1.10，则拟建项目的投资额为多少？

**解**：根据以上资料，可首先推算出折算为单位产值的固定资产投资额：

$$\frac{总投资}{年产值} = \frac{2500}{50} = 50 \text{ 万}$$

据此，即可很迅速地计算出在同一个地方，且各方面有可比性的年产 200 万 t 的项目固定资产投资额估算值为：

$$50 \text{ 万元} \times 200 \times 1.10^5 = 16105.1 \text{ 万元}$$

2. 生产能力指数法

相较于单位生产能力估算法，生产能力指数法的改进之处在于将生产能力和投资额之间的关系考虑为一种非线性的指数关系，在一定程度上提高了估算的精度。其计算模型如下：

$$C_2 = C_1 \left(\frac{Q_2}{Q_1}\right)^n f \tag{4-2}$$

式中　$n$——生产能力指数；

其他符号含义同前。

运用这种方法的重要条件是要有合理的生产能力指数。若已建类似项目和拟建项目生产规模相差不大，生产规模比值在 0.5～2 之间，则指数 $n$ 的取值近似为 1；若已建类似项目和拟建项目生产规模相差小于 50 倍，且拟建项目生产规模的扩大仅靠增大设备规模来达到时，则指数 $n$ 的取值在 0.6～0.7 之间；若是靠增加相同规格设备的数量达到时，则 $n$ 的取值在 0.8～0.9 之间。

该方法计算简单、速度快，其误差可控制在±20%。主要应用于设计深度不足，拟建项目与已建类似项目的规模不同，行业内相关基础资料完备的项目。同时，该方法不需要详细的设计资料，只需知道工艺流程及规模即可，在总承包工程报价时，承包商大多采用该方法。

【**例 4-2**】某年在某地兴建一座 30 万 t 尿素的化肥厂，总投资为 25000 万元，假如 5 年后在该地开工兴建 50 万 t 尿素的工厂，尿素的生产能力指数为 0.7，则所需静态投资为多少（假定该 5 年中每年平均工程造价指数为 1.15）？

**解**：$C_2 = C_1 \left(\frac{Q_2}{Q_1}\right)^n f = 25000 \times \left(\frac{50}{30}\right)^{0.7} \times 1.15^5 = 71899.08$ 万元

3. 系数估算法

系数估算法也称为因子估算法，它是以拟建项目的主体工程费和设备费为基数，以其他工程费占主体工程费的百分比为系数来估算项目总投资的方法。系数估算法的方法较多，主要包括设备系数法、朗格系数法。

(1) 设备系数法

以拟建项目的设备费为基数，根据已建成的同类项目中建筑安装工程费和其他工程费等占设备价值的比重，求出拟建项目建筑安装工程费和其他工程费，进而求出建设项目总投资。其计算公式如下：

$$C = E(1 + f_1 P_1 + f_2 P_2 + f_3 P_3 + \cdots) + I \tag{4-3}$$

式中　$C$——拟建项目投资额；

　　　$E$——拟建项目的设备费；

$P_1$、$P_2$、$P_3$——已建项目中建筑工程费、安装工程费和其他工程费等占设备费的比重；

$f_1$、$f_2$、$f_3$——因时间、空间等因素变化的综合调整系数；

　　　$I$——拟建项目的其他费用。

【**例 4-3**】某建设项目的设备购置费为 800 万元，建筑工程、安装工程、其他工程费分别占设备购置费的 150%、60%、30%，三种常见的调整系数分别为 1.2、1.3、1.1，其他费用为 20 万元。估算此建设项目的投资额。

**解**：$C = 800 \times (1 + 1.2 \times 1.5 + 1.3 \times 0.6 + 1.1 \times 0.3) + 20 = 3148$ 万元

(2) 朗格系数法

这种方法以设备费为基数，乘以适当的系数来推算项目的建设费用。该方法在国内并不常见，是世界银行项目投资估算常采用的方法。该方法的基本原则是将总成本中的直接

成本和间接成本分开计算,再合为建设项目的总成本费用。其计算公式如下:

$$C = E(1 + \Sigma K_i)K_c \tag{4-4}$$

式中　$C$——拟建项目投资额;
　　　$E$——拟建项目的主要设备费;
　　　$K_i$——管线、仪表、建筑物等项费用的估算系数;
　　　$K_c$——管理费、合同费、应急费等项费用的总估算系数。

其中,我们把 $L = (1 + \Sigma K_i)K_c$ 称为朗格系数。根据不同的项目,朗格系数有不同的取值,其包含的内容如表 4-2 所示。

**朗格系数表**　　表 4-2

| 项目 | | 固体流程 | 固流流程 | 流体流程 |
|---|---|---|---|---|
| 朗格系数 $L$ | | 3.1 | 3.63 | 4.74 |
| 内容 | ① 包括基础、设备、绝热、油漆及设备安装费 | $E \times 1.43$ | | |
| | ② 包括上述在内和配管工程费 | ①×1.1 | ①×1.25 | ①×1.6 |
| | ③ 装置直接费 | ②×1.5 | | |
| | ④ 包括上述在内和间接费,即总费用 $C$ | ③×1.31 | ③×1.35 | ③×1.38 |

朗格系数法较为简单,只要对各大类行业设备费中上述各分项所占的比重有较规律的收集,估算精度就可以达到较高的水平。但是,朗格系数法由于没有考虑设备规格、材质的差异,所以在某些情况下又表现出较低的精度。

应用朗格系数法进行工程项目或装置估价的精度仍不是很高,原因体现在:①设备规模发生变化;②不同地区的自然、经济、社会、文化条件不同;③主要设备材质发生变化时,设备费用变化较大而安装费变化不大。尽管如此,由于朗格系数法是以设备费为计算基础,对石油、化工行业而言,设备费在工程中所占的比重约为 45%~55%,同时一项工程中每台设备所含有的电气、管道、自控仪表、油漆、建筑、绝热等,都存在一定的规律。所以,只要对各种不同类型工程的朗格系数掌握得准确,估算精度仍可较高。朗格系数法估算误差在 10%~15%。

**【例 4-4】** 在南非某地建设一座年产 30 万套汽车轮胎的工厂,已知该工厂的设备到达工地的费用为 2204 万美元,估算该工厂的投资额。

**解**:轮胎工厂的生产流程基本上属于固体流程,因此在采用朗格系数法时,全部数据应采用固体流程的数据。现计算如下:

(1) 设备到达现场的费用为 2204 万美元。

(2) 计算费用①

$$① = E \times 1.43 = 2204 \times 1.43 = 3151.72 \text{ 万美元}$$

(3) 计算费用②

$$② = E \times 1.43 \times 1.1 = 2204 \times 1.43 \times 1.1 = 3466.89 \text{ 万美元}$$

其中，配管（管道工程）费用：3466.89－3151.72＝315.17 万美元
(4) 计算费用③

$$③ = E \times 1.43 \times 1.1 \times 1.5 = 5200.34 \text{ 万美元}$$

其中，电器、仪表、建筑等工程费用：5200.34－3466.89＝1733.45 万美元
(5) 计算费用④

$$④ = E \times 1.43 \times 1.1 \times 1.5 \times 1.31 = 6812.44 \text{ 万美元}$$

其中，间接费用：6812.44－5200.34＝1612.10 万美元
由此估算出该工厂的总投资为 6812.44 万美元，其中间接费用为 1612.10 万美元。

4. 比例估算法

该方法是根据统计资料，先求出已有同类企业主要设备占全厂建设投资的比例，然后估算出拟建项目的主要设备投资，即可以按比例求出拟建项目的建设投资，本方法的应用条件同系数估算法。

其计算模型如下：

$$I = \frac{1}{K} \sum_{i=1}^{n} Q_i P_i \tag{4-5}$$

式中  $I$ ——拟建项目的建设投资；

　　　$K$ ——主要设备投资占项目总投资的比重；

　　　$Q_i$ ——第 $i$ 种主要设备的数量；

　　　$P_i$ ——第 $i$ 种主要设备的单价（到厂价格）；

　　　$n$ ——主要设备种类数。

### 4.2.2 建设投资分类估算法

建设投资由建筑工程费、设备及工器具购置费、安装工程费、工程建设其他费用、预备费（包括基本预备费和涨价预备费）和建设期利息构成。预备费在投资估算或概算编制阶段按第一、二部分费用比例分别摊入相应资产，在工程决算时按实际发生情况计入相应资产。

1. 建筑工程费的估算

建筑工程投资估算一般采用以下方法：

(1) 单位建筑工程投资估算法

单位建筑工程投资估算法，以单位建筑工程量投资乘以建筑工程总量计算。一般工业与民用建筑以单位建筑面积（$m^2$）的投资，铁路路基以单位长度（km）的投资，水库以水坝单位长度（m）的投资，矿山掘进以单位长度（m）的投资，工业窑炉砌筑以单位容积（$m^3$）的投资，乘以相应的建筑工程总量计算建筑工程费。

(2) 单位实物工程量投资估算法

单位实物工程量投资估算法，以单位实物工程量的投资乘以实物工程总量计算。土石方工程按每立方米投资，矿井巷道衬砌工程按每延米投资，路面铺设工程按每平方米投资，乘以相应的实物工程总量计算建筑工程费。

(3) 概算指标投资估算法

对于没有上述估算指标且建筑工程费占总投资比例较大的项目，可采用概算指标估算法。采用这种估算法，应占有较为详细的工程资料、建筑材料价格和工程费用指标，投入

的时间和工作量较大。具体估算方法见有关专门机构发布的概算编制办法。

2. 设备及工具购置费估算

设备购置费估算应根据项目主要设备表及价格、费用资料编制。工器具购置费一般按占设备费的一定比例计取。

设备及工器具购置费，包括设备的购置费、工器具购置费、现场制作非标准设备费、生产用家具购置费和相应的运杂费。对于价值高的设备应按单台（套）估算购置费；价值较小的设备可按类估算。国内设备和进口设备的设备购置费应分别估算。

国内设备购置费为设备出厂价加运杂费，运杂费可按设备出厂价的一定百分比计算。

进口设备购置费由进口设备货价、进口从属费用及国内运杂费组成。进口从属费用包括国外运费、国外运输保险费、进口关税、消费税、进口环节增值税、外贸手续费、银行财务费和海关监管手续费。国内运杂费包括运输费、装卸费、运输保险费等。

现场制作非标准设备，由材料、人工费和管理费组成，按其占设备总费用的一定比例估算。

3. 安装工程费估算

需要安装的设备应估算安装工程费，包括各种机电设备装配和安装工程费用，与设备相连的工作台、梯子及其装设工程费用，附属于被安装设备的管线敷设工程费用；安装设备的绝缘、保温、防腐等工程费用；单体试运转和联动无负荷试运转费用等。

安装工程费通常按行业或专门机构发布的安装工程定额、取费标准和指标估算投资。具体计算可按安装费率、每吨设备安装费或者每单位安装实物工程量的费用估算，即：

$$安装工程费 = 设备原价 \times 安装费率 \tag{4-6}$$

$$安装工程费 = 设备吨位 \times 每吨安装费 \tag{4-7}$$

$$安装工程费 = 安装工程实物量 \times 安装费用指标 \tag{4-8}$$

4. 工程建设其他费估算

工程建设其他费用按各项费用科目的费率或者取费标准估算。应编制工程建设其他费用估算表（表4-3）。

**工程建设其他费用估算表**（单位：万元）                表 4-3

| 序号 | 费用名称 | 计算依据 | 费率或标准 | 总价 |
| --- | --- | --- | --- | --- |
| 1 | 建设管理费 | | | |
| 2 | 可行性研究费 | | | |
| 3 | 研究试验费 | | | |
| 4 | 勘察设计费 | | | |
| 5 | 环境影响评价费 | | | |
| 6 | 劳动安全卫生评价费 | | | |
| 7 | 场地准备及临时设施费 | | | |
| 8 | 引进技术和进口设备其他费 | | | |
| 9 | 工程保险费 | | | |
| 10 | 联合试运转费 | | | |
| 11 | 特殊设备安全监督检验费 | | | |

续表

| 序号 | 费用名称 | 计算依据 | 费率或标准 | 总价 |
|---|---|---|---|---|
| 12 | 市政公用设施建设及绿化补偿费 | | | |
| 13 | 建设用地费 | | | |
| 14 | 专利及专用技术使用费 | | | |
| 15 | 生产准备及开办费 | | | |
| …… | | | | |
| | 合计 | | | |

注：上表所列费用科目，仅供估算工程建设其他费用参考。项目的其他费用科目，应根据拟建项目实际发生的具体情况确定。

5. 基本预备费

基本预备费是指在项目实施中可能发生难以预料的支出，需要提前预留的费用，又称不可预见费。主要指设计变更及施工过程中可能增加工程量的费用。计算公式为：

$$基本预备费 = (工程费用 + 工程建设其他费用) \times 基本预备费费率 \quad (4-9)$$

基本预备费费率由部门或行业主管部门规定。

6. 涨价预备费

涨价预备费也称为价差预备费，是指为在建设期内利率、汇率或价格等因素的变化而预留的可能增加的费用，亦称为价格变动不可预见费。价差预备费的内容包括：人工、设备、材料、施工机具的价差费，建筑安装工程费及工程建设其他费用调整，利率、汇率调整等增加的费用。

价差预备费一般按下式计算：

$$P = \sum_{t=1}^{n} I_t \left[ (1+f)^m (1+f)^{0.5} (1+f)^{t-1} - 1 \right] \quad (4-10)$$

式中　$P$——价差预备费；

　　　$n$——建设期年数；

　　　$I_t$——建设期第 $t$ 年的投资计划额，包括工程费用、工程建设其他费用及基本预备费，即第 $t$ 年的静态投资计划额；

　　　$f$——投资价格指数；

　　　$t$——建设期第 $t$ 年；

　　　$m$——建设期前年限（从编制概算到开工建设年数）。

价差预备费中的投资价格指数按国家颁布的计取，当前暂时为零，计算式中 $(1+f)^{0.5}$ 表示建设期第 $t$ 年当年投资分期均匀投入考虑涨价的幅度，对建设周期较短的项目，价差预备费计算公式可简化处理。特殊项目或必要时可进行项目未来价差分析预测，确定各时期投资价格指数。

7. 建设期利息

建设期利息是指项目借款在建设期内发生并计入固定资产的利息。建设期利息的计算要根据借款在建设期各年年初发生或者在各年年内均衡发生，采用不同的计算公式。借款额在建设期各年年初发生的项目，应按全年计息。项目评价中对借款额在建设期各年年内按月、按季均衡发生的项目，为了简化计算，通常假设借款发生当年均在年中使用，按半年计息，其后年份按全年计息。

(1) 借款额在建设期各年年初发生，建设期利息的计算公式为：

$$Q = \sum_{t=1}^{n} [(P_{t-1} + A_t) \times i] \tag{4-11}$$

式中　$Q$——建设期利息；

$P_{t-1}$——按单利计息，为建设期第 $t-1$ 年末借款累计；按复利计息，为建设期第 $t-1$ 年末借款本息累计；

$A_t$——建设期第 $t$ 年借款额；

$i$——借款年利率；

$t$——年份。

(2) 借款额在建设期各年年内均衡发生，建设期利息的计算公式为：

$$Q = \sum_{t=1}^{n} \left[\left(P_{t-1} + \frac{A_t}{2}\right) \times i\right] \tag{4-12}$$

### 4.2.3　流动资金的估算方法

流动资金是指生产经营性项目投资后，为进行正常生产运营，用于购买原材料、燃料，支付工资及其他经营费用等所需的周转资金。流动资金估算一般采用分项详细估算法，个别情况或者小型项目可采用扩大指标法。

常用的流动资金估算方法有两种，一种是扩大指标估算法，一种是分项详细估算法。

**1. 扩大指标估算法**

一般可以参照同类生产企业流动资金占销售收入、经营成本、固定资产投资的比率，以及单位产量占用流动资金的比率来确定。扩大指标估算法简便易行，但准确度不高，适于项目建议书阶段的估算。扩大指标估算法的公式为：

$$年流动资金额 = 年费用基数 \times 各类流动资金率 \tag{4-13}$$

$$年流动资金额 = 年产量 \times 单位产品产量占用流动资金额 \tag{4-14}$$

**2. 分项详细估算法**

对构成流动资金的各项流动资产和流动负债应分别进行估算，它是国际上通用的流动资金估算方法。在可行性研究中，为简化计算，仅对存货、现金、应收账款和应付账款四项内容进行估算，计算公式为：

$$流动资金 = 流动资产 - 流动负债 \tag{4-15}$$

$$流动资产 = 应收账款 + 存货 + 现金 \tag{4-16}$$

$$流动负债 = 应付账款 \tag{4-17}$$

$$流动资金本年增加额 = 本年流动资金 - 上年流动资金 \tag{4-18}$$

估算的具体步骤，首先计算各类流动资产和流动负债的年周转次数，然后再分项估算占用资金额。

(1) 周转次数计算，周转次数等于 360 天除以最低周转天数。存货、现金、应收账款和应付账款的最低周转天数，可参照同类企业的平均周转天数并结合项目特点确定。

(2) 应收账款估算，应收账款是指企业已对外销售商品、提供劳务尚未收回的资金，包括若干科目，在可行性研究时，只计算应收销款。计算公式为：

$$应收账款 = 年销售收入 / 应收账款周转次数 \tag{4-19}$$

(3) 存货估算，存货是企业为销售或者生产耗用而储备的各种货物，主要包括原材料、燃料、低值易耗品、维修备件、包装物、在产品、协作配件、自制半成品和产成品等。为简化计算，仅考虑外购原材料、外购燃料、在产品和产成品，并分项进行计算。计算公式为：

$$存货 = 外购原材料 + 外购燃料 + 在产品 + 产成品 \tag{4-20}$$

$$外购原材料 = 年外购原材料 / 按种类分项周转次数 \tag{4-21}$$

$$在产品 = (年外购原材料 + 年外购燃料 + 年工资及福利费$$
$$+ 年修理费 + 年其他制造费用) / 在产品周转次数 \tag{4-22}$$

$$产成品 = 年经营成本 / 产成品周转次数 \tag{4-23}$$

(4) 现金需要量估算，项目流动资金中的现金是指货币资金，即企业生产运营活动中停留于货币形态的那部分资金，包括企业库存现金和银行存款。计算公式为：

$$现金 = (年工资及福利费 + 年其他费用) / 现金周转次数 \tag{4-24}$$

$$年其他费用 = 制造费用 + 管理费用 + 销售费用 - (以上三项费用中所含的工资及福利费、$$
$$折旧费、维简费、摊销费、修理费) \tag{4-25}$$

(5) 流动负债估算，流动负债是指在一年或者超过一年的一个营业周期内，需要偿还的各种债务。在可行性研究中，流动负债的估算只考虑应付账款一项。计算公式为：

$$应付账款 = 年外购原材料、燃料和备品备件费用 / 应付账款周转次数 \tag{4-26}$$

### 4.2.4 现代数学为理论基础的估算法

通过对一般估算方法体系的分析可以看出，大多数方法是从工程特征的相似性出发，找到拟建工程与已建工程的联系，用回归分析等方法推算出拟建工程的投资。其原理简单、计算容易、应用方便。但是由于影响工程投资的因素很多，如工期、规模、工程用途、结构特征等，这些因素之间有很强的非线性关系，对投资的影响程度也不一样，一般的估算方法很难解释这些变量之间的复杂关系，而函数的局限性使其不能完全清晰表达各变量之间的关系。这些局限性导致一般的估算模型无法精确估计拟建工程的投资，从而限制了其应用。

近年来，随着计算机技术的发展，出现了多种以现代数学为理论基础的投资估算方法。这些方法能够更全面地表达已建工程与拟建工程之间的关系，利用数学理论建立估算系统，全面、客观、有效地对工程投资进行估算。其代表方法主要包括指数平滑方法、模糊数学估算法和基于人工神经网络的估算法。

1. 指数平滑方法

投资估算可以看作是对拟建工程的造价进行预测。因此，可以运用预测技术中的指数平滑法原理推导投资估算的公式。根据指数平滑法预测原理，可选择若干个与拟建项目工程类似的已建典型工程，用这些工程的造价来估算拟建工程的造价。这些典型工程的造价对应指数平滑预测公式中的以往时间序列观测数据 $x(t)$、$x(t-1)$…指数平滑预测公式权系数中的衰减因子 $\alpha$ 对应工程间的相似程度。

选取近期的 $k$ 个与拟建工程类似的已建工程 $A_i$ ($i=1, 2, \cdots, k$)，它们与拟建预估工程 B 的相似程度为 $\alpha_i$ ($0 \leqslant \alpha_i \leqslant 1$，其具体值可由专家确定或用其他方法求得)。将 $\alpha_i$ 从大到小排列成一个有序数列 $\alpha_1, \alpha_2, \alpha_3 \cdots \alpha_k$，相应的已建工程每平方米建筑面积的造价为 $E_1, E_2, E_3 \cdots E_k$。设第 $i$ 个类似工程 $A_i$ 每平方米建筑面积的造价预测值为 $E_i^*$，其预

测误差为 $E_i - E_i^*$，则根据指数平滑预测公式，得第 $i-1$ 个类似工程 $A_{i-1}$ 每平方米建筑面积的造价预测值为：

$$E_{i-1}^* = E_i^* + \alpha_i (E_i - E_i^*) \tag{4-27}$$

式（4-27）的意义是：对第 $i$ 个类似工程每平方米建筑面积的造价预测值 $E_i^*$ 进行修正，方法是加上其预测误差 $E_i - E_i^*$ 和该工程与拟建工程的相似程度 $\alpha_i$ 的乘积，然后把修正后的造价作为与拟建工程类似的第 $i-1$ 个类似工程 $A_{i-1}$ 每平方米建筑面积的造价预测值。该等式也可改写为：

$$E_{i-1}^* = \alpha_i E_i + (1-\alpha_i) E_i^* \tag{4-28}$$

将上式依次类推并展开，则可得拟建工程每平方米建筑面积的造价预测值为：

$$\begin{aligned} E_g &= \alpha_1 E_1 + (1-\alpha_1) E_1^* \\ &= \alpha_1 E_1 + (1-\alpha_1)[\alpha_2 E_2 + (1-\alpha_2) E_2^*] \\ &= \alpha_1 E_1 + \alpha_2(1-\alpha_1) E_2 + \alpha_3(1-\alpha_1)(1-\alpha_2) E_3 + \cdots + \\ &\quad \alpha_k(1-\alpha_1)(1-\alpha_2)\cdots(1-\alpha_{k-1}) E_k + (1-\alpha_1)(1-\alpha_2)\cdots(1-\alpha_k) E_k^* \end{aligned} \tag{4-29}$$

其中 $E_k^*$ 为预测值初始值，取 $k$ 个典型工程每平方米建筑面积造价的算术平均值，即：

$$E_k^* = \frac{1}{k} \sum_{i=1}^{k} E_i \tag{4-30}$$

一般只要取与拟建预估工程最相似的 3 个已建工程就完全可以满足拟建工程的造价估算精度要求，则拟建预估工程每平方米建筑面积的造价估算公式可以表示为：

$$\begin{aligned} E_g &= \alpha_1 E_1 + \alpha_2 E_2 (1-\alpha_1) + \alpha_3 E_3 (1-\alpha_1)(1-\alpha_2) \\ &\quad + (1-\alpha_1)(1-\alpha_2)(1-\alpha_3)(E_1 + E_2 + E_3)/3 \end{aligned} \tag{4-31}$$

该公式可改写为：

$$\begin{aligned} E_g &= \left[\alpha_1 + \frac{1}{3}(1-\alpha_1)(1-\alpha_2)(1-\alpha_3)\right] E_1 \\ &\quad + \left[\alpha_2(1-\alpha_1) + \frac{1}{3}(1-\alpha_1)(1-\alpha_2)(1-\alpha_3)\right] E_2 \\ &\quad + \left[\alpha_3(1-\alpha_1)(1-\alpha_2) + \frac{1}{3}(1-\alpha_1)(1-\alpha_2)(1-\alpha_3)\right] E_3 \end{aligned} \tag{4-32}$$

从式（4-32）可以看出，拟建预估工程每平方米建筑面积的造价估算值 $E_g$ 实际上就是与其最相似的三个典型工程每平方米建筑面积的造价的加权平均值。其中，$E_1$ 的权值为 $W_1 = \alpha_1 + W$，$E_2$ 的权值为 $W_2 = \alpha_2(1-\alpha_1) + W$，$E_3$ 的权值为 $W_3 = \alpha_3(1-\alpha_1)(1-\alpha_2) + W$，这里 $W = \frac{1}{3}(1-\alpha_1)(1-\alpha_2)(1-\alpha_3)$。由于 $\alpha_1 \geqslant \alpha_2 \geqslant \alpha_3$，且 $0 \leqslant \alpha_i \leqslant 1$，所以有 $\alpha_1 \geqslant \alpha_2(1-\alpha_1) \geqslant \alpha_3(1-\alpha_1)(1-\alpha_2)$，即 $W_1 \geqslant W_2 \geqslant W_3$，这说明在此公式中，与预估工程越相似的典型工程其权值越大，与预估工程相似程度小的典型工程其权值也小，即它对相似程度大的典型工程更为重视。

从上面对估算公式的推导和说明中可以看出，这个估算公式有充分的理论依据，是可以应用的。

2. 模糊数学估算法

模糊数学估算法是从系统的角度出发，将投资估算系统划分为若干个子系统，并且确定每个子系统对于总体的贡献程度，即权重；然后将各个子系统分别进行特征量化工作，完成定性分析到定量分析的转变；最后，将拟建工程和已建工程资料的特征量化值继续对比，找出与拟建工程相似程度最高的已建工程，进而得出估算结果。

具体的计算方法和步骤可描述如下：

(1) 选定因素集 $U$：$U = (u_1, u_2 \cdots\cdots u_i)$，其中 $u_i$ 表示第 $i$ 个特征。

(2) 确定各特征因素的权重。权向量 $W$ 为：$W = (w_1, w_2 \cdots\cdots w_i)$，其中 $w_i$ 表示第 $i$ 个特征因素的权重。

(3) 按上述 $i$ 个因素，由已建工程资料和调研收集的典型工程资料，做出比较模式标准库，将拟建工程与已建工程进行比较。

(4) 根据模糊数学原理，分别计算各典型工程的贴进度。贴进度的计算公式由下列公式导出：

内积：$B \odot A_i = (b_1 \wedge a_{i1}) \vee \cdots\cdots \vee (b_i \wedge a_{in})$ (4-33)

外积：$B \odot A_i = (b_1 \vee a_{i1}) \wedge \cdots\cdots \wedge (b_n \vee a_{in})$ (4-34)

贴进度：$\alpha(B, A_i) \odot = \frac{1}{2}[B \odot A_i + (1 - B \odot A_i)]$ (4-35)

式中　$A_i$——第 $i$ 个典型工程；
　　　　$B$——拟建工程；
$a_{i1}\cdots\cdots a_{in}$——第 $i$ 个典型工程第 $n$ 个特征元素的隶属函数值；
$b_1\cdots\cdots b_n$——拟建工程第 $n$ 个特征元素的隶属函数值。

(5) 取贴进度大的前 $n$ 个工程，并按贴进度由大到小的顺序排列，即 $\alpha_1 > \alpha_2 > \cdots \alpha_n$。设第 $n$ 个工程的单方造价为 $C_n$，用指数平滑法进行计算，可得到拟建工程的单方造价 $C_x$。计算公式：

$$C_x = \lambda[\alpha_1 C_1 + \alpha_2 C_2(1-\alpha_1) + \alpha_3 C_3(1-\alpha_1)(1-\alpha_2) + \cdots$$
$$+ \alpha_n C_n(1-\alpha_1)(1-\alpha_2)\cdots(1-\alpha_{n-1}) + (C_1 + C_2 + \cdots$$
$$+ C_n) \times (1-\alpha_1)(1-\alpha_2)\cdots(1-\alpha_n)/n] \quad (4\text{-}36)$$

式中　$\lambda$——调整系数，可根据公式计算或经验取定值。

(6) 设拟建工程建筑面积为 $A$，则可以计算出拟建工程总造价为：

$$C = \gamma \zeta C_x A \quad (4\text{-}37)$$

式中　$\gamma$——拟建工程与所贴近的已建工程的价格调整系数；
　　　　$\zeta$——拟建工程的其他调整系数（如建设环境、政府政策的变化、业主的特殊要求，外界不可抗力的影响等）。

至此，得到了工程造价模糊数学估算结果。

3. 基于人工神经网络的估算方法

模糊数学估算法运用系统层次分析和模糊评价的思想，较为成功地实现了对建设投资的估算。但是，由于其模糊评价多采用专家评价法，主观因素干扰较大。因此，在模糊数学估算法的基础上，许多文献提出了基于人工神经网络的估算方法。

人工神经网络目前已被视为人工智能发展的一个重要方向，它是由大量简单处理单元广泛连接而成，用以模糊人脑行为的复杂网络系统。人工神经网络由于具有自动"学习"和"记忆"功能，从而十分容易进行知识获取工作；由于其具有"联想"功能，所以在只有部分信息的情况下也能回忆起系统全貌;由于其具有"非线性映射"能力,可以自动逼近那些刻画最佳的样本数据内部最佳规律的函数,揭示出样本数据的非线性关系。因此,基于人工神经网络的估算方法可以克服模糊数学估算法中主观因素干扰过大的缺点,特别适合于对不精确和模糊信息的处理。目前应用最广、最具代表性的是无反馈网络中的多层前向神经网络。该法的学习解析式十分明确,学习算法称为反向传播算法(Back Propagation),也称为 BP 算法。

BP 算法是一种由教师示教的训练算法,它通过对 $N$ 对输入输出样本(该样本须刻画出工程特征并实行归一化处理)$(X_1, Y_1)$、$(X_2, Y_2)$……$(X_n, Y_n)$ 的自我学习训练,得到神经元(即样本)之间的连接权 $W_{ij}$、$W_{jk}$……和阈值 $\theta_j$、$\theta_k$……,使 $n$ 维空间对 $m$ 维空间的非线性映射获得成功。利用该过程训练后得到的连接权和阈值,输入新的具体样本对应特征的 $X_x$,则可以得到满足已训练好的成功映射 $Y_x$,而 $Y_x$ 即为我们所需要的估算结果。这个得到的成功映射,即是估算模型。

BP 算法学习过程包括正向传播学习和反向传播学习两个过程。正向传播学习过程是根据输入的样本通过隐含层向所期望的输出结果逼近的过程;反向传播学习过程则是通过正向学习得到的输出结果与期望值相差较大时,将误差信息按原路返回传递,并通过相应方法修正各个神经元的权值,直至输出结果达到与预期结果满意的逼近程度。在两个过程所得到的学习成果便是获得了神经元之间的连接权 $W_{ij}$、$W_{jk}$……和阈值 $\theta_j$、$\theta_k$……,使 $n$ 维空间对 $m$ 维空间的非线性映射获得成功,进一步得到了所需要的估算模型。

## 4.3 投资估算编制案例

### 4.3.1 项目概况

项目名称为 120 万 t/年乙烯及配套工程项目。项目拟以当地丰富的石脑油等资源为原料,实现地炼资源整合优化,采用先进工艺及催化剂,生产市场需求增长迅速、对外依存度高、性能优越的特种管材合成树脂、化工中间体及聚酯原料等产品。

项目原料来源充足、稳定,原料多样化程度高,具有良好的灵活性。产品结构和质量满足目标市场的定位和需求。项目符合国家和当地产业规划及政策,技术先进成熟,安全环保可靠。项目拟落户当地规划的化工园区,该园区所在地地理位置优越,运输便捷、安全。项目注重节水、节电和节能降耗,将建设成为一个技术先进型、资源节约型和环境友好型的化工企业。

本项目建设期 3 年,运营期 15 年。根据资金使用计划和借款条件,建设投资分年投入比例为 20%、40% 和 40%。运营期第 1 年生产负荷为 90%,第 2 年及以后各年生产负荷均为 100%。

### 4.3.2 建设投资估算

投资估算主要依据国家、行业相关文件规定及参数。投资估算范围包括本项目的生产装置及配套的公用工程设施、辅助生产设施和厂外乙烷罐区及原料管道工程,不包括厂外输电线路、产品销售外输管道和特殊地基处理等工程。

美元折算人民币牌价为 1 美元等于 6.6 元人民币。预备费按国家或行业的有关规定估算,基本预备费率国内部分 6%,引进部分 4%,不计涨价预备费。

建设投资估算结果详见表4-4。

**建设投资估算表**（单位：万元） 表4-4

| 序号 | 费用或项目名称 | 设备购置费 | 主要材料费 | 安装工程费 | 建筑工程费 | 其他费用 | 合计 | 其中：外汇 | 投资比例（%） |
|---|---|---|---|---|---|---|---|---|---|
| | 建设投资 | 659020 | 395990 | 176126 | 197554 | 257900 | 1686590 | 39358 | 100.00 |
| | 其中：可抵扣增值税 | 87947 | 53328 | 16011 | 17959 | 3853 | 179099 | | |
| 一 | 固定资产费用 | 659020 | 395990 | 176126 | 197554 | 177652 | 1606341 | 28557 | 95.24 |
| (一) | 工程费用 | 659020 | 395990 | 176126 | 197554 | | 1428689 | 27785 | 84.71 |
| 1 | 生产装置 | 531675 | 242785 | 100743 | 79885 | | 955088 | 27785 | 56.63 |
| 2 | 公用工程 | 66913 | 77791 | 27682 | 71600 | | 243987 | | 14.47 |
| 3 | 辅助生产设施 | 29998 | 6270 | 3686 | 21147 | | 61100 | | |
| 4 | 厂外部分 | 30283 | 69145 | 27560 | 22002 | | 148990 | | |
| 5 | 特定条件下的费用 | | | 8000 | | | 8000 | | |
| 6 | 安全生产费 | | | 8455 | 2920 | | 11374 | | |
| 7 | 工器具及生产用具购置费 | 150 | | | | | 150 | | |
| (二) | 固定资产其他费用 | | | | | 88479 | 88479 | | 5.25 |
| 1 | 土地使用费 | | | | | 14421 | 14421 | | |
| 2 | 工程建设管理费 | | | | | 11287 | 11287 | | |
| 3 | 临时设施费 | | | | | 3572 | 3572 | | |
| 4 | 前期准备费 | | | | | 100 | 100 | | |
| 5 | 专项评价费 | | | | | 1199 | 1199 | | |
| 6 | 可行性研究报告编制费 | | | | | 222 | 222 | | |
| 7 | 工程勘察费 | | | | | 160 | 160 | | |
| 8 | 工程设计费 | | | | | 42867 | 42867 | | |
| 9 | 工程建设监理费 | | | | | 4453 | 4453 | | |
| 10 | 进口设备材料国内检验费 | | | | | 917 | 917 | | |
| 11 | 特种设备安全监督检验费 | | | | | 1500 | 1500 | | |
| 12 | 超限设备运输特殊措施费 | | | | | 3000 | 3000 | | |
| 13 | 设备采购技术服务费 | | | | | 1715 | 1715 | | |
| 14 | 设备监造费 | | | | | 923 | 923 | | |
| 15 | 工程保险费 | | | | | 2143 | 2143 | | |
| (三) | 预备费 | | | | | 89173 | 89173 | 772 | 5.29 |
| 二 | 无形资产费用 | | | | | 72286 | 72286 | 10452 | 4.29 |
| 三 | 其他资产费用 | | | | | 7962 | 7962 | 348 | 0.47 |

### 4.3.3 建设期利息估算

本项目债务资金按银行贷款考虑,贷款利率为中国人民银行的现行规定,长期借款名义利率为 4.9%、短期借款名义利率为 4.35%。

项目建设期 3 年,根据资金使用计划和借款条件,建设投资分年投入比例为 20%、40% 和 40%。建设期贷款利息为 78244 万元。

### 4.3.4 流动资金估算

本项目所需的流动资金按分类详细估算法计算,流动资金估算详见表 4-5。

流动资金估算表(单位:万元)　　　　表 4-5

| 序号 | 项目 | 周转天数 | 周转次数 | 4 | 5 | 6 | 7~18 |
|---|---|---|---|---|---|---|---|
| 1 | 流动资产 | | | 147618 | 163107 | 163107 | 163107 |
| 1.1 | 应收账款 | 30 | 12 | 97771 | 108056 | 108056 | 108056 |
| 1.2 | 存货 | | | 47728 | 52861 | 52861 | 52861 |
| 1.2.1 | 原料 | 7 | 51 | 17086 | 18985 | 18985 | 18985 |
| 1.2.2 | 其他原料 | | | | | | |
| 1.2.3 | 辅助材料 | 10 | 36 | 1543 | 1714 | 1714 | 1714 |
| 1.2.4 | 在产品 | 2 | 180 | 6433 | 7112 | 7112 | 7112 |
| 1.2.5 | 产成品 | 7 | 51 | 22666 | 25049 | 25049 | 25049 |
| 1.3 | 现金 | 30 | 12 | 2120 | 2190 | 2190 | 2190 |
| 2 | 流动负债 | | | 92386 | 102573 | 102573 | 102573 |
| 2.1 | 应付账款 | 30 | 12 | 92386 | 102573 | 102573 | 102573 |
| 3 | 流动资金占用 | | | 55233 | 60534 | 60534 | 60534 |
| 4 | 流动资金当期增加额 | | | 55233 | 5301 | | |

### 4.3.5 总投资估算

项目总投资包括建设投资、建设期贷款利息和流动资金。其构成见表 4-6。

总投资估算表(单位:万元)　　　　表 4-6

| 序号 | 费用名称 | 估算金额 |
|---|---|---|
| 一 | 建设投资 | 1686590 |
| 1 | 固定资产投资 | 1606341 |
| 2 | 无形资产投资 | 72286 |
| 3 | 其他资产投资 | 7962 |
| 二 | 建设期利息 | 78244 |
| 三 | 流动资金 | 60534 |
| | 其中:铺底流动资金 | 18160 |
| | 项目总投资合计 | 1825368 |
| | 其中:设备材料增值税 | 179099 |

## 复习思考题

1. 总投资的构成是什么？投资估算具有什么作用？
2. 投资估算的阶段划分与精度要求是什么？
3. 投资估算是在工程的（　　）进行的。
   A. 立项阶段　　　　　　　　　　B. 设计阶段
   C. 施工阶段　　　　　　　　　　D. 验收阶段
4. 投资估算的内容是估算（　　）及建设期内分年资金需要量的过程。
   A. 建筑工程费　　　　　　　　　B. 工程费用
   C. 建设投资　　　　　　　　　　D. 项目投入总金额
5. 投资项目前期机会研究阶段对投资估算误差的要求（　　）。
   A. 大于±30%　　　　　　　　　B. ±30%以内
   C. ±20%以内　　　　　　　　　D. ±10%以内
6. 下列费用中，（　　）不属于设备及工器具购置费范畴。
   A. 设备购置费　　　　　　　　　B. 设备涨价预备费
   C. 工具器具购置费　　　　　　　D. 生产家具购置费
7. 某建设项目的工程费用估计为20.58亿元，工程建设其他费用3.48亿元，基本预备费费率为8%，建设期价格上涨指数（基于工程费用）预计为5%。项目工程费用在两年建设期中的投入比例分别为55%和45%。工程建设其他费用第一年投入2.7亿元，其余在第二年投入。建设投资中的30%为建设单位自有资金，其余为银行贷款。该项目自有资金和建设投资借款在各年年内均衡发生，借款年利率为4.9%，每年计息一次，建设期内不支付利息。试估算该项目的建设投资。
8. 某工业生产项目达到设计生产能力后，全厂定员为900人，工资及福利费按照每人每年5万元估算。每年的其他费用为720万元。存货占用流动资金估算为7000万元。年外购原材料、燃料及动力费估算为19200万元。年经营成本为21000万元。年销售收入为36000万元。各项流动资金的最低周转天数分别为：应收账款30天，现金40天，应付账款为30天。试用分项详细估算法估算该项目的流动资金。

# 5 工程项目融资方案分析

**本章概要**

- ➢ 工程项目的融资主体类型及融资模式类型
- ➢ 项目资本金的特点及筹措渠道
- ➢ 项目债务资金的特点及筹措渠道
- ➢ 融资方案分析的主要内容
- ➢ PPP 项目的融资结构

工程项目融资方案分析是在已确定建设方案并完成投资估算的基础上，结合项目实施组织和建设进度计划，构造融资方案，进行融资结构、融资成本和融资风险分析，作为融资后财务分析的基础。

## 5.1 工程项目融资概述

### 5.1.1 融资主体

分析、研究项目的融资渠道和方式，提出项目的融资方案，应首先确定项目的融资主体。项目的融资主体是指进行融资活动，并承担融资责任和风险的经济实体。正确确定项目的融资主体，有助于顺利筹措资金和降低债务偿还风险。确定项目的融资主体应考虑项目投资的规模和行业特点，项目与既有法人资产、经营活动的联系，既有法人财务状况，项目自身的盈利能力等因素。按照融资主体不同，项目的融资主体可分为既有法人和新设法人。两类项目法人在融资方式上和项目的财务分析方面均有较大不同。

1. 既有法人融资

既有法人融资是指以既有法人为融资主体的融资方式。采用既有法人融资方式的建设项目，既可以是改扩建项目，也可以是非独立法人的新建项目。

既有法人融资方式的基本特点是：由既有法人发起项目、组织融资活动并承担融资责任和风险；建设项目所需的资金，来源于既有法人内部融资、新增资本金和新增债务资金；新增债务资金依靠既有法人整体（包括拟建项目）的盈利能力来偿还，并以既有法人整体的资产和信用承担债务担保。

在下列情况下，一般应以既有法人为融资主体：

（1）既有法人具有为项目进行融资和承担全部融资责任的经济实力。

（2）项目与既有法人的资产以及经营活动联系密切。

（3）项目的盈利能力较差，但项目对整个企业的持续发展具有重要作用，需要利用既有法人的整体资信获得债务资金。

以既有法人融资方式等筹集的债务资金虽然用于项目投资,但债务人是既有法人。债权人可对既有法人的全部资产(包括拟建项目的资产)进行债务追索,因而债权人的债务风险较低。在这种融资方式下,不论项目未来的盈利能力如何,只要既有法人能够保证按期还本付息,银行就愿意提供信贷资金。因此,采用这种融资方式,必须充分考虑既有法人整体的盈利能力和信用状况,分析可用于偿还债务的既有法人整体(包括拟建项目)的未来净现金流量。

2. 新设法人融资

新设法人融资是以新组建的具有独立法人资格的项目公司为融资主体的融资方式。采用新设法人融资方式的建设项目,项目法人大多是企业法人。社会公益性项目和某些基础设施项目也可能组建新的项目法人实施。采用新设法人融资方式的建设项目,一般是新建项目,但也可以是将既有法人的一部分资产剥离出去后重新组建新的项目法人的改扩建项目。

新设法人融资方式的基本特点是:由项目发起人(企业或政府)发起组建新的具有独立法人资格的项目公司,由新组建的项目公司承担融资责任和风险;建设项目所需资金的来源,可包括项目公司股东投入的资本金和项目公司承担的债务资金;依靠项目自身的盈利能力来偿还债务;一般以项目投资形成的资产、未来收益或权益作为融资担保的基础。

在下列情况下,一般应以新设法人为融资主体:

(1) 拟建项目的投资规模较大,既有法人不具有为项目进行融资和承担全部融资责任的经济实力。

(2) 既有法人财务状况较差,难以获得债务资金,而且项目与既有法人的经营活动联系不密切。

(3) 项目自身具有较强的盈利能力,依靠项目自身未来的现金流量可以按期偿还债务。采用新设法人融资方式,项目发起人与新组建的项目公司分属不同的实体,项目的债务风险由新组建的项目公司承担。项目能否还贷,取决于项目自身的盈利能力,因此必须认真分析项目自身的现金流量和盈利能力,以降低投资风险。

项目公司股东对项目公司借款提供多大程度的担保,也是融资方案研究的内容之一。实力雄厚的股东,为项目公司借款提供完全的担保,可以使项目公司取得低成本资金,降低项目的融资风险;但担保额度过高会使其资信下降,同时股东担保也可能需要支付担保费,从而增加项目公司的费用支出。在项目本身的财务效益好、投资风险可以有效控制的条件下,可以减少项目公司股东的担保额度。

3. 项目法人与项目发起人及投资人的关系

投资活动由一个组织发起,并为投资活动投入财力、人力、物力或信息的叫作项目发起人或项目发起单位。项目发起人可以是项目的实际权益资金投资的出资人(项目投资人),也可以是项目产品或服务的用户或者提供者、项目业主等。项目发起人可以来自政府或民间。

项目投资人是作为项目权益投资的出资人定位的。比如,按照《中华人民共和国公司法》(2018年第四次修正版本),投资人是设立一家公司时公司注册资本的出资人,或一家股份公司认购股份的出资人,对于投资项目来说,资本金的出资人也就是权益投资的投资人。投资人提供权益资金的目的就是获取项目投资所形成的权益。权益投资人取得对项目或企业产权的所有权、控制权和收益权。投资活动的发起人和投资人可以只有一家（一家发起，发起人同时也是唯一的权益投资的出资人），也可以有多家。因此，项目投资主体也可以分为两种情况，一是单一投资主体，二是多元投资主体。单一投资主体不涉及投资项目责、权、利在各主体之间的分配关系，可以自主决定其投资产权结构和项目法人的组织形式。多元投资主体则必须围绕投资项目的责、权、利在各主体之间的分配关系，恰当地选择合适的投资产权结构和项目法人的治理结构。

### 5.1.2 融资模式

1. 项目融资

(1) 项目融资的定义

项目融资在世界上虽然已有40多年的实践，但作为学术用语，迄今为止还没有一个公认的定义。纵观已出版的中外文书籍或文献，对项目融资定义的表述虽有不同，但均包含了以下两个最基本的内容：

1) 项目融资是以项目为主体安排的融资，项目的导向决定了项目融资的基本方法；

2) 项目融资中的贷款偿还来源仅限于融资项目本身。

总体而言，可将工程项目融资的各种定义分为广义和狭义两类。从广义上讲，凡是为了建设一个新工程项目、收购一个现有工程项目或者对已有工程项目进行债务重组所进行的融资，均可称工程项目融资；而狭义的工程项目融资则专指对某一工程项目进行具有无追索或有限追索形式的融资。本书将工程项目融资定义为：以工程项目未来收益和资产为融资基础，由项目的参与各方分担风险的具有无追索权或有限追索权的特定融资方式。

(2) 工程项目融资的功能

工程项目融资与传统融资方式相比较，突出了下述三大功能：

1) 筹资功能强，能更有效地解决大型工程项目的资金问题。凡是大型工程项目，就投资而言，少则几亿，多则上百亿。同时，由于大型工程项目投资风险也很大，这两点原因就决定了采用传统的融资方式是行不通的，而采用项目融资方式则可有效地解决这个问题。因为项目融资通常是无追索或有限追索形式的贷款，项目融资的能力大大超过投资者自身的筹资能力，并将投资风险分摊到与项目有关的各方，从而解决了大型工程项目的资金和风险分担问题。

2) 融资方式灵活多样，能减轻政府的财政负担。无论是发达国家，还是发展中国家，政府能出资建设的项目是有限的，并且仅凭政府投资很难满足经济发展的需要。这主要是因为一国政府财政预算支出的规模和政府举债的数量要受综合国力的制约。在经济发展过程中，各相关产业的发展要求基础设施、能源、交通等大型工程项目先行。而项目融资则是解决繁重的项目建设任务与项目资金供给之间矛盾的一个有效途径。

3) 实现项目风险分散和风险隔离，能够提高项目成功的可能性。项目融资的多方参与结构决定了项目可以在发起人、贷款人以及其他项目参与方之间分散项目风险，通过各方签订的项目融资协议，能够明确项目风险责任的分担。对于项目发起人而言，利用项目融资的债务屏蔽功能，将贷款人的债务追索权限于项目公司，降低自身的财务风险。而贷款人也可以根据项目的预期收益和风险水平，要求发起人提供项目融资担保，在项目无法达到合理现金流量时，能够避免贷款风险。同时由于各方都承担风险，必然在融资过程中追求相应的回报，以促成项目的成功。

**2. 公司融资**

公司融资是指依赖一家现有企业的资产负债及总体信用状况（通常企业涉及多种业务及资产），为企业（包括项目）筹措资金，主要包括发行公司股票、公司债券、获得银行贷款等形式。

公司融资可以不依赖项目投资形成的资产，不依赖项目未来的收益和权益，而是依赖于已经存在的公司本身的资信。贷款和其他债务资金虽然实际上用于项目，但是承担债务偿还责任的是公司。公司融资下，项目的发起人或投资人（借款人）需要承担借款偿还的完全责任，属于完全追索权融资。

**3. 项目融资与公司融资的区别**

项目融资与传统公司融资有很大的区别。公司融资属于完全追索权融资，而项目融资通常是无追索或有限追索形式的筹资方式。其基本特征表现为：融资主体、融资基础、追索程度、风险分担程度、债务比例、会计处理以及融资成本等多个方面与公司融资不同。

项目融资和公司融资各有其优缺点，以图5-1为例进行说明。图5-1（a）所示在传统企业融资中，总公司已有工厂A和工厂B，现拟扩大再生产向银行贷款建设工厂C。尽管贷款是用来建设总公司的某一个工厂，但整个公司（包括其他工厂）所产生的现金流都要负责偿还贷款。传统的企业融资的优点在于融资过程简单，总公司对工厂C有全部的控制权，若是工厂C运作成功，所得利润全部归总公司所有；缺点在于若是工厂C运作不成功（如不能还本付息），总公司将受到牵连甚至倒闭。

而图5-1（b）所示的项目融资是总公司出一定的有限投资，注册成立一个专门运作工厂C的项目公司，以项目公司的名义，通过工厂C的期望收益和资产说服银行放贷，这样可让工厂C保持一定程度的独立，从而减少总公司的风险。由此可见，这种融资方式的优点在于如果工厂C运作不成功（如不能还本付息），只是项目公司倒闭，工厂C被银行接管，总公司将损失已投入的有限投资和有限担保，但不会受到太致命的牵连。缺点在于融资过程复杂，总公司对项目公司没有全部的控制权，而且，若是工厂C运作成功，所得利润将按项目公司中各股东所占股份分配，不能全部归总公司所有。另外，银行因承担较大风险，往往要求监控贷款和收入的流向。

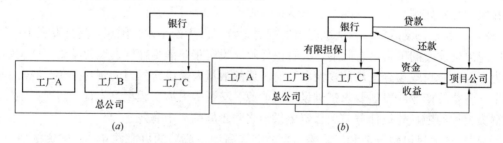

图5-1 项目融资与传统企业融资的图示比较
（a）传统企业融资；（b）项目融资

### 5.1.3 资金来源和融资方式

**1. 资金来源**

制定融资方案必须要有明确的资金来源，并围绕可能的资金来源，选择合适的融资方式，制定可行的融资方案。资金来源按融资主体可以分为内部资金来源和外部资金来源。

相应的融资可以分为内源融资和外源融资两个方面。由于内源融资不需要实际支付利息或股息，故应首先考虑内源融资，然后再考虑外源融资。

（1）内源融资。即将作为融资主体的既有法人内部的资金转化为投资的过程，也称内部融资。既有法人内部融资的渠道和方式主要有货币资金、资产变现、企业产权转让、直接使用非现金资产。

（2）外源融资。即吸收融资主体外部的资金。外部的资金来源渠道很多，应当根据外部资金来源供应的可靠性、充足性以及融资成本、融资风险等，选择合适的外部资金来源渠道。当前我国建设项目外部资金来源渠道主要有：

1）中央和地方政府可用于项目建设的财政资金。
2）商业银行和政策性银行的信贷资金。
3）证券市场的资金。
4）非银行金融机构的资金。
5）国际金融机构的信贷资金。
6）外国政府提供的信贷资金、赠款。
7）企业、团体和个人可用于项目建设投资的资金。
8）外国公司或个人直接投资的资金。

2. 融资方式

融资方式是指为筹集资金所采取的方式方法以及具体的手段和措施。同一资金来源渠道，可以采取不同的融资方式；同一融资方式也可以运用于不同的资金来源渠道。制定融资方案时，不仅要有明确的资金来源渠道，还必须有针对该资金来源的渠道切实可行的融资方式、合理优化的手段和措施。

3. 工程项目融资资金来源

工程项目融资资金来源包括资本金和债务资金两部分。资本金源于内源融资，主要融资渠道和方式有货币资金和直接使用非现金资产等；债务资金源于外源融资，主要融资渠道和方式有商业银行和政策性银行的信贷资金、国际金融机构的信贷资金等。

## 5.2 资本金筹措

### 5.2.1 项目资本金的特点

项目资本金是指在建设项目总投资中，由投资者认缴的出资额，对建设项目来说是非债务性资金，项目法人不承担这部分资金的任何利息和债务；投资者可按其出资比例依法享有所有者权益，也可转让其出资，但一般不得以任何方式抽回。

投资人以资本金形式向项目投入的资金称为权益投资。资本金是确定项目产权关系的依据，也是项目获得债务资金的信用基础。资本金没有固定的按期还本付息的压力。股利是否支付和支付多少，视项目投产运营后的实际经营效果而定，因此，项目法人的财务负担较小。

项目资本金筹措不完全是为了满足国家的资本金制度要求。项目建设资金的权益资金和债务资金结构是融资方案制定中必须考虑的一个重要方面。如果权益资金占比太少，会导致负债融资的难度和融资成本的提高；如果权益资金过大，风险可能会过于集中，财务杠杆效应会下滑。

对于资本金的比例，根据 2015 年 9 月国务院印发的《关于调整和完善固定资产投资项目资本金制度的通知》（国发［2015］51 号），围绕优化投资结构，对固定资产投资项目资本金比例及相关内容进行了完善，合理降低投资门槛，有利于提高投资能力，增加有效投资，加快补上公共产品、公共服务及其他发展"短板"，通过改革促进结构调整和民生改善。本次调整指出，项目资本金占总投资的比例（又称为项目资本金比例）最低不得低于 20%，且不同行业投资项目资本金占总投资的比例不同。换言之，债权融资与股权融资的比例，也就是债本比不能高于 4∶1，之所以规定债本比，是为了限制财务杠杆的倍数，有效控制财务杠杆倍数过大所造成的风险。

### 5.2.2 项目资本金的出资方式

《国务院关于固定资产投资项目试行资本金制度的通知》（国发［1996］35 号）中指出："投资项目资本金可以用货币出资，也可以用实物、工业产权、非专利技术、土地使用权、资源开采权等作价出资。对作价出资的实物、工业产权、非专利技术、土地使用权，必须经过有资格的资产评估机构评估作价，不得高估或低估。其中以工业产权和非专利技术作价出资的比例一般不得超过项目资本金总额的 20%，但国家对采用高新技术成果有特殊规定的除外。"为了使建设项目保持合理的资产结构，应根据投资各方及建设项目的具体情况选择项目资本金的出资方式，以保证项目顺利建设并在建成后能正常运营。

### 5.2.3 项目资本金的来源渠道与筹措方式

1. 股东直接投资

股东直接投资包括政府授权投资机构入股的资金、国内外企业入股的资金、社会团体和个人入股的资金以及基金投资公司入股的资金，构成国家资本金、法人资本金、个人资本金和外商资本金。

既有法人融资项目，股东直接投资表现为扩充既有企业的资本金，包括原有股东增资扩股和吸收新股东投资。

新设法人融资项目，股东直接投资表现为项目投资者为项目提供资本金。合资经营公司的资本金由企业的股东按股权比例认缴，合作经营公司的资本金由合作投资方按预先约定的金额投入。

2. 股票融资

无论是既有法人融资项目还是新设法人融资项目，凡符合规定条件的，均可以通过发行股票在资本市场募集股本资金。股票融资可以采取公募与私募两种形式。公募又称为公开发行，是在证券市场上向不特定的社会公众公开发行股票。为了保障广大投资者的利益，国家对公开发行股票有严格的要求，发行股票的企业要有较高的信用，符合证券监管部门规定的各项发行条件，并获得证券监管部门批准后方可发行。私募又称不公开发行或内部发行，是指将股票直接出售给少数特定的投资者。

股票融资具有以下特点：

（1）股票融资所筹资金是项目的股本资金，可作为其他方式筹资的基础，可增强融资主体的举债能力。

（2）股票融资所筹资金没有到期偿还的问题，投资者一旦购买股票便不得退股。

（3）普通股股票的股利支付，可视融资主体的经营好坏和经营需要而定，因而融资风险较小。

(4) 股票融资的资金成本较高,因为股利需从税后利润中支付,不具有抵税作用,而且发行费用也较高。

(5) 上市公开发行股票,必须公开披露信息,接受投资者和社会公众的监督。

3. 政府投资

政府投资的资金包括各级政府的财政预算内资金、国家批准的各种专项建设基金、统借国外贷款、土地批租收入、地方政府按规定收取的各种费用及其他预算外资金等。政府投资主要用于关系国家安全和市场不能有效配置资源的经济和社会领域,包括加强公益性和公共基础设施建设,保护和改善生态环境,促进欠发达地区的经济和社会发展,推进科技进步和高新技术产业化等。

对于政府投资资金,国家根据资金来源、项目性质和调控需要,分别采取直接投资、资本金注入、投资补助、转贷和贷款贴息等方式,并按项目安排使用。

在项目评价中,对政府投入的资金,应根据资金投入的不同情况进行相应处理。

(1) 全部使用政府直接投资的项目,一般为非经营性项目,不需要进行融资方案分析。

(2) 以资本金注入方式投入的政府投资资金,在项目评价中应视为权益资金。

(3) 以投资补贴、贷款贴息等方式投入的政府投资资金,对具体项目来说,既不属于权益资金,也不属于债务资金,在项目评价中应视为一般现金流入(补贴收入)。

(4) 以转贷方式投入的政府投资资金(统借国外贷款),在项目评价中应视为债务资金。

4. 优先股股票

优先股股票是一种兼具资本金和债务资金特点的有价证券。从普通股股东的立场看,优先股可视同一种负债;但从债权人的立场看,优先股可视同资本金。

如同债券一样,优先股股息有一个固定的数额或比率,优先股股票的股息通常大大高于银行的贷款利息,该股息不随公司业绩的好坏而波动,并且可以先于普通股股东领取;如果公司破产清算,优先股股东对公司剩余财产有先于普通股股东的要求权。优先股一般不参加公司的红利分配,持股人没有表决权,也不能参与公司的经营管理。

优先股股票相对于其他债务融资,通常处于较后的受偿顺序,且股息在税后利润中支付。在项目评价中优先股股票应视为项目资本金。

# 5.3 债务资金筹措

## 5.3.1 债务资金的特点

债务资金是项目投资中以负债方式从金融机构、证券市场等资本市场取得的资金。债务资金具有以下特点:

(1) 资金在使用上具有时间性限制,到期必须偿还。

(2) 无论项目的融资主体今后经营效果好坏,都需按期还本付息,从而形成企业的财务负担。

(3) 资金成本一般比权益资金低,且不会分散投资者对企业(或项目)的控制权。

### 5.3.2 债务资金筹措应考虑的主要方面

在制定债务资金筹措方案时,需要考虑的主要因素有以下几个方面:

(1) 债务期限。根据资金使用计划和债务偿还计划及融资成本进行合理的设计和搭配。

(2) 债务偿还。需要事先确定一个比较稳妥的还款计划。

(3) 债务序列。债务安排根据其依赖于企业(或项目)资产抵押的程度或者依赖于有关外部信用担保程度而划分为由高到低不同等级的序列。在企业出现违约的情况下,企业资产和其他抵押、担保权益的分割将严格地按照债务序列进行。

(4) 债权保证。债权人为了保障其权益,需要有一些能够巩固其债权、地位的措施,使其权益不受侵犯,到期能收回本息。为此,需要债务人及涉及的第三方对债权人提供履行债务的特殊保证,这就是债权保证。

(5) 违约风险。债务人违约或无力清偿债务时,债权人追索债务的形式和手段即追索程度,决定了债务人违约风险的大小。根据融资安排的不同,不同的债权人追索债务的程度也是不一样的,比如,完全追索、有限追索、无追索。

(6) 利率结构。债务资金利率主要有浮动利率、固定利率以及浮动/固定利率等不同的利率机制。融资中应该采用何种利率结构,需要考虑以下因素:①项目现金流量的特征;②金融市场上利率的走向;③借款人对控制融资风险的要求。

(7) 货币结构与国家风险。债务资金的货币结构可依据项目现金流量的货币结构设计,以减少项目的外汇风险。为减少国家的风险和其他不可预见的风险,国际大型项目的融资安排往往不局限在一个国家的金融市场上融资,也不局限于一种货币融资。事实证明,资金来源多样化是减少国家风险的一种有效措施。

### 5.3.3 债务资金的来源渠道与筹措方式

1. 商业银行贷款

商业银行贷款是我国建设项目获得短期、中长期贷款的重要渠道。国内商业银行贷款手续简单、成本较低,适用于有偿债能力的建设项目。

2. 政策性银行贷款

政策性银行贷款一般期限较长,利率较低,是为了配合国家产业政策等的实施,对有关政策性项目提供的贷款。我国政策性银行有国家开发银行、中国进出口银行和中国农业发展银行。

3. 外国政府贷款

外国政府贷款是一国政府向另一国政府提供的具有一定援助或部分赠予性质的低息优惠贷款。

目前我国可利用的外国政府贷款主要有:日本国际协力银行贷款、日本能源贷款、美国国际开发署贷款、加拿大国际开发署贷款,以及德国、法国等国的政府贷款。

外国政府贷款有以下特点:

(1) 在经济上带有援助性质,期限长、利率低,有的甚至无息。一般年利率为2%~4%,还款平均期限为20~30年,最长可达50年。

(2) 贷款一般以混合贷款方式提供,即在贷款总额中,政府贷款一般占1/3,其余2/3为出口信贷。

(3) 贷款一般都限定用途，如用于支付从贷款国进口设备，或用于某类项目建设。

我国各级财政可以为外国政府贷款提供担保。财政担保方式可以分为三类：国家财政部担保、地方财政厅（局）担保、无财政担保。

4. 国际金融机构贷款

国际金融机构贷款是国际金融机构按照章程向其成员提供的各种贷款。目前与我国关系最为密切的国际金融组织是国际货币基金组织、世界银行和亚洲开发银行。国际金融组织一般都有自己的贷款政策，只有这些组织认为应当支持的项目才能得到贷款。使用国际金融组织的贷款需要按照这些组织的要求提供资料，并且需要按照规定的程序和方法来实施项目。

（1）国际货币基金组织贷款。国际货币基金组织的贷款只限于成员的财政和金融当局，不与任何企业发生业务关系，贷款用途限于弥补国际收支逆差或用于经常项目的国际支付，期限为1～5年。

（2）世界银行贷款。世界银行贷款具有以下特点：

1) 贷款期限较长。一般为20年左右，最长可达30年，宽限期为5年。

2) 贷款利率实行浮动利率，随金融市场利率的变化定期调整，但一般低于市场利率。对已订立贷款契约而未使用的部分，要按年征收0.75%的承诺费。

3) 世界银行通常对其资助的项目只提供货物和服务所需要的外汇部分，约占项目总额的30%～40%，个别项目可达50%。但在某些特殊情况下，世界银行也提供建设项目所需要的部分国内费用。

4) 贷款程序严密，审批时间较长。借款方从提出项目到最终同世界银行签订贷款协议获得资金，一般需要一年半到两年的时间。

（3）亚洲开发银行贷款。亚洲开发银行（简称亚行）贷款分为硬贷款、软贷款和赠款。硬贷款是由亚洲开发银行普通资金提供的贷款，贷款期限为10～30年，含2～7年的宽限期，贷款的利率为浮动利率，每年调整一次。软贷款又称为优惠利率贷款，是由亚洲开发银行开发基金提供的贷款，贷款的期限为40年，含10年的宽限期，不收利息，仅收1%的手续费。这种贷款只提供给还款能力有限的发展中国家成员。赠款资金由技术援助特别基金提供。

5. 出口信贷

出口信贷是设备出口国政府为了促进本国设备出口，鼓励本国银行向本国出口商或外国进口商（或进口方银行）提供的贷款。贷给本国出口商的称卖方信贷，贷给外国进口商（或进口方银行）的称买方信贷。贷款的使用条件是购买贷款国的设备。出口信贷利率通常低于国际商业银行的贷款利率，但需要支付一定的附加费用（管理费、承诺费、信贷保险费等）。

6. 银团贷款

银团贷款是指多家银行组成一个集团，由一家或几家银行牵头，采用同一贷款协议，按照共同约定的贷款计划向借款人提供贷款的方式。

银团贷款，除具有一般银行贷款的特点和要求外，由于参加银行较多，还需要多方协商，贷款周期长。使用银团贷款，除支付利息之外，按照国际惯例，通常还要支付承诺费、管理费、代理费等。银团贷款主要适用于资金需求量大、偿债能力较强的建设项目。

7. 企业债券

企业债券是企业以自身的财务状况和信用条件为基础，依照《中华人民共和国证券法》（2014年第三次修正版本）和《中华人民共和国公司法》（2018年第四次修正版本）等法律法规规定的条件和程序发行的，约定在一定期限内还本付息的债券，如三峡债券、铁路债券等。

企业债券代表发债企业和债券投资者之间的一种债权债务关系。债券投资者是企业的债权人，不是所有者，无权参与或干涉企业的经营管理，但有权按期收回本息。

企业债券融资的特点是：筹资对象广、市场大，但发债条件严格、手续复杂；利率虽低于银行贷款利率但发行费用较高，需要支付承销费、发行手续费、兑付手续费及担保费等费用。企业债券适用于资金需求量大、偿债能力较强的建设项目。

目前，我国企业债券的发行总量需纳入国家信贷计划，申请发行企业债券必须经过严格的审核，只有实力强、资信好的企业才有可能被批准发行企业债券，还必须由实力很强的第三方提供担保。

8. 国际债券

国际债券是一国政府、金融机构、工商企业或国际组织为筹措和融通资金，在国际金融市场上发行的、以外国货币为面值的债券。国际债券的重要特征是债券发行者和债券投资者属于不同的国家，筹集的资金来源于国际金融市场。

发行国际债券的优点是：资金规模巨大、稳定、借款时间较长，可以获得外汇资金；其缺点是：发债条件严格、信用要求高、筹资成本高、手续复杂。国际债券适用于资金需求量大、能吸引外资的建设项目。

因国际债券的发行涉及国际收支管理，国家对企业发行国际债券进行严格的管理。

9. 可转换债券

可转换债券是一种可以在特定时间、按特定条件转换为普通股股票的特殊企业债券，兼有债券和股票的特性。

可转换债券有以下特点：

（1）债权性。与其他债券一样，可转换债券也有规定的利率和期限，债券持有人可以选择持有债券到期，收取本金和利息。

（2）股权性。可转换债券在转换成股票之前是纯粹的债券，但在转换成股票之后，原债券持有人就由债权人变成了股东，可参与企业的经营决策和红利分配。

（3）可转换性。债券持有人有权按照约定条件将债券转换成股票。转股权是投资者享有的、普通企业债券所没有的选择权。可转换债券在发行时就明确约定，债券持有人可按照发行时约定的价格将债券转换成普通股股票，如果债券持有人不想转换，则可以继续持有债券，直到偿还期满时收取本金和利息，或者在流通市场出售变现。

由于可转换债券附有普通企业债券所没有的转股权，因此可转换债券的利率一般低于普通企业债券的利率，企业发行可转换债券有助于降低资金成本。但可转换债券在一定条件下可转换为股票，因而可能会造成股权的分散。

在项目评价中，可转换债券应视为项目债务资金。

10. 融资租赁

融资租赁是资产所有者在一定期限内将资产租给承租人使用，由承租人分期付给一定的租赁费的融资方式。融资租赁是一种以租赁物品的所有权与使用权相分离为特征的信贷方式。

融资租赁一般由出租人按承租人选定的设备，购置后出租给承租人长期使用。在租赁期内，出租人以收取租金的形式收回投资，并取得收益；承租人支付租金租用设备进行生产经营活动。租赁期满后，出租人一般将设备作价转让给承租人。

融资租赁的优点是：企业可不必预先筹集一笔相当于资产买价的资金就可以获得需要资产的使用权。这种融资方式适用于以购买设备为主的建设项目。

## 5.4 融资方案设计与分析

### 5.4.1 编制项目资金筹措方案

通过对项目融资方案的系统研究，编制一套完整的项目资金筹措方案。项目资金筹措方案应对资金来源、资金筹措方式、融资结构和数量等作出整体安排。这应当在项目分年投资计划基础之上编制。项目的资金筹措需要满足项目投资资金使用的要求。

一个完整的项目资金筹措方案由两部分内容构成：项目资金来源计划表；总投资使用计划和资金筹措表。

1. 编制项目资金来源计划表

项目资金来源计划表主要反映项目资本金及债务资金来源的构成。每一项资金来源的融资条件和融资可信程度在表中要加以说明和描述，或在表中附注。

【例 5-1】表 5-1 为某新设法人项目资金来源计划表，表中简要说明了项目各项资金的来源及条件。

某新设法人项目资金来源计划表　　　　　　　　表 5-1

| 序号 | 资金来源 | 金额（万元） | 融资条件 | 融资说明 |
|---|---|---|---|---|
| 1 | 资本金 | 2800 | | |
| 1.1 | 股东 A 股本投资 | 1700 | | 公司书面承诺 |
| 1.2 | 股东 B 股本投资 | 600 | | 董事会书面承诺 |
| 1.3 | 股东 C 股本投资 | 500 | | 公司预计 |
| 2 | 债务资金 | 6820 | | |
| 2.1 | 某国买方信贷 | 3320 | 贷款期限为 8 年，其中宽限期为 3 年，宽限期内只付息，不还本；还本期内等额分期偿还本金；年利率为 6%，按季计息；国内银行转贷手续费为 0.4%；无其他银行附加费用；以进口设备抵押，抵押率为 70% | 公司意向 |
| 2.2 | ××银行长期贷款 | 3500 | 贷款期限为 6 年，其中宽限期为 2 年，还款期内等额还本付息；年利率为 8%，按季计息；由公司股东按比例担保，担保费费率为 1%；无其他财务费用 | 银行书面承诺、各股东公司书面承诺担保 |

【例 5-2】表 5-2 为某既有法人项目资金来源计划表，表中简要说明了项目各项资金。

## 5 工程项目融资方案分析

**某既有法人项目资金来源计划表**　　　　表 5-2

| 序号 | 资金来源 | 金额（亿元） | 融资条件 | 融资说明 |
|---|---|---|---|---|
| 1 | 项目资本金 | | | |
| 1.1 | 既有法人内部融资 | 2.0 | | 来自既有公司现有现金流、建设期内的经营净现金流、资产变现 |
| 1.2 | 新增资本金（股东增加股东投资） | 2.0 | | 股东承诺书 |
| 2 | 新增债务资金 | | | |
| 2.1 | 增加长期借款 | | | |
| | ××银行借款 | 5.0 | 贷款期限为6年，其中宽限期为3年；还款期内等额还本，执行国家基准利率，按季付息，年利率为6%；以项目财产及权益抵押；贷款需要与资本金同比例支付 | 银行贷款承诺书 |
| 2.2 | 增加流动资金借款 | 1.0 | 贷款期限为1年，可循环周转使用；利率执行国家基准利率，按季付息，年利率为5%，由控股母公司担保，担保费费率为1%；无其他银行附加费 | 银行贷款承诺书、股东担保承诺书 |
| 2.3 | 发行债券 | | | |
| 2.4 | 融资租赁 | | | |
| 3 | 合计 | 10.0 | | |

2. 编制总投资使用计划和资金筹措表

总投资使用计划和资金筹措表是根据项目资金来源计划表所反映的各项资金来源和条件，按照项目投资的使用要求所进行的规划与安排。该表是投资估算和融资方案两部分的衔接点。其表格格式详见表 5-3。

**总投资使用计划和资金筹措表**　（人民币单位：万元，外币单位万美元）　　表 5-3

| 序号 | 项目 | 合计 | | | 1 | | | ... | | |
|---|---|---|---|---|---|---|---|---|---|---|
| | | 人民币 | 外币 | 小计 | 人民币 | 外币 | 小计 | 人民币 | 外币 | 小计 |
| 1 | 总投资 | | | | | | | | | |
| 1.1 | 建设投资 | | | | | | | | | |
| 1.2 | 建设期利息 | | | | | | | | | |
| 1.3 | 流动资金 | | | | | | | | | |
| 2 | 资金筹措 | | | | | | | | | |
| 2.1 | 项目资本金 | | | | | | | | | |
| 2.1.1 | 用于建设投资 | | | | | | | | | |
| | ××方 | | | | | | | | | |
| | ⋮ | | | | | | | | | |

续表

| 序号 | 项目 | 合计 | | | 1 | | | ... | | |
|---|---|---|---|---|---|---|---|---|---|---|
| | | 人民币 | 外币 | 小计 | 人民币 | 外币 | 小计 | 人民币 | 外币 | 小计 |
| 2.1.2 | 用于流动资金 | | | | | | | | | |
| | ××方 | | | | | | | | | |
| | ⋮ | | | | | | | | | |
| 2.1.3 | 用于建设期利息 | | | | | | | | | |
| | ××方 | | | | | | | | | |
| | ⋮ | | | | | | | | | |
| 2.2 | 债务资金 | | | | | | | | | |
| 2.2.1 | 用于建设投资 | | | | | | | | | |
| | ××借款 | | | | | | | | | |
| | ××债券 | | | | | | | | | |
| | ⋮ | | | | | | | | | |
| 2.2.2 | 用于建设期利息 | | | | | | | | | |
| | ××借款 | | | | | | | | | |
| | ××债券 | | | | | | | | | |
| | ⋮ | | | | | | | | | |
| 2.2.3 | 用于流动资金 | | | | | | | | | |
| | ××借款 | | | | | | | | | |
| | ××债券 | | | | | | | | | |
| | ⋮ | | | | | | | | | |
| 2.3 | 其他资金 | | | | | | | | | |
| | ××× | | | | | | | | | |
| | ⋮ | | | | | | | | | |

注：1. 本表按新增投资范畴编制。
2. 本表建设期利息一般可包括其他融资费用。
3. 对既有法人项目，项目资本金中可新增资金和既有法人货币资金与资产变现或资产经营权变现的资金，可分别列出或加以文字说明。

编制项目的总投资使用计划和资金筹措表时应注意以下问题：

(1) 各年度的资金平衡。项目实施的各年度中，资金来源必须满足投资使用的要求，即编制的总投资使用计划和资金筹措表应做到资金的需求与筹措在时序、数量两方面都能平衡。资金来源的数量规模最好略大于投资使用的要求。

(2) 建设期利息。建设期利息首先应按与建设投资用款计划相匹配的筹资方案计算。根据债务融资条件的不同，建设期利息的计算分为三种情况：一是在建设期内只计息不付息（统一在还款期内偿付），将建设期利息复利计算后计入债务融资总额中，建设期利息被视为新的负债；二是在建设期内采用项目资本金按约定偿付（如按年度、按季度付息），债务融资总额不包括建设期利息；三是使用债务资金偿还同种债务资金的建设期利息，增加债务融资的本金总额。

### 5.4.2 资金结构分析

工程项目的资金结构是工程项目融资方案分析中的一项重要内容，指的是项目资金总额中各种资金来源的构成及其比例关系。这种比例关系主要体现在三个方面：项目资本金与项目债务资金的比例、项目资本金内部结构比例和项目债务资金内部结构比例。资金结构的合理性和优化由各方利益平衡、风险性、资金成本等多方面因素决定。

1. 项目资本金与项目债务资金的比例

（1）项目资本金与项目债务资金的关系。项目资本金与项目债务资金的比例是项目资金结构中最重要的比例关系。项目投资者希望投入较少的资本金，获得较多的债务资金，尽可能降低债权人对股东的追索。而提供债务资金的债权人则希望项目能够有较高的资本金比例，以降低债权的风险。当资本金比例降低到银行不能接受的水平时，银行将会拒绝贷款。资本金与债务资金的合理比例需要由各个参与方的利益平衡来决定。

资本金所占比例越高，企业的财务风险和债权人的风险越小，可能获得较低利率的债务资金。债务资金的利息是在所得税前列支的，可以起到合理减税的效果。在项目收益不变、项目投资财务内部收益率高于负债利率的条件下，由于财务杠杆的作用，资本金所占比例越低，资本金财务内部收益率就越高，同时企业的财务风险和债权人的风险也越大。因此，一般认为，在符合国家有关资本金比例规定、符合金融机构信贷法规及债权人有关资产负债比例要求的前提下，既能满足权益投资者获得期望的投资回报的要求，又能较好地防范财务风险的比例是较理想的资本金与债务资金的比例。

（2）项目资本金与项目债务资金的比例的具体规定。项目资本金与项目债务资金的比例的调整经历了四个阶段。第一个阶段为1996年8月，为了深化投资体制改革，建立投资风险约束机制，有效地控制投资规模，提高投资效益，促进国民经济持续、快速、健康发展，国务院决定对固定资产投资项目（以下简称"投资项目"）试行资本金制度。《国务院关于固定资产投资项目试行资本金制度的通知》（国发［1996］35号）给出了不同行业投资项目资本金占总投资的比例。此后，根据国家宏观调控的需要，固定资产投资项目资本金最低比例限制经过了三次调整，分别为2009年5月的《国务院关于调整固定资产投资项目资本金比例的通知》（国发［2009］27号）、2015年9月的《国务院关于调整和完善固定资产投资项目试行资本金制度的通知》（国发［2015］51号）和2019年11月的《国务院关于加强固定资产投资项目资本金管理的通知》（国发［2019］26号）。各次调整情况如表5-4所示。国发［2019］26号文规定，公路（含政府收费公路）、铁路、城建、物流、生态环保、社会属性等领域的补短板基础设施项目，在投资回报机制明确、收益可靠、风险可控的前提下，可以适当降低项目最低资本金比例，但下调不得超过5个百分点。

**固定资产投资项目资本金最低比例调整历史** 表5-4

| 投资项目类型 | 2019年11月 | 2015年9月 | 2009年5月 | 1996年8月 |
|---|---|---|---|---|
| 钢铁 | 40% | 40% | 40% | 25% |
| 电解铝 | 40% | 40% | 40% | 20% |
| 水泥 | 35% | 35% | 35% | 20% |
| 煤炭 | 30% | 30% | 30% | 35% |
| 电石 | 30% | 30% | 30% | 20% |

续表

| 投资项目类型 | 2019年11月 | 2015年9月 | 2009年5月 | 1996年8月 |
|---|---|---|---|---|
| 铁合金 | 30% | 30% | 30% | 20% |
| 烧碱 | 30% | 30% | 30% | 25% |
| 焦炭 | 30% | 30% | 30% | 35% |
| 黄磷 | 30% | 30% | 30% | 25% |
| 玉米深加工 | 20% | 20% | 30% | 20% |
| 机场 | 25% | 25% | 30% | 35% |
| 港口 | 20% | 25% | 30% | 35% |
| 沿海及内河航运 | 20% | 25% | 30% | 35% |
| 铁路 | 20% | 20% | 25% | 35% |
| 公路 | 20% | 20% | 25% | 35% |
| 城市轨道交通 | 20% | 20% | 25% | 35% |
| 化肥（钾肥除外） | 25% | 25% | 25% | 25% |
| 保障性住房 | 20% | 20% | 20% | 20% |
| 普通商品住房 | 20% | 20% | 20% | 20% |
| 其他房地产开发项目 | 25% | 25% | 30% | 20% |
| 其他项目 | 20% | 20% | 20% | 20% |

2. 项目资本金内部结构比例

项目资本金内部结构比例是指项目投资各方的出资比例。不同的出资比例决定各投资方对项目建设和经营的决策权和承担的责任，以及项目收益的分配。

（1）采用新设法人融资方式的项目，应根据投资各方在资金、技术和市场开发方面的优势，通过协商确定各方的出资比例、出资形式和出资时间。

（2）采用既有法人融资方式的项目，项目的资金结构要考虑既有法人的财务状况和筹资能力，合理确定既有法人内部融资与新增资本金在项目融资总额中所占的比例，分析既有法人内部融资与新增资本金的可能性与合理性。既有法人将现金资产和非现金资产投资于拟建项目长期占用，将使企业的财务流动性降低，其投资额度受到企业自身财务资源的限制。

（3）按照我国现行规定，有些项目不允许国外资本控股，有些项目要求国有资本控股。例如，2017年7月28日起施行的《外商投资产业指导目录（2017年修订）》中明确规定，核电站、铁路干线路网等项目，必须由中方控股。

根据投资体制改革的精神，国家放宽社会资本的投资领域，允许社会资本进入法律法规未禁入的基础设施、公用事业及其他行业和领域。按照促进和引导民间投资（个体、私营经济以及它们之间的联营、合股等经济实体的投资）的精神，除国家有特殊规定的以外，凡是鼓励和允许外商投资进入的领域，均鼓励和允许民间投资进入。因此，在进行融资方案分析时，应关注出资人出资比例的合法性。

3. 项目债务资金内部结构比例

项目债务资金内部结构比例反映债权各方为项目提供债务资金的数额比例、债务期限比例、内债和外债比例，以及外债中各币种债务的比例等。在确定项目债务资金内部结构比例时，可借鉴下列经验：

（1）合理确定各类借款和债券的比例。根据债权人提供债务资金的条件（包括利率、宽限期、偿还期及担保方式等）合理确定各类借款和债券的比例，可以降低融资成本和融资风险。

（2）合理搭配短期、中长期债务比例。适当安排一些短期负债可以降低总的融资成本，但过多采用短期负债，会产生财务风险。大型基础设施项目的负债融资应以长期债务为主。

（3）合理安排债务资金的偿还顺序。尽可能先偿还利率较高的债务，后偿还利率较低的债务。对于有外债的项目，由于有汇率风险，通常应先偿还硬货币（指货币汇率比较稳定且有上浮趋势的货币）的债务，后偿还软货币（指汇率不稳定且有下浮趋势的货币）的债务。应使债务本息的偿还不致影响企业正常生产所需的现金量。

（4）合理确定内债和外债的比例。内债和外债的比例主要取决于项目的用汇量。从项目本身的资金平衡考虑，产品内销的项目尽量不要借用外债，可以采用投资方注入外汇或者以人民币购汇的方式进行投资。

（5）合理选择外汇币种。选择外汇币种应遵循以下原则：

1）选择可自由兑换的货币。可自由兑换的货币是指实行浮动汇率制并且有人民币报价的货币，如美元、英镑、日元等，它有助于外汇风险的防范和外汇资金的调拨。

2）付汇用软货币，收汇用硬货币。对于建设项目的外汇贷款，在选择还款币种时，尽可能选择软货币。当然，软货币的外汇贷款利率通常较高，这就需要在汇率变化与利率差异之间作出预测和抉择。

（6）合理确定利率结构。当资本市场利率水平相对较低且有上升趋势时，尽量借固定利率贷款；当资本市场利率水平相对较高且有下降趋势时，尽量借浮动利率贷款。

### 5.4.3 融资风险分析

融资风险是指融资活动存在的各种风险。融资风险有可能使投资者、项目法人、债权人等各方蒙受损失。在融资方案分析中，应对各种融资方案的融资风险进行识别、比较，并对最终推荐的融资方案提出防范风险的对策。融资风险分析中应重点考虑下列风险因素：

1. 资金供应风险

资金供应风险是指在项目实施过程中由于资金不落实，导致建设工期延长，工程造价上升，使原定投资效益目标难以实现的可能性。导致资金不落实的原因很多，主要包括：

（1）已承诺出资的股本投资者由于出资能力有限（或者由于拟建项目的投资效益缺乏足够的吸引力）而不能（或不再）兑现承诺。

（2）原定的发行股票、债券计划不能实现。

（3）既有企业法人由于经营状况恶化，无力按原定计划出资。

为防范资金供应风险，必须认真做好资金来源的可靠性分析。在选择股本投资时，应当选择资金实力强、既往信用好、风险承受能力强的投资者。

2. 利率风险

利率风险是指由于利率变动导致资金成本上升，给项目造成损失的可能性。利率水平随金融市场的情况而变动，未来市场利率的变动会引起项目资金的成本发生变动。采用浮动利率，项目的资金成本随利率的上升而上升，随利率的下降而下降。采用固定利率，如果未来利率下降，项目的资金成本不能相应下降，相对资金成本将升高。因此，无论采用浮动利率还是固定利率都存在利率风险。为了防范利率风险，应对未来利率的走势进行分析，以确定采用何种利率形式。

3. 汇率风险

汇率风险是指由于汇率变动给项目造成损失的可能性。国际金融市场上各国货币的比价在时刻变动，使用外汇贷款的项目，未来汇率的变动会引起项目资金成本发生变动以及未来还本付息费用支出的变动。某些硬货币贷款利率较低，但汇率风险较高；软货币则相反，汇率风险较低，但贷款利率较高。为了防范汇率风险，使用外汇数额较大的项目应对人民币的汇率走势、所借外汇币种的汇率走势进行分析，以确定借用何种外汇币种以及采用何种外汇币种结算。

4. 通货膨胀风险

通货膨胀是一个全球性的问题，在某些发展中国家较为严重。通货膨胀可能使工程所在国的工资和物价大幅上涨，往往超出投资预期。如果说合同中没有完备的调价条款，必然会给投资带来较大风险。通货膨胀带来的损失，不仅要考虑工程所在地的物价水平，而且要考虑国际市场上材料、设备、价格的上涨情况以及当地货币的贬值幅度，掌握国际市场物价浮动趋势。

5. 市场风险

市场风险主要有价格风险、竞争风险和需求风险。

（1）价格风险主要体现在两个阶段：一是生产建设阶段，生产投入要素价格变化引起的项目成本的不确定性，其造成的影响将直接关系到项目的成本控制；二是运营阶段，项目提供的产品或服务价格的不确定性，是影响产品或服务市场竞争力和盈利能力的重要决定因素。

（2）竞争风险主要包括以下几个方面：①现有竞争风险，同行竞争越多，企业获得利润就越困难，进而加剧竞争；②潜在竞争者风险，如果有新企业进入，就意味着该行业的供应量会增加，一般情况下新企业提供产品的价格会更低、更具竞争力；③替代品竞争风险，替代品会使企业产品的竞争力减弱甚至消失，因此替代品增多会加剧竞争并加大市场风险。

（3）项目的市场需求受各种不确定因素的影响，如：产品、服务本身的价格、消费收入水平及收入分配平等程度、人口数量与结构的变动、政府的消费政策、消费者的预期等，这些不确定因素难以进行准确预测和把握。

### 5.4.4 资金成本分析

1. 资金成本的含义及公式

资金成本是指项目使用资金所付出的代价，由资金占用费和资金筹集费两部分组成。资金占用费是指使用资金过程中发生的向资金提供者支付的代价，包括：借款利息、债券利息、优先股股息、普通股红利及权益收益等。资金筹集费是指资金筹集过程中发生的各种费用，包括律师费、资信评估费、公证费、证券印刷费、发行手续费、担保费、承诺费、银团贷款管理费等。

资金成本通常用资金成本率来表示。资金成本率是指能使筹得的资金同筹资期间及使用期间发生的各种费用（包括向资金提供者支付的各种代价）等值时的收益率或贴现率。不同来源资金的资金成本率的计算方法不尽相同，但理论上均可用下列公式表示：

$$\sum_{t=0}^{n} \frac{F_t - C_t}{(1+i)^t} = 0 \qquad (5\text{-}1)$$

式中，$F_t$ 为各年实际筹措资金流入额；$C_t$ 为各年实际资金筹集费和对资金提供者的各种付款，包括贷款、债券等本金的偿还；$i$ 为资金成本率；$n$ 为资金占用期限。

2. 权益资金成本

权益资金（即资本金）成本的估算比较困难，因为很难对项目未来收益以及股东对未来风险所要求的风险溢价作出准确的测定。可采用的计算方法主要有资本资产定价模型法、税前债务成本加风险溢价法和股利增长模型法。权益资金成本也可直接采用投资方的预期报酬率和既有法人的净资产收益率。

（1）采用资本资产定价模型法，权益资金成本的计算公式为

$$K_s = R_f + \beta(R_m - R_f) \qquad (5\text{-}2)$$

式中，$K_s$ 是权益资金成本；$R_f$ 是社会无风险投资收益率；$\beta$ 是项目的投资风险系数；$R_m$ 是市场投资组合预期收益率。

**【例 5-3】** 假设社会无风险投资收益率为 3%（长期国债利率），市场投资组合预期收益率为 12%，某项目的投资风险系数为 1.2，采用资本资产定价模型计算普通股资金成本。

**解：** 普通股资金成本为

$$K_s = R_f + \beta(R_m - R_f) = 3\% + 1.2 \times (12\% - 3\%) = 13.8\%$$

（2）采用税前债务成本加风险溢价法，权益资金成本的计算公式为

$$K_s = K_b + RP_c \qquad (5\text{-}3)$$

式中 $K_s$ 是权益资金成本；$K_b$ 是所得税前的债务资金成本；$RP_c$ 是投资者比债权人承担更大风险所要求的风险溢价。

（3）采用股利增长模型法，权益资金成本的计算公式为

$$K_s = \frac{D_1}{P_0} + G \qquad (5\text{-}4)$$

式中，$K_s$ 是权益资金成本；$D_1$ 是预期年股利额；$P_0$ 是普通股市价；$G$ 是普通股利年增长率。

**【例 5-4】** 某上市公司普通股目前市价为 16 元，预期年末每股发放股利 0.8 元，股利年增长率为 6%，计算该普通股资金成本。

**解：** 该普通股资金成本为

$$K_s = \frac{D_1}{P_0} + G = \frac{0.8}{16} + 6\% = 5\% + 6\% = 11\%$$

3. 债务资金成本

（1）所得税前借款资金成本计算

向银行及其他各类金融机构以借贷方式筹措资金时，应分析各种可能的借款利率水平、利率计算方式（或者浮动利率）、计息（单利、复利）和付息方式，以及偿还期和宽限期，计算借款资金成本，并进行不同方案的比选。借款资金成本的计算举例如下：

【例 5-5】期初向银行借款 100 万元,年利率为 6%,按年付息,期限为 3 年,到期一次还清借款,资金筹集费为借款额的 5%。计算该借款资金成本。

解:按式(5-1)计算

$$100\times(1-5\%)-\frac{100\times 6\%}{(1+i)^1}-\frac{100\times 6\%}{(1+i)^2}-\frac{100\times 6\%}{(1+i)^3}-\frac{100}{(1+i)^3}=0$$

用人工试算法计算,得

$$i=7.94\%$$

答:该借款资金成本为 7.94%。

(2) 所得税前债券资金成本计算

债券的发行价格有三种:溢价发行,即以高于债券票面金额的价格发行;折价发行,即以低于债券票面金额的价格发行;等价发行,即按债券票面金额的价格发行。调整发行价格可以平衡票面利率与购买债券收益之间的差距。债券资金成本的计算与借款资金成本的计算类似。

【例 5-6】面值 100 元的债券,发行价格 100 元,票面利率为 4%,3 年期,到期一次还本付息,发行费为 0.5%,在债券发行时支付,兑付手续费为 0.5%。计算债券资金成本。

解:按式(5-1)计算

$$100\times(1-0.5\%)-\frac{100\times(1+3\times 4\%)}{(1+i)^3}-\frac{100\times 0.5\%}{(1+i)^3}=0$$

用人工试算法计算,得

$$i=4.18\%$$

答:该债券的资金成本为 4.18%。

(3) 所得税后的债务资金成本计算

借贷、债券等的筹资费用和利息支出均在缴纳所得税前支付,对于股权投资方,可以取得所得税抵减的好处。此类融资所得税后资金成本的常用简化计算公式为:

$$\text{所得税后资金成本}=\text{所得税前资金成本}\times(1-\text{所得税税率}) \tag{5-5}$$

【例 5-7】采用例 5-5 的数据,计算所得税后资金成本。

解:如所得税税率 25%,则税后资金成本为:$7.94\%\times(1-25\%)=5.96\%$。

对资金提供者的各种付款不是都能取得所得税抵减的好处,如利息在税前支付,具有抵税作用,而借款本金偿还要在所得税后支付。

在计算所得税后债务资金成本时,还应注意在项目建设期和项目运营期内的免征所得税年份,利息支付并不具有抵税作用,因此,含筹资费用的所得税后债务资金成本可按下式采用人工试算法计算:

$$P_0(1-F)=\sum_{t=1}^{n}\frac{P_t+I_t(1-T)}{(1+K_d)^t} \tag{5-6}$$

式中,$P_0$ 为债券发行额或长期借款金额,即债务现值;$F$ 为债务资金筹资费用率;$I_t$ 为债务约定付息额;$P_t$ 为约定的第 $t$ 期期末偿还债务本金;$K_d$ 为含筹资费用的所得税后债务资金成本;$T$ 为所得税税率;$n$ 为债务期限,通常以年表示。

上述公式中,等号左边是债务人的实际现金流入;等号右边是债务引起的未来现金流出的现值总额。本公式中未计入债券兑付手续费(可忽略不计)。项目建设期不应乘以

$(1-T)$，而运营期内的免征所得税年份也不应乘以 $(1-T)$。

**【例 5-8】** 某废旧资源利用项目，建设期 1 年，投产当年即可盈利，按有关规定可免征所得税 1 年，从投产第 2 年起，所得税税率为 25%。该项目在建设期初向银行借款 1000 万元，筹集费用率为 0.5%，年利率为 6%，按年付息，期限 3 年，到期一次还清借款，计算该借款的所得税后资金成本。

**解**：按式（5-6）计算

$$1000 \times (1-0.5\%) = \frac{1000 \times 6\%}{(1+K_d)^1} + \frac{1000 \times 6\%}{(1+K_d)^2} + \frac{1000 \times 6\% \times (1-25\%)}{(1+K_d)^3} + \frac{1000}{(1+K_d)^3}$$

用人工试算插入法计算得到税后资金成本为 5.72%。

4. 加权平均资金成本

为了比较不同融资方案的资金成本，需要计算加权平均资金成本。加权平均资金成本一般是以各种资金占全部资金的比重为权数，对个别资金成本进行加权平均确定的，其计算公式为：

$$K_w = \sum_{j=1}^{n} K_j W_j \tag{5-7}$$

式中，$K_w$ 是加权平均资金成本；$K_j$ 是第 $j$ 种个别资金成本；$W_j$ 是 $j$ 种个别资金成本占全部资金的比重（权数）。

**【例 5-9】** 加权平均资金成本计算表见表 5-5。

加权平均资金成本计算表　　　　　　　　　　表 5-5

| 资金来源 | 融资金额（万元） | $W_j$ | $K_j$ | $K_j W_j$ |
|---|---|---|---|---|
| 长期借款 | 30 | 0.3 | 7.00% | 2.10% |
| 短期借款 | 10 | 0.1 | 5.00% | 0.50% |
| 优先股 | 10 | 0.1 | 12.00% | 1.20% |
| 普通股 | 50 | 0.5 | 16.00% | 8.00% |
| 合计 | 100 | 1 |  | 11.80% |
| 加权平均资金成本 |  |  |  | 11.80% |

注：表中长期借款和短期借款的资金成本均为税后资金成本。

加权平均资金成本可以作为选择项目融资方案的重要条件之一。在计算加权平均资金成本时应注意需要把不同来源和筹集方式的资金成本统一为税前或税后再进行计算。

### 5.4.5 融资方案决策

融资方案决策是通过对各种融资方式、融资条件、融资成本和融资风险的比较，合理选择融资方式以及确定各种融资量即融资结构的过程。融资方案决策要考虑融资方案的适用性、可得性、经济性和安全性，在融资方案比较的基础上选择融资方案。

## 5.5 政府和社会资本合作（PPP）融资方案分析

### 5.5.1 什么是 PPP 项目融资

**1. PPP 的定义**

近年来，世界各国逐渐开始采用 PPP 融资模式提供公共产品和服务。PPP 是 Public（政府）、Private（私人资本）、Partnership（合伙）三个英文单词第一个字母的缩写，在国内经常被翻译为"公私合作（或公私合伙）"，代表了政府方和市场中的私人资本共同合作提供基础设施或公共服务的过程。在我国，众多国有企业和融资平台公司也参与到 PPP 项目中，因此，在我国的 PPP 模式中，"Private"被称为社会资本，即 PPP 是指"政府和社会资本的合作"。在 PPP 模式中，国家或地方政府部门通过招标选定的社会资本方进行项目的融资、建造、运营和维护。

随着 PPP 的不断发展，其定义和内涵也逐渐产生变化。不同的国家、组织和学者对 PPP 的定义也不尽相同。这些 PPP 的定义包含如下三个通用核心要素：公共部门和私人部门（社会资本）之间的合作；长期契约关系；提供满足需求的公共产品和公共服务。根据上述核心要素，可将 PPP 定义为政府和社会资本为提供基础设施和公共服务通过契约实现的长期合作关系。这种长期合作关系意味着 PPP 模式更加注重运营阶段，因此，通过对项目全寿命期的优化，实现节省项目成本，提高项目运营效率。

**2. PPP 项目融资类型**

PPP 项目融资可分为无追索权和有限追索权两种类型。无追索权类型的项目融资指的是以 PPP 项目未来收益或资产为基础，以项目运营产生的未来现金流作为还款来源，为项目建设、运营等筹措资金，并由项目参与各方分担风险的特定融资方式。如在 PPP 项目中，社会资本方成立专门的项目公司，由项目公司持有项目的所有资产，潜在的债权人或者投资人仅考虑项目公司的现金流。预期的现金流取决于该公司的实际运营情况。项目公司的债务清偿仅以项目公司所拥有的财产为限，债权人对于项目公司的股东没有追索权。这是国际上 PPP 项目中常见的一种融资方式。

有限追索权类型的项目融资是指项目的贷款人或者财务投资人除了依赖项目公司的资产与收益作为还款来源和担保权益之外，还要求项目的发起人及其他第三方，如专门的担保机构、建设商或者承包商等为项目融资提供增信服务。在目前我国金融生态还不发达的情况下，这种项目融资方式更容易被各方接受。在项目不能按照预期实现现金流或者项目公司本身不足以偿债的情况下，贷款人或者财务投资人可以向相关增信主体进行追索。

**3. PPP 项目交易结构**

2014 年 11 月 29 日，《财政部关于印发政府和社会资本合作模式操作指南（试行）》（财金 [2014] 113 号）中指出，PPP 项目交易结构主要包括项目投融资结构、回报机制和相关配套安排。

项目投融资结构主要说明项目资本性支出的资金来源、性质和用途，项目资产的形成和转移等。项目回报机制主要说明社会资本取得投资回报的资金来源，包括使用者付费、可行性缺口补助和政府付费等支付方式。相关配套安排主要说明由项目以外相关机构提供的土地、水、电、气和道路等配套设施和项目所需的上下游服务。PPP 模式的交易结构如图 5-2 所示。

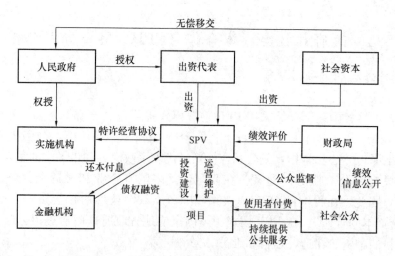

图 5-2　PPP 项目交易结构图

### 5.5.2　PPP 项目融资结构

PPP 项目的项目融资主要可以分为两大类：股权融资和债权融资。

**1. 股权融资**

股权融资是以项目公司的股权为基础进行融资，财务投资人入股项目公司，成为项目公司的股东。其融资收益的主要方式为项目公司运营期间的股权分红和股权转让时的增值收益。

股权融资主要包括政府引导基金、社会化股权投资基金、信托、保险股权计划等。政府引导基金是由政府设立并按照市场化方式运作的政策性基金，PPP 社会化股权投资基金主要由社会资本充当主力募集，通过成立股权投资基金的方式为 PPP 项目提供资金支持。

一个 PPP 项目中，项目公司（Special Purpose Vehicle，简称"SPV"）所缴纳的资本金是项目后续融资的前提与基础。SPV 的股东组成往往是多种多样的，可能包括：①建设商，它们借助于对 PPP 项目的投资来获取工程建设项目；②设备商，对于一些需要运用重大专用型设备的项目，设备商作为 SPV 股东可以为自己带来后续业务；③运营商，它们致力于通过 SPV 的运营管理连接上下游产业产生收益以获取回报；④融资方，包括商业银行、保险机构、信托公司及其他非银行金融机构等，它们以股东的身份进入是为了获取与自身负债特征相匹配的资产配置，以获得预期的投资回报；⑤地方政府及其授权代表，在部分 PPP 项目中，政府方的入股可以为项目融资带来增信的效果，也可以给政府方创造实际运营管理中的事前监督、内部监督的条件。根据财政部《PPP 项目合同指南（试行）》的规定，为了提高 PPP 项目的运作效率，政府方在项目公司中的持股比例不得高于 50%。

SPV 的股东需要通过专门的政府采购程序获得 PPP 项目的投资人资格。在一个项目中有上述多种股东的，往往是这些股东先通过组建投标联合体的方式参与 PPP 项目的政府采购。在投标之前，这些股东之间应该有明确且周全的协议，以约定彼此之间的权利义务关系，理顺利益格局。不同类型的股东各自的利益诉求和投资偏好都不一样，可能存在利益冲突。一般而言，承包商偏向于发起固定资产投资较大的项目，并希望持有较大股权,即绝对控制权,以确保项目总承包权力的获得;金融机构偏向于参与投融资压力大且项目本身具有稳定收益、较强盈利能力的项目,如电力、港口等项目,持股形式多以参股为主;专业技术及运营商偏向于参与总投资规模较小,以技术输出和服务输出为主、盈利能力较强的项目,如垃圾处理、水处理等项目,通常是由绝对控股类公司,获取最大化的控制权收益。政府或政府平台参与PPP项目,其主要目的是撬动项目,为项目社会资本方提供信心支持,通常只是参股项目公司。

在成立SPV时,按照财政部《PPP项目合同指南(试行)》及其他法规性文件,SPV的股东之间需要签订股东协议。股东协议主要包括以下条款:前提条件、项目公司的设立和融资、项目公司的经营范围、股东权利、履行PPP项目合同的股东承诺、股东的商业计划、股权转让、股东会、董事会、监事会组成及其职权范围、股息分配、违约、终止及终止后的处理机制、不可抗力、适用法律和争议解决机制,以及成本分担、决策和投票机制、限制竞争性条款等。

除在项目采购前以联合体的方式获得股本资金之外,实践当中,大量的PPP项目公司还经历过股权转让的过程,因此SPV中也存在继受股东。继受股东资格的取得需要符合相关法律法规及原项目合同的规定,这些股东投资时往往项目不确定性最大的阶段已经过去,投资前景相对明朗,因此投资收益可能比原始股东有所下降。

2. 债权融资

债权融资分为直接融资和间接融资。其中,直接融资是指项目公司以自身的资产与预期现金流为基础,向社会公众发行债券,按照券面约定的时间和利率还本付息的项目融资方式;间接融资的主要对象是以银行为代表的金融机构,它们以项目公司的资产为基础,向项目公司提供贷款,项目公司在合同约定的时间还本付息。

PPP项目一般投资规模大,需要进行债权融资。债权融资主要包括银行贷款、债券、融资租赁等,比较常用的两种债权融资类型就是间接融资的银行贷款和项目公司直接融资的发行债券。

银行贷款是PPP项目中最为常见的债权融资工具,也是我国最传统的融资工具,主要包括政策性银行如国家开发银行和中国农业发展银行发放的政策性贷款及商业银行发放的商业贷款。政策性贷款利率较低,期限也长,但是申请和使用有一定的限制。商业贷款可以有多种形式,按照期限分为短期贷款、中期贷款和长期贷款。SPV选择贷款形式主要考虑贷款的期限、利率和发放条件。目前我国商业贷款中,短期流动资金贷款不超过3年,中长期贷款的期限是3~5年,长期贷款的期限在5年以上,至特许经营期结束。PPP项目具有比较强的公益属性,因此盈利能力较弱,商业银行往往要基于社会资本方的主体信用并结合项目技术可行性、财务可行性、还款来源可靠性、净资产与负债率、配套设施、市场需求等多重因素来考虑贷款的发放。

SPV还可以通过债券为PPP项目筹集资金。如在项目建设期,可通过发行企业债券、项目收益债券和中期票据等进行融资;在项目运行期,可通过发行资产证券化产品等进行再融资。

由于发行债券具有筹资规模大、利率低的优势,国际上大量PPP项目公司均通过这一方式来进行直接融资。

### 5.5.3 PPP项目公司中资本金和注册资本的关系

对于PPP项目公司而言，在融资过程中既要满足《国务院关于加强固定资产投资项目资本金管理的通知》（国发〔2019〕26号）中对资本金的要求，又要符合《公司法》对注册资本的相关规定。

项目资本金属于股权融资。其出资方式和出资比例，前面已有介绍，此处不再赘述。2018年10月修正版的《中华人民共和国公司法》（以下简称"公司法"）中指出：有限责任公司的注册资本为在公司登记机关登记的全体股东认缴的出资额。实际中有人将资本金和注册资本的概念混淆，但事实上两者是有区别的，主要在于：①从概念上来看，项目资本金适用于固定资产投资项目，而注册资本适用于企业；②从出资比例要求上看，项目资本金在不同行业领域有不同的要求，而注册资本没有出资限制；③从审查内容上看，《项目融资业务指引》（银监发〔2009〕71号）规定："贷款人应当根据项目的实际进度和资金需求，按照合同约定的条件发放贷款资金。贷款发放前，贷款人应当确认与拟发放贷款同比例的项目资本金足额到位，并与贷款配套使用。"可见，金融机构在发放贷款前，首先应审查项目资本金是否按规定缴纳到位，而注册资本不再要求提交验资报告。

## 复 习 思 考 题

1. 项目的融资主体有几种？分别于何时采用？
2. 项目资本金筹措具体方式有哪些？
3. 项目债务资金筹措方式具体有哪些？
4. 项目资金成本的含义是什么？
5. 债券融资分为哪两类？
6. 采用既有法人融资方式的项目，项目的资金结构要考虑哪些因素？
7. 一个完整的项目资金筹措方案由哪两部分内容构成？
8. 既有法人融资方式的基本特点是什么？

# 6 工程项目财务分析

**本章概要**
- 工程项目财务分析的目的、作用
- 工程项目财务分析的基本步骤和内容
- 工程项目财务效益和费用的识别与计算
- 工程项目财务盈利能力分析的内容和方法
- 工程项目财务偿债能力分析的内容和方法
- 工程项目财务生存能力分析的方法

## 6.1 财务分析概述

财务分析是依据国家现行的财税制度、市场价格体系和有关的法律法规，从项目角度出发，考察拟建项目建成投产以后的盈利能力、偿债能力和生存能力，据此判断项目财务可行性的一种评价方法。

### 6.1.1 财务分析的目的和作用

**1. 财务分析的目的**

（1）考察和论证拟建项目的获利能力。通过对工程项目的财务分析来判断该拟建项目是否值得开工兴建，考察该工程项目各个技术方案的盈利性，考察拟建项目建设投产后各年盈亏状况，论证拟建项目建成投产后财务上能否自负盈亏、以收抵支有余，能否具有自我发展和自我完善的能力等。

（2）企业制定资金规划、合理地筹集和使用资金。通过财务分析要解决的资金规划问题，其内容包括：确定实施项目需要多少资金和用款的计划；提出筹集资金的方案并对其进行可行性研究；估计项目实施后各年的费用和收益。

（3）为协调企业利益和国家利益提供依据。当工程项目的财务分析和经济分析结论发生矛盾时，国家可采用经济手段来加以调节。例如，对国民经济有利的低盈利甚至无盈利的项目，国家和地方政府可能给予优惠政策；而对那些国家要控制发展过滥的、当前仍获利大的项目、国家要通过征收增值税等办法来控制。通过进行财务分析，国家可考察价格、税率、补贴等参数对盈利的影响，从而寻找国家为了实施调控可以采用的方式和幅度。

（4）为中外合资项目的外方合营者作出决策提供依据，因为，对外方合营者来说，财务盈利性是其决策的最重要依据。

**2. 财务分析的作用**

财务分析对企业投资决策、金融机构提供贷款及有关部门审批项目都具有十分重要的意义。

(1) 财务分析是建设项目决策分析与评价的重要组成部分。对建设项目的评价应从多角度、多方面进行,无论是在对建设项目的前评价、中间评价和后评价中,财务分析都是必不可少的重要内容。在对建设项目的前评价——决策分析与评价的各个阶段中,无论是机会研究、初步可行性研究报告,还是可行性研究报告,财务分析都是其中的重要组成部分。

(2) 财务分析是建设项目投资决策的重要依据。在项目决策所涉及的范围中,财务分析虽然不是唯一的依据,但却是重要的决策依据。在市场经济条件下,绝大部分项目的有关各方根据财务分析结果作出相应的决策:项目发起人决策是否发起或进一步推进该项目;投资决策人是否投资于该项目;债权人决策是否贷款给该项目;各级项目审批部门在作出是否批准该项目的决策时,财务分析结论也是重要的决策依据之一。具体来说,财务分析中的盈利能力分析结论是投资决策的基本依据,其中项目资本金盈利能力分析结论同时也是融资决策的依据;偿债能力分析结论不仅是债权人决策贷款与否的依据,也是投资人确定融资方案的重要依据。

(3) 财务分析在项目或方案比选中起着重要作用。建设项目决策分析与评价的关键是方案选比。无论是在规模、技术、工程等方面都必须通过方案比选予以优化,使项目整体更趋于合理,此时项目财务数据和指标往往是重要的比选依据。在投资机会不止一个的情况下,如何从多个备选项目中择优,往往是项目发起人、投资者,甚至政府有关部门关心的事情,财务分析的结果在项目或方案比选中所起的重要作用是不言而喻的。

(4) 财务分析是项目投资各方谈判签约与平等合作的重要依据。目前,投资主体多元化已成为项目融资的主流,存在着多种形式的合作方式,主要由国内合资或合作的项目、中外合资或合作的项目、多个外商参与的合资或合作的项目等。而项目投资各方合同条款的拟定、谈判和合同正式签约的重要依据就是建设项目的财务分析结果。因此,财务分析结果起着促使投资各方平等合作的重要作用。

### 6.1.2 财务分析基本步骤和内容

**1. 财务分析基本步骤**

(1) 进行财务基础资料预测,编制财务分析的辅助报表。通过项目的市场调查预测分析和技术与投资方案分析,确定产品方案和合理的生产规模,选择生产工艺方案、设备方案、工程技术方案、建设地点和投资方案,拟定项目实施进度计划等,据此进行财务预测,获得项目投资、生产成本、营业收入和利润等一系列财务基础资料。在对这些财务资料进行分析、审查、鉴定和评估的基础上,完成财务分析辅助报表的编制工作。

(2) 编制和评估财务分析的基本报表。将上述辅助报表中的基础资料进行汇总,编制出现金流量表、利润与利润分配表、财务计划现金流量表、资产负债表和借款还本付息计算表等5类主要财务基本报表,并对这些报表进行分析评估。其目的一是要审查基本报表的格式是否符合规范要求;二是要审查所填列的资料是否准确。为了保证辅助报表与基本报表间资料的一致性,可使用专门的制表工具,如Excel,完成表格间的数据链接。

(3) 计算财务分析的各项指标,分析项目的财务可行性。利用各基本报表可直接计算出一系列财务分析的指标,包括项目盈利能力的静态和动态指标、偿债能力指标和财务生存能力分析,将这些指标值与国家有关部门规定的基准值进行对比,就可得出项目在财务上是否可行的结论。

2. 财务分析的内容

财务分析可分为融资前分析和融资后分析,一般先进行融资前分析。

融资前分析,是指在考虑融资方案前就可以开始进行的财务分析,即不考虑债务融资条件下进行的财务分析。在融资前分析结论满足要求的情况下,初步设定融资方案,再进行融资后分析。在项目的初期研究阶段,也可只进行融资前分析。融资前分析只进行盈利能力的分析,并以项目投资折现现金流量分析为主,计算项目投资内部收益率和净现值指标,也可计算投资回收期指标(静态)。融资前分析应以动态分析为主,静态分析为辅。融资前财务分析的现金流量应与融资方案无关。从该原则出发,融资前项目投资现金流量分析的现金流量主要包括建设投资、流动资金、营业收入、经营成本、税金及附加和调整所得税,融资前财务分析应考察整个计算期内现金流入和现金流出,编制项目投资现金流量表,利用资金时间价值的原理进行折现,计算项目投资内部收益率和净现值等指标。融资前分析排除了融资方案变化的影响,从项目投资总获利能力的角度,考察项目方案设计的合理性。其计算的相关指标,应作为初步投资决策与融资方案研究的依据和基础。融资前分析内容见图 6-1。

根据分析角度的不同,融资前分析可选择计算所得税前指标和(或)所得税后指标。融资前分析也可计算静态投资回收期指标,用以反映收回项目投资所需要的时间。只有通过了融资前分析的检验,才有必要进一步进行融资后分析。

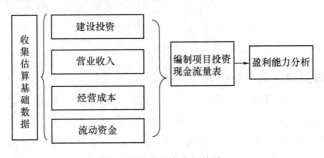

图 6-1 融资前分析内容

融资后分析包括项目的盈利能力分析、偿债能力分析以及财务生存能力分析,进而判断项目方案在融资条件下的合理性。融资后分析内容见图 6-2。融资后分析是比选融资方案、进行融资决策和投资者最终决定出资的依据。实践中,在可行性研究报告完成之后,进行融资决策和投资者最终决定出资的依据。实践中,在可行性研究报告完成之后,还需要进一步的深化融资后分析,才能完成最终融资决策。融资后分析决策的基本步骤如下:

1)在融资前分析结论满足要求的情况下,初步设定融资方案。

2)在已有财务分析辅助报表的基础上,编制项目总投资使用计划与资金筹措表和建设期利息估算表。

3)编制项目资本现金流量表,计算项目资本金财务内部收益率指标,考察项目资本金可获得的收益水平。

4)编制投资各方现金流量表,计算投资各方的财务内部收益率指标,考察投资各方可获得的收益水平。

融资后盈利能力分析主要考察项目投资的盈利水平，它直接关系到项目投产后能否生存和发展，是评价项目财务可行性的基本依据。盈利能力的大小是企业进行投资活动的原动力，也是企业进行投资决策时考虑的首要因素。它包括动态分析（折现现金流量分析）和静态分析（非折现盈利能力分析）。

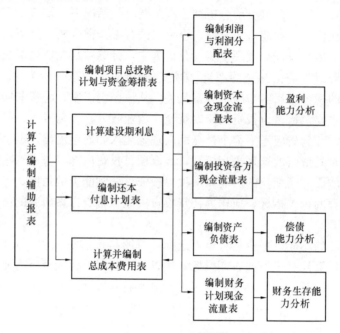

图 6-2 融资后分析内容

### 6.1.3 财务效益和财务费用的识别和计算

财务效益与费用估算的基本问题：运营期估算、营业收入估算、总成本费用估算、增值税估算、税金及附加估算、利润总额及其分配估算。

财务效益与费用估算是指在项目市场、资源、技术条件分析评价的基础上，编制有关的财务效益与估算表的工作。其包括对项目计算期内各年的经济活动情况及全部财务收支结果的估算。其主要内容包括项目总投资和投资资金来源与筹措的估算、项目运营期的确定、营业收入估算、总成本费用估算、增值税和税金及附加的估算、利润总额及其分配的估算、贷款还本付息的估算等。

1. 项目运营期确定

项目运营期是指项目从建成投产年份起至项目报废为止所经历的时间。一般来讲，项目的运营期主要取决于项目主要固定资产的经济寿命。由于固定资产的自然寿命期没有包含技术进步的因素，所以，以此确定的固定资产折旧年限和项目运行期都偏长。基于此，在进行项目运营期估算时，应充分考虑技术进步对固定资产寿命的影响，以投资项目主要固定资产的经济寿命期作为确定项目营运期的主要依据。

2. 营业收入估算

营业收入指销售产品或提供服务所获得的收入，是现金流量表中现金流入的主体，也是利润表的主要科目。营业收入是财务分析的重要数据，其估算的准确性极大地影响着财务效益的估计。

$$营业收入 = 产品销售单价 \times 产品年销售量 \qquad (6-1)$$

工业项目评价中营业收入的估算基于一项重要假定,就是当期产品的产量等于当期销售量。主副产品的销售收入应全部计入营业收入,其中某些行业的产品成品率按行业习惯或规定,其他行业提供的不同类型服务收入也应同时计入营业收入。

3. 总成本费用估算

总成本费用一般是一年内为生产和销售产品而花费的全部成本费用,等于经营成本与折旧费、摊销费和财务费用之和。项目评价中对成本概念的分析与企业会计不完全相同,会计中的成本指对实际发生费用的记录,影响因素确定,成本数据唯一;技术经济学中的成本是对未来发生费用的预测和估算,影响因素不确定,不同方案有不同的数据。一般通过分析总成本费用的构成估算总成本费用,通常有以下两种方法:制造费用加期间费用、生产要素估算法。

(1) 总成本费用构成与计算式

1) 制造成本加期间费用

$$总成本费用 = 制造成本 + 期间费用 \qquad (6-2)$$

$$制造成本 = 直接材料 + 直接工资 + 其他直接支出 + 制造费用 \qquad (6-3)$$

采用这种方法一般要先分别估算各种产品的制造成本,然后与估算的期间费用相加。制造费用指企业生产经营过程中实际消耗的直接材料、直接工资、其他直接支出和制造费用。期间费用包括管理费用、财务费用和销售费用。

2) 生产要素估算法

$$总成本费用 = 外购原材料和燃料动力 + 工资或薪酬 + 折旧费$$
$$+ 摊销费 + 修理费 + 利息支出 + 其他费用 \qquad (6-4)$$

生产要素估算法是从估算各种生产要素的费用入手,汇总得到项目总成本费用,而不管其具体应归集到哪个产品上。采用这种估算方法,不必考虑项目内部各生产环节的成本结转,同时也较容易计算可变成本、固定成本和增值税进项税额。在财务分析中通常采用生产要素估算总成本费用。

(2) 总成本费用估算要点

下面以生产要素估算法总成本费用构成公式为例,说明总成本费用估算要点。

1) 外购原材料、燃料及动力费

$$外购原材料和燃料动力 = 单位产品制造成本中的相关成本项目 \times 年产量 \qquad (6-5)$$

2) 工资或薪酬

$$年工资或薪酬总额 = 项目职工定员数 \times 人均年工资或薪酬总额 \qquad (6-6)$$

工资或薪酬是企业为获得职工提供的服务而给予各种形式的报酬以及福利费,通常包括职工工资、资金、津贴和补贴以及职工福利费。

3) 固定资产折旧费

计算折旧,需要先计算固定资产原值。固定资产原值是指项目投产时(达到预定可使用状态)按规定由投资形成固定资产的价值,包括:工程费用(设备购置费、安装工程费、建筑工程费)和工程建设其他费用中应计入固定资产原值的部分(也称固定资产其他费用)。预备费通常计入固定资产原值。按相关规定建设期利息应计入固定资产原值。应注意的是,我国 2009 年增值税转型改革后,允许抵扣部分固定资产进项税额。该部分可抵扣的固定资产进项税额不得计入固定资产原值。

固定资产在使用过程中的价值损耗,通过提取折旧的方式补偿。

固定资产的折旧方法可在税法允许的范围内由企业自行确定。折旧一般计算方法有平均年限法、工作量法、余额递减法、双倍余额递减法、年数总和法。

① 平均年限法,又称直线法,是按固定资产的使用年限平均地提取折旧的方法。按此计算方法所计算的每年的折旧额是相同的,因此,在各年使用资产情况相同时,采用直线法比较恰当。

$$\text{固定资产年折旧额} = \frac{\text{固定资产原值} - \text{预计净残值}}{\text{预计使用年限}} \tag{6-7}$$

② 工作量法,是指以固定资产能提供的工作量为单位来计算折旧额的方法。工作量可以是汽车的总行驶里程,也可以是机器设备的总工作台班、总工作小时等。实质上,工作量法是平均年限法的补充和延伸。

$$\text{按照行驶里程计算折旧,则单位里程折旧额} = \frac{\text{原值} \times (1 - \text{预计净残值率})}{\text{总行驶进程}} \tag{6-8}$$

$$\text{按工作小时计算折旧,则每工作小时折旧额} = \frac{\text{原值} \times (1 - \text{净残值率})}{\text{工作总小时}} \tag{6-9}$$

③ 余额递减法,是指加速折旧法的一种。这种方法是将每期固定资产的初期账面净值(原值减累计折旧)乘以一个固定不变的百分率计算该期折旧额的一种方法,适用于在国民经济中具有重要地位、技术进步较快的电子生产企业、船舶工业企业等。

④ 双倍余额递减法,是指在不考虑固定资产预计残值的情况下,将每期固定资产的期初账面净值乘以一个固定不变的百分率,计算折旧额的一种加速折旧的方法。

$$\text{年折旧率} = \frac{2}{\text{预计使用年限}} \times 100\% \tag{6-10}$$

$$\text{年折旧额} = \text{固定资产期初折余价值} \times \text{年折旧率} \tag{6-11}$$

$$\text{最后两年,每年折旧额} = \frac{\text{固定资产原值} - \text{累计折旧} - \text{净残值}}{2} \tag{6-12}$$

⑤ 年数总和法,是指用固定资产原值减去预计残值后的净额,乘以一个逐年递减的分数(称为折旧率),计算折旧额的一种加速折旧的方法。

$$\text{年折旧率} = \frac{\text{尚可使用年数}}{\text{年数总和}} \times 100\% \tag{6-13}$$

$$\text{年折旧额} = (\text{固定资产原值} - \text{预计净残值}) \times \text{年折旧率} \tag{6-14}$$

4) 无形资产及其他资产的摊销费

无形资产,是指企业拥有或者控制的没有实物形态的可辨认非货币性资产。包括专利权、非专利技术、商标权、著作权、土地使用权和特许权等。无形资产的摊销一般采用年限平均法,不计残值。

其他资产原称递延资产,是指除固定资产、无形资产和流动资产之外的其他资产。其他资产的摊销也采用年限平均法,不计残值,其摊销年限应注意符合税法的要求。

5) 固定资产修理费

按照修理费占固定资产原值的比率或按占基本折旧费的比率提取。

6) 利息费用

按照现行财税规定，可以列支于总成本费用的财务费用，是指企业为筹集所需资金等而发生的费用，包括利息支出（减利息收入）、汇兑损失（减汇兑收益）以及相关的手续费等。在项目决策分析与评价中，一般只考虑利息支出。利息支出的估算包括长期借款利息（即建设投资借款在投产后需支付的利息）、用于流动资金的借款利息和短期借款利息三部分。

① 建设投资借款利息

建设投资借款一般是长期借款。建设投资借款利息是指建设投资借款在还款起始年年初（通常也是运营期初）的余额（含未支付的建设期利息）应在运营期支付的利息。

建设投资借款还本付息方式要由借贷双方约定，通行的还本付息方法主要有等额还本付息和等额还本、利息照付两种，有时也可约定采取其他方法，比如按照最大还款能力还本。

a. 等额还本付息方式

等额还本付息方式是在指定的还款期内每年还本付息的总额相同，随着本金的偿还，每年支付的利息逐年减少，同时每年偿还的本金逐年增多。还本付息计算公式如下：

$$A = I_c \times \frac{i(1+i)^n}{(1+i)^n - 1} \tag{6-15}$$

式中　　$A$——每年还本付息额（等额年金）；

　　　　$I_c$——还款起始年年初的借款余额（含未支付的建设期利息）；

　　　　$i$——年利率；

　　　　$n$——预定的还款期；

$\frac{i(1+i)^n}{(1+i)^n - 1}$——资金回收系数，可以自行计算或查复利系数表。

每年还本付息额 $A$ 中包含的支付利息和偿还本金的数额计算：

$$每年支付利息 = 年初借款余额 \times 年利率 \tag{6-16}$$

$$每年偿还本金 = A - 每年支付利息 \tag{6-17}$$

式中非还款起始年各年年初借款余额等于 $I_c$ 减去本年以前各年偿还的本金累计。

b. 等额还本、利息照付方式

等额还本、利息照付方式是在每年等额还本的同时，支付逐年相应减少的利息。还本付息方式计算公式如下：

$$A_t = \frac{I_c}{n} + I_c \times \left(1 - \frac{t-1}{n}\right) \times i \tag{6-18}$$

式中　　　　$A_t$——第 $t$ 年还本付息额；

　　　　　　$\frac{I_c}{n}$——每年偿还本金额；

$I_c \times \left(1 - \frac{t-1}{n}\right) \times i$——第 $t$ 年支付利息额。

c. 其他还本付息方式

其他还本付息方式是指由借贷双方商定的除上述两种方式之外的还本付息方式。

② 流动资金借款利息

项目评价中估算的流动资金借款从本质上说应归类为长期借款，但财务分析中往往设定年终偿还,下年初再借的方式,并按一年期利率计息。现行银行流动资金贷款期限分为短期(1年以内)、中期(1年以上至3年),财务分析中也可以根据情况选用适宜的利率。

财务分析中对流动资金的借款偿还一般设定在计算期最后一年,也可在还完建设投资借款后安排。流动资金借款利息一般按当年年初流动资金借款余额乘以相应的借款年利率计算。

③ 短期借款利息

项目决策分析与评价中的短期借款是指项目运营期间为了满足资金的临时需要而发生的短期借款,短期借款的数额应在财务计划现金流量表中有所反映,其利息应计入总成本费用表的利息支出中。计算短期借款利息所采用的利率一般可为一年期借款利率。短期借款的偿还按照随借随还的原则处理,即当年借款尽可能于下年偿还。

7) 其他费用

其他费用包括其他制造费用、其他管理费用和其他营业费用这三项费用,是指由制造费用、管理费用和营业费用中分别扣除工资或薪酬、折旧费、摊销费和修理费等以后的其余部分。

4. 增值税估算

$$应纳税额 = 当期销项税额 - 当期进项税额 \tag{6-19}$$

当期销项税额小于当期进项税额不足抵扣时,其不足部分可以结转下期继续抵扣。

$$销项税额 = 销售额(不含税) \times 增值税税率 \tag{6-20}$$

$$进项税额 = 外购原材料燃料动力费(不含税) \times 增值税税率 \tag{6-21}$$

销售额为纳税人销售货物或者应税劳务向购买方收取的全部价款和价外费用,但是不包括收取的销项税额。

根据国家消费型增值税的相关政策,对符合要求的固定资产增值税进项税额,可以凭增值税扣税凭证从销项税额中抵扣。即:应纳增值税=销项税额-进项税额-可抵扣固定资产进项税额

5. 税金及附加估算

我国自 2016 年 5 月 1 日起全面推行营改增试点,至此,营业税退出历史舞台。为方便计算、财务分析中心

税金及附加主要包括消费税、资源税、教育费附加、城市维护建设税等。

(1) 消费税

我国对部分货物征收消费税。项目评价中涉及适用消费税的产品或进口货物时,应按税法规定计算消费税。

(2) 城市维护建设税、教育费附加和地方教育附加

1) 城市维护建设税。为了加强城市的维护建设,扩大和稳定城市维护建设资金的来源,国家开征了城市维护建设税。计算公式如下:

$$城市维护建设税应纳税额 = (增值税 + 消费税) \times 适用税率 \tag{6-23}$$

城市维护建设税以纳税人实际缴纳的增值税和消费税税额为计税依据,分别与增值税和消费税同时缴纳。城市维护建设税税率根据纳税人所在地而不同,在市区、县城或镇,或不在市区、县城或镇的,税率分别为 7%、5% 或 1%。

2) 教育费附加和地方教育附加

教育费附加是国家为了发展我国的教育事业,提高人民的文化素质而征收的一项费

用。计算以各单位和个人实际缴纳的增值税和消费税税额为计征依据,教育费附加费率为3%,地方教育费附加费率为3%,分别与增值税、营业税、消费税同时缴纳。

$$教育费附加 = (增值税 + 消费税) \times 适用税率 \tag{6-24}$$

6. 利润总额及分配估算

$$利润总额 = 营业收入 - 总成本费用 - 税金及附加 + 补贴收入 \tag{6-25}$$

税后利润分配估算:当期实现的净利润,加上期初未分配利润(或减去期初未弥补亏损)为可供分配利润。税后利润按法定盈余公积金、公益金、应付利润及未分配利润等项进行顺序分配。法定盈余公积金按可供分配利润的 10% 提取,盈余公积金已达注册公积金的 50% 可以不再提取,公益金按可供分配利润的 5%~10% 提取。应付利润即向投资者分配利润。未分配利润主要用于偿还固定资产投资借款及弥补以前年度亏损的可供分配利润。

## 6.2 盈利能力分析

### 6.2.1 现金流量表编制

为了正确判断项目的盈利能力,需要将项目寿命期内每年的现金流入量和现金流出量及两者之间的差额列成表格,这种表格称为现金流量表。

识别现金流入量(收益)、现金流出项(费用)是编制现金流量表的前提。对于投资项目财务分析来说,主要目标是分析其盈利能力,因此凡是削弱盈利能力的就是现金流出,凡是增加盈利能力的就是现金流入。对于那些虽由项目实施所引起但不为企业所支付或获取的费用及收益,则不予计算。

现金流量表具体分为项目投资现金流量表、项目资本金现金流量表、投资各方财务现金流量表。

1. 项目投资现金流量表编制

项目投资现金流量表,该表以项目为一个独立系统,从融资前的角度出发,不考虑投资来源,假设全部投资都是自有现金。计算指标有财务净现值、财务内部收益率、投资回收期。为了体现与融资方案无关的要求,项目投资现金流量表中的基础数据都需要剔除利息的影响。根据需要,融资前分析可从所得税前和(或)所得税后两个角度进行考察,选择计算所得税前和(或)所得税后分析指标。2009 年执行新的增值税条例后,为了体现增值税进项税额抵扣导致企业应纳增值税额的降低进而导致净现金流量增加的作用,应在现金流量表中反映增值税情况,具体形式如表 6-1 所示。

项目投资现金流量表 　　表 6-1

| 序号 | 项目 | 合计 | 计算期 | | | | | |
|---|---|---|---|---|---|---|---|---|
| | | | 1 | 2 | 3 | 4 | 5 | …… |
| 1 | 现金流入 | | | | | | | |
| 1.1 | 销售收入 | | | | | | | |
| 1.2 | 补贴收入 | | | | | | | |
| 1.3 | 销项税额 | | | | | | | |

续表

| 序号 | 项目 | 合计 | 计算期 | | | | | |
|---|---|---|---|---|---|---|---|---|
| | | | 1 | 2 | 3 | 4 | 5 | …… |
| 1.4 | 回收固定资产余值 | | | | | | | |
| 1.5 | 回收流动资金 | | | | | | | |
| 2 | 现金流出 | | | | | | | |
| 2.1 | 建设投资 | | | | | | | |
| 2.2 | 流动资金 | | | | | | | |
| 2.3 | 经营成本 | | | | | | | |
| 2.4 | 进项税额 | | | | | | | |
| 2.5 | 应纳增值税 | | | | | | | |
| 2.6 | 税金及附加 | | | | | | | |
| 2.7 | 维持运营投资 | | | | | | | |
| 3 | 所得税前净现金流量 | | | | | | | |
| 4 | 累计所得税前净现金流量 | | | | | | | |
| 5 | 调整所得税 | | | | | | | |
| 6 | 所得税后净现金流量 | | | | | | | |
| 7 | 累计所得税后净现金流量 | | | | | | | |

（1）现金流入

现金流入由销售收入、补贴收入、固定资产余值回收、流动资金回收构成。当项目有可抵扣固定资产进项税额时，现金流入中列入销项税额。

1）销售收入是指项目建设完成后对外销售产品或提供劳务所取得的收入。在技术经济中，一般假定生产出来的产品全部售出，即产量等于销售量。

2）补贴收入是企业从政府或某些组织得到的补贴，一般是企业履行了一定的义务后，得到的定额补贴。其具体数额见实际情况。

3）固定资产余额回收是指收回报废的或者不使用的固定资产销售金额，常发生在项目计算期的最后一年。根据实际情况有两种方法。

第一种是固定资产使用年限等于项目计算期。此时固定资产折旧已经计提完，在项目计算期末剩余的是固定资产的账面价值，其计算公式为：

$$固定资产余额回收 = 固定资产原值 \times 预计净残值率 \quad (6-26)$$

第二种是固定资产使用年限长于项目计算期。此时因固定资产折旧尚未提完，所以在项目计算期末剩余的是固定资产的账面剩余值，其计算公式为：

$$固定资产余额回收 = 固定资产原值 - 累计计提的固定资产折旧 \quad (6-27)$$

4）流动资金回收是指投资项目在项目计算期结束时，收回原来投放在各种流动资产上的营运资金，通常也是发生在项目计算期的最后一年。需要注意的是此时回收的是项目投入的全部流动资金。

（2）现金流出

现金流出由建设投资、流动资金、经营成本、税金及附加、维持运营投资组成。当项目有可抵扣固定资产进项税额时,现金流出中列入进项税额、应纳增值税。

1)建设投资是指技术方案按拟定建设规模(分期实施的技术方案为分期的建设规模)产品方案,建设内容所需的投入资金。在技术方案建成后按有关规定建设投资中的各分项分别形成固定资产、无形资产、其他资产。建设期根据背景资料确定。

2)流动资金投资额来自于投资计划与资金筹措表中的有关项目,在编制现金流量表时要注意的是流动资金投入的年份,一般情况下流动资金自项目投产起分年度按计划投入。

3)经营成本是项目评估中,资金的现金流量表中的项目之一,是指总成本费用中扣除折旧、摊销和利息以后的余额,其计算公式为:

$$经营成本 = 总成本费 - 折旧费 - 摊销费 - 利息支出 \qquad (6-28)$$

【例 6-1】已知某项目的年总成本费用为 2000 万元,年外购原材料、燃料及动力费为 800 万元,年摊销费为 50 万元,年折旧费为 40 万元,年利息支出为 100 万元,则该项目的经营成本为(　　)万元。

A. 990　　　　　　B. 1010　　　　　　C. 1100　　　　　　D. 1810

答案:经营成本=总成本费用-摊销费-折旧费-利息支出=2000-50-40-100=1810 万元。

4)税金及附加。项目所缴纳的流转税及其附加、资源税和土地增值税等。

5)维持运营投资是指某些项目在运营期需要投入一定的固定资产投资才能得以维持正常运营。例如设备更新费用、油田的开发费用、矿山的井巷开拓延伸费用等。

(3)其余项目

1)所得税前净现金流量是指本年度的税前净现金流量。其等于现金流入量减去现金流出量。

2)累计税前净现金流量等于各年所得税前净现金流量相加。

3)调整所得税只发生在运营期各年。各年调整所得税=各年息税前利润×所得税税率。

4)所得税后净现金流量为所得税前净现金流量减去调整所得税后的数值。

5)累计所得税后净现金流量等于各年所得税后净现金流量相加。

2. 项目资本金现金流量表编制

项目资本金现金流量表,该表从项目法人(或权益投资整体)的角度出发,以项目资本金作为计算基础,把借款还本付息作为现金流出。计算指标为资本金内部收益率,考察项目给权益投资者带来的收益水平,可用来对融资方案进行比较和取舍,使投资者整体作出最终决策的依据。同样,在执行新的增值税条例后,为体现固定资产进项税额抵扣对净现金流量的影响,现金流量表应反映增值税情况,其具体形式如表 6-2 所示。

项目资本金现金流量表　　　　　　表 6-2

| 序号 | 项目 | 合计 | 计算期 | | | | | |
|---|---|---|---|---|---|---|---|---|
| | | | 1 | 2 | 3 | 4 | 5 | …… |
| 1 | 现金流入 | | | | | | | |
| 1.1 | 销售收入 | | | | | | | |

续表

| 序号 | 项目 | 合计 | 计算期 | | | | | |
|---|---|---|---|---|---|---|---|---|
| | | | 1 | 2 | 3 | 4 | 5 | …… |
| 1.2 | 补贴收入 | | | | | | | |
| 1.3 | 销项税额 | | | | | | | |
| 1.4 | 回收固定资产余值 | | | | | | | |
| 1.5 | 回收流动资金 | | | | | | | |
| 2 | 现金流出 | | | | | | | |
| 2.1 | 项目资本金 | | | | | | | |
| 2.2 | 借款本金偿还 | | | | | | | |
| 2.3 | 借款利息支付 | | | | | | | |
| 2.4 | 经营成本 | | | | | | | |
| 2.5 | 进项税额 | | | | | | | |
| 2.6 | 应纳增值税 | | | | | | | |
| 2.7 | 税金及附加 | | | | | | | |
| 2.8 | 所得税 | | | | | | | |
| 2.9 | 维持运营投资 | | | | | | | |
| 3 | 净现金流量 | | | | | | | |

现金流入组成部分与项目投资现金流量表相同，分别为销售收入、补贴收入、销项税额、回收固定资产余值和回收流动资金。同时，该部分各项基础数据的来源也与项目投资现金流量表相同。

现金流出部分由项目资本金、借款本金偿还、借款利息支付、经营成本、进项税额、应纳增值税、税金及附加、所得税、维持运营投资组成。

1) 项目资本金是指在建设项目总投资中，由投资者认缴的出资额，对于建设项目来说是非债务性资金，项目法人不承担这部分资金的任何利息和债务；投资者可按其出资的比例依法享有所有者权益，也可转让其出资及其相应权益，但不得以任何方式抽回。该部分数据可取自"项目总投资使用计划与资金筹措表"中资金筹措项下的项目资本金分项。

2) 借款本金偿还由两部分组成：一部分为借款还本付息计算表中本年还本额，一部分为发生在计算期最后一年的流动资金借款本金偿还。

3) 借款利息支付，该部分数据可取自总成本费用估算表中的利息支出项。

4) 所得税指国家对法人、自然人和其他经济组织在一定时期内的各种所得征收的一类税收。其计算公式为：

$$所得税 = 应纳税所得额 \times 所得税率 \tag{6-29}$$

现金流出剩余部分的数据来源与项目投资现金流量表相同。

3. 投资各方现金流量表编制

投资各方现金流量表，该表分别从各个投资者的角度出发，以投资者的出资额作为计算的基础。计算指标为投资各方的内部收益率。该表表示了投资各方的盈利水平，可看出投资各方收益率是否均衡或不均衡是否合理，有助于在合作洽谈中达成平等互利的协议。

具体形式如表 6-3 所示。

**投资各方现金流量表**　　　　表 6-3

| 序号 | 项目 | 合计 | 计算期 | | | | | |
|---|---|---|---|---|---|---|---|---|
| | | | 1 | 2 | 3 | 4 | 5 | …… |
| 1 | 现金流入 | | | | | | | |
| 1.1 | 实分利润 | | | | | | | |
| 1.2 | 资产处置收益分配 | | | | | | | |
| 1.3 | 租赁费收入 | | | | | | | |
| 1.4 | 技术转让或使用收入 | | | | | | | |
| 2 | 现金流出 | | | | | | | |
| 2.1 | 实缴资本 | | | | | | | |
| 2.2 | 租赁资产支出 | | | | | | | |
| 2.3 | 其他现金流出 | | | | | | | |
| 3 | 净现金流量 | | | | | | | |

投资各方现金流量表既适用于内资企业也适用于外商投资企业。现金流量表中现金流入是指出资方因该项目的实施将实际获得的各种收入；现金流出是指出资方因该项目的实施将实际投入的各种支出。表中科目应根据具体情况调整。

实分利润是指投资者由项目获取的利润。

资产处置收益分配是指对有明确的合营期限或合资期限的项目，在期满时对资产余值按股比或约定的比例分配。

租赁费收入是指出资方将自己的资产租赁给项目使用所获得的收入，此时应将资产价值作为现金流出，列为租赁资产支出科目。

技术转让或使用收入是指出资方将专利或专有技术转让或允许该项目使用所获得的收入。

### 6.2.2　利润与利润分配表编制

利润与利润分配表反应项目计算期内各年的营业收入、总成本费用、利润总额等情况，以及税后利润的分配，用以计算总投资收益率、项目资本金净利润率等指标。其编制以利润总额的计算为基础。其具体表现形式如表 6-4 所示。

**利润与利润分配表**　　　　表 6-4

| 序号 | 项目 | 合计 | 计算期 | | |
|---|---|---|---|---|---|
| | | | 1 | 2 | …… $n$ |
| 1 | 营业收入 | | | | |
| 2 | 税金及附加 | | | | |
| 3 | 总成本费用 | | | | |
| 4 | 补贴收入 | | | | |
| 5 | 利润总额（1－2－3＋4） | | | | |
| 6 | 弥补以前年度亏损 | | | | |

续表

| 序号 | 项目 | 合计 | 计算期 | | | |
|---|---|---|---|---|---|---|
| | | | 1 | 2 | …… | n |
| 7 | 应纳税所得额（5-6） | | | | | |
| 8 | 所得税 | | | | | |
| 9 | 净利润（5-8） | | | | | |
| 10 | 期初未分配利润 | | | | | |
| 11 | 可供分配利润（9+10） | | | | | |
| 12 | 提取法定盈余公积金 | | | | | |
| 13 | 可供投资者分配的利润（11-12） | | | | | |
| 14 | 应付优先股股利 | | | | | |
| 15 | 提取任意盈余公积金 | | | | | |
| 16 | 应付普通股股利（13-14-15） | | | | | |
| 17 | 各投资方利润分配： | | | | | |
| | 其中：××方 | | | | | |
| | ××方 | | | | | |
| 18 | 未分配利润（13-14-15-17） | | | | | |
| 19 | 息税前利润（利润总额+利息支出） | | | | | |
| 20 | 息税折旧摊销前利润（息税前利润+折旧+摊销） | | | | | |

该报表中与前面报表中相同的各项不再重复，其余的编制方法是：

$$\text{所得税} = \text{应纳税所得额} \times \text{所得税率} \qquad (6-30)$$

$$\text{提取法定盈余公积} = \text{净利润} \times \text{提取盈余公积金比例} \qquad (6-31)$$

$$\text{息税前利润} = \text{利润总额} + \text{当期利息支出} \qquad (6-32)$$

$$\text{息税折旧摊销前利润} = \text{净利润} + \text{所得税} + \text{利息} + \text{折旧} + \text{摊销}$$

$$= \text{息税前利润} + \text{折旧} + \text{摊销} \qquad (6-33)$$

### 6.2.3 盈利能力指标

盈利能力是指企业获取利润的能力。盈利能力就是企业资金增值的能力，它通常体现为企业受益数额的大小与水平的高低。企业的能力越强，给投资者带来的回报越高，投资报酬率越高，企业的价值越大。同时，企业盈利能力越强，现金流量越多，企业的偿债能力就能够得到加强。企业盈利能力分析包含两个层次的内容：一是企业在一个会计期内从事生产经营活动的盈利能力的分析，二是企业在较长期间内稳定地获取较高利润能力的分析。也就是说，盈利能力涉及盈利水平的高低、盈利的稳定性和持久性。盈利能力的具体指标分析见表6-5。

## 6.2 盈利能力分析

**盈利能力分析指标**  表 6-5

| 基本报表 | 评价指标 | |
|---|---|---|
| | 静态指标 | 动态指标 |
| 项目投资现金流量表 | 投资回收期 = 累计净现金流量开始出现正值年分数 − 1 + $\dfrac{\text{上年累计净现金流量的绝对值}}{\text{当年净现金流量}}$ | 财务净现值（FNPV） $= \sum\limits_{t=1}^{n}\dfrac{(CI-CO)_t}{(1+i)^t}$ 财务内部收益（FIRR） |
| 项目资本金现金流量表 | | $\sum\limits_{t=1}^{n}\dfrac{(CI-CO)_t}{(1+FIRR)^t}=0$ |
| 利润与利润分配表 | 总投资收益率 = $\dfrac{\text{年息税前利润}}{\text{项目总投资}} \times 100\%$ 项目资本金净利润率 = $\dfrac{\text{年净利润}}{\text{项目资本金}} \times 100\%$ | |

财务净现值是指按设定的折现率 $i_c$ 计算的项目计算期内各年净现金流量的现值之和。计算公式为：

$$FNPV = \sum_{t=1}^{n}(CI-CO)_t(1+i_c)^{-t} \tag{6-34}$$

式中  $CI$——现金流入；

$CO$——现金流出；

$(CI-CO)_t$——第 $t$ 年的净现金流量；

$n$——计算期年数；

$i_c$——设定的折现率，通常可选用财务内部收益率的基准值（可称财务基准收益率、最低可接受收益率等）。

财务净现值是考察项目盈利能力的绝对量指标，它反映项目在满足按设定折现率要求的盈利之外所能获得的超额盈利的现值。财务净现值等于或大于零，表明项目的盈利能力达到或超过了设定折现率所要求的盈利水平，该财务效益可以被接受。

财务内部收益率是指能使项目在整个计算期内各年净现金流量现值累计等于零时的折现率，它是考察项目盈利能力的相对量指标。其表达式为：

$$\sum_{t=1}^{n}(CI-CO)_t(1+FIRR)^{-t}=0 \tag{6-35}$$

式中  $FIRR$——欲求取的项目投资财务内部收益率。

财务内部收益率一般通过计算机软件中配置的财务函数计算，若需要手算时，可根据现金流量表中的净现金流量采用第 3 章所述的人工试算法计算。将求得的项目投资财务内部收益率与设定的基准参数（$i_c$）进行比较，当 $FIRR \geqslant i_c$ 时，即认为项目的盈利性能够满足要求，该财务效益可以被接受。

此处的财务净现值与财务内部收益率的计算公式与本书第 3 章的计算公式的起始时间有差异。此处需要注意的是，项目评价中现金流量的期数往往按年计，也即现金流量表按年编制。每年的现金流入或现金流出均按年末发生计。现值是指计算期内各年年末的净现金流量折现到建设起点，即 1 年初的时点值，或称"0"点，也即 $t=0$ 时的数值。无论是

公式中采用 $\sum_{t=0}^{n}$ 还是 $\sum_{t=1}^{n}$，都是如此。因此只要各年现金流量发生的时点和数值相同，无论采用哪种写法，计算的净现值都是相同的。由《建设项目经济评价方法与参数》（第一版）开始，就选择了 $\sum_{t=1}^{n}$ 这种形式，常用的计算机函数（EXCEL）也是这种形式，这与第3章中所看到的 $\sum_{t=0}^{n}$ 的形式并不矛盾。

本书第3章已有指标计算方法的介绍，此处不再赘述。

## 6.3 偿债能力分析

### 6.3.1 借款还本付息计算表编制

借款还本付息计算表是反映项目借款偿还期内借款支用、还本付息和可用于偿还借款的资金来源情况，用以计算借款偿还期指标，进行清偿能力分析的一种报表。按照现行财务制度规定，归还建设投资借款的资金来源主要是项目投产后的折旧、摊销费和未分配利润等。

借款还本付息计算表包括借款及还本付息和偿还借款本金的资金来源两大部分。在借款尚未还清的年份，当年偿还本金的资金来源等于本年还本的数额；在借款还清的年份，当年偿还本金的资金来源等于或大于本年还本的数额。

在项目的建设期，"年初借款本息累计"等于上年借款本金和建设期利息之和；在项目的生产期，"年初借款本息累计"等于上年尚未还清的借款本金。"本年借款"、"本年应计利息（建设期利息）"按照投资总额与资金筹措表列填；"本年应计利息（生产期利息）"可以根据当年的年初借款本息累计与贷款年利率的乘积求得；"本年还本"根据当年偿还借款本金的资金来源填列；"利润"根据利润表填列。"折旧"和"摊销"根据总成本估算表填列。借款还本付息计算表见表6-6。

借款还本付息计算表（单位：万元） 表6-6

| 序号 | 项目 年份 | 利率(%) | 建设期 | | 投产期 | | 达到设计能力生产期 | | | |
|---|---|---|---|---|---|---|---|---|---|---|
| | | | 1 | 2 | 3 | 4 | 5 | 6 | …… | n |
| 1 | 借款及还本付息 | | | | | | | | | |
| 1.1 | 年初借款本息累计 | | | | | | | | | |
| 1.1.1 | 本金 | | | | | | | | | |
| 1.1.2 | 建设期利息 | | | | | | | | | |
| 1.2 | 本年借款 | | | | | | | | | |
| 1.3 | 本年应计利息 | | | | | | | | | |
| 1.4 | 本年还本 | | | | | | | | | |
| 1.5 | 本年付息 | | | | | | | | | |
| 2 | 偿还借款本金的资金来源 | | | | | | | | | |
| 2.1 | 利润 | | | | | | | | | |
| 2.2 | 折旧 | | | | | | | | | |
| 2.3 | 摊销 | | | | | | | | | |
| 2.4 | 其他资金合计 | | | | | | | | | |

## 6.3.2 资产负债表编制

资产负债表是反映企业在某一特定日期财务状况的报表，又称财务状况表。综合反映各年末的资产、负债和资本的增减变化情况以及它们相互之间的关系，可用来检查项目的资产、负债及资本结构是否合理和项目是否有较强的偿还债务能力；属于静态报表，是特定日期反映企业财务状况的报表。资产负债表遵循了"资产＝负债＋所有者权益"这一会计恒等式，把企业在特定时日所拥有的经济资源和与之相对应的企业所承担的债务及清偿以后属于所有者的权益充分反映出来。因此，资产负债表应当分别列示资产总计项目和负债与所有者权益之和的总计项目，并且这二者的金额应当相等。具体格式如表 6-7 所示。

资产负债表　　　　　　　　　　表 6-7

| 序号 | 项目 | 计算期 | | | | |
|---|---|---|---|---|---|---|
| | | 1 | 2 | 3 | 4 | …… |
| 1 | 资产 | | | | | |
| 1.1 | 流动资产总额 | | | | | |
| 1.1.1 | 货币资金 | | | | | |
| 1.1.2 | 应收账款 | | | | | |
| 1.1.3 | 预付账款 | | | | | |
| 1.1.4 | 存货 | | | | | |
| 1.1.5 | 其他 | | | | | |
| 1.2 | 在建工程 | | | | | |
| 1.3 | 固定资产净值 | | | | | |
| 1.4 | 无形及其他资产净值 | | | | | |
| 2 | 负债及所有者权益 | | | | | |
| 2.1 | 流动负债总额 | | | | | |
| 2.1.1 | 短期借款 | | | | | |
| 2.1.2 | 应付账款 | | | | | |
| 2.1.3 | 预收账款 | | | | | |
| 2.1.4 | 其他 | | | | | |
| 2.2 | 建设投资借款 | | | | | |
| 2.3 | 流动资金借款 | | | | | |
| 2.4 | 负债小计 | | | | | |
| 2.5 | 所有者权益 | | | | | |
| 2.5.1 | 资本金 | | | | | |
| 2.5.2 | 资本公积 | | | | | |
| 2.5.3 | 累计盈余公积金 | | | | | |
| 2.5.4 | 累计未分配利润 | | | | | |

资产由流动资产、在建工程、固定资产净值、无形资产及其他资产净值四项构成。流动资产总额为货币资金、应收账款、预付账款、存货及其他资产之和。在建工程指财务计划现金流量表中的建设投资和建设期利息的年累计额。固定资产净值是指固定资产原始价值减去已提折旧后的净额，具体数值可参考固定资产折旧费估算表。无形资产及其他资产净值是无形资产及其他资产减去摊销后的余额，具体数值可参考无形资产及其他资产摊销表。

负债包括流动负债、建设投资借款、流动资金借款三部分。其中，流动负债总额为短期借款、应付账款、预收账款和其他负债之和。流动负债中的应付账款、预收账款数据可由流动资金估算表直接取得。流动资金借款和其他短期借款两项流动负债及长期借款均指借款余额，需根据财务计划现金流量表的对应项及相应的本金偿还进行计算。

所有者权益包括资本金、资本公积金、累计盈余公积金及累计未分配利润四部分。累计未分配利润、累计盈余公积金取自利润与利润分配表中，但应根据是否用盈余公积金弥补亏损或转增资本金的情况进行相应的调整。资本金为项目投资中累计自有资金（扣除资本溢价），当存在由资本公积金或者盈余公积金转增资本金的情况时应进行相应调整。资本公积金为累计资本溢价及赠款，转增资本金时进行相应调整。

### 6.3.3 偿债能力指标

偿债能力是指在一定期间内清偿各种到期债务的能力。对于多数企业来说，资金除了来自于股东权益外，还有相当一部分来自债权人权益（负债）。由于任何一笔债务都负有支付利息和到期偿还本金的责任，因此企业支付利息和到期偿还本金的能力就是其偿债能力。偿债能力强弱是衡量一个企业经营绩效的重要指标，不仅关系到企业本身的生存和发展，同时也与债权人、投资者的利益密切相关。对于企业内部而言，通过测定自身的偿债能力，有利于科学合理地进行筹资决策和投资决策；从企业外部看，债权人将根据企业偿债能力的强弱确定贷款决策。现代企业是否经营良好的重要标志之一就是偿债能力的强弱。偿债能力的具体指标分析见表 6-8。

偿债能力评价指标　　　　　　　　　　　　表 6-8

| 基本报表 | 评价指标 |
| --- | --- |
| | 静态指标 |
| 借款还本付息计算表 | 偿债备付率 = $\dfrac{\text{可用于还本付息的资金}}{\text{当期应还本付息的金额}} \times 100\%$<br>（可用于还本付息的资金 = 息税前利润加折旧和摊销 − 企业所得税）<br>利息备付率 = $\dfrac{\text{息税前利润}}{\text{当期应付利息}} \times 100\%$<br>（息税前利润 = 利润总额 + 计入总成本费用的利息费用） |
| 资产负债表 | 资产负债率 = $\dfrac{\text{负债总额}}{\text{全部资产总额}} \times 100\%$<br>流动比率 = $\dfrac{\text{流动资产}}{\text{流动负债}}$<br>速动比率 = $\dfrac{\text{速动资产}}{\text{流动负债}}$ |

偿债备付率指在借款偿还期内，用于计算还本付息的资金与应还本息金额的比值。它表示可用于还本付息的资金偿还借款本息的保障程度。偿债备付率应分年计算，偿债备付率越高，表明可用于还本付息的资金保障程度高。

【例 6-2】下面关于偿债备付率说法正确的是(　　)。

A. 偿债备付率是指项目在借款偿还期内，各年可用于还本付息的资金与当期应还本付息金额的比值

B. 可用于还本付息的资金——包括可用于还款的折旧和摊销、成本中列支的利息费

用、可用于还款的利润等

C. 当期应还本付息的金额——包括当期应还贷款本金额及计入成本费用的利息。

D. 偿债备付率从付息资金来源的充裕性角度反映项目偿付债务利息的能力，它表示使用项目税息前利润偿付利息的保证倍率

E. 偿债备付率正常情况应当大于1，且越高越好。当指标小于1时，表示当年资金来源不足以偿付当期债务，需要通过短期借款偿付已到期债务。

答案解析：ABCE。D项不对，偿债备付率应分年计算，它表示企业可用于还本付息的资金偿还借款本息的保证倍率，而不是项目息税前利润偿付利息的保证倍率。

利息备付率也称已获利息倍数，是指项目在借款偿还期内各年可用于支付利息的息税前利润与当期应付利息费用的比值。它从付息资金来源的充裕性角度反映项目偿付债务利息的保障程度。利息备付率应分年计算，利息备付率越高，表明利息偿付的保障程度高。

资产负债率又称举债经营比率，是用以衡量企业利用债权人提供资金进行经营活动的能力，以及反映债权人发放贷款的安全程度的指标。其表示公司总资产中多大比例是通过借债来筹资的，是评价公司负债水平的综合指标。如果资产负债率达到100%或超过100%，则说明公司已经没有净资产或资不抵债。经验上，资产负债率介于30%～70%之间被认为是适度的。资产负债率过高，意味着公司负债风险过大，从而面临着太大的偿债压力；该比率过低，负债风险固然很小，但财务杠杆效应的利用也就太少，不利于实现公司价值和股东财富最大化。经验也表明，资产负债率存在显著的行业差异，因此，分析该比率时应注意与行业的平均值进行比较。此外，该比率会受到资产计价特征的严重影响，若被比较的某一公司有大量的隐蔽性资产（如大量的按历史成本计价的早年获得的土地等），而另一公司没有类似的资产，则在比较时最好能够对资产计价进行必要的调整，否则，简单的比较就没有意义了。

**资产负债表**（单位：万元）　　　　　　　　　　　　　　　　表6-9

编制单位：A公司

| 序号 | 项目 | 计算期 | | | | | |
|---|---|---|---|---|---|---|---|
| | | 1 | 2 | 3 | 4 | 5 | 6 |
| 1 | 资产 | 11829.42 | 8462.58 | 20773.02 | 19048.19 | 18697.12 | 20993.05 |
| 1.1 | 流动资产总额 | | | 2925.5 | 3645.15 | 5738.56 | 10478.97 |
| 1.1.1 | 货币资金 | | | 38.34 | 38.34 | 38.34 | 38.34 |
| 1.1.2 | 应收账款 | | | 769.17 | 951.03 | 1040.03 | 1040.03 |
| 1.1.3 | 预付账款 | | | | | | |
| 1.1.4 | 存货 | | | 2117.99 | 2655.78 | 2922.85 | 2922.85 |
| 1.1.5 | 其他 | | | | | 1737.34 | 6477.75 |
| 1.2 | 在建工程 | 11829.42 | 8462.58 | | | | |
| 1.3 | 固定资产净值 | | | 17204.73 | 14886.36 | 12567.99 | 10249.62 |
| 1.4 | 无形及其他资产净值 | | | 642.79 | 516.68 | 390.57 | 264.46 |
| 2 | 负债及所有者权益 | 11829.42 | 8462.58 | 20773.02 | 19048.19 | 18697.12 | 20993.05 |
| 2.1 | 流动负债总额 | | | 622.8 | 800.93 | 890.2 | 890.2 |

续表

| 序号 | 项目 | 计算期 | | | | | |
|---|---|---|---|---|---|---|---|
| | | 1 | 2 | 3 | 4 | 5 | 6 |
| 2.1.1 | 短期借款 | | | | | | |
| 2.1.2 | 应付账款 | | | 622.8 | 800.93 | 890.2 | 890.2 |
| 2.1.3 | 预收账款 | | | | | | |
| 2.1.4 | 其他 | | | | | | |
| 2.2 | 建设投资借款 | 7569.42 | 5622.58 | 9597.39 | 4416.64 | | |
| 2.3 | 流动资金借款 | | | 1402.7 | 1944.22 | 2211.02 | 2211.02 |
| 2.4 | 负债小计 | 7569.42 | 5622.58 | 11622.89 | 7161.79 | 3101.22 | 3101.22 |
| 2.5 | 所有者权益 | | | 9150.13 | 11886.4 | 15595.9 | 17891.83 |
| 2.5.1 | 资本金 | 4260 | 2840 | 8000 | 8000 | 8000 | 8000 |
| 2.5.2 | 资本公积 | | | | | | |
| 2.5.3 | 累计盈余公积金 | | | 15.01 | 388.64 | 759.59 | 1149.18 |
| 2.5.4 | 累计未分配利润 | | | 1035.12 | 3497.76 | 6836.31 | 8742.65 |

【例6-3】根据表6-9资料，该公司第1~5期的资产负债率计算见表6-10。

**资产负债率计算表**（单位：万元） 表6-10

| 项目 | 第1期 | 第2期 | 第3期 | 第4期 | 第5期 |
|---|---|---|---|---|---|
| 资产总额 | 11829.42 | 8462.58 | 20773.02 | 19048.19 | 18697.12 |
| 负债总额 | 7569.42 | 5622.58 | 11622.89 | 7161.79 | 3101.22 |
| 资产负债率 | 64.99% | 66.44% | 55.95% | 37.6% | 16.59% |

流动比率是流动资产对流动负债的比率，用来衡量企业流动资产在短期债务到期以前，可以变为现金用于偿还负债的能力。一般来讲，流动比率的下限是1:1。这是因为，从理论上分析，如果流动比率为1:1，则表明公司的流动资产恰好能够保障流动负债的偿还性；如果流动比率低于1:1，则表明公司的流动资产即使完全变现也难以偿还全部负债，从而需要出售部分非流动资产；如果流动比率大于1:1，则表明即使流动负债到期全部偿还，公司依然能够拥有一定的流动资产满足生产经营业务的需要。就一般的制造业公司而言，流动比率的经验值为2:1，流动比率2:1，表示流动资产是流动负债的两倍，即使流动资产有一半短期内不能变现，也能保证全部的流动负债得到偿还。显然，从增强短期偿债能力和满足生产经营需要的角度而言，流动比率越大，公司的财务越安全。但是，流动比率过高对公司也未必有利。过高的流动比率可能意味着公司极不善于适当利用短期负债融资，而是过多地使用了长期融资手段，从而增加了公司的融资成本；也可能意味着公司存在严重的流动资产（尤其是存货和应收账款等项目）积压。当然，如果流动比率过低，尤其是低于1:1时，一般就意味着公司缺乏足够的短期偿债能力。

【例6-4】根据表6-9所示的A公司资产负债表，计算该公司第3~5期的流动比率。计算如表6-11所示。

**A公司流动比率计算表**（单位：万元） 表 6-11

| 项目 | 第 3 期 | 第 4 期 | 第 5 期 |
|---|---|---|---|
| 流动资产 | 2925.5 | 3645.15 | 5738.56 |
| 流动负债 | 622.8 | 800.93 | 890.2 |
| 流动比率 | 469.73% | 455.11% | 644.64% |

速动比率又称"酸性测验比率"，是指速动资产与流动资产的比率。速动资产是企业的流动资产减去存货和预付费用后的余额，主要包括现金、短期投资、应收票据、应收账款等项目。在通常情况下，流动比率是能够较好地反映公司短期偿债能力的。但是，如果流动资产中的存货面临比较严重的流动性问题，从而缺乏正常的变现能力，那么流动比率即便保持在2∶1左右，公司的短期偿债能力事实上也是存在问题的。也就是说，在存货变现不太正常的情况下，流动比率就不能恰当地反映公司的短期偿债能力，此时就需要用速动比率进行补充。存货占流动资产比率越高，流动比率与速动比率的差异就越大，分析者就越应该更多地依赖速动比率分析判断公司的短期偿债能力。传统经验认为，速动比率维持在1∶1较为正常，它表明企业的每1元流动负债就有1元易于变现的流动资产来抵偿，短期偿债能力有可靠的保证。速动比率过低，企业的短期偿债风险较大；速动比率过高，企业在速动资产上占用资金过多，会增加企业投资的机会成本。但以上评判标准并不是绝对的，实际工作中，应考虑到企业的行业性质。例如商品零售行业，由于采用大量现金销售，几乎没有应收账款，速动比率大大低于1，也是合理的。相反，有些企业虽然速动比率大于1，速动资产中大部分是应收账款，并不代表企业的偿债能力强，因为应收账款能否收回有很大的不确定性。

【例 6-5】根据表 6-9 资料，该公司 3～5 期的速动比率计算见表 6-12。

**A公司速动比率计算表**（单位：万元） 表 6-12

| 项目 | 第 3 期 | 第 4 期 | 第 5 期 |
|---|---|---|---|
| 速动资产 | 807.51 | 989.37 | 1078.37 |
| 货币资金 | 38.34 | 38.34 | 38.34 |
| 应收账款 | 769.17 | 951.03 | 1040.03 |
| 流动负债 | 622.8 | 800.93 | 890.2 |
| 速动比率 | 129.66% | 123.53% | 121.14% |

## 6.4 生存能力分析

### 6.4.1 财务计划现金流量表编制

只考虑项目的盈利性是不够的，必须对资金在时间上进行安排，以满足项目对资金的需要。虽然有些项目的投资盈利水平很高，但由于资金筹措不足、资金到位迟缓、应收账款收不上来以及汇率和利率的变化，影响项目的正常运行，产生损失。为了使项目得以顺利实施，资金筹措方案应保证资金的平衡并保证有足够的资金偿还债务。财务基本生存能力分析是通过考察项目计算期内各年的投资活动、融资活动和经营活动所产生的各项现金流入和流出，针对项目在实施和运行期间是否有足够的净现金流量维持正常生产运营需要的一种分析，以满足项目实施与运转的需要，保证项目寿命期内资金运行的可行性。

资金流入的时间必须和投资及经营上的各项支出同时发生，否则就可能发生资金短缺或没有能力偿债，不得不使用成本较高的短期资金，造成建设期延长、生产陷入困境等问题。一般来说，在生产经营初期项目产量低于生产能力，成本费用高，资金流入较少，又需要偿还借款，此时资金平衡最为困难，有必要逐年甚至逐季逐月地予以平衡。

项目的资金安排必须使每期（年、月或季）资金保证项目的正常运转，即每期的现金流入加上上期的结余必须足以支付本期的现金流出需要。否则，即使项目的经济效果很好，也无法实施。财务基本生存能力分析需要编制财务计划现金流量表。财务计划现金流量表是项目财务生存能力分析的基本报表，其编制基础是财务分析辅助报表和经济利润与利润分配表。其反映项目计算期内各年的投资、融资及经营活动的现金流入和流出，用于计算净现金流动和累计盈余资金，分析项目是否有足够的净现金流量以维持正常运营。具体形式如表 6-13 所示。

**财务计划现金流量表**　　　　　　　　　　　　表 6-13

| 序号 | 项目 | 计算期 | | | | | |
|---|---|---|---|---|---|---|---|
| | | 1 | 2 | 3 | 4 | 5 | …… |
| 1 | 经营活动净现金流量 | | | | | | |
| 1.1 | 现金流入 | | | | | | |
| 1.1.1 | 营业收入 | | | | | | |
| 1.1.2 | 增值税销项税额 | | | | | | |
| 1.1.3 | 回收流动资金 | | | | | | |
| 1.2 | 现金流出 | | | | | | |
| 1.2.1 | 经营成本 | | | | | | |
| 1.2.2 | 增值税进项税额 | | | | | | |
| 1.2.3 | 税金及附加 | | | | | | |
| 1.2.4 | 增值税 | | | | | | |
| 1.2.5 | 所得税 | | | | | | |
| 2 | 投资活动净现金流量 | | | | | | |
| 2.1 | 现金流入 | | | | | | |
| 2.2 | 现金流出 | | | | | | |
| 2.2.1 | 建设投资 | | | | | | |
| 2.2.2 | 流动资金 | | | | | | |
| 3 | 筹资活动净现金流量 | | | | | | |
| 3.1 | 现金流入 | | | | | | |
| 3.1.1 | 项目资本金投入 | | | | | | |
| 3.1.2 | 建设投资借款 | | | | | | |
| 3.1.3 | 流动资金借款 | | | | | | |
| 3.2 | 现金流出 | | | | | | |
| 3.2.1 | 各种利息支出 | | | | | | |
| 3.2.2 | 偿还债务本金 | | | | | | |
| 3.2.3 | 应付利润 | | | | | | |
| 4 | 净现金流量 | | | | | | |
| 5 | 累计盈余资金 | | | | | | |

表 6-13 中主要包括：经营活动净现金流量、投资活动净现金流量、筹资活动净现金流量、净现金流量、累计盈余资金现金流量。

经营活动净现金流量包括现金流入和现金流出两部分。其中，现金流入包括营业收入、增值税销项税额、回收流动资金；现金流出包括经营成本、增值税进项税额、税金及附加、增值税、所得税。经营活动期的现金流量的财务数据取自项目资本金现金流量表。

投资活动净现金流量也是现金流入和现金流出两部分。其中，现金流出包括建设投资和流动资金两部分。对于新设法人项目，投资活动的现金流入为零；投资活动的现金流出的财务数据取自项目投资现金流量表。

筹资活动净现金流量同样也是现金流入和现金流出两部分。现金流入包括项目资本金投入、建设投资借款、流动资金借款；现金流出包括各种利息支出、偿还债务本金和应付利润。筹资活动期的现金流量的财务数据取自借款还本付息计划表、利润与利润分配表等。

### 6.4.2 生存能力判断

财务生存能力即企业是否有足够的净现金流量维持正常运营，以实现财务的可持续性。可持续性的基本条件是有足够的经营净现金流量。财务生存能力分析，应在财务分析辅助报表和利润与利润分配表的基础上编制财务计划现金流量表，综合考察项目计算期内各年的投资活动、融资活动和经营活动所产生的各项现金流入和流出，计算净现金流量和累计盈余资金，分析项目是否有足够的净现金流量维持正常运营。为此财务生存能力分析又称为资金平衡分析。通过以下两个方面可具体盘点项目的财务生存能力：

1. 分析是否有足够的净现金流量维持正常运营。在项目（企业）运营期间，只有能够从各项经济活动中得到足够的净现金流量，项目才能够持续生存。财务生存能力分析中应根据财务计划现金流量表，考察项目计算期内各年的投资活动、融资活动和经营活动所产生的现金流入和流出，计算净现金流量和累计盈余资金，分析项目是否有足够的净现金流量维持正常运营。

拥有足够的经营净现金流是财务可持续的基本条件，特别是在项目初期。一个项目具有较大的经营净现金流量，说明项目方案比较合理，实现自身资金平衡的可能性较大，不会过分依赖短期融资来维持运营。反之，一个项目不能产生足够的经营净现金流量，或经营净现金流量为负值，说明维持项目正常运转会遇到财务上的困难，项目方案缺乏合理性，实现自身资金平衡的可能性较小，有可能要靠短期融资来维持运营；或者是非经营项目本身无能力实现自身资金平衡，提示要靠政府补贴。

2. 运营期前期的财务生存能力分析，因为通常运营期前期的还本付息负担较重。如果拟安排的还款期过短，致使还本付息负担过重，导致维持资金平衡必须筹借的短期借款过多，可以设法调整还款期，甚至寻求更有利的融资方案，减轻各年还款负担。所以财务生存能力分析应结合偿债能力分析进行。

【例 6-6】关于建设项目财务生存能力分析的说法，错误的是（　　）。
A. 财务生存能力分析的目的是判断项目是否有足够的净现金流量来维持正常运营
B. 运营初期的还本付息负担较重，故应特别注重此时的财务生存能力分析
C. 运营初期净现金充裕是项目生存的保证

D. 财务生存能力与折旧摊销有关

**解**：折旧摊销的提取不影响现金流量，因此财务生存能力与折旧摊销无关。

3. 各年累计盈余资金不出现负值是财务生存的必要条件。在整个运营期间，允许个别年份的净现金流量出现负值，但不能容许任一年份的累计盈余资金出现负值。一旦出现负值时应适时进行短期融资，该短期融资应体现在财务计划现金流量表中，同时短期融资的利息也应纳入成本费用和其后的计算。较大的或较频繁的短期融资，有可能导致以后的累计盈余资金无法实现正值，致使项目难以持续运营。这就是要求投资项目在进行过程中的任何时刻都有够用的"钱"，否则，项目将无法进行下去。当在某一时刻累计盈余资金小于零时，通常采取的做法是借短期贷款以补当期现金流入之不足。但是，如果某一期或某数期资金缺口较大，需借贷的短期贷款数额大，银行往往要重新考虑对该项目贷款的可能性，甚至拒绝大笔的短期借款。当这种情况发生时，项目的投资者就要另筹资金，或增加权益资金投入或延缓（减少）利润分配或设法与债务人协商延缓还款时间。当所有这些措施都无效时，即便是投资盈利能力很好，也还要重新考虑投资项目的可行性，或者修改项目计划，或者重新制定项目方案甚至放弃项目的投资。

【**例 6-7**】财务可持续的必要条件是（    ）。
A. 分析是否有足够的净现金流量维持正常运营
B. 分析是否有足够的现金偿还企业相关负债
C. 经营净现金流量是否合理
D. 各年累计盈余资金不出现负值

**解**：在整个运营期间，允许个别年份的净现金流量出现负值，但不能允许任一年份的累计盈余资金出现负值。一旦出现负值时应适时进行短期融资，该短期融资应体现在财务计划现金流量表中，同时短期融资的利息也应纳入成本费用和其后的计算中。

## 6.5 财务分析案例

### 6.5.1 财务分析依据

本项目财务评价的编制执行中国石油化学工业协会《化工投资项目可行性研究报告编制办法》(2006) 76 号、《中国石油化工项目可行性研究技术经济参数与数据》(2017 年)和《建设项目经济评价方法与参数》(第三版)中的有关规定，按新建项目测算项目的经济效益。

### 6.5.2 财务数据估算

1. 计算期

本项目计算期 18 年，其中建设期 3 年，生产期第 1 年生产负荷为 90%，其余各年生产负荷均为 100%。

2. 总成本费用估算

外购原材料、燃料的价格按照市场预测价格，满负荷用量根据建设方案及消耗定额确定。工人工资或薪酬按 110000 元/年·人计。固定资产综合折旧年限按 15 年考虑，按平均年限法计算折旧，固定资产净残值率按 3% 计。修理费按固定资产原值（不含建设期借款利息）的 2.5% 计取。安全生产费用按相关规定计取。无形资产按 10 年摊销，其他资产按 5 年摊销。其他制造费根据设计定员按 35000 元/人·年估算，其他管理费根据设计定员按 45000 元/人·年估算。营业费用按营业收入的 1% 估算。

总成本费用估算见表 6-14。

3. 营业收入及税金估算

根据本项目产品产量和产品价格估算营业收入。增值税税率取值：丙烷、C4、水和蒸汽为 10%，其余均为 16%。城市维护建设税、教育费附加、地方教育附加分别按增值税的 5%、3% 和 2% 计算。水利建设基金按照销售收入的 2.25‰ 计算。

营业收入、税金及附加和增值税估算见表 6-15。

### 6.5.3 财务能力分析

1. 盈利能力分析

所得税按应纳税所得额的 25% 计取。盈余公积金按所得税后净利润的 10% 提取。基准财务内部收益率为 10%。

按照拟定的融资方案，项目投产后年均净利润 296456 万元，项目全部投资所得税后财务内部收益率为 20.15%，项目资本金财务内部收益率为 30.19%，高于行业基准值。项目投产后年均增值税 113464 万元，年均营业税金及附加 17378 万元，年均所得税 98819 万元，年均缴纳税金合计为 229660 万元。

利润与利润分配见表 6-16，项目投资现金流量见表 6-17，项目资本金现金流量见表 6-18。

2. 偿债能力分析

项目投产后按最大能力偿还建设投资借款，偿还长期借款的资金来源为折旧、摊销和未分配利润。项目还款期内各年利息备付率和偿债备付率见表 6-19。项目有充裕的偿付债务本息的能力。资产负债率在项目投产初期为 58.65%，之后呈逐年递减趋势，至寿命末期降低到 13% 左右。表明项目的资本结构保持良好，偿债能力逐年增强，财务风险小。

借款还本付息计划见表 6-19，资产负债表见表 6-20。

3. 财务生存能力分析

财务计划现金流量表见表 6-21。

从财务计划现金流量表可以看出，计算期内经营活动现金流入均大于现金流出，从经营活动、投资活动和筹资活动全部净现金流量看，计算期内现金流入均大于或等于现金流出，说明本项目具备财务生存能力。

### 6.5.4 财务分析结论

从主要技术经济指标数据汇总表可以看出，本项目实施后年均净利润 296456 万元，年均可给国家和地方上缴税金 229660 万元，项目投资所得税前投资财务内部收益率 24.80%，投资回收期为 6.15 年（含建设期）。项目投资所得税后财务内部收益率 20.15%，所得税后投资回收期（静态）6.90 年（含建设期），项目具有较好的经济效益。

## 6 工程项目财务分析

总成本费用估算表（单位：万元） 表6-14

| 序号 | 项目 | 4 | 5 | 6 | 7 | 8 | 9 | 10 | 11 | 12 | 13 | 14 | 15 | 16 | 17 | 18 |
|---|---|---|---|---|---|---|---|---|---|---|---|---|---|---|---|---|
| 1 | 生产成本 | 1125779 | 1233944 | 1233944 | 1233944 | 1233944 | 1233944 | 1233944 | 1233944 | 1233944 | 1233944 | 1233944 | 1233944 | 1233944 | 1233944 | 1233944 |
| 1.1 | 外购原材料费 | 777903 | 864337 | 864337 | 864337 | 864337 | 864337 | 864337 | 864337 | 864337 | 864337 | 864337 | 864337 | 864337 | 864337 | 864337 |
| 1.2 | 辅助材料费 | 47474 | 52749 | 52749 | 52749 | 52749 | 52749 | 52749 | 52749 | 52749 | 52749 | 52749 | 52749 | 52749 | 52749 | 52749 |
| 1.3 | 外购燃料及动力费 | 155743 | 172200 | 172200 | 172200 | 172200 | 172200 | 172200 | 172200 | 172200 | 172200 | 172200 | 172200 | 172200 | 172200 | 172200 |
| 1.4 | 工资及福利费 | 10340 | 10340 | 10340 | 10340 | 10340 | 10340 | 10340 | 10340 | 10340 | 10340 | 10340 | 10340 | 10340 | 10340 | 10340 |
| 1.5 | 制造费用 | 134319 | 134319 | 134319 | 134319 | 134319 | 134319 | 134319 | 134319 | 134319 | 134319 | 134319 | 134319 | 134319 | 134319 | 134319 |
| 1.5.1 | 折旧费 | 95348 | 95348 | 95348 | 95348 | 95348 | 95348 | 95348 | 95348 | 95348 | 95348 | 95348 | 95348 | 95348 | 95348 | 95348 |
| 1.5.2 | 修理费 | 35681 | 35681 | 35681 | 35681 | 35681 | 35681 | 35681 | 35681 | 35681 | 35681 | 35681 | 35681 | 35681 | 35681 | 35681 |
| 1.5.3 | 其他制造费用 | 3290 | 3290 | 3290 | 3290 | 3290 | 3290 | 3290 | 3290 | 3290 | 3290 | 3290 | 3290 | 3290 | 3290 | 3290 |
| 2 | 管理费用 | 16552 | 16889 | 16889 | 16889 | 16889 | 15296 | 15296 | 15296 | 15296 | 15296 | 8068 | 8068 | 8068 | 8068 | 8068 |
| 2.1 | 安全生产费用 | 3501 | 3838 | 3838 | 3838 | 3838 | 3838 | 3838 | 3838 | 3838 | 3838 | 3838 | 3838 | 3838 | 3838 | 3838 |
| 2.2 | 摊销费 | 8821 | 8821 | 8821 | 8821 | 8821 | 7229 | 7229 | 7229 | 7229 | 7229 | | | | | |
| 2.3 | 其他管理费用 | 4230 | 4230 | 4230 | 4230 | 4230 | 4230 | 4230 | 4230 | 4230 | 4230 | 4230 | 4230 | 4230 | 4230 | 4230 |
| 3 | 财务费用 | 64436 | 48259 | 29389 | 10107 | 1874 | 1874 | 1874 | 1874 | 1874 | 1874 | 1874 | 1874 | 1874 | 1874 | 1874 |
| 3.1 | 长期借款利息 | 62726 | 46385 | 27515 | 8234 | | | | | | | | | | | |
| 3.2 | 流动资金借款利息 | 1709 | 1874 | 1874 | 1874 | 1874 | 1874 | 1874 | 1874 | 1874 | 1874 | 1874 | 1874 | 1874 | 1874 | 1874 |
| 4 | 营业费用 | 7578 | 8419 | 8419 | 8419 | 8419 | 8419 | 8419 | 8419 | 8419 | 8419 | 8419 | 8419 | 8419 | 8419 | 8419 |
| 5 | 总成本费用 | 1214344 | 1307511 | 1288641 | 1269360 | 1261126 | 1259533 | 1259533 | 1259533 | 1259533 | 1259533 | 1252305 | 1252305 | 1252305 | 1252305 | 1252305 |
| 6 | 经营成本 | 1045740 | 1155084 | 1155084 | 1155084 | 1155084 | 1155084 | 1155084 | 1155084 | 1155084 | 1155084 | 1155084 | 1155084 | 1155084 | 1155084 | 1155084 |

## 6.5 财务分析案例

营业收入、营业税金及附加和增值税估算表（单位：万元） 表 6-15

| 序号 | 产品名称 | 单价单位（元） | 销售量 | 4 | 5 | 6 | 7 | 8 | 9 | 10 | 11 | 12 | 13 | 14 | 15 | 16 | 17 | 18 |
|---|---|---|---|---|---|---|---|---|---|---|---|---|---|---|---|---|---|---|
|  | 生产负荷（%） |  |  | 90 | 100 | 100 | 100 | 100 | 100 | 100 | 100 | 100 | 100 | 100 | 100 | 100 | 100 | 100 |
| 1 | 营业收入 |  |  | 1515501 | 1683890 | 1683890 | 1683890 | 1683890 | 1683890 | 1683890 | 1683890 | 1683890 | 1683890 | 1683890 | 1683890 | 1683890 | 1683890 | 1683890 |
| 2 | 税金及附加 |  |  | 3406 | 11072 | 18938 | 18938 | 18938 | 18938 | 18938 | 18938 | 18938 | 18938 | 18938 | 18938 | 18938 | 18938 | 18938 |
| 2.1 | 水利建设基金 |  |  | 3406 | 3788 | 3788 | 3788 | 3788 | 3788 | 3788 | 3788 | 3788 | 3788 | 3788 | 3788 | 3788 | 3788 | 3788 |
| 2.2 | 城市维护建设税 |  |  |  | 4249 | 8838 | 8838 | 8838 | 8838 | 8838 | 8838 | 8838 | 8838 | 8838 | 8838 | 8838 | 8838 | 8838 |
| 2.3 | 教育费附加 |  |  |  | 3035 | 6313 | 6313 | 6313 | 6313 | 6313 | 6313 | 6313 | 6313 | 6313 | 6313 | 6313 | 6313 | 6313 |
| 3 | 增值税 |  |  |  | 60700 | 126250 | 126250 | 126250 | 126250 | 126250 | 126250 | 126250 | 126250 | 126250 | 126250 | 126250 | 126250 | 126250 |
| 3.1 | 销项税 |  |  | 241056 | 267840 | 267840 | 267840 | 267840 | 267840 | 267840 | 267840 | 267840 | 267840 | 267840 | 267840 | 267840 | 267840 | 267840 |
| 3.2 | 进项税 |  |  | 127507 | 141590 | 141590 | 141590 | 141590 | 141590 | 141590 | 141590 | 141590 | 141590 | 141590 | 141590 | 141590 | 141590 | 141590 |
| 3.3 | 抵扣固定资产进项税额 |  |  | 113549 | 65550 |  |  |  |  |  |  |  |  |  |  |  |  |  |

6 工程项目财务分析

表 6-16 利润与利润分配表（单位：万元）

| 序号 | 项目 | 4 | 5 | 6 | 7 | 8 | 9 | 10 | 11 | 12 | 13 | 14 | 15 | 16 | 17 | 18 |
|---|---|---|---|---|---|---|---|---|---|---|---|---|---|---|---|---|
| 1 | 营业收入 | 1515501 | 1683890 | 1683890 | 1683890 | 1683890 | 1683890 | 1683890 | 1683890 | 1683890 | 1683890 | 1683890 | 1683890 | 1683890 | 1683890 | 1683890 |
| 2 | 总成本费用 | 1214344 | 1307511 | 1288641 | 1269360 | 1261126 | 1259533 | 1259533 | 1259533 | 1259533 | 1259533 | 1252305 | 1252305 | 1252305 | 1252305 | 1252305 |
| 3 | 税金及附加 | 3406 | 11072 | 18938 | 18938 | 18938 | 18938 | 18938 | 18938 | 18938 | 18938 | 18938 | 18938 | 18938 | 18938 | 18938 |
| 4 | 利润总额 | 297751 | 365308 | 376312 | 395593 | 403827 | 405420 | 405420 | 405420 | 405420 | 405420 | 412648 | 412648 | 412648 | 412648 | 412648 |
| 5 | 弥补以前年度亏损 | | | | | | | | | | | | | | | |
| 6 | 应纳税所得额 | 297751 | 365308 | 376312 | 395593 | 403827 | 405420 | 405420 | 405420 | 405420 | 405420 | 412648 | 412648 | 412648 | 412648 | 412648 |
| 7 | 所得税 | 74438 | 91327 | 94078 | 98898 | 100957 | 101355 | 101355 | 101355 | 101355 | 101355 | 103162 | 103162 | 103162 | 103162 | 103162 |
| 8 | 净利润 | 223313 | 273981 | 282234 | 296695 | 302870 | 304065 | 304065 | 304065 | 304065 | 304065 | 309486 | 309486 | 309486 | 309486 | 309486 |
| 9 | 期初未分配利润 | | 200982 | 447565 | 701575 | 732746 | 598290 | 465308 | 332325 | 199343 | 66360 | | | | | |
| 10 | 可供分配利润 | 223313 | 474963 | 729798 | 998270 | 1035616 | 902355 | 769372 | 636390 | 503407 | 370425 | 309486 | 309486 | 309486 | 309486 | 309486 |
| 11 | 提取法定盈余公积金 | 22331 | 27398 | 28223 | 29669 | 30287 | 30406 | 30406 | 30406 | 30406 | 30406 | 30949 | 30949 | 30949 | 30949 | 30949 |
| 12 | 可供投资者分配的利润 | 200982 | 447565 | 701575 | 968600 | 1005329 | 871948 | 738966 | 605983 | 473001 | 340018 | 278537 | 278537 | 278537 | 278537 | 278537 |
| 13 | 各投资方利润分配 | | | | 235855 | 407039 | 406641 | 406641 | 406641 | 406641 | 340018 | 278537 | 278537 | 278537 | 278537 | 278537 |
| 14 | 未分配利润 | 200982 | 447565 | 701575 | 732746 | 598290 | 465308 | 332325 | 199343 | 66360 | | | | | | |
| 15 | 息税前利润 | 362187 | 413567 | 405701 | 405701 | 405701 | 407293 | 407293 | 407293 | 407293 | 407293 | 414522 | 414522 | 414522 | 414522 | 414522 |
| 16 | 息税折旧摊销前利润 | 466355 | 517735 | 509869 | 509869 | 509869 | 509869 | 509869 | 509869 | 509869 | 509869 | 509869 | 509869 | 509869 | 509869 | 509869 |

## 表 6-17　项目投资现金流量表（单位：万元）

| 序号 | 项目 | 合计 | 建设期 | | | 生产期 | | | | | | | | | | | | | |
|---|---|---|---|---|---|---|---|---|---|---|---|---|---|---|---|---|---|---|---|
| | | | 1 | 2 | 3 | 4 | 5 | 6 | 7 | 8 | 9 | 10 | 11 | 12 | 13 | 14 | 15 | 16 | 17 | 18 |
| | 生产负荷（%） | | | | | 90 | 100 | 100 | 100 | 100 | 100 | 100 | 100 | 100 | 100 | 100 | 100 | 100 | 100 | 100 |
| 1 | 现金流入 | 27129056 | | | | 1756558 | 1951731 | 1951731 | 1951731 | 1951731 | 1951731 | 1951731 | 1951731 | 1951731 | 1951731 | 1951731 | 1951731 | 1951731 | 1951731 | 2087539 |
| 1.1 | 营业收入 | 25089967 | | | | 1515501 | 1683890 | 1683890 | 1683890 | 1683890 | 1683890 | 1683890 | 1683890 | 1683890 | 1683890 | 1683890 | 1683890 | 1683890 | 1683890 | 1683890 |
| 1.2 | 销项税额 | 3990820 | | | | 241056 | 267840 | 267840 | 267840 | 267840 | 267840 | 267840 | 267840 | 267840 | 267840 | 267840 | 267840 | 267840 | 267840 | 267840 |
| 1.3 | 回收固定资产余值 | 75274 | | | | | | | | | | | | | | | | | | 75274 |
| 1.4 | 回收流动资金 | 60534 | | | | | | | | | | | | | | | | | | 60534 |
| 2 | 现金流出 | 23036421 | 337318 | 674636 | 674636 | 1231886 | 1373746 | 1441861 | 1441861 | 1441861 | 1441861 | 1441861 | 1441861 | 1441861 | 1441861 | 1441861 | 1441861 | 1441861 | 1441861 | 1441861 |
| 2.1 | 建设投资 | 1686590 | 337318 | 674636 | 674636 | | | | | | | | | | | | | | | |
| 2.2 | 流动资金 | 60534 | | | | 55233 | 5301 | | | | | | | | | | | | | |
| 2.3 | 经营成本 | 17216911 | | | | 1045740 | 1155084 | 1155084 | 1155084 | 1155084 | 1155084 | 1155084 | 1155084 | 1155084 | 1155084 | 1155084 | 1155084 | 1155084 | 1155084 | 1155084 |
| 2.4 | 税金及附加 | 260666 | | | | 3406 | 11072 | 18938 | 18938 | 18938 | 18938 | 18938 | 18938 | 18938 | 18938 | 18938 | 18938 | 18938 | 18938 | 18938 |
| 2.5 | 进项税额 | 2109767 | | | | 127507 | 141590 | 141590 | 141590 | 141590 | 141590 | 141590 | 141590 | 141590 | 141590 | 141590 | 141590 | 141590 | 141590 | 141590 |
| 2.6 | 增值税 | 1701953 | | | | | 60700 | 126250 | 126250 | 126250 | 126250 | 126250 | 126250 | 126250 | 126250 | 126250 | 126250 | 126250 | 126250 | 126250 |
| 3 | 所得税前净现金流量 | 6180174 | −337318 | −674636 | −674636 | 524671 | 577984 | 509869 | 509869 | 509869 | 509869 | 509869 | 509869 | 509869 | 509869 | 509869 | 509869 | 509869 | 509869 | 645677 |
| 4 | 累计所得税前净现金流量 | | −337318 | −1011954 | −1686590 | −1161919 | −583934 | −74065 | 435804 | 945674 | 1455543 | 1965412 | 2475281 | 2985150 | 3495019 | 4004889 | 4514758 | 5024627 | 5534496 | 6180174 |
| 5 | 调整所得税 | 1525482 | | | | 90547 | 103392 | 101425 | 101425 | 101425 | 101823 | 101823 | 101823 | 101823 | 101823 | 101823 | 103630 | 103630 | 103630 | 103630 |
| 6 | 所得税后净现金流量 | 4654691 | −337318 | −674636 | −674636 | 434125 | 474593 | 408444 | 408444 | 408444 | 408046 | 408046 | 408046 | 408046 | 408046 | 408046 | 406239 | 406239 | 406239 | 542047 |
| 7 | 累计所得税后净现金流量 | | −337318 | −1011954 | −1686590 | −1252465 | −777872 | −369428 | 39016 | 447460 | 855506 | 1263552 | 1671597 | 2079643 | 2487689 | 2893928 | 3300167 | 3706406 | 4112644 | 4654691 |

| 计算指标 | 所得税前 | 所得税后 |
|---|---|---|
| 财务内部收益率 | 24.80% | 20.15% |
| 财务现值（i=10%） | 1619442 万元 | 1042925 万元 |
| 投资回收期（静态） | 6.15 年 | 6.90 年 |

## 6 工程项目财务分析

表 6-18 资本金现金流量表（单位：万元）

| 序号 | 项目 | 合计 | 建设期 | | | 生产期 | | | | | | | | | | | | | |
|---|---|---|---|---|---|---|---|---|---|---|---|---|---|---|---|---|---|---|---|
| | | | 1 | 2 | 3 | 4 | 5 | 6 | 7 | 8 | 9 | 10 | 11 | 12 | 13 | 14 | 15 | 16 | 17 | 18 |
| 1 | 现金流入 | 29216595 | | | | 1756558 | 1951731 | 1951731 | 1951731 | 1951731 | 1951731 | 1951731 | 1951731 | 1951731 | 1951731 | 1951731 | 1951731 | 1951731 | 1951731 | 2087539 |
| 1.1 | 营业收入 | 25089967 | | | | 1515501 | 1683890 | 1683890 | 1683890 | 1683890 | 1683890 | 1683890 | 1683890 | 1683890 | 1683890 | 1683890 | 1683890 | 1683890 | 1683890 | 1683890 |
| 1.2 | 销项税额 | 3990820 | | | | 241056 | 267840 | 267840 | 267840 | 267840 | 267840 | 267840 | 267840 | 267840 | 267840 | 267840 | 267840 | 267840 | 267840 | 267840 |
| 1.3 | 回收固定资产余值 | 75274 | | | | | | | | | | | | | | | | | | 75274 |
| 1.4 | 回收流动资金 | 60534 | | | | | | | | | | | | | | | | | | 60534 |
| 2 | 现金流出 | 24727375 | | 203117 | 203117 | 1659579 | 1887771 | 1951731 | 1715876 | 1544692 | 1545090 | 1545090 | 1545090 | 1545090 | 1545090 | 1546897 | 1546897 | 1546897 | 1546897 | 1546897 |
| 2.1 | 项目资本金 | 525952 | 101558 | 203117 | 203117 | 16570 | 1590 | | | | | | | | | | | | | |
| 2.2 | 投资借款本金偿还 | 1257042 | | | | 327482 | 378150 | 386402 | 165009 | | | | | | | | | | | |
| 2.3 | 投资借款利息支付 | 172800 | | | | 64436 | 48259 | 29389 | 10107 | 1874 | 1874 | 1874 | 1874 | 1874 | 1874 | 1874 | 1874 | 1874 | 1874 | 1874 |
| 2.4 | 经营成本 | 17216911 | | | | 1045740 | 1155084 | 1155084 | 1155084 | 1155084 | 1155084 | 1155084 | 1155084 | 1155084 | 1155084 | 1155084 | 1155084 | 1155084 | 1155084 | 1155084 |
| 2.5 | 税金及附加 | 260666 | | | | 3406 | 11072 | 18938 | 18938 | 18938 | 18938 | 18938 | 18938 | 18938 | 18938 | 18938 | 18938 | 18938 | 18938 | 18938 |
| 2.6 | 进项税额 | 2109767 | | | | 127507 | 141590 | 141590 | 141590 | 141590 | 141590 | 141590 | 141590 | 141590 | 141590 | 141590 | 141590 | 141590 | 141590 | 141590 |
| 2.7 | 增值税 | 1701953 | | | | | 60700 | 126250 | 126250 | 126250 | 126250 | 126250 | 126250 | 126250 | 126250 | 126250 | 126250 | 126250 | 126250 | 126250 |
| 2.8 | 所得税 | 1482282 | | | | 74438 | 91327 | 94078 | 98898 | 100957 | 101355 | 101355 | 101355 | 101355 | 101355 | 103162 | 103162 | 103162 | 103162 | 103162 |
| 3 | 净现金流量 | 4489220 | −101558 | −203117 | −203117 | 96979 | 63960 | | 235854 | 407039 | 406641 | 406641 | 406641 | 406641 | 406641 | 404834 | 404834 | 404834 | 404834 | 540642 |

计算指标
资本金财务内部收益率 30.19%

## 6.5 财务分析案例

借款还本付息计划表（单位：万元）

表 6-19

| 序号 | 项目 | 1 | 2 | 3 | 4 | 5 | 6 | 7 |
|---|---|---|---|---|---|---|---|---|
| 1 | 借款及还本付息 | | | | | | | |
| 1.1 | 期初借款余额 | 235760 | 241642 | 736983 | 1257042 | 929561 | 551411 | 165009 |
| 1.2 | 当期借款 | 5882 | 471519 | | | | | |
| 1.3 | 当期应计利息 | | 23822 | 48540 | | | | |
| 1.4 | 当期还本付息 | | | | 390208 | 424535 | 413918 | 173243 |
| | 其中：还本 | | | | 327482 | 378150 | 386402 | 165009 |
| | 利息 | | | | 62726 | 46385 | 27515 | 8234 |
| 1.5 | 期末借款余额 | 241642 | 736983 | 1257042 | 929561 | 551411 | 165009 | |
| 计算指标 | 利息备付率 | | | | 5.62 | 8.57 | 13.80 | 40.14 |
| | 偿债备付率 | | | | 1.00 | 1.00 | 1.00 | 2.35 |

表 6-20

### 资产负债表（单位：万元）

| 序号 | 项目 | 1 | 2 | 3 | 4 | 5 | 6 | 7 | 8 | 9 | 10 | 11 | 12 | 13 | 14 | 15 | 16 | 17 | 18 |
|---|---|---|---|---|---|---|---|---|---|---|---|---|---|---|---|---|---|---|---|
| 1 | 资产 | 343200 | 1041658 | 1764834 | 1808284 | 1719604 | 1615435 | 1511267 | 1407099 | 1304522 | 1201946 | 1099370 | 996794 | 960841 | 991789 | 1022738 | 1053687 | 1084635 | 1115584 |
| 1.1 | 流动资产总额 | | | | | | | | | | | | | | | | | | |
| 1.1.1 | 应收账款 | | | | 261167 | 342206 | 342206 | 342206 | 342206 | 342206 | 342206 | 342206 | 342206 | 408829 | 535125 | 661421 | 787717 | 914013 | 1040309 |
| 1.1.2 | 存货 | | | | 97771 | 108056 | 108056 | 108056 | 108056 | 108056 | 108056 | 108056 | 108056 | 108056 | 108056 | 108056 | 108056 | 108056 | 108056 |
| 1.1.3 | 货币资金 | | | | 47728 | 52861 | 52861 | 52861 | 52861 | 52861 | 52861 | 52861 | 52861 | 52861 | 52861 | 52861 | 52861 | 52861 | 52861 |
| 1.1.4 | 累计盈余资金 | | | | 2120 | 2190 | 2190 | 2190 | 2190 | 2190 | 2190 | 2190 | 2190 | 2190 | 2190 | 2190 | 2190 | 2190 | 2190 |
| 1.2 | 在建工程 | | | | 113549 | 179099 | 179099 | 179099 | 179099 | 179099 | 179099 | 179099 | 179099 | 245722 | 372018 | 498314 | 624610 | 750907 | 877203 |
| 1.3 | 固定资产净值 | 343200 | 1041658 | 1764834 | 1475690 | 1314792 | 1219444 | 1124097 | 1028749 | 933402 | 838054 | 742707 | 647359 | 552012 | 456664 | 361317 | 265969 | 170622 | 75274 |
| 1.4 | 无形及递延资产净值 | | | | 71427 | 62606 | 53785 | 44964 | 36143 | 28914 | 21686 | 14457 | 7229 | 0 | 0 | 0 | 0 | 0 | 0 |
| 2 | 负债及所有者权益 | 343200 | 1041658 | 1764834 | 1808284 | 1719604 | 1615435 | 1511267 | 1407099 | 1304522 | 1201946 | 1099370 | 996794 | 960841 | 991789 | 1022738 | 1053687 | 1084635 | 1115584 |
| 2.1 | 流动负债 | | | | 92386 | 102573 | 102573 | 102573 | 102573 | 102573 | 102573 | 102573 | 102573 | 102573 | 102573 | 102573 | 102573 | 102573 | 102573 |
| 2.1.1 | 应付账款 | | | | 92386 | 102573 | 102573 | 102573 | 102573 | 102573 | 102573 | 102573 | 102573 | | | | | | |
| 2.2 | 建设投资借款 | 241642 | 736983 | 1257042 | 929561 | 551411 | 165009 | | | | | | | | | | | | |
| 2.3 | 流动资金借款 | | | | 38663 | 42374 | 42374 | 42374 | 42374 | 42374 | 42374 | 42374 | 42374 | 42374 | 42374 | 42374 | 42374 | 42374 | 42374 |
| 2.4 | 所有者权益 | 101558 | 304675 | 507792 | 1060609 | 696358 | 309955 | 144947 | 144947 | 144947 | 144947 | 144947 | 144947 | 144947 | 144947 | 144947 | 144947 | 144947 | 144947 |
| 2.4.1 | 资本金 | 101558 | 304675 | 507792 | 747675 | 1023246 | 1305480 | 1366320 | 1262152 | 1159576 | 1057000 | 954424 | 851848 | 815894 | 846843 | 877791 | 908740 | 939689 | 970637 |
| 2.4.2 | 累计资本公积金 | | | | 524362 | 525952 | 525952 | 525952 | 525952 | 525952 | 525952 | 525952 | 525952 | 525952 | 525952 | 525952 | 525952 | 525952 | 525952 |
| 2.4.3 | 累计未分配利润 | | | | 22331 | 49729 | 77953 | 107622 | 137909 | 168316 | 198722 | 229129 | 259535 | 289942 | 320890 | 351839 | 382787 | 413736 | 444685 |
| | 资产负债率（%） | 70.41 | 70.75 | 71.23 | 58.65 | 40.50 | 19.19 | 9.59 | 10.30 | 11.11 | 12.06 | 13.18 | 14.54 | 15.09 | 14.61 | 14.17 | 13.76 | 13.36 | 12.99 |
| | 流动比率 | | | | 2.83 | 3.34 | 3.34 | 3.34 | 3.34 | 3.34 | 3.34 | 3.34 | 3.34 | 3.99 | 5.22 | 6.45 | 7.68 | 8.91 | 10.14 |
| | 速动比率 | | | | 2.31 | 2.82 | 2.82 | 2.82 | 2.82 | 2.82 | 2.82 | 2.82 | 2.82 | 3.47 | 4.70 | 5.93 | 7.16 | 8.40 | 9.63 |

6.5 财务分析案例

财务计划现金流量表（单位：万元）

表 6-21

| 序号 | 项目 | 合计 | 1 | 2 | 3 | 4 | 5 | 6 | 7 | 8 | 9 | 10 | 11 | 12 | 13 | 14 | 15 | 16 | 17 | 18 |
|---|---|---|---|---|---|---|---|---|---|---|---|---|---|---|---|---|---|---|---|---|
| 1 | 经营活动净现金流量 | 6309207 | | | | 505466 | 491959 | 415791 | 410971 | 408912 | 408514 | 408514 | 408514 | 408514 | 408514 | 406707 | 406707 | 406707 | 406707 | 406707 |
| 1.1 | 现金流入 | 29080787 | | | | 1756558 | 1951731 | 1951731 | 1951731 | 1951731 | 1951731 | 1951731 | 1951731 | 1951731 | 1951731 | 1951731 | 1951731 | 1951731 | 1951731 | 1951731 |
| 1.1.1 | 营业收入 | 25089967 | | | | 1515501 | 1683890 | 1683890 | 1683890 | 1683890 | 1683890 | 1683890 | 1683890 | 1683890 | 1683890 | 1683890 | 1683890 | 1683890 | 1683890 | 1683890 |
| 1.1.2 | 销项税额 | 3990820 | | | | 241056 | 267840 | 267840 | 267840 | 267840 | 267840 | 267840 | 267840 | 267840 | 267840 | 267840 | 267840 | 267840 | 267840 | 267840 |
| 1.2 | 现金流出 | 22771580 | | | | 1251091 | 1459772 | 1535939 | 1540760 | 1542818 | 1543216 | 1543216 | 1543216 | 1543216 | 1543216 | 1545024 | 1545024 | 1545024 | 1545024 | 1545024 |
| 1.2.1 | 经营成本 | 17216911 | | | | 1045740 | 1155084 | 1155084 | 1155084 | 1155084 | 1155084 | 1155084 | 1155084 | 1155084 | 1155084 | 1155084 | 1155084 | 1155084 | 1155084 | 1155084 |
| 1.2.2 | 进项税额 | 2109767 | | | | 127507 | 141590 | 141590 | 141590 | 141590 | 141590 | 141590 | 141590 | 141590 | 141590 | 141590 | 141590 | 141590 | 141590 | 141590 |
| 1.2.3 | 税金及附加 | 260666 | | | | 3406 | 11072 | 18938 | 18938 | 18938 | 18938 | 18938 | 18938 | 18938 | 18938 | 18938 | 18938 | 18938 | 18938 | 18938 |
| 1.2.4 | 增值税 | 1701953 | | | | | 60700 | 126250 | 126250 | 126250 | 126250 | 126250 | 126250 | 126250 | 126250 | 126250 | 126250 | 126250 | 126250 | 126250 |
| 1.2.5 | 所得税 | 1482282 | | | | 74438 | 91327 | 94078 | 98898 | 100957 | 101355 | 101355 | 101355 | 101355 | 101355 | 103162 | 103162 | 103162 | 103162 | 103162 |
| 2 | 投资活动净现金流量 | −1747124 | −337318 | −674636 | −674636 | −55233 | −5301 | | | | | | | | | | | | | |
| 2.1 | 现金流入 | 1747124 | 337318 | 674636 | 674636 | 55233 | 5301 | | | | | | | | | | | | | |
| 2.2 | 现金流出 | 1747124 | 337318 | 674636 | 674636 | 55233 | 5301 | | | | | | | | | | | | | |
| 2.2.1 | 建设投资 | 1686590 | 337318 | 674636 | 674636 | 55233 | | | | | | | | | | | | | | |
| 2.2.2 | 流动资金 | 60534 | | | | 16570 | 5301 | | | | | | | | | | | | | |
| 3 | 筹资活动净现金流量 | −3684880 | 337318 | 674636 | 471519 | −336685 | −421107 | −415791 | −410971 | −408912 | −408514 | −408514 | −408514 | −408514 | −408514 | −341892 | −280411 | −280411 | −280411 | −280411 |
| 3.1 | 现金流入 | 1747124 | 337318 | 674636 | 674636 | 55233 | 5301 | | | | | | | | | | | | | |
| 3.1.1 | 项目资本金 | 525952 | 101558 | 203117 | 203117 | 16570 | 1590 | | | | | | | | | | | | | |
| 3.1.2 | 建设投资借款 | 1178798 | 235760 | 471519 | 471519 | | | | | | | | | | | | | | | |
| 3.1.3 | 流动资金借款 | 42374 | | | | 38663 | 3711 | | | | | | | | | | | | | |
| 3.2 | 现金流出 | 5432004 | | | | 391918 | 426408 | 415791 | 410971 | 408912 | 408514 | 408514 | 408514 | 408514 | 408514 | 341892 | 280411 | 280411 | 280411 | 280411 |
| 3.2.1 | 各种利息支出 | 172800 | | | | 64436 | 48259 | 29389 | 10107 | 1874 | 1874 | 1874 | 1874 | 1874 | 1874 | 1874 | 1874 | 1874 | 1874 | 1874 |
| 3.2.2 | 偿还债务本金 | 1257042 | | | | 327482 | 378150 | 386402 | 165009 | | | | | | | | | | | |
| 3.2.3 | 应付利润（股利分配） | 4002162 | | | | | | | 235855 | 407039 | 406641 | 406641 | 406641 | 406641 | 340018 | 278537 | 278537 | 278537 | 278537 | 278537 |
| 4 | 净现金流量 | 877203 | | | | 113549 | 65550 | | | | | | | | | 66623 | 126296 | 126296 | 126296 | 126296 | 126296 |
| 5 | 累计盈余资金 | 4915118 | | | | 113549 | 179099 | 179099 | 179099 | 179099 | 179099 | 179099 | 179099 | 179099 | 179099 | 245722 | 372018 | 498314 | 624610 | 750907 | 877203 |

155

## 复习思考题

**一、选择题**

1. 融资前的财务分析主要是通过编制（　　）来进行分析。
   A. 项目资本金现金流量表　　　　B. 项目投资现金流量表
   C. 投资各方现金流量表　　　　　D. 项目资本金增量现金流量表

2. 财务分析中，融资后分析包括（　　）。
   A. 盈利能力分析　　　　　　　　B. 偿债能力分析
   C. 生存能力分析　　　　　　　　D. 风险分析
   E. 可持续性分析

3. 财务分析是在现行（　　）下，通过财务效益与费用的预测，编制财务报表的。
   A. 评价指标　　　　　　　　　　B. 会计准则
   C. 会计制度　　　　　　　　　　D. 税收法则
   E. 价格体系

4. 固定资产双倍余额递减法折旧的特点有（　　）。
   A. 每年计算折旧的固定资产价值不变
   B. 折旧率逐渐降低
   C. 计算折旧时不考虑固定资产预算净现值
   D. 折旧年限比平均年限法折旧年限短
   E. 前期折旧额高，后期折旧额低

5. 下列关于财务净现值的表述，错误的是（　　）。
   A. 在计算财务净现值时，必须确定一个符合经济现实的基准收益率
   B. 财务净现值能反应项目投资中单位投资的使用效率
   C. 在使用财务净现值进行互斥方案比选时，各方案必须具有相同的分析器
   D. 财务净现值是评价项目盈利能力的绝对指标

6. 对于一个特定的投资方案，若基准收益率变大，则（　　）。
   A. 财务净现值与财务内部收益率均减小
   B. 财务净现值与财务内部收益率均增大
   C. 财务净现值减小，财务内部收益率不变
   D. 财务净现值增大，财务内部收益率减小

7. 下列关于内部收益率的表述中，不正确的是（　　）。
   A. 内部收益率是使净现值为零的收益率
   B. 内部收益率是该项目能够达到的最大收益
   C. 内部收益率说明该方案的实际获利水平
   D. 内部收益率小于基准收益率时，应该拒绝该项目

8. 某具有常规现金流量的投资方案，经计算 $FNPV(17\%)=230$，$FNPV(18\%)=-78$，则该方案的财务内部收益率为（　　）。
   A. 17.3%　　　　B. 17.5%　　　　C. 17.7%　　　　D. 17.9%

9. 财务计划现金流量表反映项目计算期各年的投资、融资及经营活动的现金流入和流出，用于计算累计盈余资金，分析项目的（　　）。
   A. 盈利能力　　　　　　　　　　B. 偿债能力
   C. 资本金收益率　　　　　　　　D. 财务生存能力

二、计算题

工程项目估计建设期3年，第一年建设投资600万元，第二年建设投资2000万元，第三年投资800万元。投产第一年达到设计能力的60%，第二年达到80%，第三年达到100%。正常年份的销售收入为3500万元；正常年份的经营成本为2000万元；正常年份的销售税金为210万元；残值为400万元，项目经营期为7年（不含建设期），流动资金总额为600万元，从投产年开始按生产能力分3次投入，投入比例为60%、30%、10%。基准收益率为12%，基准静态投资回收期为9年。请完成：

(1) 试编制该项目全部投资的税前现金流量表；
(2) 计算该项目所得税前的静态投资回收期；
(3) 计算该项目所得税前的财务净现值。

# 7 工程项目经济分析

**本章概要**

- 经济分析的概念、作用、基本方法和适用范围
- 经济效益和费用的识别与计算
- 影子价格的确定方法
- 经济分析的基本方法
- 经济影响分析的内容和方法

## 7.1 经济分析概述

### 7.1.1 经济分析的概念

工程项目经济分析是按合理配置资源的原则，采用影子价格、影子工资、影子汇率、社会折现率等经济分析参数，从国民经济的角度考察投资项目所耗费的社会资源和对社会的贡献，评价投资项目的经济合理性。

经济分析的理论基础是新古典经济学有关资源优化配置的理论。从经济学角度看，经济活动的目的是通过配置稀缺经济资源用于生产产品和提供服务，满足社会需要。当经济体系功能发挥正常，社会消费的价值达到最大（社会福利最大）时，就认为是取得了"经济效益"，达到了帕累托最优。

### 7.1.2 经济分析的作用

经济分析的作用体现在以下几方面：

1. 正确反映项目对社会经济的净贡献

正确反映项目对社会经济的净贡献，评价项目的经济合理性。项目的财务盈利性分析不能反映的经济合理性有：①国家给予项目补贴；②企业向国家缴税；③某些货物市场价格可能的扭曲；④项目的外部效果。

2. 为政府合理资源配置提供依据

对不断增长的人口及消费欲望来说，国家资源总是有限，有些甚至是稀缺的。仅从财务分析角度评价项目得失，无法正确反映资源的利用是否合理。通过经济分析可以对那些本身财务效益好，但经济效益差的项目进行调控；对那些本身财务效益差，而经济效益好的项目予以鼓励。

3. 政府审批或核准项目的重要依据

在我国新的投资体制下，国家对项目的审批和核准重点放在项目的外部性、公共性方面，经济分析强调从资源配置效率的角度分析项目的外部效果，是政府审批或核准项目的重要依据。

4. 为市场化运作的基础设施等项目提供制定财务方案的依据

对部分或完全市场化运作的基础设施等项目，可通过经济分析论证项目的经济价值，为制定财务方案提供依据。

5. 比选和优化项目（方案）的重要作用

为提高资源配置的有效性，方案比选应根据能反映资源真实经济价值的相关数据进行，这有助于经济分析提供数据。

6. 有助于实现企业利益、地区利益与全社会利益有机结合和平衡

实行国家审批和核准的项目，应当特别强调要从社会经济的角度评价和考察，支持和发展对社会经济贡献大的产业项目，并特别注意限制和制止对社会经济贡献小甚至有负面影响的项目，避免盲目建设、重复建设项目，实现企业利益、地区利益与全社会利益有机地结合与平衡。

### 7.1.3 经济分析的基本方法

经济分析的基本方法主要涉及以下几种：

(1) 经济分析遵循项目评价的"有无对比"原则，采用"有无对比"方法识别项目的效益和费用。

(2) 经济分析采用影子价格（或称计算价格）估算各项效益和费用。

(3) 经济分析采用费用效益分析或费用效果分析方法，寻求以最小的投入（费用）获取最大的产出（效益或效果）。

(4) 经济费用效益分析采用费用效益流量分析方法，计算经济内部收益率，经济净现值等指标，从资源配置角度评价项目的经济效益是否达到要求；经济费用效果分析对费用和效果采用不同的度量方法，计算效果费用比或费用效果比指标。

### 7.1.4 经济分析的适用范围

一般来说市场配置资源失灵的项目需要进行经济分析，市场资源配置失灵是指由于市场及政府不恰当的干预，导致市场价格不能实际反映项目效益和费用的真实经济价值。常见的需要进行经济分析的项目有如下几种：

(1) 政府预算内投资用于关系国家安全、国土开发和市场不能有效配置资源的公益性项目和公共基础设施项目、保护和改善生态环境项目、重大战略性资源开发项目；

(2) 政府各类专项建设基金投资用于交通运输、农林水利等基础设施、基础产业建设项目；

(3) 利用国际金融组织和外国政府贷款，需要政府主权信用担保的建设项目；

(4) 法律、法规规定的其他政府性资金投资的建设项目；

(5) 企业投资建设涉及国家经济安全、影响环境资源、不可再生自然资源和公众利益，可能出现垄断，涉及整体布局等公共性问题，需要政府核准的建设项目。

### 7.1.5 经济分析与财务分析的区别和联系

1. 经济分析与财务分析的相同点

经济分析与财务分析的相同点有以下三个方面：

(1) 方法相同

① 经济分析与财务分析采用效益与费用比较的理论方法进行经济效果的评价；

② 经济分析与财务分析寻求以最小的投入获取最大的产出；

③ 经济分析与财务分析都要考虑资金的时间价值，采用净现值等盈利性指标评价工

程项目的经济效果。

(2) 基础工作相同

经济分析与财务分析都要在完成产品需求预测、资金筹措方案等可行性研究内容的基础上进行。

(3) 效益与费用识别的原则相同

经济分析与财务分析都遵循效益和费用识别的有无对比原则。

2. 经济分析与财务分析的区别

经济分析与财务分析的区别有以下五个方面：

(1) 所站的层次不同

财务分析站在项目的层次上，从项目经营者、投资者、未来债权人的角度，分析项目的盈利能力和清偿能力，系统分析项目自身的效果。而经济分析是从国民经济的整体利益出发，分析项目对整个国民经济以至整个社会产生的费用和效益。

(2) 费用和效益的含义和范围不同

财务分析追踪的对象是货币或现金流量的流动，只根据项目直接发生的财务收支，计算项目的费用与效益；经济分析分析追踪的对象是资源的变动，实现资源的最优配置，保证国民收入的最大增长。因此，凡是减少社会资源的项目投入都是国民经济评价的费用，凡是增加社会资源的项目产出都是国民经济收益。不仅要考虑直接的费用和效益，还要考虑间接的费用和效益。

(3) 采用的价格体系不同

财务分析的价格体系是以现行价格（实际的市场预测价格）体系为基础的预测价格；经济分析采用影子价格体系。

(4) 采用的主要参数不同

财务分析采用官方汇率和行业基准收益率（因行业的不同而不同）；经济分析采用国家统一测定的影子汇率和社会折现率（全国各行业各地区都是一致的）。

(5) 评价内容不同

财务分析包括盈利能力分析、偿债能力分析和财务生存能力分析；经济分析只做盈利能力分析。

(6) 计算期可能不同

根据项目实际情况，经济分析计算期可能长于财务分析计算期。

经济分析与财务分析的区别如表 7-1 所示。

**费用效益分析与财务分析的区别**　　　　　　　表 7-1

| 比较项目 | 财务分析 | 费用效益分析 |
|---|---|---|
| 评价角度 | 从本项目自身的财务角度考察盈利状况及借款偿还能力 | 从国家整体角度考察项目付出的代价和对国家的贡献 |
| 效益和费用的含义与范围 | 根据项目的实际收支确定收益和费用；税金、利息等记为费用 | 从全社会有用资源考察项目的效益和费用，税金、国内贷款利息和补贴不计入效益与费用 |
| 评价采用的价格主要参数 | 采用实际的市场预测价格<br>官方汇率与行业基准收益率 | 根据机会成本和供求关系确定的影子价格<br>影子汇率和社会折现率 |
| 评价内容 | 盈利能力分析、偿债能力分析、财务生存能力分析 | 盈利能力分析 |

## 7.2 经济效益与费用的识别与计算

### 7.2.1 经济效益与费用识别

经济效益是指建设项目对国民经济发生的实际资源产出与节约，或者对国民经济作出的贡献，包括项目的直接效益和间接效益。经济费用是指建设项目使国民经济发生的实际资源消耗，或者国民经济为项目付出的代价，包括直接费用和间接费用。经济效益费用分析应从资源合理配置的角度，分析项目投资的经济效益和对社会福利所作出的贡献，分析项目的经济合理性。

经济效益和经济费用的组成如图 7-1 所示：

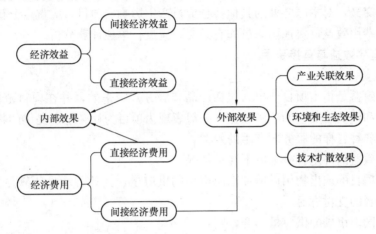

图 7-1 经济效益和经济费用的组成

### 7.2.2 经济效益与费用的估算原则

经济效益和经济费用的估算原则有以下五个方面：

1. 增量分析原则

费用效益分析应建立在增量效益和增量费用识别和计算的基础之上，即按照"有无对比"增量分析的方法，将项目实施后效果与无项目时的情况对比分析，作为新增效果的依据，沉没成本和已经实现的效果不应再考虑。

例如，新建铁路的效益不是用项目实施后的营业收入来衡量，而主要是用有项目的效益（即铁路建成后，铁路、公路、航空各自的效益）与无项目的效益（即原公路、航空各自的效益）对比分析后，计算得出的。

2. 关联效果原则

不仅要识别项目自身的内部效果，而且需要识别项目对国民经济其他部门和单位产生的外部效果。即指由于项目的建设和运行，在项目以外对相关联的社会部门、利益群体等引起的关联效应。

注意：由于项目的投入产出，引起某些商品和服务价格的升降，所造成的价格连锁变化（货币性外效），可能出现社会其他成员（或企业）成本和利润发生变化的情况。这种情况在经济费用效益评价中不予考虑。可以这样解释：在不足以影响社会生产和消费水平的情况下，这种价格连锁效果是在社会成员间的货币转移性质的分配变动，具有转移支付的性质，没有发生社会资源的增减。此外，该效果的作用机理十分复杂，进一步识别和计量相当困难，且从整个社会来看，一般正负效果并存且相互抵消，故不予考虑。

3. 资源变动原则

费用效益分析以实现资源最优配置，保证国民收益最大增长为目标，因此计算收益和费用的依据是社会资源真实的变动量。

4. 剔除转移支付原则

转移支付本身实际是没有导致新增资源的发生，一般在进行项目经济效益费用分析时，要将税赋、政府补贴、借款等属于转移支付的部分剔除，不再进行计算。

5. 以本国居民为分析对象的原则

对于多国交叉，对本国之外的其他社会成员产生影响的项目，应重点分析项目对本国公民所产生的费用效益，对他国成员如有必要，应进行单独计算分析。

### 7.2.3 直接效益与直接费用

1. 直接效益

项目直接效益是指由项目产出（包括产品和服务）带来的，并在项目范围内计算的，体现为生产者和消费者受益的经济效益，一般表现为项目为社会生产提供的物质产品、科技文化成果和各种各样的服务所产生的效益。

项目直接效益的确定，分为以下几种情况：

（1）如果项目的产出物用以增加国内市场的供应量，其效益就是所满足的国内需求，也就等于消费者的支付意愿。

（2）如果国内市场的供应量不变，则：

① 项目产出物增加了出口量，其效益为所获得的外汇；

② 项目产出物减少了总进口量，即替代了进口货物，其效益为节约的外汇；

③ 项目产出物顶替了原有项目的生产，致使其减少或停产，其效益为原有项目减产或停产向社会释放出来的资源，其价值也就等于这些资源的支付意愿。

2. 直接费用

项目直接费用是指项目使用投入物所产生并在项目范围内计算的经济费用，一般表现为投入项目的各种物料、人工、资金、技术以及自然资源而导致的社会资源的消耗。项目直接费用的确定，也分为两种情况：

（1）如果拟建项目的投入物来自国内供应量的增加，即增加国内生产来满足拟建项目的需求，其费用就是增加国内生产所消耗的资源价值。

（2）如果国内总供应量不变，则：

① 项目投入物来自国外，即增加进口来满足项目需求，其费用就是所花费的外汇；

② 项目的投入物本来可以出口，为满足项目需求，减少了出口量，其费用就是减少的外汇收入；

③ 项目的投入物本来是用于其他项目的，由于改用于拟建项目而将减少对其他项目的供应，因此所减少了的效益，也就是其他项目对该投入物的支付意愿。

### 7.2.4 间接效益与间接费用

项目的间接效益和间接费用统称为外部效果，是指项目对国民经济作出的贡献与国民经济为项目付出的代价中,在直接效益与直接费用中未得到反映的那部分效益与费用。在经济分析中应关注项目外部效果。

1. 外部效果

外部效果的计算范围应考虑项目对环境及生态影响效果、技术扩散效果、产业关联效果和乘数效果。为防止外部效果计算扩大化,项目的外部效果一般只计算一次相关效果,不应连续计算。一般情况下,可以考虑以下外部效果。

(1) 环境及生态影响效果

有些项目会对自然环境产生污染,对生态环境造成破坏,主要包括:水污染、大气污染、噪声污染、放射性污染、临时性的或永久性的交通阻塞、航道阻塞以及对自然生态造成破坏等。

项目造成的环境污染和生态破坏,是项目的一种间接费用,这种间接费用一般较难定量计算,近似的可按同类企业所造成的损失估计,或按恢复环境质量所需的费用估计。有些项目含有环境治理工程,会对环境产生好的影响,评价时应考虑相应的效益。环境影响评价有时不能定量计算,至少应当做定性描述。

以过度包装为例,我国部分衬衫生产厂家为了促销商品,对衬衫进行过度包装。有人测算过,我国一年约生产 12 亿件衬衫,其中 8 亿件是盒装,需要用纸 24 万 t,如果以直径 10cm 的大树为标准计算,就相当于要砍伐 168 万棵树,造成了大量资源的浪费;其次,过度包装也是城市垃圾的主要来源。据统计,北京市每年产生的垃圾近 300 万 t,其中 60 万 t 为过度包装物。北京市每年处理垃圾的费用高达 10 亿元人民币,如果减少不必要的过度包装,仅此一项费用至少就可以节省 2 亿元人民币。

(2) 技术扩散效果

通常包括技术培训和技术推广等,这是一种比较明显的技术外部效果,是一种间接效益。投资新建一个技术先进的项目,会培养和造就大量的工程技术人员、管理人员或技术性较强的操作工人,由于人员流动和技术外流,最终会给整个社会经济的发展带来好处。由于这种效益通常是隐蔽的、滞后的,因而是难以识别和计量的,实际中大多只作定性的描述。

(3) 产业关联效果

包括对上游企业和下游企业的关联效果,对下游企业的关联效果主要是指生产初级产品的项目对以其产出物为原料的经济部门产生的效果。对上游企业的关联效果是指一个项目的建设会刺激那些为该项目提供原材料或半成品的经济部门的发展。例如兴建大型钢结构房屋建筑项目,会对为建筑行业提供钢铁的企业产生刺激,对钢铁质和量的发展产生刺激,但是如果钢铁行业在生产过程中未处理好废弃物的污染问题,就会进一步造成环境等生态污染。同时该建设项目建成后应其规划用途,比如餐饮,就会由于功能分区的作用进而促进餐饮市场的发展。

(4) 乘数效果

这是指项目的实施使原来闲置的资源得到利用,从而产生一系列的连锁反应,刺激某一地区或全国的经济发展,例如房地产行业的发展,带动建材业、家居行业生产的发展,进而带动能源生产的发展,化工行业等的发展。在对经济落后地区的项目进行费用效益分析时可能会需要考虑这种乘数效果,特别应注意选择乘数效果大的项目作为扶贫项目。一般情况下，只计算一次相关效果，不连续扩展计算乘数效果。

2. 识别计算说明

（1）在识别计算项目的外部效果时须注意不能重复计算，特别要注意那些在直接效益和费用中已经计入的不应再在外部效果中计算，同时还要明确区分该项目中哪些属于外部效果，注意避免将非本项目的外部效果计算在内。

（2）由于项目会存在交叉，相互影响，在对外部效果进行识别和计量时会存在一定的困难，此时可以调整项目范围，将项目的外部效果变为项目以内的办法（通常是扩大项目范围），即项目外部效果内部化。例如可以将经济分析的对象从项目扩大到整个企业，只去考察整个企业的增量效益，就可以得出这些项目的真实效益。

（3）项目的外部效果往往体现在对区域经济和宏观经济的影响上，对于影响较大的项目，需要专门进行经济影响分析，同时可以适当简化经济费用效益分析中的外部效果分析。

### 7.2.5 转移支付

项目的有些财务收入和支出，是社会经济内部成员之间的"转移支付"，并不发生社会资源的相应变动，从社会经济角度看，并没有存在相应资源的投入和产出，不影响社会最终产品的增减，因此不应计做经济效益或费用。在财务分析基础上调整进行经济分析时，要注意从财务效益和费用中剔除转移支付部分。

经济分析中，常见的转移支付主要包括以下几种：

（1）税金

税金是企业的一种财务支出，税金的上缴虽然导致企业净收益减少，但并未减少国民收入，它不对应资源的变动，只是项目的转移支付，所以不能把税金作为收益项，列入国民收入账户。一般包括项目（企业）向政府缴纳的所得税、增值税、消费税、进口税等。

需要注意的是有些税费体现的是资源价值的补偿，若没有更好的方式体现资源真实价值时，一般可暂不作为转移支付处理，主要有体现资源稀缺价值的资源税和补偿费，体现环境价值补偿的税费等。

（2）补贴

补贴是一种货币流向与税金相反的转移支付，同样既未增加社会资源，又未减少社会资源，国民收入并未因补贴的存在而发生变化。因此，补贴不应被视做经济分析中的费用和收益。

（3）国内贷款及其还本付息

项目的国内贷款和贷款付息也是一种直接转移支付。从整个国民经济角度看贷款并没有增加国民收入，贷款付息也没有减少国民收入，这种货币流动过程仅仅代表资源支配权力的转移，社会实际资源并未增加或减少。

（4）国外贷款及其还本付息

① 国内投资经济效益的处理。在考察国内投资的经济效益时，国外贷款意味着国外资源流入国内，因而应当把国外贷款视做收益（现金流入）项；还本付息意味着国内资源流入国外，因而应当视做费用（现金流出）项。

② 评价包括国外贷款在内的全投资经济效益时的处理。对项目进行经济分析的目的是使有限的资源得到最佳配置。对于利用国外贷款的投资项目，其经济分析应以国内投资

经济效益评价为主，在这种评价中，国外贷款及其还本付息分别视为收益和费用。如果不是指定项目的国外贷款，则还应进行全投资经济效益评价。由于随着国外贷款的发放，国外相应的实际资源的支配权力也同时转移到了国内，存在着资源合理配置的问题，在这种评价中，国外贷款及其还本付息既不视做收益，也不视做费用。

## 7.3 影子价格的确定

### 7.3.1 影子价格的含义

影子价格通常称为投入产出经济价格，是进行项目经济分析专用的计算价格，指产品或生产要素的边际变化对国民收入增长的贡献值，是根据国家经济增长的目标和资源的可获性来确定的，能够反映投入物（机会成本）和产出物（支付意愿）真实经济价值，反映市场供求状况，反映资源稀缺程度，使资源得到合理配置的价格。若某种资源数量稀缺且用途广泛，那么影子价格就高；若这种资源的供应量增多，其影子价格就会下降。

影子价格的概念是20世纪30年代末和40年代初，由荷兰数理经济学、计量经济学创始人之一詹恩·丁伯根和苏联数学家、经济学家、诺贝尔经济学奖获得者康特洛维奇分别提出的。

我们应该对该定义有如下认识：

（1）影子价格是在完善的市场条件下，通过供求因素的自发调节，使资源得到最优配置和利用时形成的均衡价格。

（2）影子价格也称"最优计划价格"，它的经济含义是：在最优计划下，单位资源增量所产生的效益增量，以边际生产力为基础，即资源的影子价格就是该资源的边际生产力，是资源合理利用时的社会经济效益。

（3）影子价格能更好地反映各种社会资源的社会价值、稀缺程度和市场供求关系。资源的影子价格高，表明短缺程度严重；而数量无限的资源，影子价格为零。它是能更合理利用资源的效率价格。

（4）一般而言，它是人为制定的，是人们对资源的一种评价，是用于预测、计划和项目评价的价格。在经济评价中，我们把它作为合理利用资源的价格尺度，借助它消除价格扭曲对投资项目决策的影响，合理度量资源、货物和服务的经济价值，实现社会资源的合理分配和有效利用。

确定影子价格时，对于投入物和产出物，首先要区分为市场定价货物、政府调控价格货物、特殊投入物和非市场定价货物这四大类别，然后根据投入物和产出物对国民经济的影响分别处理。

### 7.3.2 市场定价货物的影子价格

随着我国市场经济的发展和国际贸易的增长，大部分货物已经主要由市场定价，政府不再进行管制和干预。市场价格由市场形成，可以近似反映支付意愿或机会成本。

1. 外贸货物的影子价格

外贸货物是指其生产或使用会直接或间接影响国家出口或进口的货物，包括项目产出物中直接出口、间接出口或替代进口的货物；项目投入物中直接进口、间接进口或挤占原可用于出口的国内产品的货物。

外贸货物的影子价格的定价基础是国际市场价格。

① 外贸货物中的进口品应满足以下条件（否则不予进口）：
$$国内生产成本 > 到岸价格（CIF）$$

② 外贸货物中的出口品应满足以下条件（否则不予出口）：
$$国内生产成本 < 离岸价格（FOB）$$

到岸价格与离岸价格统称口岸价格。

工程项目外贸货物的影子价格按下述公式计算：

直接出口的产出物的影子价格(出厂价) = 离岸价(FOB)×影子汇率 − 出口费用

(7-1)

直接进口的投入物的影子价格(到厂价) = 到岸价(CIF)×影子汇率 + 进口费用

(7-2)

出口费用和进口费用是指货物进出口环节在国内发生的各种相关费用包括货物的储运、再包装、短途运输、装卸、国内保险、检验等环节的费用支出，资金占用的机会成本，还包括工厂与口岸之间的长途运输费用。对进口费用和出口费用都用人民币计价，一般情况下可直接按财务价值取值。

**【例 7-1】** 某货物 A 进口到岸价为 150 美元/t，某货物 B 出口离岸价也为 150 美元/t，用影子价格估算的进口费用和出口费用分别为 60 元/t 和 40 元/t，影子汇率 1 美元 = 7.38 元人民币，试计算货物 A 的影子价格（到厂价）以及货物 B 的影子价格（出厂价）。

**解：** 货物 A 的影子价格为：$150 \times 7.38 + 60 = 1167$ 元/t

货物 B 的影子价格为：$150 \times 7.38 - 40 = 1067$ 元/t

### 2. 非外贸货物的影子价格

非外贸货物是指生产或使用不影响国家出口或进口的货物。根据不能外贸的原因，非外贸货物分为天然非外贸货物和非天然的非外贸货物。

天然非外贸货物系指使用和服务天然的限于国内，非天然的非外贸货物是指由于经济原因或政策原因不能外贸的货物。在忽略国内运输费用和贸易费用的前提下，由于经济性原因造成的非外贸货物满足以下条件：

$$离岸价格 < 国内生产成本 < 到岸价格$$

工程项目非外贸货物的影子价格按下述公式计算：

投入物的影子价格(到厂价) = 市场价格 + 国内运杂费 (7-3)

产出物的影子价格(出厂价) = 市场价格 − 国内运杂费 (7-4)

根据"有无对比"原则，如果项目的投入物或产出物的规模很大，项目的实施将足以影响市场价格，导致"有项目"和"无项目"两种情况下市场价格不一致，在项目评价实践中，取二者平均值作为测算影子价格的依据。

**【例 7-2】** 某聚丙烯产品，预测的目标市场价格是 8000 元/t（含销项税），项目的目标市场的运杂费为 200 元/t，在进行经济分析时，聚丙烯的影子价格是多少？

**解：** 经预测，在相当长的时期内，聚丙烯市场需求空间巨大，项目的产出对市场价格的影响不大，其影子价格采用含增值税销项税额的市场价格为基础确定其出厂价格的影子价格。

出厂影子价为：$8000 - 200 = 7900$ 元/t。

### 7.3.3 政府调控价格货物影子价格确定

考虑到效益优先兼顾公平的原则,有些货物或者服务价格受政府调控的影响,不完全由市场机制形成。受政府调控影响,货物或者服务的价格不能完全反映其市场的真实价值,确定这些货物或者服务影子价格主要通过支付意愿法、机会成本法、成本分解法确定。

1. 支付意愿法

支付意愿法是指消费者为获得某种商品或服务所愿意付出的价格。在完善的市场中,市场价格可以正确地反映消费者的支付意愿。应注意在不完善的市场中,消费者的行为有可能被错误地引导,因此市场价格也可能不能正确地反映消费者支付意愿。

2. 机会成本法

机会成本是指用于该项目的资源用于其他项目能获得的最大经济效益。例如资金是一种资源,在各种投资机会中都可使用,一个项目使用了一定量的资金,这些资金就不能再在别的项目中使用,它的机会成本就是所放弃的所有投资机会中可获得的最大的净效益。

3. 成本分解法

成本分解法是指某种货物的生产所需要耗费的全部社会资源的价值,各种耗费都需要用影子价格重新计算。通过对某种货物的边际成本(在实践中往往采取平均成本)进行分解并用影子价格进行调整换算,得到该资源的分解成本。几种主要的政府调控产品及服务价格的影子价格,如电价、铁路运价、水价的影子价格确定。

具体步骤如下:

(1) 数据准备。列出该非外贸货物按生产费用要素计算的单位财务成本,主要要素有:原材料、燃料和动力、工资、折旧费、修理费、流动资金利息支出以及其他支出,对其中重要的原材料、燃料和动力,要详细列出价格、耗用量和耗用金额。列出单位货物所占用的固定资产原值,以及占用的流动资金数额。调查确定或设定该货物生产厂的建设期、建设期各年投资比例、经济寿命期限及寿命期终了时的固定资产余值。

(2) 确定重要原材料、燃料、动力、工资等投入物的影子价格,计算单位经济费用。

(3) 对建设投资进行调整和等值计算。按照建设期各年投资比例,计算出建设期各年投资建设额,用下式把分年建设投资额换算到生产期初:

$$I_F = \sum_{t=1}^{n_1} I_t (1+i_s)^{n_1-t} \tag{7-5}$$

式中 $I_F$——等值计算到生产期初的单位建设投资;

$I_t$——建设期各年调整后的单位建设投资(元);

$n_1$——建设期(年);

$i_s$——社会折现率(%)。

(4) 用固定资金回收费用取代财务成本中的折旧费。

设每单位该货物的固定资金回收费用为 $M_F$,不考虑固定资产余值回收时为:

$$M_F = I_F(A/P, i_s, n_2) \tag{7-6}$$

考虑固定资产余值回收时为:

$$M_F = (I_F - S_V)(A/P, i_s, n_2) + S_V \times i_s \tag{7-7}$$

式中 $S_V$——计算期末回收的固定资产余值;

$n_2$——生产期。

(5) 用流动资金回收费用取代财务成本中的流动资金利息。

设每单位该货物的流动资金回收费用为 $M_w$，则有：

$$M_w = W \times i_s \tag{7-8}$$

式中　$W$——单位该货物占用的流动资金。

(6) 财务成本中的其他科目可不予调整。

(7) 完成上述调整后，计算的各项经济费用总额即为该货物的分解成本，可作为其出厂影子价格。

### 7.3.4　特殊投入物影子价格确定

工程项目的特殊投入物是指项目在建设、生产运营中使用的人力资源、土地和自然资源等。

1. 人力资源——影子工资

(1) 影子工资概述

人力作为一种资源，项目使用了人力，社会要为此付出代价，经济分析中用"影子工资"来表示这种代价。影子工资是指项目使用劳动力，社会为此付出的代价，由劳动力机会成本和新增资源消耗两部分构成。

劳动力机会成本是指拟建项目占用的劳动力，过去受雇于别处，如果不被项目雇佣而从事其他生产经营活动所创造的最大效益，或项目使用自愿失业劳动力而支付的税后净工资额，应根据项目所在地的人力资源市场及就业状况、劳动力来源以及技术熟练程度等方面分析确定。技术熟练程度要求高的，稀缺的劳动力，其机会成本高，反之机会成本低。劳动力的机会成本是影子工资的主要组成部分。

新增资源消耗是指劳动力在本项目新就业或由原来的岗位转移到本项目而发生的经济资源消耗，但就业者又未得到的其他代价，包括迁移费、新增的城市基础设施配套等相关投资和费用。

(2) 影子工资的计算

在项目经济评价中，为方便计算，人力资源的影子工资一般使用影子工资换算系数求得：

$$影子工资 = 名义工资 \times 影子工资换算系数 \tag{7-9}$$

式中名义工资即财务分析中的项目职工工资或薪酬。结合当前社会现实情况，规定了几种主要情况下的影子工资换算系数取值：我国技术性工种劳动力推荐影子工资换算系数取值为 1，非技术性工种劳动力的影子工资推荐换算系数取值为 0.8。

2. 土地影子价格

土地是一种稀缺资源，项目占用了土地，社会就为此付出了代价，无论是否实际需要支付费用，都应根据机会成本或消费者支付意愿计算土地影子价格。土地的地理位置对土地的机会成本或消费者支付意愿影响很大，因此土地地块的地理位置是影响土地影子价格的关键因素。

土地作为稀缺资源，其影子价格应反映其稀缺价值，我国的土地资源日趋紧缺，政府也因此对土地利用采取更加严格的管理，在这种形势下，土地影子价格的确定应就高不就低，土地影子价格应当不低于项目取得土地使用权的成本加上政府为此付出的补贴或者政府给予的优惠（如果有的话），如果根据机会成本估算出来的土地影子价格较低，应当以项目取得土地使用权的成本加上政府为此付出的补贴或者政府给予的优惠（如果有的话）作为土地的影子价格。

(1) 非生产性用地的土地影子价格

项目占用住宅区、休闲区等非生产性用地，市场完善的，应根据市场交易价格作为土地影子价格；市场不完善或无市场交易价格的，应按消费者支付意愿确定土地影子价格。

(2) 生产性用地的土地影子价格

项目占用生产性用地，主要指农业、林业、牧业、渔业及其他生产性用地，按照这些生产用地的机会成本及因改变土地用途而发生的新增资源消耗进行计算：

$$生产性用地的影子价格 = 土地的机会成本 + 新增资源消耗 \quad (7\text{-}10)$$

1) 土地机会成本

土地机会成本按照项目占用土地而使社会成员由此损失的该土地"最佳可行替代用途"的净效益计算。通常该净效益应按影子价格重新计算，并用项目计算期各年净效益的现值表示。

土地机会成本估算中应注意：①原有用途往往不是最佳可行替代用途，按原有用途、原有数据估算，往往会造成低估；②要用发展的眼光看待"最佳可行替代用途"。当前，占用农用地建设工程项目的机会很多，应根据当地社会、经济发展规划和土地利用规划来确定"最佳可行替代用途"。如果已规划为建设用地，则应将建设用地作为最佳可行替代用途，而不是农用地。

农用地土地机会成本的计算过程中应适当考虑净效益的递增速度以及净效益计算基年距项目开工年的年数

土地机会成本计算公式：

$$OC = NB_0 \times (1+g)^{\tau+1} \times [1-(1+g)^n(1+i_s)^{-n}]/(i_s - g) \quad (7\text{-}11)$$

式中 $OC$——土地机会成本；

$n$——项目计算期；

$NB_0$——基年土地的最佳可行替代用途的净效益（用影子价格计算）；

$\tau$——净效益计算基年距项目开工年的年数；

$g$——土地的最佳可行替代用途的年平均净效益增长率；

$i_s$——社会折现率（$i_s \neq g$）。

2) 新增资源消耗

新增资源消耗应按照在"有项目"情况下土地的占用造成原有地上附属物财产的损失及其他资源耗费来计算。项目经济分析中补偿费用一般可按相关规定的高限估算。由政府出资拆迁安置的，其费用也应计入新增资源消耗。

业主自行开发土地的，土地平整等开发成本通常应计入工程建设投资中，在土地影子费用估算中不再重复计算。由开发区管委会负责开发的，或者政府给予补贴的，其费用应包括在土地影子费用中。

3) 实际征地费用的分解

实际的项目评价中，土地的影子价格可以从投资估算中土地费用的财务价值出发，进行调整计算,由于各地土地征收的费用标准不完全相同,在经济分析中须注意项目所在地区征地费用的标准和范围,一般情况下,项目的实际征地费用可以划分为三部分,分别按照不同的方法调整:

① 属于机会成本性质的费用,如土地补偿费、青苗补偿费等,按照机会成本计算方法调整计算。

② 属于新增资源消耗的费用,如征地动迁费、安置补助费和地上附着物补偿费等,按影子价格计算。

③ 一般而言,政府征收的税费属于转移支付。但从我国耕地资源的稀缺程度考虑,征地费用中所包括的耕地占用税应当计入土地经济费用。

④ 已经在建或正在规划中的经济开发区和工业园区的土地,其用途已不再是农用地,应参照市场价格确定土地影子价格。

3. 自然资源影子价格

在经济分析中,各种有限的自然资源也被归类为特殊投入。使用了自然资源,社会经济就为之付出了代价,如果该资源的市场价格不能反映其经济价值,或者项目并未支付费用,该代价应该用表示该资源经济价值的影子价格表示,而不是市场价格,矿产等不可再生资源的影子价格应当按该资源用于其他用途的机会成本计算,水和森林等可再生资源的影子价格可以按资源再生费用计算,为方便测算,自然资源影子价格也可以通过投入替代方案的费用确定。

当以上方法难以具体应用时,作为投入的不可再生矿产资源的影子价格可简化为以市场价格(含增值税进项税额,也包含资源税)作为其影子价格的最低值,理由是,尽管作为政府征收的资源税有"转移支付"之嫌,但在对资源稀缺价值暂时难以度量的情况下,姑且将资源税作为资源稀缺价值的一种体规,尽管这种体现仍然可能是不充分的。

### 7.3.5 非市场定价货物的影子价格

当项目的产出效果不具有市场价格,或市场价格难以真实反映其经济价值时,需要采用如下方法对项目的产品或者服务的影子价格进行重新测算。所用到的方法如下:

1. 假设成本法

假设成本法是指通过有关成本费用信息来间接估算环境影响的费用或效益。假设成本法包括替代成本法、置换成本法和机会成本法。

2. 显示偏好法

显示偏好法是从市场中消费者实际的选择愿意(如价格和数量),通过其他相关市场价格信号,推断出非市场价值的一种方法,主要用于可以通过直接观察市场或替代市场而得出结论的情况。显示偏好法是追溯性的,它的缺陷和不足是:只能用于评估使用价值,不能用于非使用价值;不能用于评估未曾经历过的(环境)质量问题;人们在作出现实选择时往往缺乏完备的信息;要求非市场物品与市场之间存在一定的联系。

3. 陈述偏好法

通过问卷调研直接调查被评估者,直接评价调查对象的支付意愿或接受补偿的意愿,从中推断出造成有关外部影响的影子价格。在替代市场也难以找到的情况下,只能人为地创造假想市场来衡量非市场物品。其克服了显示偏好法的许多缺陷,具有灵活、能够预期未来的特征。在许多情况下，它是唯一有效的非市场物品价值的评估方法。但是，陈述偏好法需要谨慎使用，因为如果缺乏设计良好的调查问卷和经过认真培训的调查人员，该方法可能产生许多潜在的误差。

## 7.4 经济分析基本方法

### 7.4.1 项目费用效益分析

费用效益分析是按合理配置稀缺资源和社会经济可持续发展的原则，采用影子价格、影子工资、社会折现率等费用效益分析参数，从国民经济全局的角度出发，考察工程项目的经济合理性。

1. 费用效益分析的步骤

费用效益分析可以在财务分析的基础上进行，也可直接进行。

（1）直接进行费用效益分析的程序

① 识别和计算项目的直接效益、间接效益、直接费用、间接费用，以影子价格计算项目效益和费用；

② 编制费用效益分析基本报表；

③ 依据基本报表进行费用效益分析指标计算；

④ 依据费用效益分析的基准参数和计算指标进行费用效益分析评价；

⑤ 进行不确定性分析和风险分析。

（2）在财务分析的基础上进行费用效益分析的程序

① 经济价值调整，剔除在财务分析中已计算为效益或费用的转移支付，增加财务分析中未反映的外部效果。由于经济效益和费用的估算遵循实际价值原则，不考虑通货膨胀因素，因此建设投资中包含的涨价预备费通常要从财务费用流量中剔除。用影子价格计算项目的效益和费用；

② 编制费用效益分析基本报表；

③ 依据基本报表进行费用效益分析指标计算；

④ 依据费用效益分析的基准参数和计算指标进行费用效益分析评价；

⑤ 进行不确定性分析和风险分析。

上述两种方法，区别在于效益和费用的计算程序不同。

2. 费用效益分析的相关参数的确定

（1）社会折现率

1）基本概念

社会折现率指基于全社会的角度对政策、公共投资项目或其他相关方面进行费用效益分析的适用（或参考）折现率，反映社会成员对于社会费用效益价值的时间偏好，是衡量资金时间价值的重要参数，代表社会资金被占用应获得的最低收费率，并用作不同年份的价值换算的折现率。社会折现率是社会对资金时间价值的估算，是投资项目资金所应达到的按复利计算的最低收益水平，即资金的影子利率。

2）主要作用

社会折现率是经济评价中项目经济可行性和方案比选的主要参数和判据；适当的折现

率有利于合理分配建设资金，指导资金投向对国民经济贡献大的项目，调节资金供需关系，促进资金的合理调配。需要缩小投资规模时，就提高社会折现率；需要扩大投资规模时，就要降低社会折现率。

3) 参数取值

考虑到社会时间偏好和社会资本收益率之间的折中，目前推荐社会折现率为：8%；如果远期效益较大，效益实现的风险较小，可适当降低，但不得低于6%。

（2）影子汇率

1) 基本概念

影子汇率指能反映外汇真实价值的汇率，即外汇的机会成本，是社会对某种外汇效益的股价，具体而言是指项目投入或产出所导致的外汇的减少或增加给国民经济带来的损失或效益。由于产品的影子价格要以产品的口岸价为基础计算，外汇的影子价格高低直接影响项目收益价值的高低，影响对项目收益的判断。

2) 确定影子汇率的主要影响因素

影子汇率是依据一个国家或地区一段时期内进出口的结构和水平、外汇的机会成本及发展趋势、外汇供需状况等因素确定的。

3) 影子汇率换算系数

影子汇率换算系数是影子汇率与国家外汇牌价的比值，可以直观地反映外汇影子价格与官方汇率的溢价比例，反映国家外汇牌价对于外汇经济价值的低估比率，在项目经济效益费用评价中用于计算外汇影子价格，直接或间接地影响项目的进出口货物价值。

$$影子汇率 = 国家外汇牌价 \times 影子汇率换算系数 \tag{7-12}$$

作为项目经济效益费用评价的重要参数，影子汇率换算系数如果取值较高，反映外汇的影子价格较高，使主要产出物是外贸货物的项目收入的外汇社会价值较高；而对于投入物中有较多进口货物的项目，投入外汇的社会成本较高。故影子汇率换算系数的取值对于项目产出物或投入物进出口的抉择和项目决策有着重要的影响。考虑到进口关税和增值税等的影响，在《建设项目经济评价方法与参数》（第二版）中影子汇率换算系数取值为1.08。

3. 费用效益分析指标计算

（1）经济内部收益率（EIRR）

1) 基本概念

经济内部收益率反映项目对国民经济净贡献的相对指标。它是在项目计算期各年经济净效益流量的现值累计等于零时的折现率。

2) 计算公式

$$\sum_{t=1}^{n}(B-C)_t(1+EIRR)^{-t} = 0 \tag{7-13}$$

式中　$B$——国民经济效益流量；

　　　$C$——国民经济费用流量；

$(B-C)_t$——第$t$年的经济净效益流量；

　　　$n$——计算期。

$EIRR$ 大于或等于社会折现率,表明项目对国民经济的净贡献达到或超过了要求的水平。

（2）经济净现值（$ENPV$）

1）基本概念

经济净现值是反映项目对国民经济净贡献的绝对指标。它是指用社会折现率将项目计算期内各年的净效益流量折算到建设期初的现值之和。

2）计算公式

$$ENPV = \sum_{t=1}^{n}(B-C)_t(1+i_s)^{-t} \tag{7-14}$$

式中：$i_s$ 为社会折现率,其他符号同经济内部收益率。

$ENPV$ 大于等于 0,表示国家拟建项目付出代价后,可以得到符合社会折现率的社会盈余；也表示除了得到符合社会折现率的社会盈余外,还可以得到以现值计算的超额社会盈余。

（3）效益费用比（$R_{BC}$）

1）基本概念

项目在计算期内效益流量的现值与费用流量的现值的比率,是经济效益分析的辅助评价指标。

2）计算公式

$$R_{BC} = \frac{\sum_{t=1}^{n}B_t(1+i_s)^{-t}}{\sum_{t=1}^{n}C_t(1+i_s)^{-t}} \tag{7-15}$$

式中　$R_{BC}$——效益费用比；

$B_t$——第 $t$ 期的经济效益；

$C_t$——第 $t$ 期的经济费用。

效益费用比大于 1,表明项目资源配置的经济效益达到了可以被接受的水平。

4. 费用效益判断

费用效益分析的判断可以采用绝对效果指标（$B-C$）；也可以采用相对效果指标 $[B/C]$。

（1）净效益（$B-C$）判断准则：$[B-C]\geqslant 0$,项目可以接受；$[B-C]<0$,项目不可以接受,应予拒绝。

（2）效益费用比 $[B/C]$ 判断准则：$[B/C]\geqslant 1$,项目可以接受；$[B/C]<1$,项目不可以接受,应予拒绝。

【例 7-3】某公共设施一年接待 10 万人,年运营成本为 40 万元,参观者人均获利 6 元,试分析方案是否可行？如果每人征收 3.5 元门票费,方案是否可行？

解：收益成本对比：

$[B/C] = B/C = (6×10)/40 = 1.5$

$[B-C] = B-C = 6×10-40 = 20$ 万元

如果每人征收 3.5 元门票费,则收益成本对比：

$[B/C]=B/C=[(6-3.5)\times10]/(40-3.5\times10)=5$

$[B-C]=B-C=(6-3.5)\times10-(40-3.5\times10)=20$ 万元

两种情况均有$[B-C]>0$，$[B/C]>1$，故方案可行。

5. 经济费用效益评价应当提出的对策和建议

经济费用效益评价一方面站在全社会的角度，从资源优化配置出发，分析项目投资的经济合理性；另一方面应当通过经济费用效益评价与财务分析结果的对比，分析市场扭曲的情况，判断政府公共投资是否有必要介入项目的投资建设，并为本项目的财务状况和进行政策调整提出分析意见。因此在项目的经济费用效益分析中，必须重视对策建议分析工作。

（1）经济费用效益分析强调以受益者支付意愿测算项目产出效果的经济价值，对于基础设施等公共项目，它是分析建设投资的经济价值及市场化运作能力的重要依据。

（2）通过财务现金流量与经济费用效益流量的对比，判断二者出现的差异及其原因，分析项目所在行业或部门存在的导致市场失灵的现行政策，提出纠正政策干预失当、改革现行政策法规制度、提高部门效率的政策建议。

（3）通过项目费用及效益在不同利益相关者之间分布状况的分析，评价项目对不同利益相关群体的影响程度，分析项目利益相关群体受益及受损状况的经济合理性。

【例7-4】某城市拟修建一条区间高速公路取代原有的普通公路，项目的使用寿命按50年计算，需要20年大修一次。社会折现率为8%，建设投资初期按照一次性投入，有关数据见表7-2。试计算其经济效益费用比，并评价其经济可行性。

相关数据表（单位：万元） 表7-2

| 项目 | 参数 | 项目 | 参数 |
| --- | --- | --- | --- |
| 建设投资（万元） | 300000 | 人均节约时间（小时/人） | 0.4 |
| 年维修和运行费用（万元/年） | 3000 | 运行收入（元/人） | 1 |
| 每次大修费（万元/次） | 20000 | 土地升值（万元/年） | 30000 |
| 日均客流量（万人/天） | 20 | 单位时间价值（元/小时） | 10 |

**解**：经济费用现值总额：

$$\sum_{t=1}^{n}C_t(1+i_s)^{-t}=300000+300\times(P/A,8\%,50)+20000$$
$$\times(P/F,8\%,20)+(P/F,8\%,40)$$
$$=300000+3000\times12.233+20000\times(0.215+0.046)$$
$$=341919 \text{ 万元}$$

经济效益现值总额：

$$\sum_{t=1}^{n}B_t(1+i_s)^{-t}=[20\times(0.4\times10+1)\times360+30000]\times(P/A,8\%,50)$$
$$=66000\times12.233=807378 \text{ 万元}$$

经济费用效益比：

$$R_{BC} = \frac{\sum_{t=1}^{n} B_t(1+i_s)^{-t}}{\sum_{t=1}^{n} C_t(1+i_s)^{-t}} = \frac{807378}{541919} = 2.36 > 1$$

可见,项目的经济效益现值大于经济费用年值,具有获利能力,项目可行。

**7.4.2 项目费用效果分析**

1. 项目费用效果分析的基本概念

(1) 费用效果分析的基本概念

费用效果分析是指费用采用货币计量,效果采用非货币计量的经济效果分析方法。其中费用效果分析中的费用是指为实现项目预定目标所付出的财务代价或经济代价,采用货币计量;效果是指项目的结果所起到的作用、效应或效能,是项目目标的实现程度。按项目要实现的目标,一个项目可选用一个或几个效果指标。

(2) 费用效果分析的重点

工程项目费用效果分析的重点主要集中在以下两方面:

1) 制定实现目标的途径和方案

正常情况下,在充分论证项目的必要性以后,项目进入方案比选阶段,这个阶段一般不再对项目的可行性提出质疑,而是本着以尽可能少的费用获得尽可能大的效果的原则,通过多方案的比选,提供优选方案或进行方案优先次序排队。

2) 项目效益或效果难以货币量化

评价项目主体难以货币化的项目,或货币量化的效果不是项目目标的主体时,在经济分析中可采用费用效果分析方法,并将其结论作为项目投资决策的依据。例如公益性建设、医疗卫生保健、政府资助的普及教育、气象、地震预报、交通信号设施、军事设施等项目,主体效益难以货币化,应采用费用效果分析的结论作为项目投资决策的依据之一。

(3) 费用效果分析的应用

费用效果分析既可以用于财务现金流量,也可以应用于经济费用效益流量。用于前者,主要进行项目总体方案的初步筛选和各个环节的方案比选;用于后者,除了可以用于上述方案的筛选、比选以外,对于项目主体效益难以货币化的,则取代费用效益分析,并作为经济效益分析的最终结论。

2. 项目费用效果分析的基本方法

(1) 费用效果分析的条件

费用效果分析只能比较不同方案的优劣,需遵循多方案比选的原则,最基本的条件主要是以下四点:

1) 备选方案不少于两个,且为互斥方案或可转换为互斥型的方案;

2) 备选方案应具有共同的目标,且满足最低效果的要求;

3) 备选方案的费用应能货币化,并采用同一计量单位,且资金用量未突破资金限制;

4) 备选方案应具有可比的计算期。

(2) 费用效果分析的原理

在费用效益分析中,较为困难的问题是某些项目的效益不能简单地用货币来衡量。假如某公益项目的无形效果可量化为某一单一指标来衡量,就可采用费用效果分析法。费用效益分析的基本原理可以从以下三个方面来分析。

1) 评价对象

对于有些公共项目的效益是不能简单地用货币来计量的，如文化、教育、医疗、国防、公安、绿化等，可以采用费用—效果分析法进行评价。

2) 计算公式

$$R_{E/C} = \frac{E}{C} = \frac{项目效果}{项目计算期费用} \tag{7-16}$$

3) 判断准则

费用一定时效果最大，或效果一定时费用最小的方案为最佳方案。

(3) 费用效果分析的基本程序

费用效果分析一般应包括以下六个步骤：

1) 确定欲达到的目标；

2) 对达到上述目标的具体要求作出说明和规定；

3) 制定各种可行方案；

4) 建立各方案达到规定要求的量度指标，典型的这类指标有：功能、效率、可靠性、安全性、可维护性、可供应性等；

5) 确定各方案达到上述量度指标的水平；

6) 采取固定效果法、固定费用法或费用效果比较法选择最佳方案。

(4) 费用效果分析的方法选择

费用效果分析可采用下列基本方法：

1) 固定效果法

固定效果法也称最小费用法，在效果相同的情况下，应选取费用最小的备选方案。例如一间厂房，其规模设施要达到可以生产预定产量的，可以采用最小费用法。

2) 固定费用法

固定费用法也称最大效果法，在费用相同的情况下，应选取效果最大的备选方案。例如用于政府项目的资金通常是事先固定的，效用最大化是通常要追求的目标，就采用最大效果法。

3) 费用效果比较选择最佳方案

费用效果比较选择最佳方案也称增量分析法，方案效果和费用均不固定，且分别具有较大幅度的差别时，应比较两个备选方案之间的费用差额和效果差额，分析获得增量效果所花费的增量费用是否值得，不可盲目选择效果费用比大的方案或者费用效果比小的方案。

采用增量分析法时，需事先确定基准指标，例如 $[E/C]_0$ 或 $[C/E]_0$。如果增量效果超过增量费用，即 $[\Delta E/\Delta C] \geqslant [E/C]_0$ 或 $[\Delta C/\Delta E] \geqslant [C/E]_0$ 时可以选择费用高的方案，否则选择费用低的方案。

如果项目有两个以上的备选方案进行增量分析，应按下列步骤选优：

① 将方案费用由小到大排序；

② 从费用最小的两个方案开始比较，通过增量分析选择优势方案；

③ 将优胜方案与紧邻的下一个方案进行增量分析，并选出新的优势方案；

④ 重复第三步,直至最后一个方案,最终被选定的优势方案为最优方案。

**【例 7-5】** 某流感免疫接种计划可使每 10 万个接种者中 6 人免于死亡,1 人在接种后有致命反应。该计划每人接种费用为 4 元,但因此可减少动用救护车,节省费用每 10 万人 8 万元,试用费用—效果分析法决定是否实施该计划。

**解:** 净保健效果 $E$:避免 6 例死亡减去造成 1 例死亡,即减免 5 例死亡费用:

$$C = 4 \times 10 - 8 = 32 \text{ 万元}$$

$$\frac{E}{C} = \frac{5 \text{ 例死亡}}{32 \text{ 万元}} = \frac{1 \text{ 例死亡}}{6.4 \text{ 万元}}$$

**结论:** 若社会认可用 6.4 万元的代价挽救一条生命,则该计划可以实施。

**【例 7-6】** 设有一条公路,每年车祸造成 10 人死亡,现打算拓宽路面,扩建一个车道。扩建后可减少一半车祸,扩建投资 180 万元,使用期 30 年。设利率为 7%,路面保养费每年为投资的 3%,试评价拓宽路面计划是否值得实施。

**解:** 净效果 $E$:避免 10/2=5 人死亡,$E = 10/2 = 5$ 人

年成本费用 $C = 180(A/P, 7\%, 30) + 180 \times 3\% = 19.9$ 万元

$$E/C = 5/19.9 = 1/3.98 \text{ 人/万元}$$

**结论:** 当政府认为每年用 3.98 万元挽救一条生命值得时,该扩建项目可以实施。

## 7.5 投资项目经济影响分析方法

### 7.5.1 经济影响分析概述

经济影响分析是在完成对项目的财务分析和经济费用效益分析或经济费用效果分析之后,进一步分析项目对区域、行业和宏观经济的影响程度,为重大项目的审批和核准、制定和调整区域和产业发展政策提供决策依据。

1. 经济影响分析内容

(1) 区域经济影响分析。对于区域经济可能产生重大影响的项目,从产业空间布局、区域经济发展、当地财政收支、社会收入分配、市场竞争结构以及是否可能导致结构失衡等角度进行分析评价。

(2) 行业经济影响分析。分析行业基本现状,拟建项目在行业中所处地位,对所在行业及关联产业发展、结构调整、行业垄断等的影响。

(3) 宏观经济影响分析。投资规模巨大的项目,对国民经济有重大影响的项目,涉及国家经济安全的项目应进行全面评价。

2. 需要进行经济影响分析的项目特征

需要进行经济影响分析的项目,一般应具有下列部分或全部特征:

(1) 投资规模巨大、建设工期较长(横跨五年甚至十年规划);

(2) 在国民经济和社会发展中占有重要战略地位,项目实施对所在区域或宏观经济结构、社会结构或相关群体利益格局等产生较大影响;

(3) 项目实施会带来技术进步和产业升级,引发关联产业或新产业群体的产生和发展;

(4) 项目对生态及社会环境影响范围广,持续时间长;

(5) 项目对国家经济安全会产生影响;

(6) 项目对国家或区域长期财政收支会产生较大影响；

(7) 项目的投入或产出对进出口影响较大；

(8) 项目能够对区域或宏观经济产生其他重大影响。

对一般性项目，原则上不需要进行经济影响分析，只有对区域经济、产业发展或宏观经济能够产生明显影响的项目，才有必要进行这种分析。

3. 需要进行经济影响分析的项目类型

(1) 重大基础设施项目，如港口、铁路、高速公路、水利工程等。

(2) 重大资源开发项目，如油田开发、气田开发其他矿藏资源开采、重要资源长距离运输通道建设等。

(3) 大规模区域开发项目；

(4) 重大科技攻关项目，如尖端科研国际合作项目航空、航天、国防等高科技关键技术攻关项目等；

(5) 重大生态环境保护工程等。

### 7.5.2 分析原则及基本方法

1. 分析原则

项目的经济影响分析遵循系统性、综合性、定性分析与定量分析相结合的原则。

(1) 系统性原则

重大项目本身就是一个系统，但从国民经济的全局来看，它又是国民经济这个大系统中的一个子系统。子系统的产生与发展，对于原有的大系统内部结构和运行机制将会带来冲击。为了保证重大项目的建设成功和国民经济系统稳定运行，应从全局的观点，用系统论的方法来分析其可能带来的各方面的影响，尤其是对区域经济和宏观经济的影响。

(2) 综合性原则

重大项目在建设期和生产运营期的投入将给原有经济系统的结构（包括产业结构、投资结构、就业结构、供给结构、消费结构、价格体系和空间布局等）、状态和运行带来重大的影响。它不仅影响到经济总量，而且影响到经济结构；不仅影响到资源开发，而且影响到资源利用，人力、物力、财力配置；不仅对局部区域有影响，而且对国民经济整体产生影响。所以应综合分析项目实施运行对原有经济结构、状态运行的影响，涉及经济总量、资源开发配置等内容。

(3) 定性分析与定量分析相结合

重大项目对区域和宏观经济的影响包括有形效果和经济效果，可以用价值型指标进行量化，以定量分析为主；无形效果和非经济效果，难以用价值型指标进行量化，必须进行定性分析或进行比较性描述，或者用其他类型指标或指标体系进行描述或数量分析。

2. 评价方法

(1) 客观评价法

在对项目的产出与其影响后果进行客观分析的基础上，对其影响后果进行预测分析。如通过对项目关联对象的产出水平或成本费用变动的客观量化分析，进一步对项目的区域经济影响进行量化分析计算。

(2) 主观评价法

以真实的或假设的市场行为的可能后果为依据，通过项目评价人员的主观判断，对项目的区域或宏观经济影响进行分析评价。这种方法建立在评价人员偏好的基础之上，是人们根据对某种后果的认知程度或所占有的信息量，对某种影响的价值进行的主观判断。

### 7.5.3 定量指标分析方法

项目的经济影响定量指标分析通常采用总量指标，结构指标、国力适应性指标以及就业和收入分配指标等。

1. 总量指标

总量指标是对国民经济总量的贡献，包括增加值、净产值、社会纯收入、财政收入等经济指标。总量指标可以直接计算（有时需要将各年直接发生数据转换为现值或年值）。

(1) 增加值

项目的增加值是指项目投产后对国民经济的净贡献，即国内生产总值。

$$增加值＝项目范围内全部劳动者报酬＋固定资产折旧＋生产税净额＋营业盈余 \tag{7-17}$$

式中：劳动者报酬包括工资、奖金、津贴。

固定资产折旧按照有关折旧政策计提；

生产税净额指项目税金及附加、增值税、管理费中包括的各种税等上缴税费扣除政府给予的生产补贴后的净额。

营业盈余即经营净利润加生产补贴。

(2) 净产值

项目的净产值为增加值减去固定资产折旧后的余额，用于反映新创造的价值。

$$净产值＝增加值－固定资产折旧 \tag{7-18}$$

(3) 社会纯收入

项目的社会纯收入是项目净产值扣除劳动者报酬后的余额。

$$社会纯收入＝项目净产值－劳动者报酬 \tag{7-19}$$

(4) 财政收入

项目的财政收入是项目对地方和国家财政的贡献，其中主要是项目向政府上缴的各种税费：

$$项目的财政收入＝生产税＋所得税＋国有资产收益 \tag{7-20}$$

式中：所得税包括个人所得税和企业所得税。

国有资产收益是指使用了国有资产的项目向各级政府国有资产管理部门上缴的利润、租金、股息、红利、资金使用费等，若项目有代政府收取的各项费用，相关费用也属于项目产生的财政收入。项目评价中，国有资产收益难以明确的，也可不予计算。

在项目经济影响分析中，可以计算项目各年带来的增加值、净产值和社会纯收入，也可以将各年的数值折现成现值总额，并根据现值总额折算成年值。

2. 结构指标

结构指标反映项目对经济结构的影响，主要包括影响力系数及项目对三次产业的贡献率等指标。

(1) 影响力系数

影响力系数（带动度系数），指项目所在的产业增加产出满足社会需求时，每增加一个单位最终需求对国民经济各部门产出增加的影响。系数大于1表示影响程度超过社会平均水平，影响力系数越大，对经济的影响越大。用公式表示为：

$$影响力系数 = \frac{\sum_{i=1}^{n} b_{ij}}{\frac{1}{n}(\sum_{j=1}^{n}\sum_{i=1}^{n} b_{ij})} \tag{7-21}$$

式中，$b_{ij}$ 为列昂惕夫逆矩阵系数，即完全消耗系数，表示生产第 $j$ 个部门的一个最终产品对第 $i$ 个部门的完全消耗量；$n$ 为国民经济的产业部门总数。

(2) 三次产业贡献率

三次产业贡献率（三次产业结构）可以按各产业增加值计算，反映项目增加的三次产业增加值在全部增加值（国内生产总值）中所占份额的大小及其分配比率，增加值增量均按不变价格计算。分析项目建设对所在地区三次产业增加值变化的贡献情况，用以评价拟建项目对当地产业结构的影响。

例如：第一产业对GDP的贡献率是指第一产业对国内生产总值增长速度的贡献率，等于第一产业增加值增量与GDP增量之比。

3. 国力适应性指标

国力适应性指标用于反映国家的人力、物力、财力承担重大建设项目的能力，用项目占用资源占全部资源的百分比或财政资金投入占财政收入或支出的百分比表示。由于重大项目的建设规模往往很大，需要耗费大量的人力、物力、财力、自然资源等，对国力的承受能力提出了要求。如果耗费和投入品过多，或挤占资源过多，就会影响到国民经济其他地区、其他部门的建设和发展；如果拟建项目需要占用的资源过多，就会影响其他领域的资源供应，并阻碍其发展。在这种情况下，对重大项目的国力适应性进行分析就显得尤为必要。重大项目的国力承担能力评价需要结合对国家未来经济发展的预测进行。

(1) 人力

由于我国劳动力资源相对丰富，国力适应性的评价一般不分析人力需求，但应根据项目的具体情况，对特殊技能人才的需求和人力资源开发利用的需求进行分析。

(2) 财力

国家财力是指一定时期内国家拥有的资金实力，用国内生产总值（或国民收入）、国家财政收入，外汇储备等指标反映，其中最主要的指标是国内生产总值（或国民收入）和国家财政收入。国内生产总值（或国民收入）水平和增长速度反映了国家当前的经济实力及其增长趋势，对重大项目的投资规模具有直接影响。

财力承担能力一般通过国内生产总值（或国民收入）增长率、重大项目年度投资规模分别占国内生产总值（或国民收入）、全社会固定资产投资和国家预算内投资等数值的比重等指标来衡量，对于使用财政资金的项目，财政资金投入占财政收入的比例可以用于反映财政对项目资金需求的承受能力。

(3) 物力

国家物力是指国家所拥有的物质资源，包括重要产品物资及其储备量，矿产资储备量、森林、草场以及水资源等，物力取决于国家可供追加的生产资料和消费资料的数量和构成，应分析能源、钢材、水泥和木材等重要物资能否支持项目建设，一般通过项目建设对相关物资的年度需要量占同期可供数量的比重来衡量。

4. 就业和收入分配指标

(1) 就业效果指标

实现社会充分就业是政府追求的宏观调控目标之一。评价重大项目的就业效果对我国尤其具有重要意义。就业效果指标包括项目投资所产生的直接就业效果和由该项目所引起的间接就业效果。劳动力就业效果一般采用项目单位投资带来新增就业人数表示。

$$单位投资就业效果 = \frac{项目新增就业人数}{项目总投资}(人/万元) \qquad (7\text{-}22)$$

式中：项目新增就业人数包括项目直接就业人数和项目所引起的间接就业人数。

$$直接就业效果 = \frac{项目新增直接就业人数}{项目总投资}(人/万元) \qquad (7\text{-}23)$$

$$间接就业效果 = \frac{项目新增间接就业人数}{项目总投资}(人/万元) \qquad (7\text{-}24)$$

(2) 收入分配效果指标

收入分配效果指标是指项目在生产经营过程中所产生的净产值在职工、企业、地方和国家等不同方面的分配比例情况，即：

$$职工收入分配效果 = \frac{劳动者报酬}{项目净产值} \times 100\% \qquad (7\text{-}25)$$

$$企业收入分配效果 = \frac{企业营业盈余}{项目净产值} \times 100\% \qquad (7\text{-}26)$$

$$地方收入分配效果 = \frac{地方税收净额}{项目净产值} \times 100\% \qquad (7\text{-}27)$$

$$国家收入分配效果 = \frac{国家税收净额}{项目净产值} \times 100\% \qquad (7\text{-}28)$$

为体现国家对老、少、边、穷等地区的重视，使这类地区的项目得以优先通过，也可设置贫困地区收益分配指标，通过对贫困地区赋予较高的收益分配权重，判定其对贫困地区收益分配的贡献。

(3) 地区分配效果指标

跨地区投资建设的项目，要进行不同地区之间分配效果的分析，用于评价项目投资建设对协调区域经济发展等方面的贡献，主要是各项总量指标在各地区的分配，尤其重点分析贫困地区所获得的项目净产值情况。

### 7.5.4 重大项目的经济安全影响分析

1. 国家经济安全的内涵

国家经济安全是国家的经济不受伤害，达到正常运行的态势，确保本国最根本的经济利益不受伤害。主要内容包括：一国经济在整体上主权独立、基础稳固、运行健康、增长稳定、发展持续；在国际经济生活中具有一定的自主性、防卫力和竞争力；不会因为某些问题的演化而使整个经济受到过大的打击和遭受过多的损失；能够避免或化解可能发生的局部性或全局性的危机。

国家经济安全由国家产业安全、金融市场安全、国际收支安全、市场体系安全、国家外债安全、财政资金安全等系统组成，其中与投资项目最密切相关的是国家产业安全。项目的投资建设活动，可能会影响到相关产业的安全，进而影响到整个国家的经济安全甚至是国家安全，这种影响可能是正面的，也可能是负面的。

2. 国家经济安全影响评价的内容与方法

国家经济安全影响评价的内容包括对经济发展水平和国际竞争力的分析评价，对资源潜力及其发展能力的分析评价，对资源、人力资本利用效率的分析评价，对经济发展空间完整性的分析评价，以及对社会稳定和防止、解决社会冲突能力的分析评价等。对可能对国家经济安全产生重大影响的项目进行评价，要求从维护国家经济安全的高度，对拟建项目的宏观经济影响进行分析评价，确保项目的投资建设有利于维护国家利益，提高我国相关产业的国际竞争力，保证国家经济运行免受伤害。

国家经济安全的影响应从产业技术安全、资源供应安全、资本控制安全、产业成长安全、市场环境安全、产业竞争力安全等方面进行分析评价。

（1）产业技安全评价

对项目的产业技术安全，重点从以下方面进行分析评价：①项目采用的关键技术是否受制于人，是否拥有自主知识产权，对于主要依靠国外进口的核心技术及关键部件，是否会威胁到国家产业安全；②分析运用技术壁垒对项目法人进行保护的能力；③分析技术创新能力，对保证国家经济、社会、环境全面协调发展能力提升的影响；④分析项目涉及的行业组织和企业在推动和参与产品技术标准制定工作方面的参与能力。

（2）资源供应安全评价

对于大消耗重要战略资源的项目分析资源保证程度，对于需要采取外交、经济、军事措施以保证供应安全的项目，分析资源供应及其对国家经济安全可能产生的影响，评价角度：①项目资源对国家经济增长的制约程度、行业经济增长对这种资源的依赖程度及资源支撑力；②对国民经济具有重要影响资源的需求增长情况，自给能力，替代能力；③依赖进口的重要资源全球供求格局、重价格变化、垄断格局、运输线路安全保障等有关国际政治、外交军事等方面可能存在的问题；④资源国际市场变动情况可能产生的资源供应风险。

（3）资本控制安全评价

对项目的资本控制安全，重点从以下方面进行分析评价：①项目涉及的产业链各环节中，对关键产业资本的控制能力，对外资和其他资本的依赖程度；②外资以并购等方式控制我国战略性产业的项目，分析产业风险；③分析由于资本的聚积和扩张可能导致的垄断，产生不正当竞争的风险；④项目的投资方案通过利用国外的资源提升我国相关企业竞争力等方面的效果。

（4）产业成长安全评价

对项目的产业成长安全，重点从以下方面进行分析评价：①按照科学发展观的要求，分析项目所依托的产业发展在优化结构、提高质量和效益方面的作用；②对于幼稚产业，由于在企业规模、研发能力、产品质量、服务水平等方面无法与发达国家抗衡，离不开国外的先进技术等各种资源,更要在对外开放与产业安全中寻求平衡,提升研发创新能力,通过重大项目的实施促进相关产业发展的可能;③通过实施重大项目促进产业战略协作关系的建立,确保产业成长安全,提高抵御风险能力;④项目实施对产业集中度的影响,包括对现有企业实施兼并、重组,形成大型企业集团加强资本集中,实现产业规模经济效益,提高产业国际竞争力等方面的影响效果。

(5) 市场环境安全评价

对项目的市场环境安全,重点从以下方面进行分析评价:①调查研究国外贸易保护措施、知识产权保护、技术贸易壁垒等手段,对拟建项目相关产业发展设置障碍的情况;②项目所在产业受到进口倾销等方式对国内企业、行业的影响,对社会再生产良性循环和产业安全的影响;③对市场准入进行有效控制,避免无序竞争和资源浪费的情况,分析项目投资是否按照国家产业政策、技术政策、环保政策、能源政策和科学发展观要求,科学合理地保护和支持国内产业,优化市场环境和竞争秩序的状况。

(6) 产业竞争力安全评价

对项目的产业竞争力安全,重点分析项目涉及的企业、行业组织和政府部门在树立产业安全理念,提升产业国际竞争力等方面的情况,主要包括:①拟建项目法人机构核心竞争力方面的素质、竞争实力、创新基础和发展能力;②政府主管部门和行业组织对提升行业竞争力,特别是在贯彻可持续发展战略、市场经济法律体系建设、政府管理和基础设施方面为企业创造外部环境等方面的情况;③行业组织在树立产业安全理念,维护国家产业经济安全、提升综合竞争能力等方面的情况。

### 7.5.5 经济影响分析模型简介

1. 定量分析模型

定量分析模型将项目的总产出总投入、资源、劳动力、进出口总额等作为区域或宏观经济的增量,通过构造各种既有科学依据又反映项目特点的经济数学模型,分别计算"有项目"与"无项目"情况下的总量指标、结构指标、国力适应性指标及收益分配效果指标,并根据有无对比的原则对项目的影响进行分析评价。

常用的经济数学模型有宏观经济计量模型、宏观经济递推优化模型、投入产出模型、系统动力学模型和动态系统计量模型等。

(1) 宏观经济计量模型

该模型一般包括生产、收入、投资、消费、劳动力、财政、金融、价格、贸易、能源等模块,能较全面地反映现实经济结构及其数量关系。模型还应包括受拟建重大项目影响的区域经济模型块,并进行联立计算求解。利用宏观经济计量模型分析重大项目对区域和宏观经济的影响,主要是考察有无该项目的两种情况下宏观经济计量模型的运算结果,从而判定项目对区域和宏观经济影响的大小和好坏。

(2) 宏观经济递推优化模型

该模型是国家中长期战略目标和近期发展目标的协调配合,在国力约束和供需平衡条件下,以年度国民收入最大化作为目标函数的模型,具体约束条件还包括产业间投入产出均衡、年度产业产出能力、消费年增长率、累计率上下限、非生产性和更新改造投资比例、外汇平衡能力、进口需要量等。模型通过调整投资、消费结构和状态转移方程,使产业结构趋于合理化,在国力适应性等约束条件下寻求重大项目对宏观经济的有利影响和国民经济发展的合理途径。

(3) 投入产出模型

投入产出模型构造了反映国民经济各部门之间关联关系的投入产出表，根据该表计算出各部门的投入系数（即直接消耗系数）和完全消耗系数，并进一步计算各部门的影响力系数和感应度系数，分析判断各部门对国民经济其他部门的影响或其他部门发展对某一部门的影响，从数量上系统的揭示经济体内部的不同部门之间的相互关系。这个经济体可以是一个国家，甚至是整个世界，也可以是一个省、地区、企业或行业部门。应用投入产出模型可以分析重大项目对国民经济各部门增长和结构的影响。它可以从时间上反映国民经济在某个时期的发展轨迹，表述国民经济各部门之间实物上的平衡和结构上的协调。在时间上可以考虑从准备期、建设期到建成后这一较长时间跨度。

(4) 系统动力学模型

该模型动态地模拟经济发展的演进趋势，模型考虑短缺对国民经济的影响，还可以通过对比其他工程项目，分析其财力承受能力。在处理重大项目时，以不同融资方案或不同投资时机，动态模拟国民经济发展状况，对比有无该项目情况下的经济发展状态，分析判断国家财力对重大项目的承受能力。

(5) 动态系统计量模型

该模型是专门用于模拟长远发展态势的一种模型。它按照一定的规则，把经济计量模型及系统动力学模型的构模思想和方法，以及优化搜索技术和控制思想组合为一体，使模型能够更加合理地反映系统的长期理性行为，描述系统的长期变化。模型由主导结构、时变参数和决策结构的方程以及控制结构组成，可用来分析评价重大项目对国民经济的长期影响。

2. 多目标综合评价分析模型

多目标综合评价一般要组织若干专家，包括各行业和各学科的专家学者，根据国家产业政策、当地社会发展水平和区域经济发展目标，结合拟建项目的具体情况，对项目各项指标视其对项目的重要程度赋予一定的权重，并对各个指标进行量化分析，评价拟建项目的综合影响效果。

多目标综合评价通常采用的评价方法包括德尔菲法、矩阵分析法、层次分析法、模糊综合评价法、数据包络分析法等。

## 复 习 思 考 题

1. 经济分析与财务分析有何异同？
2. 经济分析中，识别效益费用的基本原则是什么？
3. 什么是社会折现率？它的作用是什么？
4. 某一出口产品的影子价格为 1134 元/t，国内现行价格为 718 元/t，求其影子价格换算系数。
5. 进行经济分析时，有哪些是转移支付？
6. 国家经济安全影响评价的内容与方法。
7. 经济影响有哪些分析模型，简要说明。
8. 一条原长 26km 的普通公路的改建有两个方案：

方案 A：保持原有线路不变，只是对路基局部加固并重铺路面，一次性投资为 2200 万元。

方案 B：按直线取直，线路缩短为 20km 并提高等级，安装隔离栅，需要一次性投资 17500 万元。

此时，平均车速可以从 40km/h 提高到 50km/h，交通事故可从 100 次/年降低到 45 次/年。据统计，每次交通事故的平均费用为 8400 元。

经测算，这段公路每天平均双向交通流量为 5500 辆，其中小客车 1500 辆，大客车 500 辆，货车 3500 辆。这些车辆的每公里行驶费用分别为 0.4 元、0.6 元、0.3 元，车辆（包括车辆本身和车上司乘人员和货物）的时间节省价值分别为 20 元、75 元、10 元。

以 30 年为计算期，计算期内的路面翻修、日常保养、期末余值不计，社会折现率为 8%，试比较两方案的优劣。

# 8 工程项目社会评价

**本章概要**

- 社会评价的特点、作用、范围
- 社会评价的主要内容
- 社会评价的步骤和方法
- 社会效果评价指标特征和构成

## 8.1 社会评价概述

### 8.1.1 社会评价的含义和特点

1. 社会评价的含义

社会评价是对建设项目中的社会因素、社会事项及其产生的影响进行评价的一种方法。

项目社会评价是考虑社会发展问题和社会发展目标的一个过程,是分析评价项目为实现国家和地方的各项社会发展目标的贡献与影响,以及项目与社会的相互适应性的一种系统的调查、研究、分析、评价方法;是把社会分析和公众参与融入发展项目设计和实施中的一种行动工具和行为手段。

社会的发展目标一般有两个:一是经济增长,二是公平分配。前者称为效率目标,后者称为公平目标,两者合称为国民福利目标。效率目标要求增加国民收入,公平目标要求在不同收入阶层、不同地区及投资与消费之间合理分配国民收入。对投资项目而言,不但要追求效率,而且要注重公平。基于这种理念,项目评价把收入分配、就业等社会发展目标引入传统的费用效益分析中,称为现代费用效益分析。这种社会费用分析包括经济效益目标和社会公平分配目标,这两部分合称为项目社会评价。

项目社会评价主要是运用社会学、人类学、项目评估学等学科的一些理论和方法,通过系统地调查、收集与项目相关的各种社会因素和社会数据,分析项目实施过程中可能出现的各种社会问题,提出尽量减少或避免项目负面社会影响的建议和措施,以保证项目顺利实施,并使项目效果持续发挥。另外,项目社会评价是项目设计中用于分析社会问题和构建利益相关者参与框架的一种评价方法。作为一种分析工具,社会评价提供了一个研究框架,将社会问题分析和利益相关者参与结合到项目设计中。

社会评价与经济评价、环境评价一样,都是项目评价的一个重要方面。项目社会评价着重研究项目的社会可持续性,即项目与社会协调的问题、项目与所在地的互适性分析;研究项目与人之间的关系问题,这些问题是经济评价、环境评价所不能解决的。项目社会评价试图解决不可"货币化"的问题,体现了"以人为中心的可持续发展",是以可持续发展为目标的项目评价方法。

虽然同属于项目评价的重要组成部分，但社会评价与经济评价、环境评价之间也有相当大的差异。进行社会评价更有利于对强调社会发展目标的社会公益型项目、基础性项目进行综合评价，分析此类项目的可行性。随着社会发展观从"以经济增长为中心"到"以人为中心"，再到20世纪90年代的"以人为中心的可持续发展"，项目社会评价与经济评价、环境评价一样越来越被国际社会重视，它与可持续发展是密切相关的。社会发展是以各种各样的发展项目为载体的，可持续发展是项目的目标之一。

社会评价试图解决不可"货币化"的问题，体现了"以人为中心的可持续发展"，社会评价是以可持续发展为目标的项目评价方法。经国家计委组织专家审定，2001年底国家计委正式向全国发文，推荐使用《投资项目可行性研究指南》，首次将社会评价作为投资项目可行性研究的重要组成部分，并推荐在全国推广使用。作为投资项目可行性研究的重要组成部分，项目社会评价已在国内世界银行贷款项目、亚洲发展银行贷款项目中得到运用。

2. 社会评价的特点

(1) 宏观性和长期性

对投资项目进行社会评价所依据的是社会发展目标，考察投资项目建设和运营对实现社会发展目标的作用和影响及对社会发展目标的促进作用。而社会发展目标本身是依据国家和地区的宏观经济与社会发展需要来制定的，包括经济增长目标、国家安全目标人口控制目标、就业目标、减少贫困目标环境保护目标等，涉及社会生活的各个方面。虽然不是每一个投资项目的社会效益都覆盖了以上社会目标的所有领域，但在进行投资项目的社会评价时却要认真考察与项目建设相关的各种可能的影响因素，无论是正面影响还是负面影响，是直接影响还是间接影响。这种分析和考察是全面的，是全社会性质的，因而比财务评估和国民经济评估更具广泛性和宏观性。所以，社会评价应着眼大局，把握整体，权衡社会效益的利弊。同时，社会评价也是长期性的。一般地，项目进行经济评价时只需要考察投资项目不超过20年的经济效果，而社会评价通常要考虑一个国家、一个地区的中期和远期发展规划和要求，涉及对有些领域的影响或效益可能不是短短的几十年，而是上百年，甚至是关系到几代人。如建设三峡工程这样的投资项目在考察项目对生态环境、人民生活、国家发展的影响时，考察的时间跨度势必是几代人。

(2) 评价目标的多样性和复杂性

财务分析和经济分析的目标通常比较单一，主要是衡量财务盈利能力高低和对国民经济净贡献的大小；而社会评价的目标则是多样和复杂的。社会评价的目标分析首先是多层次的，是针对国家、地方和当地社区各层次的发展目标，以及各层次的社会政策为基础所展开的。通常较低层次的社会目标是依据较高层次的社会目标制定的，但各层次在就业、扶贫、妇女的参与程度以及地位、文化、教育、卫生保健等方面可能存在不同情况，要求和侧重点也不尽相同。因此，社会评价需要从国家、地方、社区三个不同的层次进行分析，做到宏观分析与微观分析相结合。其次，社会评价的目标分析也是多样性的，它需要综合考虑社会生活的各个领域与项目之间的相互关系和影响，必须分析多个社会发展目标、多种社会政策；多种社会效益和多样的人文因素和环境因素。需要分析各个不同的社会发展目标对项目的影响程度及其重要程度，要结合项目的性质和特点，具体问题具体分析。因此，综合考察项目的社会可行性，通常要采用多目标综合评价法。

#### 8.1.2 社会评价的作用

社会评价旨在系统调查和预测拟建项目的建设、运营产生的社会影响与社会效益，分析项目所在地的社会环境对项目的适应性和可接受程度。通过分析项目涉及的各种社会因素，评价项目的社会可行性，提出项目与当地社会协调关系、规避社会风险、促进项目顺利实施、保持社会稳定的方案。具体来说，项目社会评价的作用主要表现在以下几个方面：

1. 有利于国民经济发展目标与社会发展协调一致，防止单纯追求项目的财务效益

对于那些应该进行社会评价的投资项目，如果项目投资建设前没有作社会评价，项目的社会、环境问题未能在实施前解决，将会阻碍项目预期目标的实现。例如，有些项目的经济效益不错，但可能对生态环境污染严重；有些项目建成了，社会安全问题解决不好，将会严重影响项目的投产运营；有些项目在少数民族地区建设，可能因没有充分了解当地的风俗习惯而导致当地居民和有关部门的不配合；有些项目由于移民安置没有解决好，会导致人民生活水平下降等。实践证明，社会影响较大的投资项目将直接关系到国家和当地的经济发展目标和社会发展目标的协调一致。在项目评价中，进行必要的社会评价，可以使项目建设与社会发展相协调，可以促进经济发展目标的实现和社会效益的提高从而使国家和地区发展相得益彰。

2. 有利于项目与所在地区利益协调一致，减少社会矛盾和纠纷，防止可能产生不利的社会影响和后果，促进社会稳定

投资项目在客观上一般都会对所在地区产生有利影响和不利影响。有利影响与所在地区利益相协调，对地区社会发展和人民生活水平起到促进和推动作用，不利影响则会对地区的局部利益或社会环境带来一定的损害。分析有利影响和不利影响的作用范围，判断有利影响和不利影响在项目作用中的程度，是社会评价中判断一个项目好坏的标准。如一个水利工程项目，有利影响包括防洪、发电、灌溉和水产养殖等，不利影响包括由于库区建设而导致的移民和对周围生态环境的改变等。如果库区迁移人口安置不当，致使当地人民生活水平下降，生活习惯改变，难以适应新的生活环境，从而引起移民的不满或者过激行为，则会对当地社会稳定和项目的顺利进行产生不利的后果。另外，如果在水利工程建设中没有处理好生态环境的保护，而造成对生态环境的破坏，则也会给项目的顺利实施及可持续发展带来不利的影响。因此，在进行社会评价的过程中，应该始终把项目建设同当地人民的生活和发展联系起来，对可能预计到的项目建设的不利影响，应预先采取适当的措施，使其可能引起的社会震荡降到最低程度。

3. 有利于避免或减少项目建设和运营的社会风险，提高投资效益

项目建设和运营的社会风险是指由于在项目评价阶段忽视社会评价工作，致使在项目的建设和运营过程中与当地社区发生种种矛盾，因长期得不到解决，而导致工期拖延、投资超计划、经济效益低下等与当初的经济评价结论相背离的可能性。这就要求项目评价人员在进行社会评价时要侧重于分析项目是否适合当地人民的文化生活需要，包括文化教育、卫生健康、宗教信仰、风俗习惯等；考察当地人民的需求如何，对项目的态度如何，是支持还是反对。同时，也要求社会分析要广泛深入并应结合实际，提出合理的针对性建议以降低项目的社会风险。只有消除了项目的不利影响，避免了社会风险，使项目与当地

居民的需求相一致，才能保证项目的顺利实施，持续发挥项目的投资效益。

### 8.1.3 社会评价的范围界定

1. 社会评价的项目范围

社会评价有助于将项目建设方案设计和实施与区域性社会发展结合起来，并不是所有项目都需要进行社会评价。力求找到经济与社会之间的有机联系，减少社会风险，并有利于促进社会稳定。社会评价适用于那些社会因素较为复杂、社会影响较为久远、社会效益较为显著、社会矛盾较为突出、社会风险较大的投资项目。其中主要包括需要大量移民搬迁或者占用农田较多的水利项目、交通运输项目、矿产和油气田开发项目、扶贫项目、农村区域开发项目，以及文化教育卫生等公益性项目。

2. 社会评价重点关注的人群范围

项目社会评价强调以人为本，将人的因素作为评价重心，特别需要关注弱势群体，包括贫困人口、女性、少数民族和非自愿移民等，对这些群体的分析应有不同的侧重点。

（1）贫困人口。贫困人口的社会影响力明显较弱，如果不特别关注，其权益可能会不被重视。贫困分析应分析项目可能产生的缓解贫困效果和可能因项目建设与运营导致的次生贫困影响。

（2）女性。项目往往对男性和女性产生不同的影响。性别分析应以促进性别平等为宗旨，从社会性别视角进行不同性别群体的社会角色分工、影响、需求的差异性分析，利用性别分析清单和性别分析工具分析男性和女性对项目的不同作用和需求，分析项目对男性和女性可能产生的不同影响。

（3）少数民族。少数民族分析应以促进民族团结、共同发展为宗旨，以保证少数民族的传统文化不被项目破坏为基本原则，重点关注项目对当地少数民族风俗习惯和宗教的影响，分析预测项目建设和运营是否符合国家的民族政策，是否充分考虑了少数民族地区的风俗习惯、生活方式、宗教信仰，是否会引起民族矛盾，诱发民族纠纷，影响当地社会的安定团结；分析项目对不同民族或族群产生的影响。

（4）非自愿移民。非自愿移民分析应重点关注农村集体土地征收、国有土地使用权收回、城市国有土地上房屋征收与非自愿移民安置导致的社会影响，分析征收行为可能导致非自愿移民土地资源的丧失、劳动生产和管理技能的贬值、社会网络的破坏、社会资本的损失、征收补偿安置过程中的社会矛盾、社区参与和使用公共财产的途径、次生贫困群体和脆弱群体的产生、社会公平、社会性别等的社会影响。

### 8.1.4 社会评价的要求

一般地，社会评价的基本要求有：

（1）认真贯彻国家经济建设和社会发展的方针政策、战略规划，遵循有关法律及规章制度。

（2）以国民经济与社会发展计划的发展目标为依据，以近期目标为重点，兼顾远期各项社会发展目标，并考虑项目与当地社会环境的关系，力求分析评价能够全面反映项目投资引发的各项社会效益与影响、当地社区及人们对项目的不同反应，促进项目与当地社区、人们相互适应，共同发展。

（3）依据客观规律，从实际出发，实事求是，采用科学、适用的评价方法。

（4）坚持可比原则。在进行社会影响分析和有关数据对比及方案比选时，无论定量分析还是定性分析，均应注意可比性。

（5）按目标的重要程度进行排序的原则。每个项目的建设都有其预先期望达到的主要社会目标和次要社会目标，由于项目建设对各个目标的贡献程度不同，因此，应依据其重要程度进行排序，并以之作为进行综合社会评价的基础。

（6）以人为本的原则。在考虑国家及地方利益的前提下，把对人负责和对国家负责统一起来，对项目的利益与当地人的利益同等重视，尽力做到两者兼顾，并在涉及人的切身利益的问题上，把人的利益摆在首位。深入了解人们的意见和要求，积极采取措施，提高人们参与项目的程度，以保证项目与当地社会协调发展。

（7）"有无"对比的原则。"有无"对比的原则在社会评价中同样适用。

（8）要深入调查，摸清基本情况，提高分析评价的科学性和准确性。

（9）社会评价人员必须以公正、客观、求是的态度从事社会评价工作。评价工作不应受到任何人为的干扰，力求使分析评价结果反映客观实际。

## 8.2 社会评价的内容

社会评价从以人为本的原则出发，评价内容包括项目的社会影响评价、项目与所在地的相互适应性分析和社会风险分析。

### 8.2.1 社会影响分析

项目的社会影响分析旨在分析预测项目可能产生的正面影响（通常称为社会效益）和负面影响。

（1）项目对所在地居民收入的影响。主要分析与预测由于项目实施可能造成当地居民收入增加或者减少的范围、程度及其原因；收入分配是否公平，是否扩大贫富收入差距，并提出促进收入公平分配的措施与建议。扶贫项目，应着重分析项目实施后，能在多大程度上减轻当地居民的贫困和帮助多少贫困人口脱贫。

（2）项目对所在地居民生活水平和生活质量的影响。主要分析与预测项目实施后居民居住水平、消费水平、消费结构、人均寿命的变化及其原因。

（3）项目对所在地居民就业的影响。分析与预测项目的建设、运营对当地居民就业结构和就业机会的正面影响和负面影响。其中，正面影响是指可能增加的就业机会和就业人数，负面影响是指可能减少的原有就业机会和就业人数，以及由此引发的社会矛盾。

（4）项目对所在地区不同利益群体的影响。分析与预测项目的建设、运营使哪些人受益或受损，以及对受损群体的补偿措施和途径。一般地，兴建露天矿区、水利工程、交通运输项目、城市基础设施等都会引起非自愿移民，应特别加强此方面内容的分析。

（5）项目对所在地区弱势群体利益的影响。分析与预测项目的建设、运营对当地妇女、儿童、残疾人员利益的正面影响和负面影响。

（6）项目对所在地区文化教育、卫生的影响。分析与预测项目的建设、运营期间是否引起当地文化教育水平、卫生健康程度的变化以及对当地人文环境的影响，提出减少不利影响的措施建议。公益性项目应特别加强此方面内容的分析。

（7）项目对当地基础设施、社会服务容量和城市化进程等的影响。分析与预测项目的建设、运营期间，是否可能增加或者占用当地的基础设施，包括道路、桥梁、供电、给排水、供气、服务网点,以及产生的影响。

(8) 项目对所在地区少数民族风俗习惯和宗教的影响。分析与预测项目的建设、运营是否符合国家的民族和宗教政策,是否充分考虑了当地民族的风俗习惯、生活方式或者当地居民的宗教信仰,是否会引发民族矛盾、宗教纠纷,影响当地社会安定。

通过以上分析,对项目的社会影响作出评价,并编制项目社会影响分析表,如表 8-1 所示。

**项目社会影响分析** 表 8-1

| 序号 | 社会因素 | 影响的范围、程度 | 可能出现的后果 | 措施与建议 |
|---|---|---|---|---|
| 1 | 对居民收入的影响 | | | |
| 2 | 对居民生活水平和生活质量的影响 | | | |
| 3 | 对居民就业的影响 | | | |
| 4 | 对不同利益群体的影响 | | | |
| 5 | 对弱势群体利益的影响 | | | |
| 6 | 对文化教育、卫生的影响 | | | |
| 7 | 对基础设施、社会服务容量和城市化进程等的影响 | | | |
| 8 | 对少数民族风俗习惯和宗教的影响 | | | |

### 8.2.2 社会互适性分析

互适性分析主要是分析与预测项目能否为当地的社会环境、人文条件所接纳,以及当地政府、居民支持项目存在与发展的程度,考察项目与当地社会环境的相互适应关系。

(1) 分析、预测与项目直接相关的不同利益群体对项目建设和运营的态度及参与程度,选择可以促使项目成功的各利益群体的参与方式,对可能阻碍项目存在与发展的因素提出防范措施。

(2) 分析与预测项目所在地区的各类组织对项目建设和运营的态度,可能在哪些方面、在多大程度上对项目予以支持和配合。对需要由当地提供交通、电力、通信、供水等基础设施条件,粮食、蔬菜、肉类等生活供应条件,医疗、教育等社会福利条件的,当地是否能够提供,是否能够保障。国家重大建设项目要特别注重这方面的工作。

(3) 分析与预测项目所在地区现有技术、文化状况能否适应项目建设和发展。主要为发展地方经济,改善当地居民生产生活条件兴建的水利项目、公路交通项目、扶贫项目,应分析当地居民的教育水平能否适应项目要求的技术条件,能否保证实现项目既定目标。通过项目与所在地的互适性分析,就当地对项目适应性和可接受程度作出评价。编制社会对项目适应性和可接受程度分析表,如表 8-2 所示。

**社会对项目适应性和可接受程度分析表** 表 8-2

| 序号 | 社会因素 | 适应程度 | 可能出现的问题 | 措施与建议 |
|---|---|---|---|---|
| 1 | 不同利益群体 | | | |
| 2 | 当地组织结构 | | | |
| 3 | 当地技术文化条件 | | | |

#### 8.2.3 社会风险分析

项目的社会风险分析是对可能影响项目的各种社会因素进行识别和排序，选择影响面大、持续时间长，并容易导致较大矛盾的社会因素进行预测，分析可能出现这种风险的社会环境和条件。对那些可能诱发民族矛盾、宗教矛盾的项目要注重这方面的分析，并提出防范措施，编制项目社会风险分析表，具体如表 8-3 所示。

项目社会风险分析　　　　　　　　　　　　　表 8-3

| 序号 | 风险因素 | 持续时间 | 可能导致的后果 | 措施与建议 |
| --- | --- | --- | --- | --- |
| 1 | | | | |
| 2 | | | | |
| 3 | | | | |
| 4 | | | | |
| 5 | | | | |
| 6 | | | | |

## 8.3 社会评价的步骤和方法

### 8.3.1 社会评价的步骤

社会评价一般分为调查社会资料、识别社会因素、论证比选方案三个步骤。

1. 调查社会资料

调查与了解项目所在地区的社会环境等方面的资料。调查的内容包括项目所在地区的人口统计资料；基础设施与服务设施状况；当地的风俗习惯、人际关系；各利益群体对项目的反应、要求与接受程度；各利益群体参与项目活动的可能性，如项目所在地区干部、群众对参与项目活动的态度和积极性，可能参与的形式、时间，妇女在参与项目活动方面有无特殊情况等。社会调查可采用多种调查方法，如查阅历史文献、统计资料、问卷调查、现场访问、观察、开座谈会等。

2. 识别社会因素

分析社会调查获得的资料，对项目涉及的各种社会因素进行分类。一般可分为三类：影响生活和行为的因素，影响社会环境变迁的因素，影响社会稳定与发展的因素。从中识别与选择影响项目实施和项目成功的主要社会因素，作为社会评价的重点和论证比选方案的内容之一。

3. 论证比选方案

对项目可行性研究拟定的建设地点、技术方案和工程方案中涉及的主要社会因素进行定量、定性分析，比选推荐社会正面影响大、社会负面影响小的方案。主要步骤如下：

（1）确定评价目标与评价范围

根据投资项目建设的目的、功能以及国家和地区的社会发展战略，对与项目相关的各社会因素进行分析研究，找出项目对社会环境可能产生的影响，确定项目评估的目标，并找出主要目标和次要目标。

分析评价的范围，包括项目影响涉及的空间范围和时间范围。空间范围是指项目所在的社区、县市。有的大型项目如水利项目，影响区域可涉及多个省市。时间范围是指项目的生命期或预测可能影响的年限。

(2) 选择评价指标

根据评价的目标，选择适当的评价指标。评价指标包括各种效益及影响的定性指标和定量指标。一般地，所选指标不宜过多（在 50 个以内），且要便于搜集数据和进行评定。

(3) 确定评价标准

在广泛调查研究和科学分析的基础上，收集项目本身及评价空间范围内社会、经济、环境等各方面的信息，并预测在评价和项目建设阶段有无可能发生变化，然后确定评价的标准。定量指标的评价标准一定要明确给出。

(4) 列出备选方案

根据项目的建设目标、不同的建设地点、不同的资金来源、不同的技术方案等，理清可供选择的方案，并采取拜访、座谈、实地考察等方式，了解项目影响区域范围内地方政府与群众的意见，将这些意见纳入方案比较的过程中。

(5) 进行项目评价

根据调查和预测的资料，对每一个备选方案进行定量和定性评价。首先，对能够定量计算的指标，依据调查和预测资料进行测算，并根据一定标准评价其优劣。其次，对不能定量计算的社会因素进行定性分析，判断各种定性指标对项目的影响程度，揭示项目可能存在的社会风险。再次，分析判断各定性指标和定量指标对项目实施和社会发展目标的重要程度，对各指标进行排序并赋予一定的权重。对若干重要的指标，特别是不利影响的指标进行深入的分析研究，制定降低不利影响的措施，研究存在的社会风险的性质与重要程度，提出规避风险的措施。最后，计算各指标得分和项目综合目标值，并对备选方案进行排序，得分高者为优；若出现得分相同情况，则以权重最大的某项指标为准，以该指标优者为佳。

(6) 专家论证

根据项目的具体情况，可召开相应规模的专家论证会，将选出的最优方案提交专家论证，对中选方案进行详细分析，就其不利因素、不良影响和存在的问题提出改进建议和解决办法，进一步补充和完善该方案。

(7) 评价总结，编制项目社会评价报告

将对所评价项目的调查、预测、分析、比较的过程和结论，以及方案中的重要问题和有争议的问题写成一定格式的书面报告。在提出方案优劣的基础上，提出项目是否具有社会可行性的结论与建议，形成项目社会评价报告或者篇章，作为项目决策者的决策依据之一。

### 8.3.2 社会评价的方法

项目涉及的社会因素、社会影响和社会风险不可能用统一的指标、量纲和判据进行评价，因此，社会评价应根据性能的具体情况采用灵活的评估方法。在项目前期准备阶段，采用的社会评价方法主要有快速社会评价法和详细社会评价法。

1. 快速社会评价法

快速社会评价法是在项目前期阶段进行社会评价常用的一种简洁方法，通过这一方法可以大致了解拟建项目所在地区社会环境的基本状况，识别主要社会影响因素，粗略地预测可能出现的情况及其对项目的影响程度。快速社会评价法主要是分析现有资料和现有状况，着眼于负面社会影响的分析判断，一般以定性描述为主。快速社会评价法的方法步骤如下：

（1）识别主要社会因素

对影响项目的社会因素分组，可以按其与项目之间关系和预期影响程度划分为影响一般、影响较大和影响严重三级，应侧重分析评价那些影响严重的社会因素。

（2）确定利益群体

对项目所在地区的受益、受损利益群体进行划分，重点分析受损严重群体的人数、结构，以及他们对项目的态度和可能发生的矛盾。

（3）估计接受程度

大体分析当地现有经济条件、社会条件对项目存在与发展的接受程度，一般分为高、中、低级。应侧重对接受程度低的因素进行分析，并提出项目与当地社会环境相互适应的措施建议。

2. 详细社会评价法

详细社会评价法是在可行性研究阶段广泛应用的一种评价方法。其功能是在快速社会评价的基础上，进一步研究与项目相关的社会因素和社会影响，进行详细论证，并预测风险程度。结合项目备选的技术方案、工程方案等从社会分析的角度进行优化。详细社会评价采用定量与定性分析相结合的方法，进行过程分析。主要步骤如下：

（1）识别社会因素并排序

对社会因素按其正面影响与负面影响，持续时间长短，风险度大小，风险变化趋势（减弱或强化）分组。应着重对那些持续时间长、风险度大、可能激化的负面影响进行论证。

（2）识别利益群体并排序

对利益群体按其直接受益或者受损、间接受益或者受损、减轻或者补偿受损的代价分组，在此基础上详细论证各受益群体与受损群体之间、利益群体与项目之间的利害关系，以及可能出现的社会矛盾。

（3）论证当地社会环境对项目的适应程度

详细分析项目建设与运营过程中可以从地方获得支持与配合的程度，按好、中、差分组。着重研究地方利益群体、当地政府和非政府机构的参与方式及参与意愿，并提出协调矛盾的措施。

（4）比选方案

将上述各项分析的结果进行归纳、比选，推荐合理方案。在进行详细社会评价时一般采用参与式评价，即吸收公众参与评价项目的技术方案、工程方案等。这种方式有利于提高项目方案的透明度，有助于取得项目所在地各有关利益群体的理解、支持与合作，有利于提高项目的成功率，预防不良社会后果。一般来说，公众参与程度越高，项目的社会风险越小。参与式评价可采用如下三种方式进行：①咨询式参与。即由社会评价人员将项目方案中涉及当地居民生产生活的有关内容，直接交给居民讨论，征询意见。这种方式经常采用问卷调查法。②邀请式参与。由社会评价人员邀请不同利益群体中有代表性的人员座谈，注意听取反对意见，并进行分析。③委托式参与。由社会评价人员将项目方案中特别需要当地居民支持、配合的问题，委托给当地政府或机构，组织有关利益群体讨论，并收集反馈意见。

### 8.3.3 几种常用的分析评价方法

1. 有无对比分析法

有无对比分析法是指在有项目情况和无项目情况下的社会效益对比分析，通过有无对比分析，我们可以确定拟建项目可能产生的社会影响，预测各种效益和影响的性质、范围和程度，为项目评价人员的优选调整方案提供有效的依据。有项目情况减去同一时刻的无项目情况，就是由于项目建设引起的社会影响。例如，某一农业项目在没有项目情况时只有纯种植业一种经营活动，如果该农业项目重点是为了开发林果业，那么，项目区内的农业经营将由原来一种种植业经营活动变为既有种植业又有农林复合经营活动，如果采取有无对比分析方法，可以分析这种经营方式发生变化所产生的效益对农村社会变化的影响。又如，在某一项目区内拟安排农业加工项目，也可以采取这种方法分析有无项目时农业劳动力就业结构发生变化所产生的影响。这种分析方法可以采取一系列评价方法进行对比分析，然后通过一定的统计分析方法，得出一些令人满意的结果，这种评价可以丰富项目评价内容，同时为类似的项目提供一定的评价标准。

2. 利益相关者分析法

项目利益相关者是指与项目有直接或间接的利害关系，并对项目的成功与否有直接或间接的影响所有有关各方，如项目的受益人、受害人，与项目有关的政府组织与非政府组织等。利益相关者的划分依据一般是各利益主体与项目的关系及其对项目的影响程度与性质或其受项目影响的程度。

项目利益相关者一般划分为：①项目受益人；②项目受害人；③项目受影响人；④其他利益群体，包括项目的建设单位、设计单位、咨询单位、与项目有关的政府部门与非政府组织。

利益相关者分析的主要内容有：①根据项目单位的要求和项目的主要目标，确定项目所包括的主要利益相关者；②明确各相关者的利益所在以及与项目的关系；③分析各个利益相关者之间的相互关系；④分析各利益相关者参与项目的设计、实施的各种可能方式。

利益相关者分析一般按下列步骤进行：①构造项目利益相关者列表；②评价各利益相关者对项目成功与否所起作用的重要程度；③根据项目目标，对项目各利益相关者的重要性作出评价；④根据以上各步的分析结果，提出在项目实施过程中对各利益相关者应采取的措施。

3. 矩阵分析总结法

矩阵分析总结法是将社会评价的各种定量和定性分析指标列一矩阵表"项目社会评价综合表"，如表8-4所示。

项目社会评价综合表　　　　　　　　表 8-4

| 顺序 | 社会评价指标<br>（定量与定性指标） | 分析评价结果 | 简要说明<br>（包括措施、补偿及其费用） |
| --- | --- | --- | --- |
| 1 | | | |
| 2 | | | |
| 3 | | | |
| 4 | | | |
| … | …… | …… | …… |
| 总结评价 | | | |

将各项定量与定性分析的单项评价结果，按评价人员研究决定的各项指标的权重排列顺序，列于矩阵表中。由评价人员对矩阵中所列的各指标进行分析，阐明每一个指标整个项目社会可行性的影响程度。然后根据影响程度的大小对指标进行排序，重点分析那些对项目影响大而且存在风险的问题，权衡利弊得失，研究说明对其的补偿措施情况。最后，进行分析和归纳，指出对项目社会可行性具有关键作用和影响的决定性因素，从而得出对项目社会可行性作出的总结评价，并指出项目从社会因素方面考虑是否可行。

4. 综合分析评价法

分析项目的社会可行性时，通常要考虑项目的多个社会效益和目标的实现。对这种多个目标的评价决策问题，通常选用多目标决策科学中的一些方法，如矩阵分析法、层次分析法、模糊综合评价法、数据包络分析法等。评价人员可以根据项目定量与定性指标的复杂程度，选择合适的评价方法。多目标综合评价法一般都要组织若干专家，包括各行业和各学科的专家学者，根据国家的产业发展政策和地区的社会发展水平和社会发展目标，结合拟建项目的具体情况，对确定下来的各个分项指标视其对项目的重要程度给以一定的权重，并对每个指标进行分析和打分，最后计算出项目的综合社会评价效果，得出评价的结论。

在多目标综合分析评价中，项目的有利影响可视为正效益，不利影响作为负效益。社会适应性分析部分的定性指标，如对社区居民收入的分配是否公平，参与、组织机构分析结论如何等，也可根据分析结论适当权重评分。但是，这种项目与社区的互适性分析，分析的目的是研究如何采取措施使项目与社会相互适应，以取得较好的投资效果。所以，综合分析评价得出项目社会评价的总分后，在方案比较中，除了要看总分高低，还要看各方案措施实施的难易和所需费用的高低以及风险的大小情况，才能得出各方案社会可行性的优劣。有些项目可能因某些方案社会风险大或受损群众数量较大，又难以减轻某项重大的不利影响而决定改变方案。因此，对于项目社会评价来说，多目标分析综合评价方法得出的结果，往往只能作为一种分析总结的参考数据，不能据以决策。

## 8.4　社会效果评价指标

### 8.4.1　社会评价指标的特征

不同的项目，社会评价的具体指标也不同。但是，所有项目的社会评价指标都具有一些共同的特征，具体如下：

(1) 必须是可衡量、可量化的；
(2) 必须以可靠的现有信息为基础；
(3) 必须是经济上可以承受的；
(4) 可以用来观察随时间发生的变化，应基于一段时间内具体时限中系统收集的数据；
(5) 应具有性别敏感性；
(6) 必须对变化反应灵敏，从而能正确反映现实；
(7) 应是能快速观察到的，如果能在数据采集之后马上建立指标，则比花费长时间处理更加有效；
(8) 必须是广为理解并能被使用者所接受的；
(9) 应用简单的方式报告，以便广大群众能够理解；
(10) 应是平衡的，既能衡量正面影响，也能衡量负面影响。

### 8.4.2 社会评价指标的构成

社会评价与经济评价、环境评价一样，可以用一系列指标来衡量。以可持续发展为目标的社会评价的指标侧重于难以量化的非物质指标。社会评价指标则强调民族、社会性别、弱势群体（贫困、非自愿移民、老年人、儿童等）的敏感性，其指标体系由下列几部分组成：

(1) 社会公平指标。利益相关者的收入提高程度及差异程度、基尼系数、恩格尔系数、公众参与度、就业率（如妇女就业率）、社会保障率、民族、性别公平程度和贫困人口数等。

(2) 社会公正指标。信息公开程度、教育机会、资源获得就业权、性别公正等。

(3) 可持续性指标。人力资源建设、机构能力建设、科技贡献率、创新能力指数、信息化水平指数和社会成本等。社会评价主要是项目取向的，特定项目应根据项目所在行业识别主要社会影响，选择有关社会因素，设计行业指标，进行社会评价。

## 复习思考题

1. 哪些项目需要进行社会评价？社会评价重点关注的群体是谁？
2. 项目社会评价的主要内容有哪些？
3. 比较快速社会评价法和详细社会评价法。
4. 项目的利益相关方一般包括哪些主体？简述利益相关者分析的步骤。
5. 简述项目社会评价的特征及作用。
6. 项目社会评价的方法有哪些？
7. 项目社会评价的基本要求有哪些？
8. 简述项目社会效果评价指标的相关内容。

# 9 不确定性分析与风险分析

**本章概要**

- 不确定性和风险的概念与来源
- 盈亏平衡分析和敏感性分析方法
- 风险分析的流程及方法

## 9.1 概 述

在进行工程项目投资决策之前,工程经济分析与评价人员在市场调查的基础上,掌握了大量的基础数据和相关资料,对影响投资经济效果的各技术经济变量进行预测、分析和判断,并以此作为投资决策的依据。但是由于外部环境(政治、社会、道德、文化、风俗习惯等)的变化以及预测方法的局限性,方案经济评价中所采用的基础数据与实际值有一定的偏差,从而使工程项目具有不确定性和风险。

工程项目的不确定性分析和风险分析是为了弄清和减少不确定因素对经济评价的影响,以预测项目可能承担的风险,确定项目在财务上、经济上的可靠性,有助于制定决策来避免项目投产后不能获得预期的利润和收益,以致使投资不能如期收回或给企业造成亏损。在项目评价中,不确定性就意味着项目带有风险性。风险性大的工程项目,必须具有较大的潜在获利能力。也就是说,风险越大,项目的内部收益率也应越大。

### 9.1.1 工程项目中的不确定性和风险的概念

1. 不确定性

不确定性是与确定性相对的一个概念,指某一事件、活动在未来可能发生,也可能不发生,其发生状况、时间及其结果的可能性或概率是未知的。确定性只有一种结果,不确定性由于存在多种可能性,因而可能有多种结果,但不能预测某一事件发生的概率。

2. 风险

风险是指未来发生不利事件的概率或可能性。风险发生的根源在于项目的不确定性。风险被认为是介于确定性和不确定性之间的一种状态,是指某一事件发生的可能性(或概率)是可以知道的。

3. 概率和后果

风险概率是指描述某一风险事件发生的可能性,而风险后果是指描述某一风险事件如果发生将对项目目标产生的影响。一般将风险的发生概率及其后果分为极高、高、中、低、极低5级。风险的这两个维度适用于描述具体的风险事件,可以帮助我们甄别出那些需要强有力地加以控制与管理的风险。

4. 风险与机会

人们通常将对项目目标有负面影响的可能发生的事件称为风险,而将对项目目标有正面影响的可能发生的事件称为机会。在工程项目中,风险和机会具有相同的规律性,而且有一定的连带性。由于决策者更关注意外事件带来的与目标相悖的潜在损失,因此,项目评价中主要侧重于分析、评价产生不利影响的风险。

### 9.1.2 不确定性和风险的来源与类别

1. 不确定性和风险的来源

影响工程项目将来经济效果的不确定因素几乎是不可计数的,但是以下四个方面是所有工程经济分析都要面临不确定性或风险的来源:

(1) 不确定性是源自于对分析用的现金流估计的不准确。我们很难判断现金流估计的精确度。不同类别的项目其估计的难度是不同的。由于市场需求量和价格较难把握,制造业项目产出现金流入就有较大的不确定性;而基础设施和公用事业需求和现金流入相对稳定,但在投资现金流出上可能有较大的不可预见的因素影响。

(2) 不确定性来源于宏观经济状况的变化。几乎所有项目的效果都受宏观经济冷热的影响,而这种变化周期的规律越来越难以捉摸,特别是资源型、基础性项目对这种变化的敏感性较大。

(3) 不确定性取决于项目设备等实物形态。通用的设备、厂房和设施具有较广泛的适用性,其市场变现的价值也较高;而专用设备和设施就不具有这种柔性,一旦产品销售不畅,就有较大风险。

(4) 不确定性是来源于项目计算(研究)期设定的长短。从前面的分析知道,很多评价的判据和指标(如净现值和内部收益率)都取决于计算期的长短。而时间越久远,我们的估计与实际的差距可能越大。因此,给定其他条件相同,投资项目设定的计算期越长,不确定性也越大。

2. 不确定性和风险的类别

风险类别分析可以采用结构化分析方法,即由总体到细节、由宏观到微观,层层分解。通常可以从以下几个角度进行分类。

(1) 项目环境系统的风险

1) 政治风险。如政局的不稳定性,战争、动乱和政变的可能性,国家的对外关系、政府信用和廉洁程度,政策及其稳定性,经济的开放程度或排外性以及国有化的可能性、国内的民族矛盾、保护主义倾向等。

2) 法律风险。如法律不健全,有法不依、执法不严,相关法律内容变化,法律对项目的干预;可能对相关法律未能全面、正确理解,工程中有可能触犯法律的行为等。

3) 经济风险。如国家经济政策的变化,产业结构的调整,银根紧缩,项目的产品市场需求变化;工程承包市场、材料供应市场、劳动力市场的变动,工资的提高,物价上涨,通货膨胀速度加快,原材料进口限制,金融危机以及外汇汇率的变化等。

4) 自然条件风险。如地震,风暴,特殊的未预测到的地质条件(如泥石流、河塘、垃圾场、流沙等),反常的雨、雪天气,冰冻天气,恶劣的现场条件,周边存在对项目的干扰源,工程建设可能造成对自然环境的破坏,不良的运输条件可能造成的供应中断。

5) 社会风险。包括宗教信仰的影响和冲击、社会治安的稳定性、社会禁忌、劳动者

# 9 不确定性分析与风险分析

的文化素质、社会风气等。

(2) 项目行为主体产生的风险

项目的行为主体产生的风险是从项目组织角度进行分析的。

1) 业主和投资者。例如：①业主的支付能力差，企业的经营状况恶化，资信不好，企业倒闭，撤走资金，或改变投资方向，改变项目目标；②业主违约、苛求、刁难、随意变更但又不赔偿，错误的行为和指令，非程序地干预工程；③业主不能完成合同责任，不及时供应其负责的设备、材料，不及时交付场地，不及时支付工程款。

2) 承包商（分包商、供应商）。例如：①技术能力和管理能力不足，没有适合的技术专家和项目经理，不能积极履行合同，因管理和技术方面的失误，造成工程中断；②缺乏有效的措施保证工程进度、安全和质量等相关要求；③财务状况恶化，无力采购和支付工资，企业处于破产境地；④工作人员罢工、抗议或软抵抗；⑤错误理解业主意图和招标文件，实施方案错误，报价失误，计划失效；⑥设计单位设计错误，工程技术系统之间不协调，设计文件不齐全，不能及时交付图纸，或无力完成设计工作。

3) 项目管理者（如监理工程师）。例如：①管理能力、组织能力、工作热情和积极性、职业道德以及公正性等出现问题；②管理风格、文化偏见，可能导致其不正确地执行合同，在工程中要求苛刻；③起草错误的招标文件、合同条件，下达错误的指令。

4) 其他方面。例如：中介人的资信、可靠性差，政府机关工作人员、城市公共供应部门（如水、电等部门）的干预、苛求和个人需求，以及项目周边或涉及的居民或单位的干扰、抗议或苛刻的要求等。

(3) 项目管理过程的风险

项目管理过程风险包括极其复杂的内容，常常是风险责任分析的依据。例如：

1) 高层战略风险，如指导方针、战略思想失误而造成项目选择和目标设计错误。

2) 环境调查和预测的风险。

3) 决策风险，如选择错误的方案、错误的投标报价决策等。

4) 工程规划或技术设计风险。

5) 计划风险，包括对目标理解错误，合同中有不严密、错误、同义性、过于苛刻的、单方面约束性的、不完备的条款，以及实施方案、报价（预算）和施工组织措施等方面的错误。

6) 实施控制中的风险。例如：①合同风险。合同未履行，合同伙伴争执，责任不清，产生索赔要求；②供应风险。如供应拖延、供应商不履行合同、运输中的损坏以及在工地上损失；③新技术、新工艺带来的风险；④由于分包层次太多，造成计划执行和调整控制的困难；⑤工程管理失误。

7) 运行管理风险。如准备不足，工程无法正常运行，运行操作失误，销售渠道不畅。

(4) 项目目标的风险

项目目标风险是按照项目目标系统结构进行分析的。

1) 工期风险。即造成工程不能及时竣工，不能按计划投入使用。

2) 费用风险。包括财务风险、成本超支、投资追加、报价失误、收入减少、投资回收期延长、回报率降低等。

3) 质量风险。包括材料、工艺、工程不能通过验收、工程试生产不合格、工程质量未达标准等。

4）生产能力风险。工程建成后达不到设计生产能力,可能是由于设计、设备问题,或生产用原材料、能源、水、电供应问题。

5）市场风险。工程建成后产品未达到预期的市场份额,销售不足,销路不畅,缺乏竞争力。

6）信誉风险。即造成对企业形象、职业责任、企业信誉的损害。

7）造成人身伤亡,安全、健康事故以及工程或设备的损坏。

8）法律责任。即可能被起诉或承担相应法律或合同的处罚。

9）对环境和对项目的可持续发展的不良影响和损害。

## 9.2 不确定性分析

### 9.2.1 盈亏平衡分析

盈亏平衡分析是指在一定的市场、经营管理条件下,通过分析产品产量、成本和利润之间的关系,计算出盈亏平衡点(Break-even Point,BEP),判断项目对产品产量或产品价格等不确定因素变化的适应能力和抗风险能力。盈亏平衡分析适用于财务评价,在企业的其他经济活动分析中,也有广泛的应用。

一个建设项目投产后,只有达到一定的产量才能实现盈利,亏损与盈利的临界点即盈亏平衡点;若产量保持不变,产品价格也存在一个保本价格,产品价格高于这一保本价格,才能盈利。盈亏平衡点多以产量来表示,有时也以价格或固定成本来表示。可见项目存在各种盈亏平衡点,在盈亏平衡点上正好盈亏平衡,利润等于零。由于销售收入与销售量、销售成本与销售量之间存在着线性和非线性两种可能的关系,盈亏平衡分析也分为线性盈亏平衡分析和非线性盈亏平衡分析两种类型。

1. 线性盈亏平衡分析

(1) 线性盈亏平衡分析的前提条件

1）产量等于销售量,即当年生产的产品当年销售出去;

2）产量变化,单位可变成本不变,从而总成本费用是产量的线性函数;

3）产量变化,产品售价不变,从而销售收入是销售量的线性函数;

4）按单一产品计算,当生产多种产品时,可以换算成单一产品,即不同产品的生产负荷率的变化是一致的。

(2) 线性盈亏平衡分析的基本原理

线性盈亏平衡分析是指项目的销售收入与销售量、销售成本与销售量之间的关系为线性关系情况下的盈亏平衡分析。这种关系可表示为:

$$F(x) = (p-t)x \tag{9-1}$$

$$C(x) = vx + C_F \tag{9-2}$$

$$E(x) = F(x) - C(x) = (p-t-v)x - C_F \tag{9-3}$$

式中,$F(x)$ 为年销售总收入;$C(x)$ 为年销售总成本;$E(x)$ 为年总利润;$x$ 为年销量;$p$ 为产品单价;$t$ 为单位产品年销售税金(或营业税金)及附加;$C_F$ 为年固定成本;$v$ 为单位产品变动成本。

(3) 线性盈亏平衡点的确定方法

1) 图表法

图表法是将项目销售收入函数和销售成本函数在同一坐标图上描述出来，从而得到盈亏平衡图，图中两条直线的交点就是盈亏平衡点，如图9-1所示。

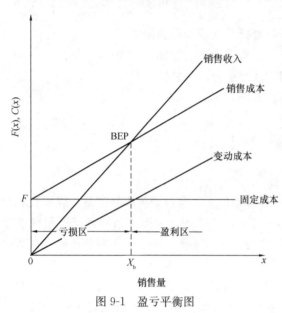

图 9-1 盈亏平衡图

图 9-1 纵坐标表示销售收入和销售成本，横坐标表示销售量，图中 $X_b$ 表示盈亏平衡点 BEP 对应的盈亏平衡销量（或称盈亏界限）。在盈亏平衡点 BEP 右边，销售量大于盈亏界限 $X_b$，销售收入大于销售成本，项目盈利，且生产产品越多，盈利越多；在盈亏平衡点 BEP 左边，销售量小于盈亏界限 $X_b$，销售收入小于销售成本，项目亏损；在盈亏平衡点 BEP 上，销售收入等于销售成本，利润为零，项目不亏不盈。因此盈亏平衡点 BEP 就构成了项目盈利和亏损的临界点，该临界点越低，项目盈利的机会就越大，项目亏损的机会就越小，抗风险能力越大。

2) 解析法

解析法是指通过求解方程来确定盈亏平衡点。根据盈亏平衡原理，在盈亏平衡点上，销售收入与销售成本相等。由式（9-1）和式（9-2）有

$$(p-t)x = vx + C_F \tag{9-4}$$

由式（9-4）推导可得

① 盈亏平衡产量或销售量，即盈亏平衡界限

$$X_b = \frac{C_F}{p-t-v} \tag{9-5}$$

② 盈亏平衡销售收入

$$F^* = \frac{pC_F}{p-t-v} = \frac{C_F}{1-\frac{t+v}{p}} \tag{9-6}$$

③ 生产负荷率

设该项目的年设计生产能力为 $X_t$，则定义比值

$$\text{BEP}(X) = \frac{X_b}{X_t} = \frac{C_F}{(p-t-v)X_t} \times 100\% \tag{9-7}$$

④ 盈亏平衡点价格

$$p^* = t + v + \frac{C_F}{X_b} \tag{9-8}$$

⑤ 盈亏平衡点单位产品变动成本

$$v^* = p - t - \frac{C_F}{X_b} \tag{9-9}$$

利用上述各式计算得到的结果与项目的预测值进行比较，即可判断项目各风险的承受能力，同时我们还可以发现，固定成本越高，盈亏平衡产量越高，盈亏平衡单价变动成本越低；高的盈亏平衡产量和低的盈亏平衡变动成本意味着项目的经营风险较大，因此固定成本有扩大项目风险的效用，因而在实际的管理决策以及设备、工艺等的选择中应给予足够的重视。

**【例 9-1】** 某项目年生产能力 120 万吨，固定成本 $C_F=6000$ 万元，可变成本 $v=40$ 万元/万 t，产品单价 $p=150$ 万元/万 t，单位产品销售税金及附加 $t=18$ 万元/万 t。试进行盈亏平衡分析。

**解**：产量盈亏平衡点：

$$X_b = \frac{C_F}{p-t-v} = \frac{6000}{150-18-40} = 65.22 \text{ 万 t/年}$$

价格盈亏平衡点：

$$p^* = t+v+\frac{C_F}{X_b} = 18+40+\frac{6000}{120} = 108 \text{ 万元/万 t}$$

可变成本盈亏平衡点：

$$v^* = p-t-\frac{C_F}{X_b} = 150-18-\frac{6000}{120} = 82 \text{ 万元/万 t}$$

固定成本盈亏平衡点：

$$F_b = (p-t-v)x = (150-18-40)\times 120 = 11040 \text{ 万元/万 t}$$

若用相对值表示，则

$$\frac{X_b}{X} = \frac{65.22}{120} = 54.35\%$$

$$\frac{p^*}{p} = \frac{108}{150} = 72\%$$

$$\frac{v^*}{v} = \frac{82}{40} = 2.05$$

$$\frac{F_b}{F} = \frac{11040}{6000} = 1.84$$

由以上计算可知，当产量不低于设计产量的 54.35%，或价格不低于原预测价格的 72%，或可变成本不高于设计可变成本的 2.05 倍，或固定成本不高于设计固定成本的 1.84 倍，都能保证盈利。

2. 非线性盈亏平衡分析

在实际的项目管理活动中，由于资源的稀缺性，随着产量的增加，生产的边际成本有可能增加，因此项目总成本并不一定随产品产量呈线性变化；随着市场需求不断得到满足，产品价格可能会有降低趋势，因此产品的销售收入与产品产量之间也不一定是线性关系。在销售成本函数和销售收入函数中，只要有一个函数是非线性函数，该盈亏平衡分析即称为非线性盈亏平衡分析。

非线性盈亏平衡分析的盈亏平衡图如图 9-2 所示，图 9-2(a) 只有销售成本函数为非线性，图 9-2(b) 中销售成本函数和销售收入函数都为非线性。由图 9-2 可见：①一般存在两个盈亏平衡点 $x_1$ 和 $x_2$，当 $x_1 < x < x_2$ 时盈利，当 $x=x_1$ 或 $x=x_2$ 时盈亏平衡，当 $x$

$<x_1$ 或 $x>x_2$ 时发生亏损;②存在一个盈利最大的产量,即图 9-2 中 $x_3$,$x_3$ 一般借助于数学中的极值原理求解;③$x_1$ 越小,盈利区越大,则工程项目抗风险能力越强。

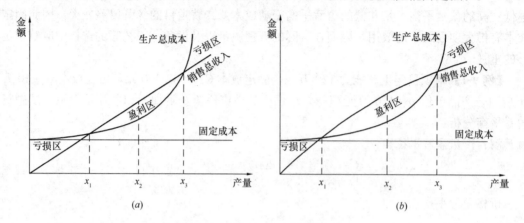

图 9-2 非线性盈亏平衡分析图

非线性盈亏平衡点的确定方法一般使用解析法进行计算。假设非线性销售收入函数 $F(x)$ 与销售成本函数 $C(x)$ 是关于年销量 $x$ 的一元二次函数,表示为

$$F(x) = ax + bx^2 \tag{9-10}$$

$$C(x) = C_F + cx + dx^2 \tag{9-11}$$

式中,a、b、c、d 为常数。

根据盈亏平衡原理,在盈亏平衡点有 $F(x) = C(x)$,可以得出

$$E(x) = (b-d)x^2 + (a-c)x - C_F = 0$$

解此一元二次方程,得到两个解 $x_1$ 和 $x_2$,即项目的两个盈亏平衡点。

另外,通过对 $E(x)$ 求导,可求得项目的最大盈利点,即

$$E'(x) = 2(b-d)x + (a-c) = 0$$

式中的 $x$ 就是项目的利润达极值时的产量。但是,有时盈利区和亏损区是不容易看出来的,所以,求出的产量是否对应着利润最大还无法判别,必须通过二次微分加以判定。若

$$E''(x) = 2(b-d) < 0$$

则求得的产量就是利润最大时的产量;反之为亏损最大时的产量。

【例 9-2】已知某投资方案预计年销售收入为 $F(x) = 500x - 0.02x^2$ 元,年总成本为 $C(x) = 300000 + 200x - 0.01x^2$ 元,式中 $x$ 为生产规模。试求(1)为保证盈利,生产规模应在什么范围?(2)生产规模为多大时,盈利最大?(3)最大利润为多少?

**解**:(1)计算盈亏平衡点

根据盈亏平衡点的定义,可知盈亏平衡时,有 $F(x) = C(x)$,即

$$(500x - 0.02x^2) - (300000 + 200x - 0.01x^2)$$
$$E(x) = -0.01x^2 + 30x - 300000 = 0$$

解上述方程,可得:$x_1 = 1050$ 件,$x_2 = 28950$ 件。

(2)计算最优生产规模与最大利润

根据最大盈利点的含义,当生产规模达到最大盈利点时,应有

$$E'(x) = -0.02x + 300 = 0$$

解得 $x=15000$ 件，即当生产规模达到 15000 件时是利润达到极值时的产量。

此时，利润为 $E = -0.01 \times 15000^2 + 300 \times 15000 - 300000 = 1950000$ 元

可见，为保证盈利，年生产规模宜在 1050～28950 件之间。年生产规模为 15000 件时，盈利最大，年最大利润为 195 万元。

### 9.2.2 敏感性分析

**1. 敏感性分析概述**

（1）敏感性分析的概念

在项目的整个寿命周期内，存在着各种不确定性因素，而这些因素对项目的影响程度也是不一样的，有些因素很小的变化就会引起项目指标较大的变化，甚至变化超过了临界点，直接影响到原来的项目管理决策，这些因素称之为敏感性因素；有些因素即使在较大的数值范围内变化，但只引起项目评价指标很小的变化，甚至"无动于衷"，这些因素被称为不敏感性因素。敏感性分析的目的就是通过分析测算项目主要不确定因素发生变化对主要评价指标的影响，找出敏感因素，估计项目评价指标对影响因素的敏感程度，预测项目对外部条件发生不利变化时的承受能力。

项目的主要不确定因素一般有建设投资、原材料价格、产品产量、产品价格、建设工期等。不确定因素变化方式一般采用对原数值增减某一百分率，如－20%、－10%、＋10%和＋20%等。对不便使用百分数来表示的因素，例如建设工期，可采用延长一段时间表示，如延长一年。敏感性分析中选定一个或几个评价指标进行分析，最基本的分析指标是内部收益率。根据项目的实际情况，也可选择净现值或投资回收期评价指标，必要时可同时针对两个或两个以上的指标进行敏感性分析。不确定因素对评价指标影响的越大，表明项目对该不确定因素越敏感，对项目评价指标影响最大的不确定因素成为最敏感因素。

（2）敏感度系数和临界点

为估计项目效果对不确定因素的敏感程度，敏感性分析中需要计算敏感度系数和临界点。

1）敏感度系数

敏感度系数表示技术方案经济效果评价指标对不确定因素的敏感程度。计算公式为

$$S_{AF} = \frac{\Delta A/A}{\Delta F/F} \tag{9-12}$$

式中　$S_{AF}$——评价指标 $A$ 对于不确定因素 $F$ 的敏感系数；

　　　$\Delta F/F$——不确定因素 $F$ 的变化率（%）；

　　　$\Delta A/A$——不确定因素 $F$ 发生变化 $\Delta F$ 时，评价指标 $A$ 的变化率（%）。

计算敏感度系数判别敏感因素的方法是一种相对测定法，即根据不同因素相对变化对技术方案经济效果评价指标影响的大小，可以得到各个因素的敏感性程度排序。

$S_{AF}>0$，表示评价指标与不确定因素同方向变化；$S_{AF}<0$，表示评价指标与不确定因素反方向变化。$|S_{AF}|$ 越大，表明评价指标 $A$ 对于不确定因素 $F$ 越敏感；反之，则不敏感。据此可以找出哪些因素是最关键的因素。

2）临界点

临界点是指技术方案允许不确定因素的变化使项目由可行变为不可行的临界数值，一般采用不确定因素相对于基本方案的变化率表示。当该不确定因素为费用科目时，为增加的百分率；当其为效益科目时，为降低的百分率。临界点也可采用该百分率对应的具体数值表示，称为临界值。当不确定因素的变化超过了临界点或临界值所表示的不确定因素的极限变化时，项目将由可行变为不可行。临界点的绝对值越小，表明不确定性因素的允许变幅越小，不确定因素越敏感。为直观起见，一般还需要绘制敏感性分析图。根据敏感性分析图，可以直观判断敏感因素。

（3）敏感性分析的类型

根据一次同时变动一个或多个因素，敏感性分析可分为单因素敏感性分析和多因素敏感性分析。单因素敏感性分析研究某一不确定因素单独发生变化时对项目经济评价指标的影响，即假设各个不确定性因素之间相互独立，每次只考察一个因素变动，其他因素保持不变，以分析这个可变因素对经济效果评价指标的影响程度和敏感程度；多因素敏感性分析则研究两个或两个以上互相独立的不确定因素同时发生变化时项目经济评价指标的变化情况。为了找出关键的敏感因素，通常采用单因素敏感性分析。

2. 敏感性分析的一般步骤

（1）确定分析指标

由于投资效果可用多种指标来表示，在进行敏感性分析时，首先必须确定分析指标。一般而言，技术方案评价的各种经济效果指标，如财务净现值、财务内部收益率、静态投资回收期等，都可以作为敏感性分析的指标。分析指标的确定与进行分析的目标和任务有关，一般是根据技术方案的特点、实际需求情况和指标的重要程度来选择。

如果主要分析技术方案状态和参数变化对技术方案投资回收快慢的影响，则可选静态投资回收期作为分析指标；如果主要分析产品价格波动对技术方案超额净收益的影响，则可选用财务净现值作为分析指标；如果主要分析投资大小对技术方案资金回收能力的影响，则可选用财务内部收益率指标等。

（2）选定需要分析的不确定性因素

影响技术方案经济效果评价指标的不确定性因素众多，不可能也没有必要对全部不确定性因素逐个进行敏感性分析，只需选择一些主要的影响因素即可。在选定需要分析的不确定性因素时，主要考虑以下两条原则：第一，预计这些因素在其可能变动的范围内对经济效果评价指标的影响较大；第二，对在确定性经济效果分析中采用该因素的数据的准确性把握不大。

对于一般技术方案来说，通常从以下几方面选择敏感性分析中的影响因素。

1）从收益方面来看，主要包括产销量与销售价格、汇率。许多产品，其生产和销售受国内外市场供求关系变化的影响较大，市场供求难以预测，价格波动也较大，而这种变化不是技术方案本身所能控制的，因此产销量与销售价格、汇率是主要的不确定性因素。

2）从费用方面来看，包括成本（特别是与人工费、原材料、燃料、动力费及技术水平有关的变动成本）、建设投资、流动资金占用、折现率、汇率等。

3）从时间方面来看，包括技术方案建设期、生产期，生产期又可考虑投产期和正常生产期。

（3）计算因素变动对分析指标影响的数量结果

首先，对所选定的不确定性因素，应根据实际情况设定这些因素的变动幅度；其他因素固定不变。因素的变动可以按照一定的变化幅度（如±5%、±10%、±15%、±20%等；建设工期可采用延长或压缩一段时间表示）改变它的数值。

其次，计算不确定性因素每次变动对技术方案经济效果评价指标的影响。

对每一因素的每一变动，均重复以上计算，然后，把因素变动及相应指标变动结果用敏感性分析计算表或分析图的形式表示出来，以便于测定敏感性因素。

(4) 确定敏感性因素

敏感性因素是指能引起分析指标产生相应较大变化的因素。测定某特定因素敏感与否，可采用两种方式进行。第一种是相对测定法，即设定要分析的因素均从基准值开始变动，且各因素每次变动幅度相同，比较在同一变动幅度下各因素的变动对经济效果评价指标的影响，就可以判别出各因素的敏感程度。第二种方式是绝对测定法，即设各因素均向降低投资效果的方向变动，并设该因素达到可能的"最坏"值，然后计算在此条件下的经济效果评价指标，看其是否已达到使项目在经济上不可取的程度。如果项目已不能接受，则该因素就是敏感性因素。

(5) 结合确定性分析进行综合评价，选择可行的比选方案

根据敏感性因素对技术方案经济效果评价指标的影响程度，结合确定性分析的结果做进一步的综合评价，寻求对主要不确定性因素变化不敏感的可选方案。

在不同的技术方案分析比较中，对主要不确定性因素变化不敏感的方案，其抵抗风险能力比较强，可靠性比较大，获得满意经济效益的潜力比较大，优于敏感方案，应优先考虑接受。有时，还根据敏感性分析的结果，采取必要的相应对策。

需要说明的是，单因素敏感性分析虽然对于技术方案分析中不确定因素的处理是一种简便易行、具有实用价值的方法。但它以假定其他因素不变为前提，这种假定条件，在实际经济活动中是很难实现的。所以，在分析技术方案经济效果受多种因素同时变化的影响时，要用多因素敏感性分析，使之更接近于实际过程。

3. 敏感性分析的方法

(1) 单因素敏感性分析

这种方法是每次只变动某一个不确定性因素而假定其他的因素都不发生变化，分别计算其对确定性分析指标影响的敏感性分析方法。

**【例 9-3】** 某投资方案预计总投资为 1200 万元，年产量为 10 万台，产品价格为 35 元/台，年经营成本为 120 万元，寿命期为 10 年，届时设备残值为 80 万元，基准折现率为 10%，试就投资额、产品价格及方案寿命期进行敏感性分析。

**解**：以净现值作为经济评价指标，基准方案的净现值为

$$NPV_0 = -1200 + (10 \times 35 - 120)(P/A, 10\%, 10) + 80(P/F, 10\%, 10)$$
$$= 244.19 \text{ 万元}$$

下面用净现值指标分别就投资额、产品价格和寿命期三个不确定性因素作敏感性分析。

设投资额变化率为 $x$，分析投资额变化对方案净现值影响的计算公式为

$$NPV = -1200(1+x) + (10 \times 35 - 120)(P/A, 10\%, 10) + 80(P/F, 10\%, 10)$$

设寿命期变化率为 $z$，分析寿命期变化对方案净现值影响的计算公式为

$$NPV = -1200 + (10 \times 35 - 120)[P/A, 10\%, 10(1+z)] + 80[P/F, 10\%, 10(1+z)]$$

对投资额、产品价格及寿命期逐一按在基准基础上变化±10%、±15%、±20%取值，所对应的方案净现值的变化结果如表 9-1 和图 9-3 所示。可以看出，在同样的变化率下，产品价格的变化对方案的净现值影响最大，其次是投资额的变化，寿命期的变化影响最小。

单因素的敏感性计算表　　　　　　　　　　　　　　　　表 9-1

| 变动率<br>敏感性因素 | −20% | −15% | −10% | 0 | 10% | 15% | 20% |
| --- | --- | --- | --- | --- | --- | --- | --- |
| 投资额 | 483.96 | 423.96 | 363.96 | 244.19 | 123.96 | 63.96 | 3.96 |
| 产品价格 | −186.12 | −78.60 | 28.92 | 244.19 | 459.00 | 566.52 | 647.00 |
| 寿命期 | 64.37 | 112.55 | 258.50 | 244.19 | 321.89 | 358.11 | 392.71 |

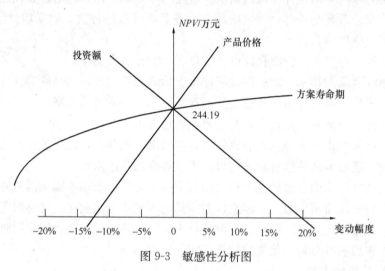

图 9-3　敏感性分析图

如果以 $NPV=0$ 作为方案是否可以接受的临界条件，那么从上面的公式中可以算出，当实际投资额超出预计投资额的 20.3%，或者当产品价格下降到比预计价格低 11.3%，或者方案寿命期比预计寿命期短 26.5% 时，方案就变得不可接受。

根据上面的分析可知，对于本方案来说，产品价格是敏感性因素，应对未来产品价格进行更准确的测算。如果未来产品价格变化的可能性较大，则意味着这一方案的风险亦较大。

**【例 9-4】** 某项目设计年生产能力为 10 万 t，计划总投资为 1800 万元，建设期 1 年，投资期初一次性投入，产品销售价格为 63 元/t，年经营成本为 250 万元，项目生产期为 10 年，期末预计设备残值收入为 60 万元，折现率为 10%，试就投资额、产品价格（销售收入）、经营成本等影响因素对该投资方案进行敏感性分析。

**解：** 选择净现值为敏感性分析对象，根据净现值的计算公式，可计算出项目的净现值为

$$NPV = -1800 + (63 \times 10 - 250)(P/A, 10\%, 10) + 60(P/F, 10\%, 10)$$
$$= 558.07 \text{ 万元}$$

由于 $NPV>0$，该项目是可行的。

下面来对项目进行敏感性分析。

取定三个因素：投资额、销售收入和经营成本，然后令其逐一在初始值的基础上按 $\pm 10\%$ 和 $\pm 20\%$ 的变化幅度变动。分别计算相应的净现值的变化情况，得出结论如表 9-2 所示。

敏感性分析表　　　　　　　　　　　表 9-2

| 序号 | 调整项目 | | | 分析结果 | | |
| --- | --- | --- | --- | --- | --- | --- |
| | 投资额 | 销售收入 | 经营成本 | NPV/万元 | 平均+1% | 平均−1% |
| 0 | | | | 558.07 | | |
| 1 | +10% | | | 378.07 | +3.23% | −3.23% |
| 2 | +20% | | | 198.07 | | |
| 3 | −10% | | | 738.07 | | |
| 4 | −20% | | | 918.08 | | |
| 5 | | +10% | | 945.17 | +6.94% | −6.94% |
| 6 | | +20% | | 1332.28 | | |
| 7 | | −10% | | 170.96 | | |
| 8 | | −20% | | −216.15 | | |
| 9 | | | +10% | 404.45 | | |
| 10 | | | +20% | 250.84 | +2.75% | −2.75% |
| 11 | | | −10% | 711.98 | | |
| 12 | | | −20% | 968.29 | | |

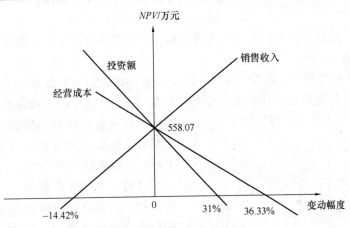

图 9-4　单因素敏感性分析图

由表 9-2 和图 9-4 可以得出，按净现值对各个因素的敏感程度来排序，依次是：产品销售收入、投资额和经营成本，最敏感的因素是产品销售收入。因此，从项目决策的角度来讲，应该对产品价格进行进一步的、更准确的测算，因为从项目风险的角度来讲，如果未来产品销售收入发生变化的可能性较大，则意味着这一工程项目的风险性亦较大。

此外，运用敏感性分析图，还可以进行经济指标达到临界点的极限分析。如图9-4所示，允许变量因素变动的最大幅度（极限变化）是：产品销售收入的下降不超过 $-14.42\%$，投资额的增加不超过 $31\%$，经营成本的增加不超过 $36.33\%$。如果这三个变量的变化超过上述极限，项目就不可行。

（2）多因素敏感性分析

无论是哪种类型的技术项目方案，各种不确定因素对项目方案经济效益的影响，都是相互交叉综合发生的，而且各个因素的变化率及其发生的概率是随机的。因此，研究分析经济评价指标受多个因素同时变化的综合影响，研究多因素的敏感性分析，更具有实用价值。

多因素敏感性分析要考虑可能发生的各种因素不同变化幅度的多种组合，计算起来要比单因素敏感性分析复杂得多。下面以双因素敏感性分析为例，说明多因素敏感性分析的基本方法。

**【例9-5】** 某项目建设期初投资300万元，当年投入正常运行，年销售收入60万元，年经营费用18万元，项目寿命为15年，资产余值为12万元，基准收益率为 $10\%$。试就投资和年销售收入对项目净现值进行双因素敏感性分析。

**解：** 设投资发生于第一年年初。经计算，基本方案的净现值为22.33万元，内部收益率为 $11.27\%$，可见基本方案在经济上是可行的。下面对项目进行双因素敏感性分析。

设 $x$ 为投资变动的百分比，$y$ 为年销售收入变化的百分比，则

$$\begin{aligned} NPV &= -300(1+x) + 60(1+y)(P/A, 10\%, 15) - 18(P/A, 10\%, 15) \\ &\quad + 12(P/F, 10\%, 15) \\ &= -300(1+x) + 60(1+y) \times 7.6061 - 18 \times 7.6061 + 12 \times 0.2394 \\ &= 22.329 - 300x + 456.366y \end{aligned}$$

当 $NPV \geq 0$ 时，说明项目是可行的。令 $22.329 - 300x + 456.366y \geq 0$ 得：

$$y \geq 0.6574x - 0.0489$$

将该不等式绘制在以投资变化率为横坐标，年销售净收入变化率为纵坐标的平面直角坐标系中，如图9-5所示。

从图9-5中可以看出，斜线 $y = 0.6574x - 0.0489$ 把 $xy$ 平面分为两个区域，斜线上的点 $NPV = 0$，斜线上方 $NPV > 0$，斜线下方 $NPV < 0$。这显示了两因素允许同时变化的幅度，也就是投资和销售收入同时变动，只要两者变化率坐标落在斜线上方或落在斜线上时，就能保证 $NPV \geq 0$。

另外，根据不等式 $y \geq 0.6574x - 0.0489$，以及双因素敏感性分析图，也可分析单因素的允许变幅。由该不等式可知，若投资不变（即 $x=0$），则年销售收入降低到 $-4.89\%$ 以下时，项目将出现 $NPV < 0$。若年销售收入不变（即 $y=0$），则当投资增加到 $7.44\%$ 以上时，将出现 $NPV < 0$。

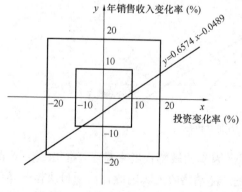

图9-5 双因素敏感性分析图

由上述分析可知，项目抗风险能力不强。相对于投资来说，年销售收入为敏感因素。

4. 敏感性分析的局限性

敏感性分析在一定程度上就各种不确定因素的变动对方案经济效果的影响作了定量描述，有助于找出影响项目方案经济效益的敏感因素及其影响程度。但是，敏感性分析没有考虑各种不确定性因素在未来发生某种变化的概率，这可能会影响分析结论的准确性。实际上，各种不确定性因素在未来发生某一幅度变化的概率一般是有所不同的。可能有这种情况，通过敏感性分析找出的某一敏感因素未来发生不利变化的概率很小，因而实际上所带来的风险并不大，以至于可以忽略不计，而另一非敏感因素未来发生不利变化的概率很大，实际上带来的风险比那个敏感因素更大。盈亏平衡分析、敏感性分析都没有考虑参数变化的概率。因此，这两种分析方法虽然可以回答哪些参数变化或假设对项目风险影响大，但不能回答哪些参数变化或假设最有可能发生变化以及这种变化的概率，这是它们在风险评估方面的不足。

## 9.3 风 险 分 析

工程项目风险分析是认识投资项目可能存在的潜在风险因素，估计这些因素发生的可能性及由此造成的影响，研究防止或减少不利影响而采取对策的一系列活动，它包括风险识别、风险估计、风险评价与风险对策研究四个基本阶段。首先从认识风险特征入手去识别风险因素；其次根据需要和可能选择适当的方法估计风险发生的可能性及其影响；再次，按照某个标准，评价风险程度，包括单个风险因素风险程度估计和对项目整体风险程度估计；最后，提出针对性的风险对策，将项目风险进行归纳，提出风险分析结论。风险分析的基本流程如图 9-6 所示。

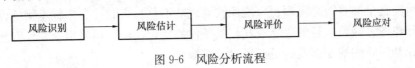

图 9-6 风险分析流程

### 9.3.1 风险识别

风险识别是指识别项目所有可能引起损失的风险因素，并对其性质进行鉴别和分类，找出对项目评价指标有决定性影响的关键因素。对风险的识别可以通过感性认识和经验进行判断，但更重要的是应注意借鉴历史经验，特别是后评价的经验，依据各种客观的统计、以往类似项目的资料和风险记录，通过分析、归纳和整理，从而发现各种风险的损害情况及其规律性。

1. 风险识别步骤

风险识别是一个系统、持续的过程，包括对所有可能的风险事件来源和结果进行实事求是的调查、严格的分类，并评价其重要程度。对风险识别一般分为五步：

（1）确认不确定性的客观存在

风险具有不确定性。首先，要识别所发现和推测的因素是否存在不确定性。如果不存在不确定性，即该因素是确定无疑的，则无所谓风险。其次，就是确认这种不确定性是客观存在，而不是凭空臆断的。风险识别的第一步工作是确认各种相关因素的不确定性和它们的客观存在。

(2) 建立风险因素的初步清单

通过全面、系统、深入地调查研究和分析整理，编制风险因素的初步清单。清单中应明确列出客观存在的和潜在的各种风险因素，应包括各种影响工程项目顺利完成和合理经济效益的因素。建立清单可采用商业清单办法和通过对一些调查表统计分析而制定。一般情况下，清单中必须列出有分析和参考价值的各种数据。

(3) 确立各种风险事件并推测其结果，制定风险预测图

根据初步风险清单中列出的各种主要的风险来源，推测与其相关联的各种合理的可能性，包括盈利和损失、人身伤害、自然灾害、时间和成本、节约或超支等方面，重点应是资金的财务结果。然后对每一类风险发生的概率与潜在的危害绘制二维结构图，称为风险预测图，如图9-7所示。通过图形可以直观地看出某一潜在风险的相对重要性，以及曲线组中各条曲线所表示的风险程度的不同，曲线距离坐标原点越远，表明风险越大。

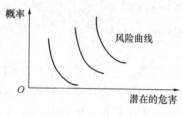

图 9-7 风险预测图

(4) 进行风险分类

进行风险分类有两个目的：一是通过风险分类，能够加深对风险的认识和理解；二是通过风险分类，有助于根据风险的性质制定风险管理的目标。风险分类的方法有多种：将所有的风险不论概率大小和轻重程度一一列出；依据风险的性质和可能的结果以及各种风险事件之间的相关性进行分类。显然，最后一种风险分类方法有助于发现与各种风险相关联的各方面因素，便于更深入地理解风险、预测其结果，因此是较好的方法。

(5) 建立风险目录摘要

建立风险目录摘要即是将项目可能面临的风险汇总起来，并分出轻重缓急，形成一种整体风险印象图。随着项目的进展及其相关条件的变化，项目风险也会发生变化，应随着信息的变化和风险的演变而及时更新风险目录摘要。

2. 风险识别方法

风险识别非常复杂，要根据行业和项目的特点，采用适当的方法进行。风险识别要采用分析和分解原则，把综合性的风险问题分解为多层次的风险因素。项目风险识别的方法有很多，任何有助于发现风险信息的方法都可以作为风险识别的工具。常用的识别方法主要有专家调查法、WBS工作分解法、环境分析法、情景分析法和生产流程分析法等。

(1) 专家调查法

专家调查法是基于专家的知识、经验和直觉，通过发函、开会或其他形式向专家进行调查，发现项目潜在风险的分析方法，对项目风险因素及其风险程度进行评定，将多位专家的经验集中起来形成分析结论的一种方法，它适用于风险分析的全过程。专家调查法有很多，其中头脑风暴法、德尔菲法、风险识别调查表、风险对照检查表和风险评价表是最常用的几种方法。头脑风暴法和德尔菲法在第2章有介绍。这里介绍检查表法。

检查表是管理中用来记录和整理数据的常用工具。用它进行风险识别时，将工程项目可能发生的许多潜在风险列于一个表上，供识别人员进行检查核对，用来判别某项目是否

存在表中所涉及的风险。检查表中所列都是历史上类似工程曾经发生过的风险，是工程项目管理经验的结晶，对项目评价人员具有开阔思路、启发联想、抛砖引玉的作用。检查表可以包含多种内容，其中主要包括风险因素及其可能的原因、可能的影响等。

（2）WBS工作分解法

WBS（Work Breakdown Structure）工作分解法是将整个工程项目分解为若干个子项目，再分为若干工作和子工作，直至把项目划分到可以密切关注和操作每个任务的程度，使每步工作具有切实的目标，能清晰地反映出其目标的完成程度，从而达到控制整个项目的目的。将任务分解得越细，对项目的了解程度越高，越能有条不紊地工作和统筹安排时间。

WBS分解的标准有分解后活动结构清晰、集成所有关键因素、包含里程碑和监控点、清楚定义全部活动等。

WBS可按产品结构、实施过程、项目所处地域、项目目标、部门、职能等形式来分解任务。WBS主要有以下三个步骤：

1) 分解工作任务，将整个项目逐渐细分到合适的程度，以便项目的计划、执行和控制；

2) 定义活动之间的依赖关系，活动依赖关系是确定项目关键路径和活动时间的必要条件，取决于工作要求，决定了活动的优先顺序；

3) 分配时间和资源。

（3）环境分析法

环境分析法是对项目所处宏观环境进行分析的风险识别方法，通过对环境的研究，识别出影响项目的外部因素，模拟分析这些因素可能发生的交叉情景，预测各种可能前景。环境分析法有助于项目风险管理分析环境，提高组织的战略能力，提高团队的综合实力，实现项目资源的优化配置等。

环境分析法有多种分析工具，如PEST分析法、SWOT分析法。所谓PEST是Political（政治）、Economical（经济）、Social（社会）和Technological（技术）的缩写，通过对政治、经济、社会和技术四个方面的因素分析从总体上把握宏观环境，并评价这些因素对企业战略目标和战略制定的影响。SWOT是Strengths（优势）、Weaknesses（劣势）、Opportunities（机遇）和Threats（威胁）的缩写。SWOT分析在工程项目风险识别中应用的基准点是对业主、承包商、设计单位等机构或组织的内部环境优劣势的分析，在了解自身特点的基础上，判别外部的机会和威胁，然后对工程项目的发展环境作出准确的判断，继而制定各组织机构的发展战略和策略。

（4）情景分析法

情景分析法是通过有关数字、图表和曲线等，对工程未来的某个状态或某种情景进行详细的描绘和分析，从而识别引起风险的关键因素及其影响程度的一种风险识别方法，它注重说明某件事件出现风险的条件和因素。

情景分析法在识别工程项目风险时的主要功能有：

1) 提醒决策者识别工程项目可能引起的风险后果；

2) 建议合理的工程项目风险范围；

3) 分析研究某种主要风险因素对工程项目的影响；

4) 对各种情景进行比较分析，选择最佳结果。

（5）生产流程分析法

生产流程分析法，又称流程图法，是将一项特定的生产或经营活动按步骤或阶段顺序以若干个模块形式组成一个流程图系列，在每个模块中都标出各种潜在的风险因素或风险事件，从而给决策者一个清晰的总体印象。这种方法强调根据不同的流程，对每一阶段和环节，逐个进行调查分析，找出风险存在的原因。由于流程图的篇幅限制，采用这种方法所得到的风险识别结果较粗。

（6）故障树分析法

故障树，也称事故树，是利用图解的形式将对可能造成项目失败的各种因素进行分析，确定其各种可能组合方式的一种树状结构图。该方法将项目风险由粗到细，由大到小，分层排列，容易找出所有的风险因素，关系明确。故障树分析法适用于较复杂系统的风险分析与评估，其特点是应用广泛、逻辑性强、形象化，分析结果具有系统性、准确性与预测性。

### 9.3.2 风险估计

1. 风险估计的含义

风险估计是指在风险识别之后，通过对项目所有不确定性和风险因素进行全面系统地分析，从而判断风险发生的概率和对项目的影响程度。项目风险评估较多采用统计、分析和推断法，一般需要一系列可信的历史统计资料和相关数据以及足以说明被评估对象特性和状态的资料作保证；当资料不全时往往依靠主观推断来弥补，此时项目管理人员掌握科学的风险评估方法、技巧和工具就显得格外重要。风险评估的主要内容包括：

(1) 风险事件发生的可能性大小；

(2) 风险事件发生可能的结果范围和危害程度；

(3) 风险事件发生预期的时间；

(4) 风险事件发生的频率等。

2. 风险估计的方法

风险评估通常是凭经验、靠预测进行的，但也可以借助一些基本的分析方法。风险评估方法通常分为两大类，即定性风险评估方法和定量风险评估技术。项目涉及的风险因素有些是可以量化的，可以通过运用定量分析的方法对它们进行估计和分析；同时客观上也存在着许多不可量化的风险因素，它们有可能给项目带来更大的风险。有必要对不可量化的风险因素进行定性描述，因此风险估计应采取定性描述与定量分析相结合的方法，从而对项目面临的风险作出全面的估计。在项目风险估计中，采用何种方法，取决于项目风险的来源、发生的概率、风险的影响程度和管理者对风险的态度。

风险估计的方法包括风险概率估计方法和风险影响估计方法两类，前者分为主观估计和客观估计，后者有概率树分析、蒙特卡洛模拟等方法。

（1）风险概率估计

风险概率估计，包括客观概率估计和主观概率估计。工程项目经济分析中所涉及的不确定因素有些可参照同样事件的历史统计数据，以这些历史数据形成的概率分布为基础进行预测分析，称为客观概率分析。有些经济参数主要依赖于专家的判断估计，基于这些概率的分析可称为主观概率分析。

1) 风险概率分析的主要参数
① 期望值
期望值是指变量在一定概率分布下投资效果所能达到的加权平均值。其一般表达式为

$$E(x) = \sum_{i=1}^{n} x_i p_i \tag{9-13}$$

式中，$E(x)$ 为变量 $x$ 的期望值；$p_i$ 为变量 $x_i$ 的概率。

② 标准差
标准差反映了一个随机变量实际值与其期望值偏离的程度。这种偏离在一定意义上反映了投资方案风险的大小。标准差的一般计算公式为

$$S = \sqrt{\sum_{i=1}^{n} p_i [x_i - E(x)]^2} \tag{9-14}$$

式中，$S$ 为变量 $x$ 的标准差。

③ 离散系数
标准差虽然可以反映随机变量的离散程度，但它是一个绝对量，其大小与变量的数值及期望大小有关。一般而言，变量的期望值越大，其标准值也越大，特别是需要对不同方案的风险程度进行比较时，标准差往往不能够准确反映风险程度的差异。为此，我们引入另一个指标，称作离散系数，它是标准差与期望之比，即

$$\beta = \frac{S(x)}{E(x)} \tag{9-15}$$

由于离散系数是一个相对数，不会受变量和期望值的绝对值大小的影响，能更好地反映投资方案的风险程度。

当对两个投资方案进行比较时，如果期望值相同，则标准差较小的方案风险更低；如果两个方案的期望值与标准差均不相同，则离散系数较小的方案风险更低。

2) 概率分布
风险因素的取值可能是离散型变量，也可能是连续型变量。

当输入变量可能值是有限个数，称这种随机变量为离散型随机变量。如产品市场销售量可能出现低销售量、中等销售量、高销售量三种状态，即认为销售量是离散型随机变量。当变动因素的取值是离散的，并知道各取值的概率，就可以在给定的取值下计算相应的指标值并赋以发生的概率，这样就可以得出判据指标的概率分布。

连续型概率分布，当输入变量的取值充满一个区间，无法按一定次序一一列举出来时，这种随机变量称为连续随机变量。如市场需求量在某一数量范围内，无法按一定次序一一列举，列出区间内 $a$, $b$ 两个数，则总还有无限多个数 $x$, $b > x > a$，这时的产品销售量就是一个连续型随机变量，它的概率分布用概率密度和分布函数表示，常用的连续型概率分布有正态分布、三角形分布、贝塔分布等概率分布形式，由项目评价人员或专家进行估计。

【例 9-6】某宾馆正在考虑更换新的空调系统，更新后可提高档次增加年净现金流 7.96 万元，估计更新的净投资支出为 52.10 万元。由于进行了细致的调查预测，这两笔数字可以看作是确定的，但是这套设备可使用的年限不确定，专家估计是在 12～18 年之间，给出的概率是：

| 可能使用的年限（n） | 12 | 13 | 14 | 15 | 16 | 17 | 18 |
|---|---|---|---|---|---|---|---|
| 概率 $p(n)$ | 0.1 | 0.2 | 0.3 | 0.2 | 0.1 | 0.05 | 0.05 |

求该项目投资净现值的概率分布、期望值和方差。给定基准贴现率为 12%。

**解：** 给定使用年限为 $n$ 的净现值计算公式为

$$NPV = -52.10 + 7.96(P/A, 12\%, n) (万元)$$

净现值期望和方差的公式为

$$E(NPV) = \sum_{n=12}^{18} P(n) \cdot NPV$$

$$S^2 = E[(NPV)^2] - (E[NPV])^2$$

可以用电子表格算出结果如表 9-3 所示。

**净现值期望值相关计算表**　　　　　　　　　　　　表 9-3

| $n$ | NPV | $P(n)$ | $E[NPV]$ | $(NPV)^2$ | $E[(NPV)^2]$ |
|---|---|---|---|---|---|
| ① | ② | ③ | ④=②×③ | ⑤=②² | ⑥=③×⑤ |
| 12 | −2.7928 | 0.10 | −0.2793 | 7.7996 | 0.7800 |
| 13 | −0.9686 | 0.20 | −0.1937 | 0.9831 | 0.1876 |
| 14 | 0.6602 | 0.30 | 0.1981 | 0.4359 | 0.1308 |
| 15 | 2.1145 | 0.20 | 0.4229 | 4.4710 | 0.8942 |
| 16 | 3.4129 | 0.10 | 0.3413 | 11.6481 | 1.1648 |
| 17 | 4.5723 | 0.05 | 0.2286 | 20.9055 | 1.0453 |
| 18 | 5.6074 | 0.05 | 0.2804 | 31.4426 | 1.5721 |
| 合计 |  | 1.0 | 0.9984 |  | 5.7748 |

由表，得出净现值的期望值为

$$E(NPV) = 0.9984 \text{ 万元}$$

方差为

$$S^2 = 5.7748 - (0.9984)^2 = 4.7783 \text{ 万元}^2$$

标准差为

$$S(NPV) = \sqrt{S^2} = \sqrt{4.7783} = 2.1859 \text{ 万元}$$

从表中还可以给出净现值大于零的概率为 70%。

$$P_r(NPV \geqslant 0) = 1 - 0.1 - 0.2 = 0.7$$

该项目有 70% 的可能性达到或超过投资基准收益水平的要求，但是风险不小。通常是用标准差与期望值之比来表示风险的程度，即

$$\frac{S(NPV)}{E(NPV)} = \frac{2.1859}{0.9984} = 2.1894$$

标准差是期望值的二倍多，说明不确定性比较大。

(2) 概率树分析法

概率树分析法是一种用来分析和进行风险估计的方法，当离散型随机变量出现的概率以条件概率的关系表示时，可以用树形图表示这种关系。它能帮助我们探讨问题之间的联系，简化问题并确定各种概率，被用来澄清可供采取的各种可能的行动方案及其后果。一般来说，概率树分析法将大规模或复杂问题分解成小的子问题，这些小的子问题可以分别解决，然后再重新组织起来，当问题具有某些可以肯定的结果时，这种方法是很有用的。

1) 概率树分析法的计算步骤

① 列出要考虑的各种风险因素，如投资、经营成本、销售价格等；
② 确定各种风险因素可能发生的变化及其概率；
③ 给出概率树，分别求出各种可能发生状态的概率和相应状态下的净现值 NPV；
④ 求方案净现值的期望值 $E(NPV)$；
⑤ 求出净现值非负的概率；
⑥ 给出分析结论。

2) 概率树的画法

图 9-8 表示了表 9-4 的概率树的基本结构，可以看到，用概率树法来求解、分析问题，就变得简单了。假定事件起源于 S 点，这里有两种可能的行动方案（A 和 B），如果我们选择 A，那么结果可有畅销、一般和滞销三种市场情况，相应取得 40%、30%、20% 三种不同的收益率，对 B 以此类推。图 9-8 中，方案分析的结果从左至右依次展开，好像一棵不断分枝的树，用树形图作为可能状况及结果的完整关系表示图。

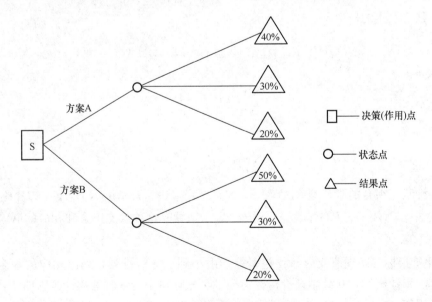

图 9-8 公司投资物业的概率树

【例 9-7】某房地产公司欲在一繁华地段投资一物业，投资方案 A：投资兴建一高级公寓；投资方案 B：投资兴建一商业大厦。建成后，两方案皆以出租方式经营。这两种方案的年净收益率和市场情况如表 9-4 所示。

**投资方案收益率和市场情况表** 表 9-4

| 方案 | 年净收益率/% | | | 市场情况概率 | | |
|---|---|---|---|---|---|---|
| | 畅销 X1 | 一般 X2 | 滞销 X3 | 畅销 X1 | 一般 X2 | 滞销 X3 |
| A | 40 | 30 | 20 | 0.10 | 0.80 | 0.10 |
| B | 50 | 30 | 10 | 0.20 | 0.60 | 0.20 |

概率树是从左至右，从无到有逐步地分析事件的发生和发展。

把决策过程引入概率树就变成了决策树。常用的方法是把概率树折叠，即从右往左的方向进行计算分析。每到一个决策点，具有最大利益或最小损失（期望值）的行动方案就可以选取，再把树转回到前一决策点，依此类推，最终完成决策活动。

3) 概率树分析

① 假定风险变量之间是相互独立的，可以通过对每个风险变量各种状态取值的不同组合计算项目的内部收益率或净现值等指标。根据每个风险变量状态的组合计算得到的内部收益率或净现值的概率为每个风险变量所处状态的联合概率，即各风险变量所处状态发生概率的乘积。

若风险变量有 $A$，$B$，$C$，$\cdots$，$M$，每个输入变量有 $n_i$ 个状态

$$A_1, A_2, \cdots, A_{n_1};$$
$$B_1, B_2, \cdots, B_{n_2};$$
$$\cdots\cdots$$
$$M_1, M_2, \cdots, M_{n_m};$$

各种状态发生的概率

$$\sum_{i=1}^{n_1} P\{A_i\} = P\{A_1\} + P\{A_2\} + \cdots P\{A_{n_1}\} = 1 \tag{9-16}$$

$$\sum_{i=1}^{n_2} P\{B_i\} = 1 \tag{9-17}$$

$$\cdots\cdots$$

$$\sum_{i=1}^{n_m} P\{M_i\} = 1 \tag{9-18}$$

则各种状态组合的联合概率为 $P\{A_1\} \times P\{B_1\} \times \cdots \times P\{M_1\}$，$P\{A_2\} \times P\{B_2\} \times \cdots \times P\{M_2\}$，$\cdots$，$P\{A_{n_1}\} \times P\{B_{n_2}\} \times \cdots \times P\{M_{n_m}\}$，共有这种状态组合和相应的联合概率 $n_1 \times n_2 \times \cdots \times n_m$ 个。

② 评价指标（净现值或内部收益率等）由小到大进行排列，列出相应的联合概率和从小到大的累计概率，并绘制评价指标为横轴、累计概率为纵轴的累计概率曲线，计算评价指标期望值、方差、标准差和离散系数。

③ 由累计概率（或累计概率图）计算 $P\{NPV(i_c) < 0\}$ 或 $P\{IRR < i_c\}$ 的累计概率，同时也可获得

$$P\{NPV(i_c) \geq 0\} = 1 - P\{NPV(i_c) < 0\} \tag{9-19}$$

$$P\{IRR \geq i_c\} = 1 - P\{IRR < i_c\} \tag{9-20}$$

当风险变量数和每个变量的状态大于三个时,这时状态组合数过多,一般不适于使用概率树方法。若各风险变量之间不是独立,而是相互关联时,也不适于使用这种方法。

**【例 9-8】** 某项目总投资 2000 万元,一年建成投产,据分析预测,项目在生产期内的年净效益可能出现三种情况,即 100 万元、300 万元和 500 万元,它们出现的概率分别为 0.2、0.5 和 0.3,项目的使用寿命有 8 年、10 年和 13 年三种可能,其发生的概率分别为 0.2、0.5 和 0.3。基准折现率为 12%,试计算项目净现值的期望值和净现值不小于零的概率。

**解:** ① 计算项目各种可能发生事件的概率及其净现值

绘出概率树如图 9-9 所示。在净效益为 100 万元、寿命为 8 年的情况下,事件的概率为

$$0.2 \times 0.2 = 0.04$$

$NPV = -2000(P/F, 12\%, 1) + 100(P/A, 12\%, 8)(P/F, 12\%, 1) = -1342.27$ 万元

加权净现值 $= -1342.27 \times 0.04 = -53.69$ 万元

按同样方法计算其他各种情况,计算结果见概率树。

| 可能状态 ($j$) | 状态概率 ($P_j$) | $NPV(j)$ | $P_j \cdot NPV(j)$ |
|---|---|---|---|
| 1 | 0.04 | −1342.27 | −53.69 |
| 2 | 0.10 | −1281.32 | −128.13 |
| 3 | 0.06 | −1212.27 | −72.74 |
| 4 | 0.06 | −455.21 | −27.31 |
| 5 | 0.15 | −272.36 | −40.85 |
| 6 | 0.09 | −65.21 | −5.87 |
| 7 | 0.10 | 431.85 | 43.19 |
| 8 | 0.25 | 736.6 | 184.15 |
| 9 | 0.15 | 1081.85 | 162.28 |
| 合计 | 1.00 | | 61.03 |

图 9-9 概率树

② 计算项目净现值期望值

以可能事件的发生概率为权数对各可能事件的净现值加权求和,得项目净现值期望值,即

$$E(NPV) = \sum_{i=1}^{9} (P_i \times NPV_i) = 61.03 \text{ 万元}$$

③ 计算净现值大于等于零时的累计概率

净现值大于或等于零时的累计概率等于 $NPV \geqslant 0$ 对应的 $P_i$ 之和。即

$$P(NPV \geqslant 0) = \sum_{i=1}^{9} P_i \mid NPV \geqslant 0 = 0.50$$

或

$$P(NPV \geqslant 0) = 1 - \sum_{i=1}^{9} P_i \mid NPV < 0 = 0.50$$

结论：该项目净现值的期望值大于零，但净现值大于零的概率只有 0.5，说明项目存在较大的风险。

(3) 蒙特卡洛法

蒙特卡洛法，又称统计试验法或随机模拟法，它是从每个不确定因素中随机抽取样本，重复模拟各种不确定性组合项目计算，通过统计方法处理结果数据，找到项目变化的规律。

当项目评价中输入的随机变量个数多于三个，每个输入变量可能出现三个以上以至无限多种状态时（如连续随机变量），就不能用理论计算法进行风险分析，这时就必须采用蒙特卡洛模拟技术。这种方法的原理是用随机抽样的方法抽取一组输入变量的数值，并根据这组输入变量的数值计算项目评价指标，如内部收益率、净现值等，用这样的办法抽样计算足够多的次数可获得评价指标的概率分布及累计概率分布、期望值、方差、标准差，计算项目由可行转变为不可行的概率，从而估计项目投资所承担的风险。

### 9.3.3 风险评价

风险评价是在项目风险识别和风险估计的基础上，通过相应的指标体系和评价标准，对风险程度进行划分，以揭示影响项目成败的关键风险因素，以便针对关键风险因素，采取防范对策。工程项目风险评价的依据主要有工程项目类型、风险识别的成果、数据的准确性和可靠性、概率和影响程度等。

风险评价包括单因素风险评价和整体风险评价。单因素风险评价，即评价单个风险因素对项目的影响程度，以找出影响项目的关键风险因素。评价方法主要有风险评价矩阵、专家评价法等。项目整体风险评价，即综合评价若干主要风险因素对项目整体的影响程度。对于重大投资项目或估计风险很大的项目，应进行投资项目整体风险分析。

1. 风险评价方法

风险的大小可以用风险评价矩阵，也称概率—影响矩阵，是以风险因素发生的概率为横坐标，以风险因素发生后对项目的影响大小为纵坐标，综合评估风险等级的定性风险评估分析方法。风险评价矩阵如图 9-10 所示。这种方法的优点是简洁明了，易于掌握，适用范围广；缺点是确定风险可能性、后果严重度过于依赖经验，主观性较大。

(1) 风险概率

按照风险因素发生的可能性，可以将风险概率划分为五个档次：

很高：风险发生的概率在 81%～100%，意味风险很有可能发生，用 S 表示。

较高：风险发生的概率在 61%～80%，意味发生的可能性较大，用 H 表示；

中等：风险发生的概率在 41%～60%，意味可能在项目中预期发生，用 M 表示；

较低：风险发生的概率在 21%～40%，意味不可能发生，用 L 表示；

很低：风险发生的概率在 0～20%，意味非常不可能发生，用字母 N 表示。

(2) 风险影响

## 9.3 风险分析

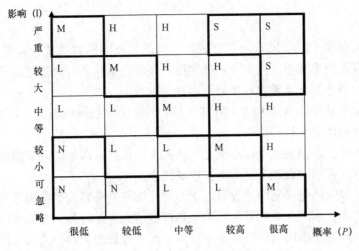

图 9-10 风险概率-影响矩阵

按照风险发生后对项目的影响大小，可以划分为五个影响等级。其说明如下：

严重影响：一旦发生风险，将导致整个项目的目标失败，可用字母 S 表示；

较大影响：一旦发生风险，将导致整个项目的目标值严重下降，用 H 表示；

中等影响：一旦风险发生，对项目的目标造成中度影响，但仍然能够部分达到，用 M 表示；

较小影响：一旦风险发生，对项目部分目标造成影响，但不影响整体目标，用 L 表示；

可忽略影响：一旦风险发生，对于项目对应部分的目标影响可忽略，并且不影响整体目标，用 N 表示。

2. 风险等级

根据风险因素对投资项目影响程度的大小，采用风险评价矩阵方法，可将风险程度分为微小风险、较小风险、一般风险、较大风险和重大风险五个等级：

(1) 微小风险：风险发生的可能性很小，且发生后造成的损失较小，对项目的影响很小。对应图 9-10 的 N 区域。

(2) 较小风险。风险发生的可能性较小，或者发生后造成的损失较小，不影响项目的可行性。对应图 9-10 的 L 区域。

(3) 一般风险。风险发生的可能性不大，或者发生后造成的损失不大，一般不影响项目的可行性，但应采取一定的防范措施。对应图 9-10 的 M 区域。

(4) 较大风险。风险发生的可能性较大，或者发生后造成的损失较大，但造成的损失是项目可以承受的，必须采取一定的防范措施。对应图 9-10 的 H 区域。

(5) 重大风险。风险发生的可能性大，风险造成的损失大，将使项目由可行转变为不可行，需要采取积极有效的防范措施。对应图 9-10 的 S 区域。

### 9.3.4 风险应对

风险应对的策略很多，可归结为两大类，即风险控制法和理财法。风险控制法主要包括风险回避、损失控制和风险隔离等方法；理财法主要包括风险转移、风险自留和保险等方法。

1. 风险回避

风险因素的存在是产生风险的必要条件。因此，风险回避措施就是通过回避风险因素，从而回避可能产生的潜在损失或不确定性。风险回避是各种风险规避措施中最简单也是最为消极的一种方法，常常表现为以下两种情况。

（1）拒绝承担某种特定的风险。例如由于某国政局失稳而放弃进入该国市场的计划，从而可以免除政治风险导致的损失。

（2）中途放弃已承担的风险以避免更大的损失。虽然采取风险回避措施可以达到避免风险损失的目的，但同时也丧失了可能获利的机会。

最适合采取风险回避措施的情况有以下两种：第一，某特定风险因素导致的风险损失概率和幅度相当高；第二，采取其他风险规避措施的成本超过其产生的效益。在以上两种情况下，采取风险回避措施可以使遭受由该风险因素导致的风险损失的可能性降为零。

2. 损失控制

损失控制包括损失预防和损失抑制两方面的工作，损失预防是指采取预防措施，减少损失发生的机会，而损失抑制是设法降低所发生的风险损失的严重性，使损失最小化。与风险回避不同之处在于，损失控制是通过采取主动行动，以预防为主，防控结合的对策，不是消极回避、放弃或中止。实际生产活动中有许多风险控制的例子，如：生产企业建立健全质量保证体系，在高大建筑物上安装避雷针等都是损失预防措施；发现设计中的疏漏和错误，及时修改设计并提出工程变更，均属于风险抑制措施。两种措施对于控制风险损失是相辅相成的，都是希望以较小的经济成本获得较大的安全保证。

3. 风险转移

风险转移是工程项目风险应对中非常重要而且广泛应用的一项对策，主要分为两种形式，即控制型风险转移与财务型风险转移。其中，财务型风险转移又包括非保险转移与工程保险两种具体措施。风险转移的目的是风险转移者将自己本应承担的风险转移给其他方，从而使自己免受风险损失。

（1）控制型风险转移是指通过降低风险损失概率和幅度的方法将自己承担的可能遭受损失的法律责任转移给其他方的方法。风险转移并不是转嫁损失，因为许多风险对一方可能会造成损失，但转移后并不一定给另一方同样造成损失。例如工程的分包和转包，承包商将自己承担的全部或部分工程转包或分包出去，从而减轻自身的风险压力，承包方或分包方并不一定会亏损。

（2）非保险的风险财务转移是除保险以外的其他风险转移的经济手段。例如，雇主要求投标人开具投标银行保函，就是将招标风险转移给投标人，当投标人在投标截止日期以后并在投标有效期内，试图撤回投标书或中标以后拒绝签订合同，雇主有权从银行索取保函中规定的金额，以补偿雇主招标过程中的费用损失。

（3）工程保险是承保建筑安装工程期间一切意外物质损失和对第三人经济赔偿责任的保险。包括建筑工程一切险与安装工程一切险，属综合性保险。保险标的为工程项目主体、工程用的机械设备以及第三者责任，此外尚有些附带项目。保险责任为工程期间因洪水、暴雨、地震等自然灾害损失；火灾；爆炸、飞行物体坠落等意外事故损失；盗窃、恶意行为等人为损失；原材料缺陷、工艺缺陷等工程事故损失以及对第三人的赔偿责任。

### 4. 风险自留

风险自留是将风险留给自己承担。与风险控制方法不同，风险自留并未改变风险的性质及其发生的概率和损失的程度。风险自留对策包括非计划性风险自留和计划性风险自留两种。非计划性风险自留是指当事人没有意识到风险的存在，或者在没有处理风险的准备时被动地承担风险。计划性风险自留是指管理人员经过合理的判断和审慎的分析评估，有计划地主动承担风险。对于某些风险是否自留取决于相关的环境和条件。当风险自留并非是唯一的选择时，应将风险自留与风险控制方法进行认真地对比分析，制定最佳决策。

### 5. 风险利用

在经营活动中，除了要面对处处存在的纯风险以外，还会遇到投机风险，它既可能造成损失，也可能提供获利的机会。风险与利润并存，回避所有的风险，则使企业失去发展的机遇，只有敢于正视风险、迎接挑战，才能利用风险获得相应的效益。风险利用必须选择适当的时机，采取适当的方法，对问题因势利导，因地制宜，灵活解决。因此，要求风险管理人员具有广博的知识、一定的工作经验和较强的应变能力。

## 复 习 思 考 题

1. 假设某项目达产第一年的销售收入为 31389 万元，税金及附加为 392 万元，固定成本 10542 万元，可变成本 9450 万元，销售收入与成本费用均采用不含税价格表示，该项目设计生产能力为 100 万吨。问题：(1) 分别计算该项目以生产能力利用率、产量和产品售价表示的盈亏平衡点；(2) 计算该项目达到设计生产能力时的年利润；(3) 计算该项目年利润达到 5000 万元时的最低年产量。
2. 简述风险分析的主要流程。
3. 简述风险识别的方法。
4. 风险应对措施有哪些？
5. 盈亏平衡分析的作用是什么？常以哪些方式表示盈亏平衡？
6. 实际工作中，是否产量高于盈亏平衡产量就一定能够盈利，并说明原因。
7. 什么是非线性盈亏平衡分析？产品售价和单位产品可变成本随产量或销售量变化的经济含义是什么？
8. 某化工机械厂年产零件 200 万件，售价为 6.25 元/件，产品成本为 3.64 元/件，固定成本为 0.39 元/件，可变成本为 3.25 元/件，如果按年来计算，试求：(1) 盈亏平衡产量；(2) 盈亏平衡销售价格；(3) 假定可变费用增减 10%，同时固定成本保持不变，求盈亏平衡产量。

# 10 项目后评价

**本章概要**

- 项目后评价的含义、特点、目的、基本原则、作用
- 项目后评价的内容
- 项目后评价的方法和程序

项目后评价是工程经济评价的重要组成部分。实践证明，进行项目后评价，检验项目管理工作，总结建设项目决策和建设的经验教训，对于促进建设项目决策科学化、规范化，提高建设项目管理水平十分有益。

## 10.1 项目后评价概述

### 10.1.1 项目后评价的含义与特点

国内外学者和实践者对项目后评价的理解不完全相同，并从不同角度提出过不少项目后评价的定义。结合国内外诸多文献，项目后评价的广义概念是：根据国家及其有关部门确定的基本建设项目的政策法规，按照相应的目的、程序及方法，对当前正在实施的或已经实施过的工程项目，按照不同要求和内容进行检查和总结分析，对照原定目标，确定其实现的程度、项目或规划的合理有效性，从中得出经验和教训，并为预测前景提出改进措施得出有价值的结论信息向有关决策部门反馈，用以改善现时管理，指导未来建设项目的决策的活动。项目后评价相对于项目前评价而言，具有如下特点：

1. 公平性与独立性

项目后评价的首要特点就是必须保证公平性和独立性。公平性是指后评价和评价者为了避免在发现问题、分析原因和决策时避重就轻，回避主要问题作出不客观的评价必须保持的诚信和信誉。独立性是指项目后评价的合法性，不允许项目决策者和管理者站在自己的立场评价自身，而是应该从项目投资者和得利者或项目业主以外的其他的立场出发来客观评价项目。公正性和独立性应贯穿项目的选择、计划的安排、任务的交代、评价人员的组成、评价过程和报告编制发布的后评价的全过程。

2. 实用性与可信性

后评价报告具有可操作性的目的是为了使后评价成果对决策能产生作用。因此，报告应针对性强，应能满足多方面的要求，避免引用过多的专业术语，文字简练明确。报告的实用性要求后评价不应各个方面都涉及，应该突出重点，项目后评价报告所提出的建议意见应该是具体的措施和细则，并单独与报告其他内容分开。可信性要求要能够同时反映出项目的成功经验和失败教训。与此同时，要求项目执行者和管理者应参与后评

价，以利于收集资料和查明情况，增强评价者的可信度。评价报告要包括评价者的名称，分析结论应有充分可靠的依据，所用资料的来源或出处，所采用的工具和方法。因此，参与评价者的阅历和经验越丰富、独立性越强，资料信息越可靠，评价方法越适用，可信性就越强。

3. 反馈性与透明性

反馈性是新项目的立项和评估的基础，也是调整投资规划和政策的依据，指将项目后评价的结果反馈到决策部门，这也是项目后评价的最终目标和后评价成败的关键环节。通过交流和反馈项目生命周期各个阶段的信息，建立项目管理信息系统，系统地为后评价提供资料，向决策机构提供有意义的反馈信息。项目后评价的透明度是引起社会公众的关注的重要窗口，因此透明程度越高社会关注度越高，社会资金的投资决策活动效益社会监督性越好。

### 10.1.2 国内外项目后评价的发展概况

1. 国外项目后评价实践

(1) 发达国家项目后评价

从发达国家的后评价发展轨迹和历程来看，可以得出以下几点经验和启示。首先，各国政府都非常重视把后评价作为制定政策方案和进行项目管理的重要工具之一。无论是美国、加拿大还是英国，公共资金的使用、效益和影响以及政治改革的压力是其对项目后评价的关注和重视的原因。其次，建立合理有效的制度化后评价机构。美国通过立法部门明确项目后评价是其生命周期的必要的内容和环节，明确管理机构相对完善的项目后评价法规、方法，使得项目后评价更具有普遍性，成果显著。再次，后评价的发展与需求有很大的相关性。各国政府为提高公共资金的使用效率，发展会随着政府的重视和需求程度而波动。现在发达国家在政策制定和政策实施阶段对后评价的关注和应用有所减少，而对政策业绩和公司企业监督和考核有所增加。

(2) 发展中国家项目后评价

发展中国家项目后评价的资金并不是主要来自本国，而是由世界银行和联合国开发署等国际组织对其实施的援助计划，这成为发展中国家的项目后评价的主要来源。印度是发展中国家当中，项目后评价开展最好的具有典型代表性的国家之一。自独立以后就已经有计划地开始实施经济国家战略发展规划。1951~1955 年的印度第一个五年计划就开始成立了负责组织项目后评价的规划评议组织（PED）机构。当时的规划评议组织的初衷是对农村改造过程中居民区的发展规划进行评价，后来 PED 的项目后评价的时空范围得到逐步扩展并发展到几乎涉及所有的部门。与其他国家或国际机构相比较，印度的项目后评价具有自己的特点：项目后评价组织机构为有效科学合理的、职责分工明确的中央规划评议组、邦评议组、现场办公室三级组织机构。每一级评价组织分别执行着领导、组织、操作三种职能。专职后评价工作人员完成从基础资料收集到编制报告全过程。几乎全部公开发表项目后评价组织所准备的报告，有些重要报告由指定出版情报局出版，有些报告的结论通过公众媒体向社会公开。

2. 我国项目后评价实践

所有建成后的工程项目都应该在运营一段时间，对前期所有的内容工作进行项目的后评价。但是受到经费和时间的限制，到目前为止，在我国开展后评价工作的起步阶段只限于针对投资金额大、影响范围广和特殊金融组织机构的项目。但是随着经济社会发展的需要，我国项目后评价发展较迅速。从国家计委开展后评价开始，财政部、国家审计署、国家开发银行、中国建设银行、中国国际工程咨询公司等都参照世界银行模式成立了具有相对独立的后评价机构。

#### 10.1.3 项目后评价的目的

项目后评价的目的主要有：

1) 根据项目的实际成果和效益，检查项目预期的目标是否达到，项目是否合理有效，项目的主要效益指标是否实现；

2) 通过分析评价，找出成功的经验和失败的教训；

3) 为项目实施、营运中出现的问题提出改进建议，从而达到提高投资效益的目的；

4) 通过及时有效的信息反馈，提高和完善项目今后的营运管理水平；

5) 通过项目建设全过程各个阶段工作的总结，提高未来新项目的决策科学化、民主化、程序化水平。

#### 10.1.4 项目后评价的基本原则

1. 客观性

项目后评价必须从实际出发，尊重客观事实，依据项目的实际情况，计算分析其技术、经济、社会和环境等指标，实事求是地评价项目的实施效果。

2. 全面性

项目后评价要依据项目当时当地的客观环境和条件，全面考察项目评价、项目决策、项目实施等情况，对项目全过程、全方面进行综合评价。

3. 独立性

项目后评价由独立的第三方实施，评价单位自主地对项目状况进行调查、分析、论证，独立地作出评价结论。

4. 科学性

项目后评价要进行缜密的项目调查，取得可靠的基础数据，采用科学的评价方法，保证评价结论切合实际，具有公信力。

#### 10.1.5 项目后评价的种类

一般来讲，从项目开工到项目寿命周期终结，由监督部门所进行的各种评价都属于项目后评价。根据评价时点，项目后评价可细分为跟踪评价、完成评价和影响评价。

1. 跟踪评价

跟踪评价是指在项目开工以后到项目竣工以前任何一个时点所进行的评价。这种由独立机构进行的评价主要目的是：检查评价项目实施状况（包括进度、质量、费用等）；评价项目在建设过程中的重大变更（如项目的产品市场发生变化、概算调整、重大方案变化等）及其对项目效益的作用和影响；诊断项目发生的重大困难和问题，寻求对策。

2. 完成评价

完成评价是指在项目投资结束，各项工程建设竣工，项目的生产效果已初步显现时进行的一次较为全面的评价。完成评价是对项目建设全过程的总结和对项目效益实现程度的评判，其内容主要包括项目选定的准确性及其经验、教训的分析，项目目标的制定是否适当，项目采用的技术是否适用，项目组织机构和管理是否有效，项目市场分析是否充分，全面项目财务和经济分析是否符合实际，项目产生的社会影响，预期目标的实现情况和有效程度等。

3. 影响评价

影响评价是指在项目效益得到充分正常发挥后（一般投资完成5～10年）直到项目报废为止，整个运营阶段中任何一个时点对项目所产生的影响进行的评价。影响评价侧重于对项目长期目标的评价，通过调查项目的实际运营状况，衡量项目的实际投资效益。评价项目的发展趋势和对社会、经济及环境的影响；同时发现项目运营过程中在经营和管理方面的问题并提出改进措施，充分发挥项目的潜力。

### 10.1.6　项目后评价与前评价的关系

项目后评价与前评价有较大的不同，二者的区别在于以下几个方面：

1. 评价的主体不同

项目前评价主要由投资主体组织实施，而项目后评价则多是以投资主体之外的第三者为主。

2. 评价的性质不同

项目前评价是对拟建项目进行的，其结果作为投资决策和项目取舍的依据。项目后评价是对已经实施的项目进行的，其结果一方面直接对存在的问题提出改进和完善的建议，另一方面间接作用于未来项目的投资决策，提高投资决策的科学化水平。

3. 评价的依据不同

项目前评价主要依据国家、行业和部门颁布的政策规定、参数和指标，以及历史资料和对未来的预测资料；项目后评价主要依据项目实施的现实资料，并将预测数据和实际数据进行比较，总结经验，查找差距。

4. 评价的内容不同

项目前评价主要论证项目的必要性、可行性、合理性、经济效益、社会效益和环境效益。项目后评价除了对上述内容进行再评价外，还要对项目决策的准确程度、实施效率和项目管理水平进行评价。

总之，项目后评价不是对项目前评价的简单重复，而是对投资项目的决策水平、管理水平和实施结果进行的检验和总结。它是在前评价的基础上进行的，旨在把项目建设和实施中发现的问题作为经验教训承继下来，通过借鉴以提高投资决策水平和项目管理水平，促进建设事业顺利发展。所以，项目后评价是对项目前评价的升华。

## 10.2　项目后评价的内容

项目后评价的基本内容包括项目目标后评价、项目效益后评价、项目影响后评价、项目持续性后评价、项目过程后评价等。

### 10.2.1　项目目标后评价

1. 项目目标后评价内容

评价项目立项时所预定的目标的实现程度，是项目后评价的主要任务之一。项目后评价要对照既定目标所需完成的主要指标，根据项目实际完成情况，评定项目目标的实现程度。如果项目的预定目标未全面实现,需分析未能实现的原因,并提出补救措施。目标评价的另一项任务是对项目既定目标的正确性、合理性及实践性进行分析评价。有些项目既定的目标不明确或不符合实际情况,项目实施过程中可能会发生重大变化,如政策性变化或市场变化等,项目后评价要给予重新分析和评价。

2. 项目目标后评价指标

通过对项目目标评价各阶段评价要点的进一步细化,可以确定目标评价的具体指标体系,具体如表10-1所示。

项目目标评价指标体系                          表10-1

| 一般性指标名称 | | 指标说明 |
| --- | --- | --- |
| 报批管理评价 | 项目报批的合规性 | 考核从实际情况来看,当初项目报批的依据、程序和方法是否正确、科学、客观,报批的内容正确与否及其实现程度 |
| | 项目管理的科学性 | 考核项目实施过程中,各项管理制度的实际执行情况,项目管理是否规范、科学,是否符合政府投资建设项目管理要求 |
| 实施内容评价 | 实施内容完成任务量 | 将考核的实际工作量与项目立项计划应完成的工作量进行对比,考核其实现程度 |
| | 实施内容完成质量 | 根据国家,行业有关质量标准以及项目立项时的质量目标与考核的实际工程质量状况相对比考核其实现程度 |
| | 实施内容完成进度 | 将项目实际工作进度与计划进度进行对比,考核其进展程度和及时性 |
| 功能技术评价 | 项目用途 | 主要是考核项目完成后实用性和功能用途的满足程度 |
| | 项目工艺技术 | 主要是考核项目实际采用的工艺技术流程和技术装备与计划的偏差程度 |
| | 项目达标 | 主要考核项目完成后,实际达标(产)能力与计划值的偏差程度 |
| 资金管理评价 | 资金管理的规范性 | 主要是考核项目资金管理制度是否健全,执行是否有效,是否符合政府投资资金管理的相关规定,资金违纪率的大小等 |
| | 资金的使用效率 | 主要是考评政府投资使用效率及资金滞留情况 |
| | 配套资金筹措能力 | 主要是考核项目单位对政府投资的配套能力、筹措能力及配套资金的到位情况等 |

### 10.2.2 项目效益后评价

1. 项目效益后评价内容

经济效益后评价指项目新建、改造完成后对投资经济效益的再评价。从评价角度看,经济效益后评价包括两个方面:财务后评价和经济后评价。财务后评价是从投资者的角度出发,以实际发生的财务数据为基础,对有关财务指标进行分析评价。经济后评价是从国民经济角度出发,对项目的经济和社会效益进行评价。

2. 项目效益后评价指标

确定效益后评价的具体指标体系,具体如表10-2所示。

项目效益后评价指标体系　　　　　　　表 10-2

| 一般性指标名称 | | 指标说明 |
| --- | --- | --- |
| 财务评价 | 盈利能力分析指标 | 包括财务净现值、财务净现值率、财务内部收益率、投资回收期、投资利润率、投资利税率和资本金利润率等 |
| | 偿债能力分析指标 | 包括借款偿还期、资产负债率、速动比率、流动比率、利息备付率和偿债备付率 |
| 经济后评价 | 经济内部收益率 | 分为全部投资和国内投资经济内部收益率 |
| | 经济净现值 | 分为全部投资和国内投资经济净现值，是反映项目对国民经济贡献的绝对量指标 |
| | 经济外汇净现值 | 反映项目对国家外汇收支影响的重要指标 |

### 10.2.3 项目影响后评价

1. 项目的影响后评价内容

影响后评价既包括自然环境，又包括社会环境，并且对有可能产生突发性事故的项目，要有环境影响的风险分析。建设项目环境影响后评价的内容取决于建设项目对环境所产生的影响。社会影响评价是分析项目建成并运行一段时间后，对国家或项目所在区域发展目标的贡献和产生的影响，包括社会文化、教育、卫生、就业、扶贫、社会组织结构发展等方面的影响。

2. 项目影响后评价指标

确定影响后评价的具体指标体系，具体如表 10-3 所示。

项目影响后评价指标体系　　　　　　　表 10-3

| 一般性指标名称 | | 指标说明 |
| --- | --- | --- |
| 环境影响评价 | 气候 | 考核大气环境质量、温度、湿度、降水与项目开展之前的变化 |
| | 水 | 考核水质、泥沙与项目开展之前的变化 |
| | 植被 | 考核水土流失与项目开展之前的变化 |
| | 物种 | 考核水生物种、陆生物种数量与项目开展之前的变化 |
| 社会影响评价 | 对健康和幸福的影响 | 对身体健康的影响；对心理健康的影响；对生活幸福感的影响 |
| | 对社区生活的影响 | 对社交网络的影响；对出行便利程度的影响；对出行安全性的影响；对社区基础设施的影响；对社区公共服务的影响 |
| | 对文化的影响 | 对文化教育的影响；对历史遗迹的影响；对居民思想观念的影响；对居民风俗习惯的影响 |
| | 对个人权利和财产权利的影响 | 对公民知情权的影响；对个人就业的影响；对个人收入的影响；对个人开支的影响 |

### 10.2.4 项目持续性后评价

1. 项目持续性后评价内容

项目可持续性评价是指项目的既定目标是否可以延续，即项目是否可以顺利地持续实施;项目的后续发展能否实现良性循环;项目是否具有可重复性,即项目能否在未来以同样的方式建设同类工程。项目可持续性评价要从政策因素、组织管理因素、技术因素、财务因素、市场因素、社会文化因素、环境和生态因素以及其他外部因素等方面来分析。

2. 项目持续性后评价指标

建设项目可持续性后评价指标体系是用以反映建设项目可持续性的相互联系、相互制约的指标集合,由经济、社会、生态环境、组织机制等方面的量度指标或指标体系构成,在建设项目可持续性后评价指标体系的构建中,整个指标体系主要反映两个方面的内容:一是建设项目可持续性的外部条件,二是建设项目可持续性的内部条件。具体如表10-4所示。

持续性后评价指标体系表　　　　　　　　表10-4

| 一般性指标名称 | | 指标说明 |
| --- | --- | --- |
| 项目自身可持续性 | 对同类项目的示范作用程度 | 项目的建成与同类项目相比是否具有示范作用 |
| | 项目建设对促进管理水平提高程度 | 项目的建成是否促进管理水平的提高 |
| | 项目对人员业务素质的提高程度 | 项目的建成是否对人才、人员业务素质的培养产生高标准要求 |
| | 机构与运行机制完善度 | 从组织设置、营运机制等角度评价项目的可持续发展能力 |
| | 项目技术的先进性 | 项目的建成与同类项目比较,所采用的技术是否具有先进性 |
| | 技术创新程度 | 与同类项目比较,所采用的技术是否具有创新性 |
| 项目对所处区域影响的可持续性 | 区域内就业状况改善程度 | 项目的建成是否对所在区域内就业状况有所改善 |
| | 当地治安、生活环境的改善程度 | 项目的建成是否改善了当地居民的治安及生活环境 |
| | 促进地区文化、教育等发展程度 | 项目的建成是否促进该地区文化、教育等的发展 |
| | 相关利益相关者群体的态度 | 与项目具有直接或者间接相关的相关利益群体对项目建设和运营的态度是否支持 |
| | | 项目所在地区的各类组织对项目建设和运营是否给予支持和配合 |

### 10.2.5 项目过程后评价

1. 项目的过程后评价内容

过程后评价包括立项决策后评价、准备阶段后评价、施工阶段后评价和运营阶段后评价。立项决策后评价包括可行性研究后评价、项目评估报告后评价和项目决策后评价。准备阶段后评价包括勘测设计后评价、项目设计方案的评价、工程招投标后评价和开工准备后评价。施工阶段后评价包括建设阶段和验收阶段。

2. 项目过程后评价指标

项目过程后评价指标具体内容如表10-5所示。

过程后评价指标体系表　　　　　　　　　表 10-5

| 一般性指标名称 | | 指标说明 |
| --- | --- | --- |
| 立项决策后评价 | 可行性研究后评价 | 评价要点项目的目的和目标是否明确、合理；项目是否进行了多方案比较，是否选择了合理的方案；项目的效果和效益是否可能实现；项目是否可能产生预期的作用和影响 |
| | 项目评估报告后评价 | 对项目评估报告目标的分析评价；对项目评估报告效益指标的分析评价；对项目评估报告风险分析的评价 |
| | 项目决策后评价 | 项目决策程序的分析；投资决策内容的分析与评价；决策方法的分析与评价 |
| 准备阶段后评价 | 勘测设计后评价 | 勘测设计的程序、依据是否正确，各项标准规范、定额是否得到严格执行；引进工艺和设备是否采用了现行国家标准或工业发达国家的先进标准；勘测工作质量包括水文地质和资源勘探是否可靠 |
| | 项目设计方案的评价 | 总体技术水平、主要设计技术指标的先进性和实用性；新技术装备的采用；设计工作质量和设计服务质量，即实际设计周期是否超过规定的设计周期 |
| | 工程招投标后评价 | 对招投标公开性、公平性和公正性的评价；对采购招投标的资格、程序、法规、规范等事项进行评价，并分析该项目的采购招投标是否有更加经济合理的办法 |
| | 开工准备后评价 | 是否适应项目建设、施工的需要；能否保证项目能按时、按质、按量，并不超过预定的工程造价的限额 |
| 施工阶段后评价 | 建设阶段 | 建设质量、投资控制、建设环境及施工条件、施工监理和施工质量检验、施工计划与实际进度比较分析；主要指标的变化情况，包括变更设计原因，施工难易、投资增减、工程质量、工期进度的影响 |
| | 验收阶段 | 根据项目开工、竣工、验收等文件内容，分析工程验收的主要结论 |
| 运营阶段后评价 | 运营阶段 | 项目实际运营状况的分析和评价，根据项目建设完成后的实际数据资料来推测未来发展状况，需要对项目未来的发展趋势重新进行科学的预测 |

## 10.3　项目后评价的方法与程序

### 10.3.1　项目后评价的方法

项目后评价方法，主要有以下四种：

1. 统计预测法

项目后评价包括对项目已经发生事实的总结和对项目未来发展的预测。后评价时点前的统计数据是评价对比的基础，后评价时点的数据是评价对比的对象。后评价时点后的数据是预测分析的目标。

（1）统计调查

统计调查是根据研究的目的和要求，采用科学的调查方法，有计划、有组织地收集研究对象的原始资料的工作过程。统计调查是统计工作的基础，是统计整理和统计分析的前提。

(2) 统计资料整理

统计资料整理是根据研究的任务，对统计调查所获得的大量原始资料进行加工汇总，使其系统化、条理化、科学化，以得出反映事物总体综合特征的工作过程。统计资料整理分为分组、汇总和编制统计表三个步骤。分组是资料整理的前提，汇总是资料整理的中心，编制科学的统计表是资料整理的结果。

(3) 统计分析

统计分析是根据研究的目的和要求，采用各种分析方法，对研究的对象进行解剖、对比、分析和综合研究，以揭示事物内在联系和发展变化的规律性。统计分析的方法有分组法、综合指标法、动态数列法、指数法、回归分析法和投入产出法等。

(4) 预测

预测是对尚未发生或目前还不明确的事物进行预先的估计和推测，是在现时对事物将要发生的结果进行探索和研究。项目后评价中的预测主要有两种用途：一是对无项目条件下可能产生的效果进行假定的估测，以便进行有无对比；二是对今后效益进行预测。

2. 前后对比法和有无对比法

一般情况下，"前后对比"是指将项目实施之前与完成之后的情况加以对比，以确定项目的作用与效益的一种对比方法。在项目后评价中，则是指将项目前期的可行性研究和评估的预测结论与项目的实际运行结果相比较，以发现变化和分析原因。这种对比用于揭示计划、决策和实施的质量，是项目过程评价应遵循的原则。

"有无对比"是指将项目实际发生的情况与若无项目可能发生的情况进行对比，以度量项目的真实效益、影响和作用。对比的重点是要分清项目作用的影响与项目以外作用的影响。这种对比用于项目的效益评价和影响评价，是项目后评价的一个重要方法论原则。这里说的"有"与"无"指的是评价的对象，即计划、规划或项目。评价是通过对比实施项目所付出的资源代价与项目实施后产生的效果得出项目的好坏。方法论的关键是要求投入的代价与产出的效果口径一致。也就是说，所度量的效果要真正归因于项目。但是，很多项目，特别是大型社会经济项目，实施后的效果不仅仅是项目的效果和作用，还有项目以外多种因素的影响，因此，简单的前后对比不能得出项目真正的效果。

3. 逻辑框架法

逻辑框架法是美国国际开发署（LFA）于1970年提出的一种开发项目的工具，用于项目的规划、实施、监督和评价。目前已有三分之二的国际组织把逻辑框架法作为援助项目的计划、管理和评价的主要方法。逻辑框架法不是一种机械的方法程序，而是一种综合、系统地研究和分析问题的思维框架模式。在项目立项决策、可行性研究及评估、项目实施计划及管理、项目后评价等工作中常采用逻辑框架法。

逻辑框架法是一种概念化论述项目的方法，即用一张简单的框架图来分析一个复杂项目的内涵和关系。它将几个内容相关、必须同步考虑的因素组合起来，通过分析其间的关系来评价一项活动或工作。逻辑框架法为项目计划者和评价者提供一种分析框架，通过对项目目标和达到目标所需手段间逻辑关系的分析，用以确定工作范围和任务。

项目后评价的主要任务之一是分析评价项目的实现程度，以确定项目的成败。项目后评价通过运用逻辑框架法来分析项目原定预期目标、各种目标的层次、目标实现的程度和原因，用以评价项目的效果、作用和影响。逻辑框架法的模式是一个 $4 \times 4$ 的矩阵，由垂直逻辑和水平逻辑组成，如表10-6所示。采用逻辑框架法进行项目后评价时，可根据后评价的特点和项目特征在形式上和内容上作一些调整，以适应不同评价的要求。

逻辑框架法把目标及因果关系划分为四个层次，即目标、目的、产出、投入。目标通常是指高层次的目标，即宏观计划、规划、政策和方针等，这个层次目标的确定和指标的选择一般由国家或行政部门负责。可用"问题树"和"目标树"的办法进行项目目标层次的分析。目的是指"为什么"要实施这个项目，即项目的直接效果和作用，一般应考虑项目为受益目标群带来社会和经济等方面的成果和作用。这个层次的目标由项目和独立的评价机构来确定，指标由项目确定。产出是指项目"干了些什么"，即项目的建设内容或产出物，一般要提供项目可计量的直接结果。投入是指项目的实施过程及内容，主要包括资源的投入量和时间等。可以看出，以上四个层次之间存在垂直逻辑关系，主要体现在各层次之间自上而下的因果关系，如表10-6所示。

逻辑框架法的评价　　　　　　　　　　　　　　　表10-6

| 层次描述 | 预期指标 | 客观验证指标 | 验证方法 | 重要假设条件 |
|---|---|---|---|---|
| 目标 | 目标预期指标 | 目标指标 | 监测和监督手段及方法 | 实现目标的主要条件 |
| 目的 | 目的预期指标 | 目的指标 | 监测和监督手段及方法 | 实现目标的主要条件 |
| 产出 | 产出预期指标 | 产出物定量指标 | 监测和监督手段及方法 | 实现目标的主要条件 |
| 投入 | 投入预期指标 | 投入物定量指标 | 监测和监督手段及方法 | 实现目标的主要条件 |

逻辑框架的横向由客观验证指标、验证方法和重要假设条件三部分构成，目的是通过这些验证指标和验证方法来衡量目的资源和成果。对应垂直逻辑的每个层次目标，对水平逻辑四个层次的结果加以具体说明。水平逻辑验证指标和验证方法的内容和关系如表10-7所示，重要的假定条件主要是指可能对项目的进展和结果产生影响，而项目管理者又无法控制的外部条件，即风险。风险的产生有多方面的原因，主要包括项目所在地的特定环境及其变化；政府政策、计划发展战略等方面的失误或变化所带来的影响；管理部门体制所造成的问题等。

水平逻辑示意表　　　　　　　　　　　　　　　表10-7

| 概述 | 验证指标 | 验证方法 | 重要假设条件 |
|---|---|---|---|
| 目标 | 宏观层次上项目的间接效果 | 信息来源：文件、官方统计、受益者采用方法：资料分析、调查研究 | 项目本身无法控制并影响项目目标的因素 |
| 目的 | 项目建成的直接效果 | 信息来源：受益者采用方法；调查研究 | 项目本身无法控制并影响项目目标的因素 |
| 产出 | 项目定性和定量的产出 | 信息来源：项目记录、报告、受益者采用方法；资料分析、调查研究 | 项目本身无法控制并影响项目目标的因素 |
| 投入 | 项目建成所必需的要素 | 信息来源：项目评估报告、计划等 | 项目原始的假定条件 |

4. 成功度法

成功度法是依靠评价专家或专家组的经验，根据项目各方面的执行情况，并通过系统准则或目标判断表来评价项目总体的成功程度。成功度评价以用逻辑框架法分析的项目目标的实现程度和经济效益分析的评价结论为基础，以项目的目标和效益为核心，对项目进行全面系统的评价。

进行项目成功度分析时，首先确立项目绩效衡量指标，然后根据以下评价体系将每个绩效衡量指标进行专家打分。

(1) 非常成功（AA）：完全实现或超出目标的，和成本相比较，总体效益非常重大。
(2) 成功（A）：目标大部分实现，和成本相比较，总体效益很大。
(3) 部分成功（B）：某些目标已实现；和成本相比较，取得了某些效益。
(4) 大部分不成功（C）：实现的目标很有限；和成本相比较，取得的效益并不重要。
(5) 不成功（D）：未实现目标；和成本相比较，没有取得任何重大效益，项目放弃。

在确立了项目绩效衡量指标之后，就开始利用项目成功度评价表来进行项目成功度的测定。项目成功度评价表设置了评价项目的主要指标。在评定具体项目的成功度时，并不一定要测定所有的指标。评价人员首先根据具体项目的类型和特点，确定表中指标与项目相关的程度，把它们分为"重要""次重要""不重要"三类，在表中第一栏里（相关重要性）填注。对"不重要"的指标就不用测定。对每项指标的成功度进行评估，分为AA、A、B、C、D五类。综合单项指标的成功度结论和指标重要性，可得到整个项目的成功度评估结论。

在具体操作时，项目评价组成员每人填好一张表后，对各项指标的取舍和等级进行内部讨论，形成评价组的成功度表，可以参考表10-8进行成功度分析。由于建设项目种类多、规模大小不一，评价任务的目的和性质也有些差异，在制定成功度评价表时可以根据具体情况调整评定项目指标。

项目成功度评价表　　　　　　　　　　表10-8

| 评定项目指标 | 相关重要性 | 成功度评定等级 | 备注 |
| --- | --- | --- | --- |
| 宏观目标和产业政策 | | | |
| 决策及其程序 | | | |
| 布局与规划 | | | |
| 经济适应性 | | | |
| 设计与技术水平 | | | |
| 资源和建设条件 | | | |
| 资金来源和融资 | | | |
| 项目进度及其控制 | | | |
| 项目质量及其控制 | | | |
| 项目投资及其控制 | | | |
| 项目经营 | | | |
| 机构和管理 | | | |
| 项目财务效益 | | | |
| 项目经济效益和影响 | | | |
| 社会和环境影响 | | | |
| 项目可持续性 | | | |
| 项目总成功度 | | | |

### 10.3.2 项目后评价的程序

尽管因项目规模、复杂程度的不同,而导致每个项目后评价的具体工作程序也有所区别,但从总的情况来看,一般项目的后评价都应遵循一个客观和循序渐进的过程。具体可以概括为以下几个步骤:

**1. 组织项目后评价机构**

项目后评价组织机构问题实际上是指由谁来组织项目后评价工作,这是具体实施项目后评价首先要解决的问题。根据项目后评价的概念、特点和职能,我国项目后评价的组织机构应符合以下两方面的基本要求:

(1) 满足客观性、公正性要求

这是由项目后评价本身的特点和要求决定的。只有项目后评价机构具有客观性、公正性,才能保证项目后评价的客观、公正性。这就要求后评价机构要排除人为干扰,独立地对项目实施及其结果作出评价。

(2) 具有反馈检查功能

项目后评价的作用主要是通过项目全过程的再评价并反馈信息,为投资决策科学化服务。因此要求后评价机构具有反馈检查功能,也就是要求后评价组织机构与计划决策部门具有通畅的反馈回路,以使后评价有关信息迅速地反馈到决策部门。

从以上两点要求看,我国项目后评价的组织机构不应该是:①项目原可行性研究单位和前评价单位;②项目实施过程中的项目管理机构。

**2. 选择项目后评价的对象**

原则上,对所有竣工投产的投资项目都要进行后评价,项目后评价应纳入项目管理程序之中。但实际工作中,往往由于各方面条件的限制,只能有选择地确定评价对象。

现阶段,我国在选择进行项目后评价的对象时优先考虑以下类型项目:

(1) 投产后本身经济效益明显不好的项目。如投产后一直亏损或主要技术经济指标明显低于同行业平均水平,或生产一直开工不足、生产能力得不到正常发挥的项目等。

(2) 国家急需发展的短线产业部门的投资项目,其中主要是国家重点投资项目,如能源、通信、交通运输、农业等项目。

(3) 国家限制发展的长线产业部门的投资项目,如某些家用电器投资项目等。

(4) 一些投资额巨大、对国计民生有重大影响的项目,如宝钢、京九铁路等项目。

(5) 一些特殊项目,如国家重点投资的新技术开发项目、技术引进项目等。

**3. 收集资料和选取数据**

项目后评价是以大量的数据、资料为依据的。这些数据和资料的来源要可靠。一般应由项目后评价者亲自调查整理,需要收集的数据和资料如下:

(1) 档案资料。主要有建设项目的规划方案、项目建议书(预可行性研究)和批文、可行性研究报告、评估报告、设计任务书、初步设计材料和批文、施工图设计和批文、竣工验收报告、工程大事记、各种协议书和合同及有关厂址选择、工艺方案选择、设备方案选择的论证材料等。

(2) 项目生产经营资料。主要是生产、销售、供应、技术、财务、劳动工资等部门的统计年度报告。

(3) 分析预测用基础资料。主要是建设项目开工以来的有关利率、汇率、价格、税种、税率、物价指数变化的有关资料。

(4) 与项目有关的其他资料。如国家及地方的产业结构调整政策、发展战略和长远规划；国家和地方颁布的规定和法律文件等。

4. 分析和加工收集的资料

对所收集的数据和资料进行汇总、加工、分析和整理，对需要调整的数据和资料进行调整。此时往往需要进一步补充测算有关的资料，以满足验证的需要。

5. 评价及编制后评价报告

编制各种评价报表及计算评价指标，并与前评价进行对比分析，找出差异及其原因。由评价组编制后评价报告。

6. 上报后评价报告

把编制的正式后评价报告和其重点内容摘要上报给组织后评价的部门。

项目后评价报告是项目后评价的最终结果。项目的类型、规模不同，其后评价报告的格式也不尽相同。这里简要介绍我国一般工业项目后评价的报告格式。

(1) 总论

总论主要包括项目后评价的目的、项目后评价的组织管理、后评价报告的编制单位、后评价报告的编写依据、后评价工作的起止时间、项目的基本情况、后评价资料的来源、后评价的方法、项目可行性研究报告的编写单位以及项目实施的总体概况等。

(2) 项目目标后评价

项目目标后评价主要包括报批管理评价、实施内容评价、功能技术评价、资金管理评价等。

(3) 项目效益后评价

项目效益后评价主要包括项目财务后评价和项目经济后评价。

(4) 项目影响后评价

项目影响后评价主要包括环境影响评价、社会影响后评价。

(5) 项目持续性后评价

项目持续性后评价主要包括项目自身可持续性和项目对所处区域影响的可持续性。

(6) 项目的过程后评价

过程后评价包括立项决策后评价、准备阶段后评价、施工阶段后评价和运营阶段后评价。

(7) 综合结论和建议

综合结论和建议主要包括以下几个方面：总结项目决策、准备、实施和营运各阶段的主要成果和不足；预测项目未来发展前景；总结经验和教训；提出改进和完善措施；提出项目提高经济效益的途径和可持续发展的战略。

复 习 思 考 题

1. 什么是项目后评价？项目后评价与前评价的区别有哪些？
2. 项目后评价具有什么作用？
3. 简述项目后评价的基本原则。
4. 项目后评价的主要内容包括哪些？

5. 有无对比和前后对比的区别是什么？
6. 简述项目后评价的程序。
7. 项目后评价的方法有哪些？
8. 简述国内外项目后评价的发展。

# 11　并购项目经济评价

**本章概要**

- ➢ 企业并购的类型与动因
- ➢ 并购项目经济评价的主要内容
- ➢ 并购项目投资与效益的构成
- ➢ 目标企业收购价格估算
- ➢ 并购效益估算

## 11.1　概　　述

### 11.1.1　企业并购与并购项目

1. 企业并购的概念

企业并购（Merger & Acquisition，简称为 M&A）是企业兼并或收购业务的总称，是企业寻求发展或扩张的一种重要途径。

兼并是指一个企业采取各种形式有偿接受其他企业的产权，使得被兼并方丧失法人资格或改变法人实体的经济行为。兼并的方式有吸收合并式和合并新设式两种。吸收合并通常是一家优势公司以现金、证券或其他有偿方式购买取得其他一家或者多家企业的产权或公司股权，双方合并为一家企业，而被兼并企业独立地位消失，丧失法人资格或改变法人实体。我国《公司法》中，兼并等同于吸收合并，指一个公司吸收其他公司而存续，被吸收公司解散。

收购是指一家企业用现金、债券或股票购买另外一家企业的股权或资产，以取得对该企业的控制权，该企业的法人地位并不消失。收购的对象一般有两种：股权和资产。我国《证券法》规定收购是指持有一家上市公司发行在外的股份的30%时发出要约收购该公司股票的行为。

兼并与收购都是通过付出一定的对价获取对另一家企业的决策控制权，但它们之间有着细微的区别，兼并必然会使被兼并企业失去法人资格或改变法人实体，但收购则未必，收购方和被收购方都会保持原有的法人地位独立经营，只是收购方拥有被收购方的控制权。兼并与收购这种微妙的联系使其在实际中的联系相当紧密，经常被当作同义词使用，统称为"并购"。

资本积累和资本集中是许多企业不断发展壮大的两种主要途径，其中资本集中的方式就体现了并购的思想，实现并购的方式可以是股权并购，也可以是资产并购。狭义上的并购就是指并购企业为了获得目标企业的控制权而进行的一系列产权交易活动，但随着并购活动不断兴起，并购的定义也得到了延伸，它还可以指并购企业旨在取得投资收益而收购另一企业部分股权的行为。企业的发展方式如图 11-1 所示。

2. **企业并购的类型**

企业并购有多种类型，可按照不同的标准进行分类。

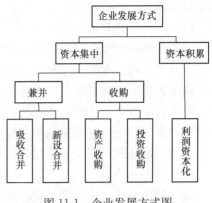

图 11-1　企业发展方式图

按照被并购企业所在的行业来划分，并购可分为横向并购、纵向并购和混合并购。横向并购是指为了提高市场占有率和获取规模效益，而在同一类产品的产销部门之间发生的并购行为。纵向并购是为了向前或向后扩展产业链，而在生产或经营的各个相互衔接和紧密相连的公司之间发生的并购行为，从而实现了纵向生产的一体化。混合并购通常是为了多元化经营而发生的横向与纵向相结合的并购行为，其主旨是为了减少长期经营一个行业所带来的风险。

按照并购交易的出资方式来划分，并购可分为现金购买资产式并购、现金购买股票式并购、股票换取资产式并购和股票互换式并购四种。

按照并购企业的并购意图来划分，并购可分为善意并购和敌意并购。善意并购通常发生在目标企业同意并愿意接受收购条件的情况下，双方高层通过协商来决定并购的有关事宜，并承诺互相给予协助。而敌意并购则是发生在被并购方并不知晓并购方的收购意图或者对并购持反对态度的情况下，通常是并购方单方面进行的强行并购。

按照并购是否通过证券交易所公开交易来划分，并购可分为要约收购和协议收购。要约收购通常又被称作"公开收购"，是指并购方不经过目标企业的董事会，直接以高于市场价格向目标企业的股东招标的收购行为，一般属于恶意并购。协议收购是并购方与目标企业取得联系，通过与其谈判、协商并达成协议，据以实现目标企业股权转移的收购方式，一般情况下属于善意并购。

按照并购企业的并购动机划分，企业并购分为投资型并购和战略型并购。投资型并购主要以短期获利为目的，关注的是并购行为是否能弥补并购成本及达到预期的利润回报。并购方一般不准备长期持有目标企业，仅为了重组整合后出售或者包装上市等，并不关注企业未来的生产经营以及投资项目与其他投资的内在联系等，无需考虑并购效应对企业价值的影响。战略型并购是指并购双方在各自的优势产业中都具有一定的核心竞争优势，两者的并购是为了使拥有的资源进一步优化配置，从而强化其主营业务，达到产业一体化协同效应和资源互补效应，实现价值增值的最终目的。

按并购企业与目标企业间组织交易的形式，可分为兼并、租赁、拍卖、股份转让和资产转让等多种形式。

3. **企业并购的动因**

并购企业通过兼并收购可以缩短投资时间、降低投资成本、不增加市场容量和竞争压力，能够迅速调整企业经营结构，实现企业战略布局。

企业置身于市场环境，受到内在动力和外在压力的双重作用。动力即获取利润的要求，压力则来源于市场竞争。这两种力也是企业并购决策的根本动因。在企业的运营层面上，这些动因有着不同的具体表现形态，可以将其归纳为组合优势动因、核心能力动因和规模势力动因。

(1) 组合优势动因

并购的顺利实施可使双方企业因企业的资源要素整合优化而取得许多方面的组合优势，在技术市场、专利、生产、营销、企业文化等多方面实现共享和互补效应。

由于税法、会计处理、证券交易等规定，并购可能带来合理避税等财务收益。并购产业内的在位企业，可不给行业增添新的生产能力，短期内行业竞争结构保持不变，快速进入目标产业，引发同行报复的可能性小，又可拥有目标公司的专门生产技术、原料的有利途径、有利的地理位置、累计的经验、政府的优惠政策等，从而降低行业进入壁垒。

(2) 核心能力动因

核心能力是企业在生产、经营和管理过程中形成的一种能使企业保持持续性竞争优势的独特能力，它可能是特殊的资产、领先的技术、不可复制的人力资源、独到的制度文化等。通过并购，可以快速获得目标企业在作业方法、专用设备技术应用、对市场分布和市场规律的了解等多方面的经验累积，促进生产作业成本和管理费用的降低。并购是一种获得目标企业核心能力的手段。

(3) 规模势力动因

企业并购可以扩大企业规模，促进规模经济效应和市场份额效应，实现市场势力的增长。规模经济可能表现在生产单位和管理单位两个层次上。并购使企业的经济规模达到最佳，企业生产成本最低。多个生产单位在同一企业管理下，可节省管理费用，对不同顾客和市场提供的产品和服务可通过同一渠道进行，节省营销费用。市场份额的扩大，使企业得到垄断地位，进而促进企业继续保持竞争优势、获取利润。

并购的目的在于扩大既有企业规模，提高既有企业效率，减少竞争对手，取得管理、经营、财务协同效益，增强既有企业的竞争能力，同时维持或改进目标企业原有的生产系统。

4. 并购项目

并购项目指既有企业通过投资兼并或收购目标企业，获得目标企业的部分或全部产权的投资项目。企业并购是国际上最主要的直接投资方式，并购项目是投资项目的主要类型之一。此处，主动实施并购行为的企业为并购企业，并购对象为被并购企业，或称目标企业。

### 11.1.2 并购项目经济评价的主要内容

并购项目经济评价主要包括下列内容：

(1) 分析目标企业所处行业、竞争对手、行业发展趋势、市场格局与前景；

(2) 分析目标企业经营管理现状、资产与债务结构、盈利能力、管理水平，并预测发展前景；

(3) 分析并购实施企业管理能力与水平、财务状况、品牌商誉、市场份额、融资能力、企业现状等；

(4) 测算并购投资；

(5) 测算改组改造所需投资；

(6) 预测并购收益和经营费用；

(7) 构造并购后的现金流量表，依据内部收益率等指标判断并购的可行性；

(8) 并购风险分析；

(9) 提出并购决策建议等。

### 11.1.3 并购项目经济评价的重点和难点

并购项目一般只作财务分析。对于影响行业结构和地区发展的重大并购项目，还应作经济费用效益分析，判断并购产生的失业、垄断等后果的社会承受能力。

财务分析在并购项目决策中具有重要作用。

(1) 财务分析能减少企业并购活动的盲目性和风险性。财务分析对并购过程及并购后的企业状况进行预测，以预测为依据制定并购计划，使并购活动在计划的指导下有序进行，通过对风险的全面分析与控制，使风险降低到最低程度。

(2) 财务分析是企业并购活动的依据。企业并购中的一些重要问题，如选择并购对象、并购活动中能支付的最高价格、主要的财务风险、并购资金的筹措等都通过财务分析来确定。通过财务分析，将不同并购方案的成本费用与收益作出比较以及全面的分析，使并购活动以经济效益为中心，保证经济效益的最大化。

由于不同并购方式存在着不同的内外部环境和条件，在进行财务评价时要考虑的因素远比一般的新建、改扩建项目要复杂得多，且财务评价的具体方法也应有所差别。

## 11.2 并购投资估算

### 11.2.1 并购投资的构成

并购投资是收购企业为了获得目标企业所付出的代价，包括收购价格、咨询费、律师费、佣金等，以及收购后对目标企业的改造、改组、人员安置与遣散费用等。按照并购过程，可以划分为并购计划费用、并购实施费用、并购整合费用。

**1. 并购计划费用**

并购计划费用是并购战略实施之前所发生的费用，主要是企业利用内部专业人员或聘请外部专家对收购企业及考虑范围内的目标企业进行评估，调查分析制定合理的并购战略计划，选择合适的目标企业，在这个过程中发生的费用，包括咨询费、律师费、佣金等。

**2. 并购实施费用**

并购实施费用是实施并购战略计划所发生的费用，也是并购投资的最主要组成部分，主要包括目标企业的购买价格、筹融资成本以及因并购行为产生的税收费用等。

**3. 并购整合费用**

并购整合费用是并购战略实施之后，为了将两个企业的组织、财务、文化等更快地融合在一起以实现并购战略目标所发生的费用，主要包括组织整合费用、财务整合费用、业务整合费用、人员整合费用、文化整合费用。

并购整合费用涉及并购双方，包括由于并购行为而导致的被并购企业正常生产经营以外发生的成本费用，以及收购兼并企业由于并购行为而增加的成本费用部分。收购后可能需要对目标企业进行改组、人员安置与遣散等，对被并购企业进行技术改造、更新设备、改进工艺、修缮厂房、恢复和提高资产使用价值。为确保并购项目的正常营运，并购方需向被并购企业追加的流动资金投入等。

并购能否给企业带来增值,取决于整合能否顺利实现。整合费用具有难预测、多次发生等特点,这就要求兼并企业加强并购项目论证前的调查研究、清产核资、财务审计和资产评估等方面的工作,合理测算并购整合费用。

### 11.2.2 目标企业收购价格估算

目标的收购价格是并购投资的主要组成部分,收购价格估算的可靠性直接影响到并购投资估算的可靠性。

**1. 目标企业价值构成**

收购价格估算以目标企业价值评估为基础。企业价值可分为基础价值、内在价值和战略价值三个层次。

基础价值(Basic value)即净资产价值,是目标企业转让的价格下限。

内在价值(Internal value)是目标企业在持续经营的情况下可能创造出的预期的现金流量价值,是目标企业的动态价值。

战略价值(Strategic value)是指并购完成后,经过总体组合与协同,使得外部交易内部化、生产要素重新组合、市场份额进一步扩展、消除或减轻竞争压力、绕过各种限制或贸易壁垒、规避各种风险和税收、提高垄断地位、拓展新的利润增长点,从而取得规模经济效益。

确定合理的并购价格区间时,需要综合考虑企业的三种价值。

**2. 收购价格估算方法**

收购价格的估算为企业并购谈判提供一个价格基础。目标企业的价值评估是核心问题,它关系到交易能否顺利进行以及交易双方各自的利益。收购价格最终取决于市场。

在企业并购中评估目标企业价值时采用公允价值。公允价值是在计量日的有序交易中,市场参与者出售某项资产所能获得的价格或转移负债所愿意支付的价格。

收购价格的估算方法有三大类:成本法、市场法和收益法。

(1) 成本法

成本法是通过对目标企业的资产进行评估来确定其整体价值的评估方法。根据评估中选择不同的价值标准,成本法主要有账面价值调整法、重置成本法和清算价值法。

1) 账面价值调整法

企业的账面价值等于企业的资产减去企业负债,但由于不能反映通货膨胀、技术贬值和企业组织资本等,基于历史成本记录形成的账面价值很有可能不等于其市场价值。因此,需要对账面价值进行调整。

账面价值调整法从资产成本的角度,以目标企业的资产净值为基础估算确定收购价格,即按照财务报表中的资产净值,采用经过注册会计师审计调整后的资产账面价值进行估算。它是目标企业价值评估的基本依据。

$$企业价值 = 调整后的总资产 - 调整后的总负债 \tag{11-1}$$

2) 重置成本法

评估思路是从企业重建的角度,即在评估点时企业的投入成本之和,或再造一个与被评估企业完全相同的企业所需的投资,并把这个投资额作为被评估企业的价值。

重置成本是在目前的市场条件下获得相同或相近的资产所需支付的对价,同时考虑评估对象自身的实体有形损耗、经济性贬值和功能性贬值等因素，进而确定资产的评估值。重置成本法忽略了企业的经营效率、职工团队素质、品牌效应等这些看不见的财富对企业价值的影响。

3) 清算价值法

清算价值是指企业濒临破产或停业结算时，将其所拥有的资产单独变卖所能实现的价值。

成本法能够发挥对目标企业资产和负债的尽职调查的作用，同时能够为企业间的并购提供交易价格谈判的"底线"，便于评估报告的使用者了解目标企业的价值构成。成本法适用于并购企业主要是以获得资产为目的，且目标企业属于并购后不再继续经营的传统企业。也适用于处于清算中的目标企业，但拥有大量无形资产的企业和高新技术企业除外，因为这些企业某些资产的价值不可能从账面成本中获得，也无法用重置成本来衡量。

**【例 11-1】** 某企业评估人员决定采用成本法评估企业价值，逐项评估企业的可确值资产，评估结果为：机器设备 2200 万元，厂房 700 万元，流动资产 1400 万元，土地使用权价值 400 万元，商标权 100 万元，负债 1800 万元。则企业价值为多少？

**解：** 企业价值 = 2200 + 700 + 1400 + 400 + 100 - 1800 = 3000（万元）

(2) 市场法

市场法，又称为市场比较法，它主要是通过搜集市场数据，寻找与评估对象类似的企业作为参照标准，对其进行比较分析和适当调整，从而确定目标企业价值的一种评估方法。市场法的原理简单易懂，而且容易操作，但其使用有前提条件：在同行业中可以找到目标企业的一家或多家参照企业；目标企业所处的市场足够成熟，能够对类似企业进行正确的估价；并购后目标企业持续经营。

按照参照对象的不同，市场法分为可比企业法和可比交易法。

1) 可比企业法

可比企业法是将市场中目标企业的同类企业作为其参照对象，通过计算其有关财务指标与股票市价的比率，来为目标企业的价值评估提供参考标准，进而确定目标企业价值的一种评估方法。

可比企业法首先要按照上述要求选择一定数量的可比企业，大部分专业评估机构倾向于使用 3~4 家可比企业的数据进行估值测算。这些企业必须与目标企业在行业特点、市场地位、经营状况、财务指标和资本结构等方面具有相当的可比性，而且选择的有关财务指标需与其市场价值具有相关性，其次要选择适合的参数，求取"估价比率"，通常有市盈率、市场价值/销售收入、市场价值/账面价值等几种财务指标。根据目标企业自身特点不同，可以选择不同的估价比率。如果目标企业属于生产型企业，选择账面价值参数，可能更为合理。如果目标企业属于服务型企业，则可以选择销售收入参数，实务中更多的是选择盈利能力指标，也就是市盈率作为其估价比率，也称为市盈率法。最后要将一定数量可比企业的估价比率平均化，再结合目标企业的对应财务指标，得到目标企业的市场价值。以市盈率估价比率为例，目标企业的市场价值的计算公式如下：

$$\text{目标企业的市场价值} = \text{目标企业同口径的盈利额} \times \text{可比企业平均市盈率} \qquad (11-2)$$

根据上式得到的结果是目标企业的市场价值即独立价值，而不是并购价值。并购中并购方所支付的价格往往会高于目标企业的市场价值，也就是存在市场溢价。对于非上市企业价值的评估，由于其股权没有公开交易的市场，其流动性受到限制，使得其股权价值一般都会低于其他方面与之相同的的上市企业，通常把这种现象叫作流动性折价。如果考虑了市场溢价和流动性折价因素的情况下，目标企业的并购价值可表达为：

$$目标企业并购价值＝市场价值＋适当的市场溢价－适当的流动性折价 \quad (11-3)$$

不过，市场溢价和流动性折价的量化很复杂。

2）可比并购法

可比并购法主要是基于完善而健全的并购市场，通过参考相似企业在并购中的交易价格，直接估测目标企业的并购价值。主要步骤类似于可比企业法，如下所述：

① 选择参照交易。交易案例需从近期实际发生的并购案例中，挑选几项并购中被并企业与目标企业在经营业绩、财务政策、风险程度以及未来获利能力等方面类似的交易，参照交易的可比程度对目标企业的评估结果起着决定性的作用；

② 求并购价值比率。即要计算所选择的参照交易中实际的交易价格与被并企业的某一个财务指标的比值，为目标企业的估值提供参考。

③ 对若干项参照交易的并购价值率进行平均化，同时结合目标企业的自身特点加以适当调整，进而得到目标企业的并购价值比率。

因此，目标企业的并购价值就可以由下式表达：

$$目标企业的并购价值＝目标企业的盈利额×目标企业的并购价值率 \quad (11-4)$$

从上式中可以看出，可比并购法所参照的是实际发生的并购交易价格，此价格中已经考虑了并购方所支付的并购溢价，也就是说可比并购法直接得到的评估结果就是目标企业的并购价值。

【例 11-2】欲评估甲公司的价值，从市场上找到了三个相似的公司 A、B、C。分别计算各公司的市场价值与销售额的比率、与账面价值的比率以及与净现金流量的比率为可比价值倍数，得到结果如表 11-1 所示。

相似公司比率汇总表　　　　　　　　　表 11-1

| | A公司 | B公司 | C公司 | 平均 |
|---|---|---|---|---|
| 市价/销售额 | 1.3 | 1.2 | 1.1 | 1.2 |
| 市价/账面价值 | 1.5 | 1.4 | 1.9 | 1.6 |
| 市价/净现金流量 | 21 | 19 | 26 | 22 |

把三个样本公司的各项可比价值倍数分别进行平均，就得到了应用于甲公司评估的三个可比价值倍数。计算出来的各公司的比率或倍数在数值上相对接近，则具有较强的可比性。如果差别很大，则表示平均数附近的离差是相对较大的，所选样本公司与目标公司在某项特征上存在较大差异性，需要重新筛选样本公司。

甲公司的年销售额为 1 亿元，账面价值为 7000 万元，净现金流量为 550 万元，计算甲公司的企业价值。

**解：** 计算甲公司的企业价值结果如表 11-2 所示。

**甲公司的评估价值**（单位：万元） 表 11-2

| 项目 | 甲公司实际数据 | 可比公司平均比率 | 甲公司指示价值 |
| --- | --- | --- | --- |
| 销售额 | 10000 | 1.2 | 12000 |
| 账面价值 | 7000 | 1.6 | 11200 |
| 净现金流量 | 550 | 22 | 12100 |
| 甲公司的评估价值 | | | 11767 |

（3）收益法

收益法是将拟并购企业的未来收益换算成现值的各种评估方法的总称。从投资人、企业的定义来看，收益法是评估企业价值的一条最直接、最有效的方法。企业价值的高低主要取决于其未来的获利能力，而不是现实存量资产的多少。

收益法是从目标企业未来收益的角度，在企业持续经营的假定前提下，将目标企业未来预测的现金流量进行贴现，就是目标企业的价值，并以此为基础确定测算目标企业的最高收购价格。收益法可分为年金法和分段法进行评估。

1）年金法

$$P = A/r \tag{11-5}$$

式中 $P$——企业评估价值；

$A$——企业每年的年金收益；

$r$——折现率或资本化率。

现实中，评估人员需要通过综合分析确定预期年金收益，可将企业未来若干年的预期收益进行年金化处理，从而得到企业年金，相应公式可表示为：

$$P = \sum_{i=1}^{n}[R_i \times (1+r)^{-i}] \div \sum_{i=1}^{n}[(1+r)^{-i}] \div r \tag{11-6}$$

式中 $\sum_{i=1}^{n}[R_i \times (1+r)^{-i}]$——企业前 $n$ 年预期收益折现值之和；

$\sum_{i=1}^{n}[(1+r)^{-i}]$——复利现值系数之和（年净现值系数）。

这一方法的前提是年金化的可行性，年金化处理所得到的企业年金能够反映被评估企业未来预期的收益能力和水平。未来收益具有充分稳定型和可预测性的企业收益适合进行年金化处理。

【例 11-3】企业预计未来五年的收益为 32 万元、60 万元、73 万元、65 万元和 67 万元。假设该企业的折现率和资本化率均为 10%，用年金法估测该企业的企业价值。

解：根据公式（11-6）计算：

$$P = \sum_{i=1}^{n}[R_i \times (1+r)^{-i}] \div \sum_{i=1}^{n}[(1+r)^{-i} \div r]$$

$$= (32 \times 0.9091 + 60 \times 0.8264 + 73 \times 0.7513 + 65 \times 0.6830 + 67 \times 0.6209)$$

$$\div (0.9091 + 0.8264 + 0.7513 + 0.6830) \div 10\% = 579 \text{ 万元}$$

2) 分段法

分段法的基本思想是将持续经营的企业收益预测分为前后两段。对于不稳定阶段的企业预期收益采用逐年预测,而后逐年累加。对于相对稳定阶段的企业收益,则可根据企业预期收益稳定程度,按照企业年金收益,或者按照企业的收益变化率变化规律对所对应的企业预期收益形式进行折现和资本化处理。

如果在不稳定期结束之后,各年收益率较为稳定,则分段法的公式为:

$$P = \sum_{i=1}^{n}[R_i \times (1+r)^{-i}] + \frac{R_n}{r} \times (1+r)^{-n} \tag{11-7}$$

如果在不稳定期结束之后,各年收益率保持稳定增长,假设从($n+1$)年起的后段,企业预期年收益按固定比率 $g$ 增长,则分段法的公式可写成:

$$P = \sum_{i=1}^{n}[R_i \times (1+r)^{-i}] + \frac{R_n(1+g)}{r-g} \times (1+r)^{-n} \tag{11-8}$$

【例 11-4】某企业预计未来五年的收益额为 100 万元、120 万元、150 万元、150 万元和 200 万元,根据企业的实际情况推断,从第 6 年起,企业收益额将在第五年的水平上以 2%的增长率保持增长,假定本金化率为 10%,计算待估企业的价值。

$$P = \sum_{i=1}^{n}[R_i \times (1+r)^{-i}] + \frac{R_n(1+g)}{r-g} \times (1+r)^{-n}$$

$= (100 \times 0.9091 + 120 \times 0.8264 + 150 \times 0.7513 + 160 \times 0.6830 + 200 \times 0.6209)$
$+ 200 \times (1+2\%) \div (10\% - 2\%) \times 0.6209$

$= 2119$ 万元

收益法在全面反映企业价值方面具有优势,原因在于其通常能够综合考虑企业价值的各方面有形及无形的因素。随着收益法在资本市场应用渐趋广泛以及信息积累的逐渐丰富,其技术手段也在不断地完善,应用的基础也比较成熟。

上述估价方法,应根据目标企业的具体情况选用。三大类方法的比较见表 11-3。

目标企业并购价格估算方法比较表　　表 11-3

| 特点 | 成本法 | 市场法 | 收益法 |
| --- | --- | --- | --- |
| 信息来源 | 企业已有信息收集 | 外部市场信息查找 | 对未来收益预测 |
| 信息确定性 | 确定 | 确定 | 不确定 |
| 评估基础 | 资产 | 市场及参照交易案例 | 未来收益 |
| 评估结果客观性 | 客观 | 相对客观 | 主观 |
| 优势 | 所需资料容易获取,评估结果客观性强 | 基于相似公司的财务特征分析,类比后得到评估结果,具有一定的可靠性,计算简单,资料真实 | 基于企业未来的获利能力进行评估,理论基础坚实 |
| 劣势 | 未考虑现在资产市场价格的波动性和资产的收益能力 | 难以找到完全可比的参照企业 | 企业未来现金流和折现率难以准备估计,对评估结果影响较大 |

## 11.3 并购效益估算

### 11.3.1 并购效益的构成

并购效益包括目标企业自身的效益和由于并购带来的企业整体协同效益。企业自身效益包括资本经营效益、市场增加值和经济增加值。企业整体协同效益包括财务协同效益和经营协同效益。

1. 目标企业自身效益

目标企业自身效益指被并购企业自身的预期收入、效益部分，包括：

（1）资本经营效益

评价指标包括投资回报率、总资产收益率等，主要反映并购后的当期经营效益。将目标公司并购后的资本经营效益与并购前进行比较，从而衡量并购对目标公司所产生的绩效增长。

（2）市场增加值

收购后目标公司的市场价值与收购前的市场价值的比较，其差额为市场增加值。

（3）经济增加值

收购企业将投资于目标企业的资本变现的收益与资本的机会成本进行比较，差额就是企业的增值收益。

并购中目标企业自身效益估算可采用基本估值方法，如成本法、市场法或收益法。此处不再赘述。

2. 企业整体协同效益

协同效应是企业并购的核心内容。Ansoff 首先提出了协同效应的理念，并定义协同效应是"合并后的企业经营表现超过原分散的企业表现之和"。协同效应也被形象地称为 1+1＞2，即合并后企业的整体价值大于原分散的企业价值之和。对并购的协同效应进行量化，则得到并购的协同效益。

企业整体协同效益包括财务协同效益和经营协同效益。

（1）财务协同效益

财务协同效益应包括通过业务多样化来降低经营风险，或是收购一家资金短缺但有投资机会的公司获得的商业机会，或是收购一家享受税收优惠企业带来的税收节余等。

（2）经营协同效益

由于目标企业控制着某种关键资源、技能或能力，如果与收购企业资源结合，将产生更大的价值。当处于同一业务领域的两家企业发生横向并购时，由于生产规模提高、成本降低、边际利润水平提高；当收购原材料供应商或产品的分销商或零售商时，协同效应来自对价值链的更完整控制。

### 11.3.2 企业整体协同效益估算

协同效益的评估思路主要根据其定义展开，效益具体体现为并购后形成的新主体的整体效益减去并购前双方作为独立主体的效益之和后的差额，即：

$$协同效应 = V_{AB} - (V_A + V_B)$$

$V_{AB}$、$V_A$、$V_B$ 分别为并购后联合企业的价值、并购前 A 企业的价值和并购前 B 企业的价值。

采用有无对比法和现金流量分析方法，评估经营协同效应。

(1) 分别评估收购公司和目标企业的价值，根据各企业的现金流计算现值，汇总得到并购前的企业价值；

(2) 考虑并购完成后企业预期增长率或者成本的下降，重新评估企业的价值；

(3) 将"有并购"的企业价值减去"无并购"的公司价值，得到并购协同效益的价值，根据协同效应的来源、协同效应的产生主要由四部分变化导致：营业收入的增加（$\Delta R$），产品成本的降低（$\Delta CP$），税收的减少（$\Delta T$）和资金成本的降低（$\Delta CA$），所以协同效应的增量现金流可表示为：$\Delta CF = \Delta R + \Delta CP + \Delta T + \Delta CA$。估计出并购后企业的寿命期和寿命期内各年的净增加现金流，选取适当的折现率，将寿命期内的净增加现金流量折现加总，即可得到以净增加现金流的现值计算出的协同效应值。

这一计算方法的不足之处是计算过程中存在过多的预测，如果不能对关键参数的确定及人为假设可能导致的重大误差进行合理的处理，难以为协同效应的准确计量提供依据。

企业所处的竞争环境的不确定性也使得协同效应的计量更加复杂。环境因素影响协同效应能否产生和什么时候开始产生，也就是说，竞争环境的变化使得预期的协同可能不能如期出现。

### 11.3.3 基于实物期权的并购协同效益估算

随着实物期权理论的兴起，有学者不断将实物期权的思想引入并购协同效应的评估。实物期权的思想是基于金融期权理论而提出的。实物期权中的标的资产是具体的某个投资项目，这些项目大都对应不同的实物资产，如土地、设备、厂房等。投资于实物资产，经常可以增加投资人的选择权，这种未来可以采取某种行动的权利而非义务是有价值的，它们被称为实物期权。这种权利也类似于金融期权中的权利，它赋予期权的购买者在未来某一时刻或该时刻之前，可以按事先定好的价格买入或卖出一定数量标的资产的权利，只不过该标的资产不是股票、债券或期货等金融资产。实物期权同金融期权一样，属于或有决策。决策者可以根据事情的发展状况来随时更换投资决策。

从期权思想的角度来看，战略型并购的以下特点体现了期权的性质：

(1) 并购收益具有不确定性。并购所产生的收益在未来期间无法预测，协同效应价值的大小也会随市场前景变化而变化，用未来收益的期望值替代收益所产生的误差会随着收益不确定性的增大而增大，因此无法用传统的收益折现模型来评估协同效应的价值。

(2) 并购过程具有可转变性。在并购中通常可以选择不同方式进行并购，同时当目标企业未来发展形势极不乐观时，并购方还可以通过中止并购来减少损失。除此之外，并购方在未来还可根据决策需要对目标企业进行分拆或出售资产等，这种灵活多变性正好体现了期权中的可选择性。

(3) 并购时机具有延迟性。当并购方面对目标企业的投资机会时，不一定要马上作决定，并购双方签订保密协议和调查协议，可以使并购方在一定期限内详细调查目标企业的经营财务状况以及成长潜力，这就相当于并购拥有决定投资与否的权利，它可以选择最佳并购时机进行并购，争取较低的并购成本，也可以视情况而放弃并购机会。

根据实物投资中投资机会出现的时间和特点来划分，实物期权可分为柔性期权、成长期权和放弃期权三种。柔性期权是指并购方可以根据需求与价格的变化趋势而随时改变原来的经营方针等；成长期权则是通过初始投资进而获得后来一系列扩展投资的机会；放弃期权是指并购方在市场前景恶化时，可以选择放弃投资项目，甚至可以在二手市场上将其资产进行变卖。期权价值计算假设未来价值是一个动态变化的过程，会涉及一系列的决策点。使用期权法评估并购协同效益可以充分反映企业价值的发展机遇并使企业的价值更合理。

计算式表述为：

协同效应价值＝未来自由现金流增量折现得到的无柔性现值＋期权价值 （11-9）

其具体计算步骤如下：

(1) 利用传统净现值法计算未来自由现金流增量的无柔性现值。

以未来自由现金流增量为基础计算无柔性现值，前已叙述，此处不再赘述。

(2) 利用期权定价模型确定协同效应价值中的期权价值

最经典的实物期权法是 Black-Scholes 期权定价模型。公式如下：

$$V_0(t) = V_b N(d_1) - X e^{-(T-t)R_f} N(d_2) \quad (11\text{-}10)$$

$$d_1 = \frac{\ln(V_b/X) + \left(R_f + \frac{\sigma^2}{2}\right)(T-t)}{\sigma\sqrt{T-t}} \quad (11\text{-}11)$$

$$d_2 = \frac{\ln(V_b/X) + \left(R_f - \frac{\sigma^2}{2}\right)T}{\sigma\sqrt{T-t}} = d_1 - \sigma\sqrt{T-t} \quad (11\text{-}12)$$

其中：$V_b$——标的资产的现行价格，即目标企业的独立价值；

$X$——欧式看涨期权的执行价格，即并购方在并购中所支付的交易价格；

$T$——代表期权到期日，也就是并购企业执行并购期权的具体时间；

$t$——评估时点；

$R_f$——代表无风险利率；

$\sigma^2$——代表目标企业价值的波动程度；

$N(d)$——表示标准正态分布中离差小于 $d$ 的概率，属于累积分布函数。

【例 11-5】并购协同效益估算及并购决策案例

SK 公司是国内一家颇有影响力的高科技上市公司，其主要产品是以 PC 为主的 IT 硬件产品，在 IT 领域内具有良好的市场表现，形成了很高的市场认同度。D 公司是一家具有集成电路和高密度互联技术方面核心技术的公司，是许多 IT 高科技产品公司的主要供应商之一，其核心技术已获得国际性的多项认证，但由于历史原因，资金短缺一直是制约其发展的瓶颈，设备不断老化，没有资金投入技改，越来越难以满足客户产品升级的需求。

SK 公司正在考虑并购 D 公司，预计并购完成后，经营 D 公司能给其带来的现金流增量并不乐观，但如果选择向 D 公司投入技改资金，扩大生产线，利用自己在品牌、管理等方面的优势协助 D 公司进行产品研发和市场推广，将其建设成大型的集成电路生产基地，那么该基地将成为 SK 一个重要的利润增长点。

目前除了 SK 公司外，还有两家竞购公司加入，D 公司股东的谈判要价为 12000 万元，第三方评估机构对目标企业 D 公司作为独立实体的价值进行评估，其值为 9000 万元。若 SK 公司成功并购 D 后，未来年的现金流的增量情况预计如表 11-4 所示。

**并购后未来5年现金流量表** （单位：万元） 表 11-4

| 年份 | 2011 | 2012 | 2013 | 2014 | 2015 |
|---|---|---|---|---|---|
| 税后经营现金流增量 | 730 | 900 | 780 | 450 | 0 |
| 经营净投资增量 | 280 | 340 | 260 | −80 | −190 |
| 净现金流增量 | 450 | 560 | 520 | 530 | 190 |

资本市场中此类并购项目的资本成本为20%，由此可以按下式计算协同效应价值中的无柔性现值：

$$无柔性现值 = \frac{450}{(1+20\%)} + \frac{560}{(1+20\%)^2} + \frac{520}{(1+20\%)^3} + \frac{530}{(1+20\%)^4} + \frac{190}{(1+20\%)^5}$$
$$= 1396.77 \text{ 万元}$$

SK的股东对是否并购的问题展开了激烈讨论，12000万元的并购价格高于目标企业评估值9000万元与现金流增量现值1396.77万元之和的，从净现值角度看该并购是赔本的，而且SK中的某些股东并不愿意承担风险，他们很满足目前公司的经营状态。还有一些股东主张并购，原因是未来IT市场的竞争强度会日益激烈，PC机的销量逐渐趋于平均化，而高科技互联技术的开发是影响到机的性能的关键因素，如果并购后继续追加投资，开发出新互联技术，加强自身PC机的市场竞争力，而D公司在互联技术方面的优势正好可以为其所用。

经过"主并派"的分析，若能并购D公司，之后采取追加投资策略的话，开发出新集成电路和互联技术用于PC机，该机可以未来三年带来净现值增加18000万，但该收益具有不确定性，依据SK公司的历史数据及经验，收益波动率预计为35%左右，而三年后很有可能要继续追加投资3000万，用来巩固新式PC机在市场中的竞争地位。

从上述分析中可看出，该并购含有一个期限为3年，标的物当前价格为18000万元，执行价格为30000万元的期权。假设无风险利率为5%，则：

$$d_1 = \frac{\ln(V_b/X) + \left(R_f + \frac{\sigma^2}{2}\right)(T-t)}{\sigma\sqrt{T-t}} = -0.29$$

$N(d_1) = 0.3859$

$$d_2 = \frac{\ln(V_b/X) + \left(R_f - \frac{\sigma^2}{2}\right)T}{\sigma\sqrt{T-t}} = d_1 - \sigma\sqrt{T-t} = -0.90$$

$N(d_2) = 0.1841$

$$V_0(t) = V_b N(d_1) - X e^{-(T-t)R_f} N(d_2) = 18000 \times 0.3859 - 30000 \times 0.1841 \times 0.8607$$
$$= 2192.55 \text{ 万元}$$

故如果考虑期权的价值，协同效应的价值即为1396.77+2192.55=3589.32，该价值大于12000−9000=3000，从实物期权角度看，该并购对于并购方来说，总的净现值是正的，可以对D公司进行并购。

## 复 习 思 考 题

1. 并购项目经济评价的主要内容是什么？

2. 并购项目投资构成是什么?
3. 目标企业价值构成包含哪些部分?
4. 什么情形下适用成本法进行目标企业收购价格估算?
5. 简述目标企业收购价格估算的市场法的具体类型及估算步骤。
6. 比较目标企业收购价格估算方法的优缺点。
7. 并购项目的效益构成包括哪些?
8. 战略型并购的哪些特点体现了实物期权方法估价的适用性?

# 12 PPP 项目物有所值评价

**本章概要**

- 物有所值评价的内涵、意义、分类、流程
- 物有所值评价的国际经验
- 物有所值评价的定性评价方法
- 物有所值评价的定量评价方法

## 12.1 物有所值评价概述

### 12.1.1 物有所值评价的内涵与意义

究其本质，PPP（Public Private Partnership，政府与社会资本合作）模式是与传统的政府提供模式相对应的一种替代性的公共基础设施和相关服务的交付方式（Delivery Method）。由于社会资本的投资回报要求远高于公共投资的资金成本，采用 PPP 模式可能会带来政府支出总额增加、公共服务价格上涨等隐患。因此 PPP 模式应在其可以为政府等公共部门和社会公众带来明确的优势或利益时才能被采用，"效率"才是选择 PPP 模式与否的最主要基准。

VFM（Value for Money，物有所值）评价方法就是在此背景下应运而生的，用于研判一个项目"是否应采用 PPP 模式"，以及"采用 PPP 模式时选择何种私人部门投标方案更为有效"。VFM 最先出现于英国，并已广泛地应用于国外 PPP 项目实践（如英国、澳大利亚、加拿大、美国等政府机构相继颁布了完整的 VFM 评价程序和评价指南）。近年来，物有所值的理念在我国的一些 PPP 项目评价中得到应用，并开始受到关注。2014 年 9 月 23 日我国财政部发布的《关于推广运用政府和社会资本合作模式有关问题的通知》（财金〔2014〕76 号）也提到"要求积极借鉴物有所值的评价理念和方法"。

英国财政部对 VFM 的定义为："VFM"是指既要充分考虑全生命周期投入因素，又要考虑商品和服务质量因素，以全寿命周期成本和质量的最佳组合来满足用户的需求。具体来说，VFM 是指项目采用 PPP 模式的全寿命周期成本与传统模式下公共部门建设、运营下的总成本相比较后可以得到的价值增值。VFM 评价的引入是为了避免在促进基础设施领域民间资本参与的政策背景下盲目推进 PPP 项目，因为并非所有公共项目都适合采用 PPP 模式。

物有所值评价的最终目的是：通过对项目采用 PPP 模式与传统模式的比较，判断项目在采用 PPP 模式下是否实现"物有所值"，即是否实现资源的最大化利用，更好地实现公共项目建设运营的经济性（Economy）、效率（Efficiency）及效能（Effectiveness），这是一个包含了时间、费用、投入产出、生产效率等等的丰富而全面的含义。其中，经济性在于正确的

数量、时间、地点、种类和花费,是指谨慎地利用资源,从而节省费用、时间和精力,即所需资源的成本最小化,是从成本角度对投入进行度量;效率在于投入产出及组织内部的管理效率,是指使用较少的成本、时间和精力而提供相同的服务,是生产率的度量,即度量从投入中获得多少产出;而效能是指使用相同的费用、时间和精力而提供更好的服务或获取更好的回报,是结果的定性和度量,关键在于项目可否有效地实现预期目标。

鉴于物有所值评价是政府进行 PPP 决策的有利工具,谨慎和全面准备物有所值评价非常重要。进行物有所值评价以保证应用 PPP 模式后,比传统的政府投资模式有所改进,包括风险的转移、服务水平和效率的提高等,既要保证投资者可以获得一定利润以吸引社会资本,又要保障政府和社会公众的利益,以承担社会责任;既要考虑基础设施对经济发展和生活水平提高的重要性,又要考虑项目的可持续性(如果项目自身收益不足,需要政府的资金支持或补贴,要考虑政府的财政实力)。不能为了应用 PPP 模式而应用 PPP 模式,并且不能为了建设基础设施而不考虑可持续性。

### 12.1.2 物有所值评价的分类

由物有所值的内涵可以得知,物有所值是一个比较的概念,也就是说,"值"或"不值"是通过事先预设的某个(些)主观或客观的标准进行衡量对比后得出的带有明确倾向性的结论,即要么达到同样的目的所需要的投入更少,要么同样的投入可以获得更多的产出(包括数量和质量)。国际上通用的及我国规定的划分标准都是按照能否或是否适宜货币化的衡量方式,将物有所值评价分为定性评价和定量评价。

其中,定性评价主要是通过已经确定好的定性评价指标,确定权重,列明问题,并采用专家打分的方式确定各个指标的得分,通过主观的分析并汇总各行业专家来进行综合评判。定性评价主要是通过各级指标确定 PPP 模式能否比传统模式整合度更高、风险分担更明确、竞争程度更明显、融资能力更强等,也考核项目的可持续性是否更好、对于环境或者社会的影响是否更积极等方面。定性评价结果包括"通过定性评价"和"未通过定性评价"两种结论。未能通过定性评价的项目,不得采用 PPP 模式。

而定量评价相对而言比较客观,步骤和程序也更加明确。定量评价主要是对 PPP 项目的全生命周期内政府支出净成本的现值(PPP 值)和政府传统采购模式的净成本的现值(即公共部门比较值,Public Sector Comparator 简称 PSC 值)进行比较,当 PPP 值小于 PSC 值时,通常就认为项目通过了物有所值定量评价,该项目适合采用 PPP 模式。在项目不同阶段,PPP 项目的全生命周期内政府支出净成本现值(PPP 值)计算方法是不一样的。在项目识别和准备阶段,由于实际成本未知,通常采用影子报价(Shadow Bid)PPP 值(简称 PPPs 值)。而在采购阶段,政府根据社会资本实际报价和承担自留风险的成本加总之和测算的 PPP 值称为实际报价(Actual Bid)PPP 值(简称 PPPa 值)。定量评价主要通过 PPP 值与 PSC 值进行比较,将 PSC 与 PPP 值做差,从而计算出物有所值量值,判断采用 PPP 模式能否降低项目整个生命周期的成本。

### 12.1.3 物有所值评价的流程

现阶段我国物有所值评价的一般工作流程见图 12-1。

不同阶段的物有所值定量评价结果的作用不同。在识别和准备阶段主要作为判断 PPP 模式适用性的依据,采购阶段主要作为采购决策依据,而实施阶段主要作为项目中期评价和后评价的组成部分。

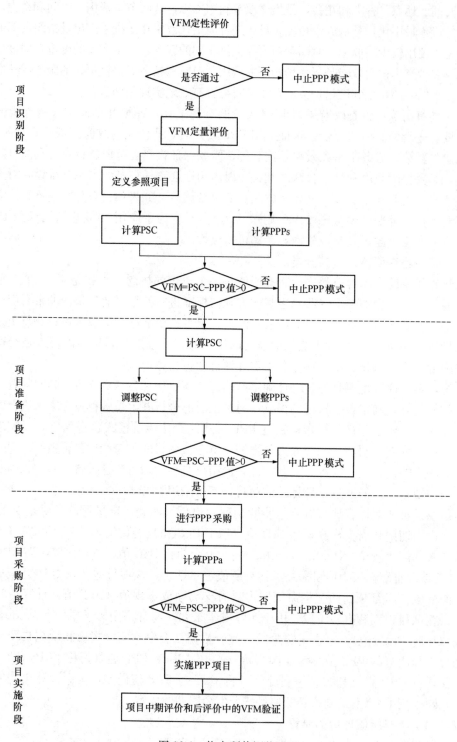

图 12-1 物有所值评价流程

### 12.1.4 物有所值评价的局限性

物有所值评价是对 PPP 模式与政府传统采购模式进行比较,其前提条件是,无论采用哪种模式，项目都会及时实施。如果项目民众需求迫切而政府当前财力无法承担，尽管从物有所值评价角度来看采用PPP模式可能从经济上是不划算的，综合经济社会效益及其时间价值衡量，考虑到项目提早实施给广大民众带来的社会效益可能远远大于PPP模式引致的成本增加，也实现了物有所值，因此采用PPP模式推动此类项目建设仍是可行和必要的。

无论是定性还是定量，事前的物有所值评价总是基于预期，因为关于项目实施效果的信息只能在事后获得。因此，在一个PPP项目的开发过程中，物有所值评价经常会出现折衷情况：在早期阶段，信息的可用性与准确性之间存在折衷；在过程的后期，分析结果有时"难以改变采购路径"，进而也会出现折衷。而许多国家则进行迭代分析：通常在过程的早期进行定性评价，后期进行定量评价。但是，这种两阶段做法也存在一个潜在的问题：在筛选的后期进行定量评价时，由于此时改变采购方法将会成本高昂，因此产生了利用定量评价"提供正确结果"的推力，这样，定量评价可能变成合理化先前决定的工具，而不再是实际决策的工具了。

## 12.2 物有所值评价的国际经验

### 12.2.1 英国物有所值评价

英国是最早对PPP项目展开物有所值评价的国家，其物有所值评价体系也较为完善，在最新的《Value for Money Assessment Guidance》（2006）中，英国财政部在推行私人融资计划（Private Finance Initiative，简称PFI）要求进行项目群、项目和采购三大阶段的物有所值定性和定量评价，并且对VFM的评价程序作了标准化的规定，如表12-1所示。

英国财政部规定的VFM评价程序　　　　　　　　表12-1

| 阶段划分 | 阶段内容 |
| --- | --- |
| 项目群阶段/计划阶段 | 先期评估PFI是否能为公共服务项目群投资带来VFM，是否适合项目群中的单个项目；现有的资本和收入可支持的项目群规模，估算PFI的总成本；确保物有所值的优化，最大程度地减少政府和社会资本的交易成本 |
| 项目阶段 | 对项目群中的单个项目进行更详细的分析；对项目的初步实施方案（Outline Business Case）进行采购前的评价；基于定性和定量评价的结果，作出总体判断：如果不具有物有所值，则不应采用PFI，而应考虑其他采购模式，如果具有物有所值，则可进入评价的下一阶段 |
| 采购阶段 | 主要考察并反馈项目的计划和实施初期的市场信息，投标过程中的交易成本以及投标者的财务能力状况等，并评估通过风险转移所带来的VFM由于竞争而产生的费用问题。如果无法通过采用PFI模式提供最佳的VFM，则将项目延期或返回上一阶段重新进行评价 |

《Value for Money Assessment Guidance》（2006）主张采用定性与定量相结合的方式进行物有所值评价，项目群、项目、采购三个阶段的物有所值定性评价是从可行性、可实现性和有益性三个方面开展评价，同时考虑市场失灵、采购流程有效性和风险转移等内容（见图12-2）。

针对VFM定量评价，早年英国采用PSC方法进行评价，英国财政部也出台了一系

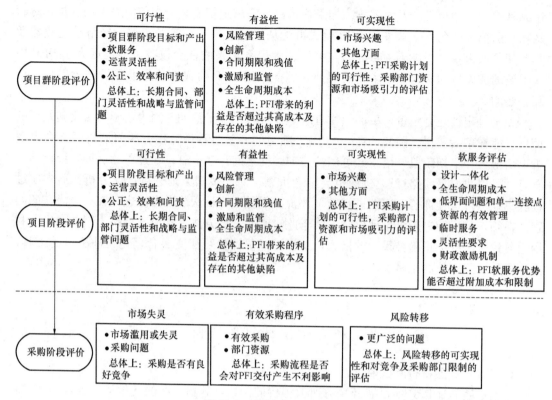

图 12-2 英国 VFM 定性评价

列文件指导 PSC 的操作，如《Value for Money Assessment Guidance》(2004)《How to Contract the PSC》(1999) 等。英国 2003 年绿皮书认为"PSC 是假设政府作为供应商，生产满足 PFI 采购规格要求的产品/服务，其所需费用进行风险调整后的成本"。它具有三个特征：用净现值（Net Present Value）表示；以目前政府实际能提供的产品/服务的方法（可合理预见的政府能够达到的最优效率）为基准；考虑采用该采购模式会遇到的所有风险。主要包括四项构成：①基本成本，包括建设投资、公共采购成本、监督成本，以及按事先确定的年限提供服务的运营维护成本等全生命周期成本；②融资成本，是指为项目安排融资的费用，主要包括安排贷款的费用、发行债券的费用等；③风险承担成本，包括自留风险承担成本、可转移风险承担成本，估算风险承担成本既重要又具有挑战性，原因在于一是风险分配的问题，即政府与社会资本之间风险优化配置的问题，二是风险量化的问题；④竞争性中立调整值，用来消除政府传统采购模式的市场扭曲效应，实现竞争性中立，可以使 PPP 和政府传统采购两种模式能公平比较。

虽然 PSC 法在使用的过程中遭到了众多非议，如折现率选取的合理性难以保证、存在过多假设等，但是 PSC 法不可否认给政府作出科学决策提供了依据，缓解了财政支出的压力。随着 PPP 案例的积累，英国为了提高评价的准确性和系统性，不再满足使用单一的 PSC 作为 VFM 评价的工具，逐渐开始采用案例清单法作为 VFM 评价的主要方法，PSC 成为案例清单法定量计算的一个工具。

英国财政部 2015 年颁布的最新的《Green Book Guidance Public Sector Business Case 2015 update》对案例清单法的使用作了详细说明，商业案例清单法是从四个阶段分别对项目的五个维度进行分析。其中四个阶段是战略大纲计划（Strategic Outline Programme，SOP）、战略大纲案例（Strategic Outline Case，SOC）、商业大纲案例（Outline Business Case，OBC）和完整商业案例（Full Business Case，FBC）；五个维度是战略、经济、商业、融资和管理。第一阶段 SOP 处于项目起始阶段，主要是对背景进行分析，通过制定战略纲要计划来确定提供背景的战略性政策或计划，五维案例模型尚未开发；第二阶段 SOC 旨在确定方案的范围并准备战略大纲案例，五维案例模型已经设立完成，但是由于该阶段信息不够充分，案例模型的开发不够充分；第三阶段 OBC 旨在规划方案和准备大纲商业案例，随着信息的逐渐完善，对案例的开发日渐完善；第四阶段 FBC 已经进入采购阶段，五维案例模型开发完善，获得完整商业案例。

PPP 模式是在四阶段通过对五维案例模型进行分析后选定的结果，这四个阶段也对应财政部颁布的《Value for Money Assessment Guidance》（2006）中规定的 VFM 评价的阶段，即计划层面评估、项目层面评估和采购层级评估，如图 12-3 所示。

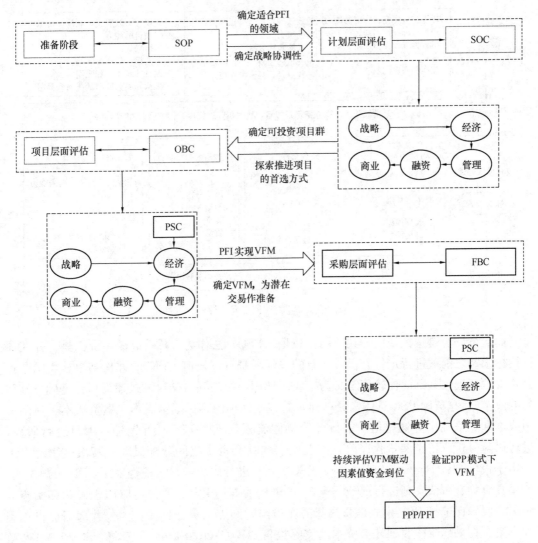

图 12-3 英国商业案例清单法流程

### 12.2.2 美国物有所值评价

美国联邦公路管理局在 2012 年颁布的《Value for Money Assessment for PPP》中指出，VFM 的定性评价和定量评价相辅相成，应同时进行。

就定性评价而言，《Value for Money Assessment for PPP》提出应在项目开展的多个阶段重复进行，这是保证 PPP 采购决策的重要手段，主要为了衡量社会资本的竞争力和投标者提出的方式的可行性，并强调采用 MCA（Multiple Choice Analysis，多指标分析法）进行分析。随后在 2013 年颁布的关于 PPP（P3）的《P3-Screen Supporting Guide》中根据项目不同的阶段给出了相应的定性评价指标，评价流程分为指标选择和指标评价两大步骤，其中指标内容分为可行性、绩效表现和可实现性三个方面，评价的过程是采用 MCA 进行分析。另外，交付模式筛选中也涉及了 VFM 定性评价，在这一阶段共提出七个方面 17 个定性指标，并设置了相应的评价标准，且由用户设置指标重要性并进行评价（如图 12-4 所示）。

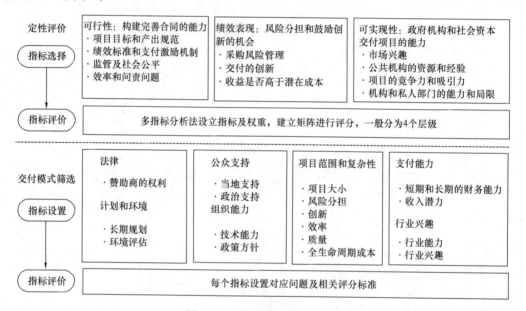

图 12-4　美国 VFM 定性评价

而定量评价是选择使用公共部门比较值（PSC）法作为 VFM 定量评价工具，并在项目招标采购之前就进行定量分析，所有的投标者都可以知道 VFM 的评估结果。美国联邦公路管理局把公共部门比较值定义为"政府使用传统的项目交付方式建设运营基础设施项目的成本"，与英国 PSC 具体构成一样，共包括四项内容：基本成本、融资成本、风险承担成本和竞争性中立调整值。定量评价具体流程（见图 12-5）首先是对项目进行假设，进行风险分析，识别和量化风险，并在政府与社会资本之间分配风险；其次是制定 PSC 和影子报价 SB（Shadow Bid），并对 PSC 与 SB 进行比较，判断是否采用 PPP 采购模式，如果具有物有所值，则进行 PPP 采购。该机构的 VFM 定量评价还应用于采购和实施等阶段，以确保选择 PPP 模式是公共部门在当前时间点的最佳选择，为公共部门提供正确的决策。在采购阶段收到社会资本的实际报价 AB（Actual Bid）后，将 PSC 与 AB 和政府的自留风险承担成本（Retained Risk Cost）之和进行比较，检验物有所值；并且，在项目全生命周期内，持续对 PSC 与 PPP 实际成本进行比较。

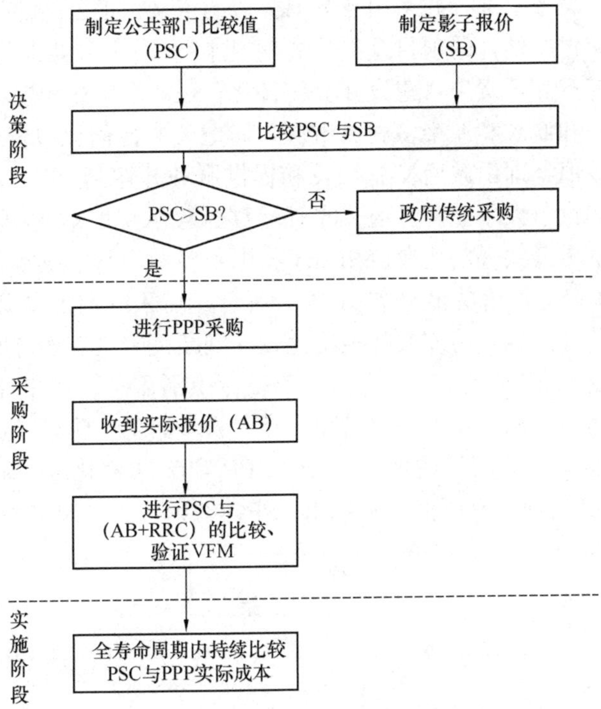

图 12-5 美国 VFM 定量评价流程

### 12.2.3 澳大利亚物有所值评价

澳大利亚是 PPP 模式市场比较成熟、VFM 评价比较规范的国家之一，同英国和美国一样，也是采用了定性与定量相结合的评价模式。2008 年发布的《National PPP Policy Framework》对 PPP 项目的筛选及评价作了详细规定。并提出 VFM 定性评价主要考虑项目服务设计影响等因素，并分析了 PPP 项目可以更好地满足物有所值的关键条件：足够的规模和长期性、风险转移机会、全寿命周期成本、创新性、竞争性等。《National PPP Guidelines》（2008）中列举了 VFM 定性评价的影响因素，包括服务支付和操作要求、交流和项目管理、一系列的设计考虑等（如图 12-6 所示）。

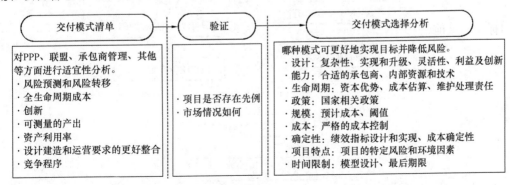

图 12-6 澳大利亚 VFM 定性评价

澳大利亚基础设施中心在《National PPP Guidelines》(2008) 提出公共部门比较值是物有所值定量评价的财务基准，并采用与英国类似的定义，把公共部门比较值定义为"假设一个项目由政府交付所估计的项目全生命周期成本"，并把公共部门比较值看作是一个反映了政府持有所有权和负责项目建设开发和日常管理的全生命周期成本的现值模型。澳大利亚基础设施中心和澳大利亚维多利亚州财政局把公共部门比较值分为四个核心构成：①基本公共部门比较值，即由政府实施项目和提供服务并达到PPP项目产出说明的要求时所产生的成本；②竞争性中立调整值；③可转移风险承担成本；④自留风险承担成本。可见，澳大利亚的基本公共部门比较值相当于英国和美国的基本成本和融资成本。

澳大利亚VFM定量评价的流程如图12-7所示。在采购前准备公共部门比较值，在采购过程中，把公共部门比较值与实际报价比较，判断是否具有物有所值。澳大利亚昆士兰州基础设施和规划局把项目过程分为六个阶段：识别需求、初步评估、PPP实施方案制定、市场兴趣表达、采购、项目协议管理。在"初步评估"阶段，进行项目采购模式评价，选择具有潜在物有所值的采购模式；在"PPP实施方案制定"阶段，进行物有所值评价，如果PPP能够实现物有所值，则采用PPP，否则采用传统采购模式。

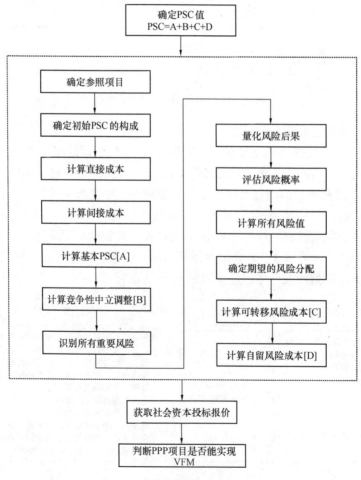

图12-7 澳大利亚VFM定量评价流程

### 12.2.4 加拿大物有所值评价

根据加拿大 PPP 中心颁布的《The Guide to the Building Canada Fund P3 Screen-Suitability Assessment》与《New Building Canada Fund-Procurement Options Analysis Guide》可知，加拿大将 VFM 评价分为两阶段。第一阶段为适宜性评估，该阶段为定性评价，由用户对 12 个指标按照 5 级评分标准以百分制进行打分，根据加权平均结果得出项目采用 PPP 的潜力（如图 12-8 所示）。若分数在 1~50 之间，表明项目不具备采用 PPP 的潜力；分数在 51~75 之间，表明项目具备一定的采用 PPP 的潜力，存在众多不确定性，需在后续运行过程中进行确认；若分数在 76~100 之间，表明项目表现出巨大的采用 PPP 的潜力。

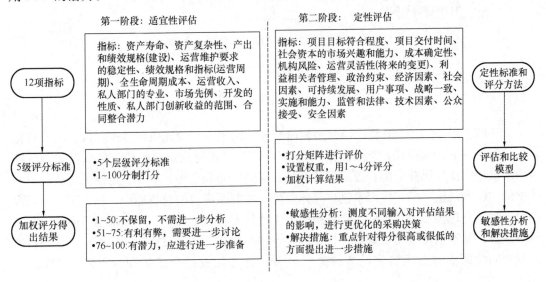

图 12-8 加拿大 VFM 定性评价

在满足适宜性评价后，进入第二阶段采购评价阶段，该阶段采取定性与定量评价相结合的方式，通过确定采购选项、定性分析、市场调查、定量分析和综合建议这五个步骤实现采购阶段的 VFM 评价。其中，定性分析分为三个部分：定性评价标准和方法确定，评估和比较，敏感性分析和解决措施。共设立 18 项通用指标，并注意避免同一内容在定性和定量评价中重复考虑。确定指标后，通过打分矩阵得出评价结果，并结合敏感性分析的结果提出相应解决措施，对采购模式的选择进行优化。

加拿大 PPP 中心提出物有所值定量评价主要包括六个步骤：①物有所值方法的确定；②项目成本的估算；③现金流的假设；④项目融资的假设；⑤风险分析和量化；⑥物有所值量值的估算。并且，加拿大也是基于公共部门比较值来考察 VFM。加拿大 PPP 中心将公共部门比较值分得更细，并将用于抵扣成本从而获得净成本值的"收入"单独列出，具体由如图 12-9 中的八个方面构成。

上述八项构成中，建设成本、运营维护成本和政府交易成本基本上对应于其他国家的基本公共部门比较值的内容，预备费和成本上涨基本上对应于其他国家的可转移风险承担成本的内容。

```
┌─────────────────────────────────────────────────────────────┐
│                      公共部门比较值                          │
│ • 建设成本：建设基本成本，如资产规划和设计成本、原材料、劳动力和设备 │
│             与项目管理、许可、保险和保函相关费用              │
│             获得环境和监管部门批准的相关费用                  │
│ • 运营、维护和大修成本                                        │
│ • 预备费（不可预见费）：工程量不准确（取决于详细设计的进展）   │
│                         已知的难以准确量化的事件的数量（例如应去除的污染土壤量） │
│ • 成本上涨：建设成本以实值表示，并根据行业公认的指数上浮      │
│ • 政府交易费用：征地成本、初步研究费用、初步设计费用、外部顾问费用、 │
│                 内部项目团队和管理费、项目管理费用和采购成本等 │
│ • 竞争性中立调整值：通常在税收和社会资本支付保险费两个方面进行调整 │
│                     只能在制定PPP模式之后进行，依赖于PPP数据  │
│ • 收入：来自使用者付费的现金流必须纳入分析之中，以抵扣运营维护和大修成本 │
│ • 自留风险承担成本                                            │
└─────────────────────────────────────────────────────────────┘
```

图 12-9　加拿大公共部门比较值构成

## 12.3　物有所值定性评价

VFM 定性评价在 PPP 特许经营招标前展开，用于主观验证项目的建设目标、服务需求以及所计划的采购模式，重点关注项目采用 PPP 模式与采用政府传统采购模式相比能否增加供给、优化风险分配、提高运营效率、促进创新和公平竞争等。定性评价通过对某些推动"物有所值"的定性因素进行具体分析，来判断项目的自身能力，侧重于考察项目的可行性、合理性和可实现性。物有所值定性评价实施方法在每个国家都是不同的，但有其一致性，基本都是采用设置评价指标进行评分的方式。通过设立一系列指标，赋以权重后利用问卷调查和专家咨询的方式进行评分，计算加权得分结果即为 VFM 定性评价结果。

通常，根据定性评价分析结果判断项目采用 PPP 模式能否产生很好的价值，如果不能，则项目不适合采用 PPP 模式；如果能，并不能直接判定项目适合采用 PPP 模式，而需要转入项目的定量评价分析。

### 12.3.1　定性评价指标体系

我国的定性评价重点考核项目采用 PPP 模式能否在整个生命周期过程中有着更高的整合度，能否更加明确进行风险的分配，能否提高项目自身的吸引力从而提高融资能力等。我国《政府和社会资本合作项目物有所值评价指引（试行）》（财金〔2015〕167号）文件规定了定性评价的 12 项指标，其中包括 6 项基本指标和 6 项补充指标（如表 12-2 所示）。另外，在我国财办金〔2016〕118 号文《政府和社会资本合作物有所值评价指引（修订版征求意见稿）》中规定的定性评价包括全生命周期整合程度、风险识别与分配、绩效导向与鼓励创新、潜在竞争程度、政府机构能力、可融资性、项目内资产相关度等 7 项基本评价指标，以及项目规模大小、预期使用寿命长短、全生命周期成本测算准确性、运营收入增长潜力、区域带动等补充评价指标。其中，基本指标是按规定不可变动的，补充指标则是基本评价指标未涵盖的其他影响因素，需要结合具体项目特点综合考虑后选定使用。

**我国 PPP 项目 VFM 定性指标（财金 [2015] 167 号）** 表 12-2

| 名称 | | 内容 |
|---|---|---|
| 基本指标 | 全生命周期整合程度 | 全生命周期内项目各环节实现长期、充分整合的程度 |
| | 风险识别与分配 | 全生命周期内各风险因素是否得到充分识别并进行合理分配 |
| | 绩效导向与鼓励创新 | 绩效标准及评价机制的设置和项目各方面创新程度 |
| | 潜在竞争程度 | 项目吸引社会资本参与竞争的程度 |
| | 政府机构能力 | 政府转变职能、优化服务、依法履约、行政监管和项目执行管理能力 |
| | 可融资性 | 项目对金融机构（贷款和债券市场）的吸引力和融资能力 |
| 补充指标 | 项目规模大小 | 项目的总投资额大小 |
| | 预期使用寿命长短 | 预期使用寿命或寿命期 |
| | 主要固定资产种类 | 项目包含的主要固定资产种类多少 |
| | 全生命周期成本测算准确性 | 对项目成本各组成部分的理解及准确估算的准确性 |
| | 运营收入增长潜力 | 预计社会资本合作方增加运营收入的可能程度 |
| | 行业示范性 | 项目对行业的示范程度 |

1. 基本指标说明

（1）全生命周期整合程度。主要通过察看项目计划整合全生命周期各环节的情况来评分。采用 PPP 模式，将项目的设计、建造、融资、运营和维护等全生命周期环节充分整合起来，通过一个长期合同全部交由社会资本合作方实施，是实现物有所值的重要机理。

（2）风险识别与分配。主要通过察看在项目识别阶段对项目风险的认识情况来评分。清晰识别和优化分配风险，是物有所值的一个主要驱动因素。在项目识别阶段的物有所值评价工作开始前，着手风险识别工作，有利于在后续工作实现风险分配优化。

（3）绩效导向与鼓励创新。主要通过察看在项目识别阶段项目绩效指标的设置情况来评分。PPP 项目的绩效指标，特别是关键绩效指标，主要确定对 PPP 项目运营维护和产出进行检测的要求和标准，例如，针对公共产品和服务的数量和质量（或可用性）等。绩效指标越符合项目具体情况，越全面合理，越清晰明确，则绩效导向程度越高。另外，项目的创新要通过察看项目产出说明来评分。一般来讲，产出说明应主要规定社会资本合作方应付产出的规格要求，尽可能不对项目的投入和社会资本合作方具体实施等如何交付问题提出要求，从而为社会资本合作方提供创新机会。

（4）潜在竞争程度。主要通过察看项目将引起社会资本（或其联合体）之间竞争的潜力，以及预计在随后的项目准备、采购等阶段是否能够采取促进竞争的措施等来评分。

（5）政府机构能力。主要通过察看政府的 PPP 理念，以及结合项目具体情况查看相关政府部门及机构的 PPP 能力等来评分。PPP 理念主要包括依法依合同平等合作、风险分担、全生命周期绩效管理等，以及 PPP 不仅是基础设施及公共服务融资手段，更是转变政府职能、建立现代财政制度等的重要手段。政府的 PPP 能力主要包括知识、技能和经验等，包括可通过购买服务获得的能力。

（6）可融资性。主要通过预计项目对金融机构（贷款和债券市场）的吸引力来评分。吸引力越大，项目越具有融资可行性，越能够顺利完成融资交割和较快进入建设、运营阶段，实现较快增加基础设施及公共服务供给的可能性就越大。

2. 补充指标说明

（1）项目规模。主要依据项目的投资额或资产价值来评分。PPP 项目的准备、论证、采购等前期环节的费用较大，只有项目规模足够大，才能使这些前期费用占项目全生命周期成本的比例处于合理和较低水平。此外，一般情况下，基础设施及公共服务项目的规模越大，才能够采用 PPP 模式吸引社会资本参与。

（2）预期使用寿命长短。主要依据项目的资产预期使用寿命来评分。项目的资产使用寿命长，为利用 PPP 模式提高效率和降低全生命周期成本提供了基础条件。

（3）主要固定资产种类。主要依据 PPP 项目包含的主要固定资产种类多少来评分。一个项目可以包含多个种类的固定资产资产，一般来说，项目的主要固定资产种类越多，由社会资本方实施，将实现更高的效率和更好的效果。

（4）全生命周期成本测算准确性。主要通过察看项目对采用 PPP 模式的全生命周期成本的理解和认识程度，以及全生命周期成本将被准确预估的可能性来评分。全生命周期成本是确定 PPP 合作期长短、付费多少、政府补贴等的重要依据。

（5）运营收入增长潜力。主要通过预计社会资本合作方增加运营收入的可能程度来评分。社会资本合作方通过实施项目，在满足公共需求的前提下，增加运营收入，可以降低政府的成本和公众的支出。

（6）行业示范性。主要通过项目对行业的示范程度来评分。项目采用 PPP 模式进行，如果能形成一批可借鉴可推广的成果，可为全国 PPP 行业发展提供示范经验，促进行业可持续发展。

### 12.3.2 定性评价指标权重及评分标准

我国《政府和社会资本合作项目物有所值评价指引（试行）》中规定基本指标总权重 80%，其中任一单项权重不超过 20%；补充指标总权重 20%，其中任一单项权重不超过 10%。以此为依据可选择层次分析法或专家打分法，针对项目特点，对每个单项指标的权重进行赋值。

每项指标评分标准又分别分为五个等级。第一等级为有利，对应分值为 81～100 分；第二等级是较有利，分值为 61～80 分；第三等级是一般，分值为 41～60 分；第四等级是较不利，分值为 21～40 分；最后的第五等级是不利，对应分值为 0～20 分。财政部门或 PPP 中心联同行业主管部门，按照评分等级要求对每一项指标都制定出清晰明确的评分标准，以供专家对照项目具体情况进行评分。

## 12.4　物有所值定量评价

### 12.4.1　定量评价方法

项目若通过上述定性评价，则进入定量评价阶段。目前国际上有关 PPP 项目物有所值定量评价的方法主要有三种：成本效益分析法、竞争性投标法和公共部门比较基准法。

1. 成本效益分析法

成本效益分析法（Cost-Benefit Analysis，B/C）最早由法国经济学家朱乐斯提出，随后各国经济学家对其进行了理论上的拓展和重新界定，直至 1926 年美国出台《联邦航海法案》，要求海军工程师在证明项目收益超过成本的情况下才可进行排水系统的改善工作，自此成本效益分析法才正式融入实践。

成本效益分析法被广泛运用在政府活动中，通过成本与效益的对比，分析政府投资项目立项决策的恰当与否。如图12-10所示，效益大于成本则表明项目可行，反之则不可行。

成本效益分析法的基本流程是先提出一个投资目标，然后形成若干实现目标的方案，接着运用相关技术手段计算出每种方案的成本和收益，最后通过对成本和收益的分析，选择最优的实施方案。实施过程通常分为如下五个步骤：①问题确定；②分析设计；③资料收集；④资料分析；⑤成果总结，具体如图12-11所示。

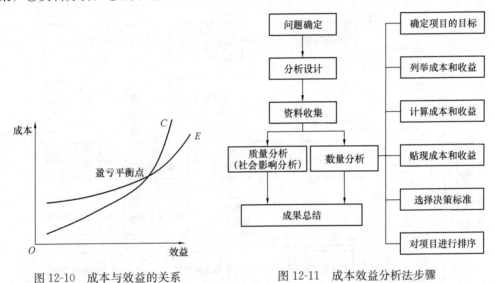

图12-10 成本与效益的关系　　　　图12-11 成本效益分析法步骤

成本效益分析法的评价指标可以为成本现值、收益现值、净现值、收益成本比等，将净现值作为评价指标是较为通行的做法。就PPP项目而言，VFM值可以通过比较传统政府采购模式下收益与成本的现值和PPP模式下收益与成本的现值，然后按照既定的决策标准进行决策。

成本效益分析法作为VFM评价工具的优劣势都很突出，其优点表现在：①评价方法和体系比较完善；②能够对无形收益和无形成本进行量化分析，能够全面量化具有社会效益的公共项目的价值。缺点主要表现在：①每个方案的成本和收益都要一一计算，需要大量的数据支撑，计算工作量大；②无形成本和无形收益在定价时需要作出相应的假设，数据来源的准确性难以保证。

2. 竞争性投标法

竞争性投标法是目前新加坡较为常用的一种VFM评价方法。该方法基于引入私人投资者比公共投资提供的服务更加有效的假设，通过投标人之间的竞争来取得纯粹的VFM。竞争性投标法包含了很多非定量的评价标准，包括服务质量和资金持久性等。这种方法的优点在于政府不用估算全生命周期成本和费用，只需通过市场竞争来选择最满意的合作人。但是竞争性投标法也存在很大的缺陷，近几年常曝出投标人之间或者招标人与投标人之间串标等腐败现象，降低了竞争性投标法所存在的意义和重要性。

3. 公共部门比较基准法

PSC（Public Sector Comparator）法被译为公共部门比较基准法或公共部门比较值法。PSC法原理是通过计算传统采购模式下政府参照项目的全生命周期总成本的现值（PSC值）与PPP模式下全生命周期内政府支出的成本现值（PPP值）之差来判断PPP项目能否实现物有所值，并以此作为政府部门前期决策的依据。

PSC法是目前应用最广泛的VFM评价方法，各国也对此提出了不同的评价流程，如图12-12所示。从各国的评价流程中可以看出PSC的制定、影子报价PPP值与风险量化是VFM定量评价的三大核心步骤，其中风险量化也是VFM评价相较于传统财务评价最特殊的部分。

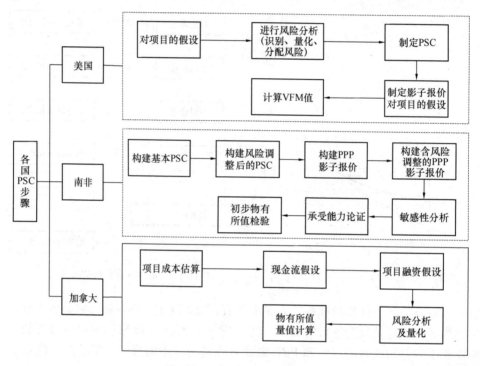

图12-12 各国PSC评价步骤

PSC值与PPP模式下产生的成本现值PPP值进行比较，两者之差即为VFM值。PSC法可细分为投标前PSC法和投标后PSC法，前者VFM值为PSC值与PPP模式的影子价格PPPs的差值，后者VFM值为PSC值与投标报价PPPa的差值。当VFM值大于0时，表明项目通过PPP模式能够实现物有所值，即可采用PPP模式。

各国学者和项目参与者对PSC法褒贬不一。一般认为，PSC法的优点主要表现在：①PSC是一个参照基准，是公共部门采用传统采购模式下的真实价格，不受投标报价的影响；②PSC法分析过程中对于项目范围、产出规格、绩效标准进行了充分界定和详细描述，有利于政府部门进行有效监管。缺点表现在：①设立基准的过程中选用了相似的项目或运用了模拟项目，存在大量假设，包括折现率和风险转移等因素；②PSC法只考虑到了财务因素，未考虑到社会效益、环境效益等非财务因素。

从三种物有所值定量评价方法的应用范围来看，英国、澳大利亚、日本、加拿大等

PPP模式应用相对成熟的国家或地区都在采用PSC法。我国PPP模式正处于初级发展阶段，VFM评价也是近年来才走进大众的视野。由于缺乏前期数据积累，故需要大量数据支撑的成本效益分析法不适宜我国国情。另外，我国PPP模式刚刚起步，政府的管理、监督等各项经验都不足，采取缺点突出的竞争性投标法亦不是一个优选。综上，国际通用的PSC法具有较强的普适性和可行性，加之我国财政部出台的《PPP物有所值评价指引（试行）》和《政府和社会资本合作物有所值评价指引（修订版征求意见稿）》也明确指出在PPP项目决策过程中采用PSC法，进一步验证了PSC法在我国的适用性，因此接下来将主要对PSC法作详细介绍。

### 12.4.2 定量评价计算公式

PSC法计算的主要步骤包括：①根据参照项目计算PSC值；②根据影子报价和实际报价计算PPP值；③比较PSC值和PPP值，计算物有所值量值或指数，得出定量分析结论。PSC定量分析使用于项目识别阶段、准备阶段、采购阶段和实施阶段。

1. PSC值的组成及计算

PSC法是国际上运用最广泛的VFM评价工具，从表12-3可以看出，部分国家和地区PSC的组成项大同小异，最具有代表性的是由初始PSC值、竞争性中立、转移风险和保留风险四项组成。参照国际惯例，结合我国《PPP物有所值评价指引（试行）》（财金[2015]167号）和《政府和社会资本合作物有所值评价指引（修订稿）》（财办金[2016]118号），将PSC定义为上述四项之和，即PSC值＝初始PSC值＋竞争性中立调整值＋可转移风险承担成本＋自留风险承担成本。下面从参照项目设定、初始PSC值、竞争性中立调整值和风险分析四方面进行分析。

部分国家或地区PSC组成项一览表　　　表12-3

| 国家或地区 | PSC组成项 |
| --- | --- |
| 澳大利亚维多利亚州 | (1) 初始PSC：直接成本＋间接成本－第三方收入；<br>(2) 竞争性中立：包括由政府所有权造成的政府竞争优势与政府监管力度大造成的竞争劣势两项调整项；<br>(3) 转移风险：转移给私人部门的风险；<br>(4) 保留风险：政府方自留风险 |
| 南非 | (1) 基本成本：直接成本＋间接成本；<br>(2) 风险价值；<br>(3) 项目收入的调整：对第三方收入、税收及特许经营权费等因素造成的项目现金流的变化进行调整 |
| 中国香港特别行政区 | (1) 初始PSC：直接成本＋间接成本－第三方收入；<br>(2) 竞争性中立：政府竞争优势应包含在内，政府竞争劣势应剔除；<br>(3) 转移风险：转移给私人部门的风险；<br>(4) 保留风险：政府方自留风险 |
| 美国 | (1) 初始PSC：直接成本＋间接成本－第三方收入；<br>(2) 竞争性中立：包括由政府所有权造成的政府竞争优势与政府监管力度大造成的竞争劣势两项调整项；<br>(3) 转移风险：转移给私人部门的风险；<br>(4) 保留风险：政府方自留风险 |

续表

| 国家或地区 | PSC组成项 |
| --- | --- |
| 加拿大 | (1) 初始PSC：直接成本＋间接成本－第三方收入；<br>(2) 竞争性中立：包括由政府所有权造成的政府竞争优势与政府监管力度大造成的竞争劣势两项调整项；<br>(3) 转移风险：转移给私人部门的风险；<br>(4) 保留风险：政府方自留风险 |

(1) 参照项目设定

参照项目是指假设政府采用现实可行的、最有效的传统购模式提供的、与PPP项目相同产出的虚拟项目。设定参照项目应遵循以下原则：

1) 参照项目与PPP项目产出说明要求的产出范围和标准相同；

2) 参照项目应采用基于政府现行最佳实践的、最有效和可行的购模式；

3) 参照项目的内容不一定全部由政府直接承担，政府也可将项目部分内容外包给第三方建设或运营，但外包部分的成本应计入参照项目成本；

4) 参照项目的各项假设和特征在计算全过程中应保持不变；

5) 参照项目财务模型中的数据口应保持一致。

(2) 初始PSC值

初始PSC值是政府实施参照项目所承担的建设成本、运营维护成本和其他成本等成本的净现值之和。

$$\text{初始PSC} = NPV_{\text{建设成本}} + NPV_{\text{运营维护成本}} + NPV_{\text{其他成本}} \\ - (NPV_{\text{资本性收益}} + NPV_{\text{第三方收入}}) \tag{12-1}$$

1) 建设成本主要包括项目设计、施工等方面投入的现金以及固定资产、土地使用权等实物和无形资产。

2) 资本性收益是指参照项目全生命周期内产生的转让、租赁或处置所获的收益，资本性收益应从建设成本中抵减。

3) 运营维护成本主要包括参照项目全生命周期内运营维护所需的原材料、设备、人工等成本，以及管理费用、销售费用和运营期财务费用等。项目资产的升级、改造、大修费用不属于运营维护成本，应计入建设成本。

4) 第三方收入是指参照项目全生命周期内，假定政府按PPP模式提供项目基础设施和公共服务从第三方获得的收入（如用户付费收入）。第三方收入应运营维护成本中抵减。参照项目中假定政府向用户收取费的，该项收入（即用户付费收入）不得高于PPP模式下社会资本收取的使用者付费。

5) 其他成本主要包括为纳入建设的咨询服务费用等交易成本，项目连接设施和配套工程建设成本，以及为获取第三方收入所提供的周边土地或商业开发收益权等。

(3) 竞争性中立调整值

竞争性中立在OECD报告《竞争性中立：确保国有企业和私营企业的公平竞技场》中被定义为"经济市场中的经营实体没有获得不当的竞争优势或劣势的状态"。在PPP模式下包括由政府所有权造成的政府竞争优势与政府监管力度大造成的竞争劣势两项调整项。在量化 PSC 时，加上政府部门的竞争优势、剔除政府部门的竞争劣势，才能更好地反映政府部门模拟采用传统采购模式下的真实成本。具体来说，政府部门的竞争优势主要表现在税收费用、管理费用与土地使用费的免除上；政府部门的竞争劣势主要表现在更强的公共监督以及要求更严格的报告上。

(4) 风险分析

PPP 项目的 PSC 值是计算分析传统采购模式下建设运营相似或模拟项目成本的现值而得出的参照基准值，在传统采购模式下，政府承担项目的全部风险；而在 PPP 模式下，政府可以将一部分风险转移给社会资本方，这部分风险顾名思义称为转移风险，仍然需要政府部门承担的风险称为保留风险。综上可知，需要对项目风险进行量化、分配与分担。由于 PSC 值包含了全部风险，下文将从风险识别、风险量化两个方面进行分析。

1) PPP 项目风险识别

风险识别是风险量化的开端，其目的是将项目面临的风险进行系统的梳理和归类，为后续风险的量化和分配作好准备，常用的方法有头脑风暴法、法规梳理法、案例分析法、德尔菲法、核对表法、故障树分析法、流程图法和风险结构分解法等。

2) PPP 项目风险量化

风险量化方法包括诸如蒙特卡洛模拟法的高级风险定量分析法和诸如敏感性分析、决策树法和集值统计法的简单风险定量分析法。高级的风险定量分析需要大量数据支撑，这是一个长期积累的过程，目前我国还处于推广 VFM 评价的初级阶段，尚未建立风险定量分析数据库，难以进行科学准确的高级风险定量分析，故采用简单的风险定量分析更为合理，也更有利于推广和实施。财政部根据我国国情在 2016 年发布的《政府和社会资本合作物有所值评价指引（修订版征求意见稿）》中给出了三种方法，即情景分析法、比例法和概率法，这三种方法都属于简单的风险定量分析方法，三种方法的内容见表 12-4。

财政部三种风险分析法比较　　　　　　　　　　表 12-4

| 名称 | 评价背景 | 评价方法 | 计算公式 | 变量解释 |
| --- | --- | --- | --- | --- |
| 情景分析法 | 风险的量化后果值可以测算，风险发生的概率难以确定 | 针对影响风险的各类事件和变量进行基本、不利、最坏等情景假设，估算全生命周期内每年各项主要风险承担成本，加总得到当年全部风险承担成本 | $NPV_V = \sum_{r=1}^{n} \sum_{j=1}^{m} V_{rj} \times (1+i)^{-j}$ 其中： $V_{rj} = \sum_{a=1}^{x} S_{rja} * P_{rja}$ | $NPV_V$——风险净现值<br>$V_{rj}$——第 $r$ 项风险第 $j$ 年的风险价值<br>$S_{rja}$——第 $r$ 项风险第 $j$ 年第 $a$ 种情景下的后果损失值<br>$P_{rja}$——第 $r$ 项风险第 $j$ 年第 $a$ 种情景下风险后果发生的概率<br>$r$——第 $r$ 项风险<br>$n$——共 $n$ 项风险<br>$j$——第 $j$ 年<br>$m$——共 $m$ 年<br>$i$——折现率<br>$a$——$x$ 种情景 |

续表

| 名称 | 评价背景 | 评价方法 | 计算公式 | 变量解释 |
| --- | --- | --- | --- | --- |
| 比例法 | 各项主要风险发生的概率及其量化后果值难以测算 | 按照PPP项目预计的每年建设运营成本的一定比例确定当年该项风险承担成本,加总得到当年全部风险承担成本 | $NPV_V = \sum_{j=1}^{m} V_j * (1+i)^{-j}$<br>其中:<br>$V_j = (C_{bj} + C_{oj}) * P_j$ | $NPV_V$——风险净现值<br>$V_j$——第$j$年的风险价值<br>$C_{bj}$——第$j$年的建设成本<br>$C_{oj}$——第$j$年的运营成本<br>$P_j$——风险价值占建设运营成本的比例<br>$j$——第$j$年<br>$m$——共$m$年<br>$i$——折现率 |
| 概率法 | 各项风险后果值及其发生概率均可进行测算 | 将所有可变风险参数作为变量,根据概率分布函数,计算各项风险承担成本 | $NPV_V = \sum_{r=1}^{n} \sum_{j=1}^{m} V_{rj} * (1+i)^{-j}$<br>其中:<br>$V_{rj} = S_{rj} * P_{rj}$ | $NPV_V$——风险净现值<br>$V_{rj}$——第$r$项风险第$j$年的风险价值<br>$S_{rj}$——第$r$项风险第$j$年的后果损失值<br>$P_{rj}$——第$r$项风险第$j$年风险后果发生的概率<br>$r$——第$r$项风险<br>$n$——共$n$项风险<br>$j$——第$j$年<br>$m$——共$m$年<br>$i$——折现率 |

2. PPP值的组成及计算

PPP值是指政府实施PPP项目所承担的全生命周期成本的净现值。PPP值由三部分组成:①测算影子报价,即政府建设运营成本;②政府保留风险成本;③政府投资支出,相关公式如式(12-2)所示。虽然PPP值的组成固定,但由于项目识别阶段和准备阶段所能获取的资料的翔实程度不同,因此需要在计算时加以区分。

$$PPP = P + ZT + NPV_{re} \tag{12-2}$$

式中 PPP——PPP值;

$CP$——测算的影子报价;

$ZT$——政府投资支出;

$NPV_{re}$——政府保留风险成本。

(1) PPP值的计算

1) 测算的影子报价

测算的影子报价为政府部门支付给社会资本方的成本现值,包括社会资本建设、运营、移交过程中发生的所有成本及合理回报,同时应当剔除项目的第三方收益及其他来源收益。根据财政部指引,PPP项目的付费机制包括政府付费、可行性缺口补助和使用者付费三种,若是项目收益能够覆盖项目成本,则政府部门无需支付合同价款。但总体而言,一般公共基础设施项目收益不足以覆盖成本,因此合同价款仍是政府支付的重要组成部分。

2）政府投资支出

政府投资支出主要有实物与货币两种支出方式，实物形式是指政府部门直接负责某部分工程的投资建设或提供某些设备设施；货币形式是指政府部门直接提供建设资金，主要表现为股权支出。

3）政府保留风险成本

PPP项目风险的识别与分配是区别于传统采购模式的一个突出特点。在一定范围内，随着转移给社会资本的风险的增加，项目效率会不断提升，同时项目成本会呈递减趋势；过了一定范围，随着分配给社会资本的风险的增加，项目效率会不断降低，且项目成本不断增加。这一临界点即为最佳风险分配点，如图12-13所示。最优的风险分配能够发挥双方的优势，有效控制风险，提高项目效率，有效降低项目成本。

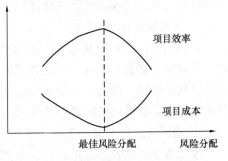

图 12-13 风险分配对 PPP 项目的影响

为了实现PPP项目风险的最佳分配，其分配与分担要遵循一定的原则，总结如下：

① 风险与收益对等原则，即承担的风险程度与所得回报相匹配；

② 由对风险最有控制力的一方承担相应的风险，即政府方承担政治风险、法律变更风险、国有化风险等，社会资本方承担项目成本超支风险、完工风险等；

③ 风险承担有上限，不能让一方承担无限大的风险。

目前，风险分担的方法主要有数学模型法、案例分析法、文献统计分析法和问卷调查法，现总结如表12-5所示。

PPP 项目风险分担方法　　　　表 12-5

| 方法 | 概述 | 优点 | 缺点 |
| --- | --- | --- | --- |
| 数学模型法 | 运用博弈论或模糊数学等方法，通过大量的数据分析得出风险分担的比例 | 可以较为准确地量化分担结果，可信度较高 | 给出了方法，但实际操作中缺乏数据支撑，运用困难 |
| 案例分析法 | 结合具体案例进行风险分担分析 | 分担方案具体且其合理性可验证 | 针对某一特定项目，过于局限，不具备普适性 |
| 文献统计分析法 | 对某一领域大量文献进行梳理统计，得到关于风险分担普遍认同的结论 | 综合大量文献的观点，得出的结论具有普适性 | 通常采用多数人的观点而忽略了少数人的意见，可能存在偏差导致分担方案不够完善，且没有给出风险的分担比例 |
| 问卷调查法 | 将问卷发放给该领域内权威的专家或学者，依靠专家或学者的专业知识和工作经验对问题作出判断 | 综合权威专家的意见，得出的分担方案可信度较高 | 受专家知识、经验和获得资料的限制，可能出现主观偏差或遗漏 |

(2) 项目识别阶段与准备阶段 PPP 值差异比较

1) 测算的影子报价

项目识别阶段测算影子报价是政府部门根据行业平均水平预估的社会资本方完成项目的总成本与预估的社会资本方预期合理收益的和；准备阶段测算影子报价是实施机构委托的咨询机构在充分接触社会资本方后，根据社会资本方的预期与偏好测算的项目总成本与预期收益的和。两者的差异主要体现在以下几个方面：

① 预测融资优势

一般而言，PPP 项目资金需求量大，自有资金不能完全满足要求，大部分资金需要通过获取债务资金来实现。在计算融资成本的过程中，识别阶段政府方预测的社会资本方的融资利率保守，融资成本较高；准备阶段，政府方根据 PPP 项目的竞争程度，预估社会资本方能够获取较低利率的债务融资资金的可能性，据此调整 PPP 值。

② 预测社会资本方给予的优惠

社会资本方的收益率是政企双方都非常关注的问题，社会资本方收益率过高则政府无力承担，且不能实现项目的物有所值；收益率过低又会降低社会资本方参与的积极性，导致 PPP 项目无法顺利推进。在实际操作过程中，识别阶段为了保持对社会资本参与竞争的吸引力，政府方一般取行业平均收益水平作为合理的收益率；准备阶段，政府方通过与社会资本方的接触，判断其对收益率的偏好，在此基础上调整 PPP 值。

③ 政府的支付方式

政府的支付方式对于政府未来支出现金流的影响很大。识别阶段，没有和社会资本沟通的过程，支付方式为政府方的预测；准备阶段，在与社会资本方沟通后，可以获得社会资本方对支付方式的偏好，能给出确定的支付方案，对 PPP 值的预测更加准确。

2) 政府投资支出

识别阶段与准备阶段的政府投资支出都是按照 PPP 项目实施方案中规定的比例计算的，其区别在于：在准备阶段通过实施方案的优化与完善及与社会资本方的接触，实施方案中的政府投资比例可能发生变动，导致识别阶段与准备阶段政府投资支出出现变动。

3) 政府保留风险成本

识别阶段与准备阶段由于获取项目资料的程度不同，对项目的认识程度会具有差异。一般来说，准备阶段获取的资料更加完整，对风险的识别、量化与分配更为精确。

识别阶段与准备阶段 PPP 值差异比较见表 12-6。

识别阶段与准备阶段 PPP 值差异比较　　　　　　表 12-6

| 项目 | 识别阶段 PPP 值 | 准备阶段 PPP 值 |
| --- | --- | --- |
| 测算影子价格 | 预测社会资本方融资利率保守，融资成本较高 | 与社会资本方接触，根据社会资本方的竞争程度重新预测社会资本方的融资利率，一般测算出的融资成本较低 |
| | 预测社会资本方合理利润率较高，导致识别阶段 PPP 值较大 | 一般社会资本会在政府提出的合理收益率的基础上给予一定优惠，PPP 值或低于识别阶段 |
| | 根据实施方案中选择的支付方式进行测算 | 随着对项目了解的深入，支付方式或出现变动 |

续表

| 项目 | 识别阶段PPP值 | 准备阶段PPP值 |
|---|---|---|
| 政府投资支出 | 按实施方案中规定的比例计算 | 按实施方案中规定的比例计算，接触社会资本，比例或发生变动 |
| 政府保留风险成本 | 资料尚不齐全，对风险的识别、量化与分配不太准确 | 资料较为完善，对风险的识别、量化与分配较为准确 |

3. 物有所值量值和指数计算

物有所值定量分析的结果通常以量值或指数的形式表示。
① 物有所值量值＝PSC值－PPP值；
② 物有所值指数＝（PSC值－PPP值）÷PSC值×100％。

物有所值量值和指数为正的，说明项目适宜采用PPP模式，否则不宜采用PPP模式。物有所值量值和指数越大，说明PPP模式替代传统采购模式实现的价值越大。

## 12.5 物有所值评价案例

### 12.5.1 项目概况

阜康市西部城区污水处理厂及配套管网工程PPP项目是第三批国家示范项目，于2015年9月2日发起，已完成社会资本采购，进入了执行阶段。建设污水处理厂1座，新建排水管道78.38km。其中污水处理厂建设规模为2万 $m^3$/日，执行《城镇污水处理厂污染物排放标准》（GB 18918—2002）一级A标准，采用水解酸化＋$A^2/O$＋MBR膜池工艺。新建排水管道78.38km，管径为$d$300～1200mm，管材为钢筋混凝土Ⅱ级管，Ⅲ级管。采用BOT模式，建设期2年，运营期25年。项目总投资21933.89万元，资本金6580.167万元，占总投资的30％，其中政府和社会资本方出资比例为25％、75％。项目公司向金融机构贷款15353.723万元，占总投资的70％。

### 12.5.2 物有所值定性评价分析

定性分析重点关注项目采用PPP模式与采用政府传统投资和采购模式相比能否增加公共供给、优化风险分配、提高效率、促进创新和公平竞争、有效落实政府采购政策等。定性分析采用专家评分法，在已给定的基本指标及其权重的基础上，选取不少于三项附加指标及其权重。基本指标包括全生命周期整合程度、风险识别与分配、绩效导向与鼓励创新、潜在竞争程度、政府机构能力、可融资性等六个基本指标，指标合计权重为80％。根据项目特点，另选取项目规模、主要固定资产种类、全生命周期成本测算准确性、运营收入增长潜力四个指标作为附加指标，权重分别取5％、5％、5％、5％，合计权重为20％。表12-7是本项目物有所值定性分析评分的参考标准。

政府部门根据本项目的具体情况，选取物有所值评价专家组成专家小组，并召开专家小组会议，得到项目评分结果，形成专家小组意见，专家评分表如表12-8所示。专家小组原则上同意该项目通过物有所值定性分析，适宜采用PPP模式。

**PPP 项目物有所值定性分析评分参考标准**  表 12-7

| 编号 | 指标 | 评分标准 |
|---|---|---|
| 1 | 全生命周期整合程度 | 本指标主要通过考察 PPP 项目全生命周期各环节的整合情况来评分。采用 PPP 模式将项目的设计、建设、运营和维护等全生命周期环节整合起来，通过一个长期合同全部交由社会资本实施，从而实现项目的物有所值。<br>• 81～100：项目资料表明，设计、建设和全部运营、维护等全过程整合在一个合同中；<br>• 61～80：项目资料表明，设计、建设以及核心运营、维护服务或大部分服务整合在一个合同中；或者建设和全部运营、维护等整合在一个合同中，但不包括设计；<br>• 41～60：项目资料表明，设计、建设、运营整合在一个合同中，但不包括维护；<br>• 21～40：项目资料表明，建设和运营整合在一个合同中，但不包括设计和维护；<br>• 0～20：项目资料表明，设计、建设、运营、维护等只有两个或更少的环节整合在一个合同中 |
| 2 | 风险识别与分配 | 本指标主要通过考察 PPP 项目中风险的认识情况来评分。清晰识别风险与优化分配风险，是物有所值的一个主要驱动因素。着手风险识别工作，有利于在后续工作中实现风险分配优化。<br>• 81～100：项目资料表明，进行了较为深入的风险识别工作，其中的绝大部分风险或主要风险将在政府和社会资本之间明确和合理分配；<br>• 61～80：项目资料表明，进行了较为深入的风险识别工作，其中的大部分主要风险可以在政府和社会资本之间明确和合理分配；<br>• 41～60：项目资料表明，进行了初步的风险识别工作，这些风险可以在政府和社会资本之间明确和合理分配；<br>• 21～40：项目资料表明，进行了初步的风险识别工作，这些风险难以在政府和社会资本之间明确和合理分配；<br>• 0～20：项目资料表明，没有开展风险识别，或没有清晰识别风险 |
| 3 | 绩效导向与鼓励创新 | 本指标中绩效导向主要通过考察 PPP 项目中绩效指标的设置情况来评分。绩效指标越符合项目具体情况，越全面合理，越清晰明确，则绩效导向程度越高。鼓励创新主要通过考察 PPP 项目产出说明来评分。产出说明主要规定社会资本方应交付产出的规格要求，尽可能不对项目的投入和社会资本方具体如何实施等交付问题提出要求，从而为社会资本方提供创新机会。<br>• 81～100：项目资料表明，绝大部分绩效指标符合项目具体情况，全面合理，清晰明确，并且项目产出说明提出了较为全面、清晰和可测量的产出规格要求，没有对如何交付提出要求；<br>• 61～80：项目资料表明，大部分绩效指标符合项目具体情况，全面合理，清晰明确，并且项目的产出规格要求较为全面、清晰和可测量，并对如何交付提出了少量要求；<br>• 41～60：项目资料表明，绩效指标比较符合项目具体情况，但不够全面和清晰明确，缺乏部分关键绩效指标，并且项目的产出规格要求不够全面、清晰和可测量，并对如何交付提出了少量要求；<br>• 21～40：项目资料表明，已设置的绩效指标比较符合项目具体情况，但主要关键绩效指标未设置，并且项目的产出规格要求不够全面、清晰和可测量，并对如何交付提出了较多要求；<br>• 0～20：项目资料表明，未设置绩效指标，或绩效指标不符合项目具体情况，不合理，不明确，并且项目的产出说明基本没有明确规格要求，或主要对如何交付进行了要求 |

续表

| 编号 | 指标 | 评分标准 |
|---|---|---|
| 4 | 潜在竞争程度 | 本指标主要通过预估有资格、意愿和能力实施本项目的社会资本方的数量来评分。社会资本方的能力包括综合实力、项目经验、拥有或能够高效整合建设、运营和维护等方面的人财物资源等。<br>• 81~100：评分专家独立预计的有资格、意愿和能力的社会资本合作方有7家以上；<br>• 61~80：评分专家独立预计的有资格、意愿和能力的社会资本合作方有5~6家；<br>• 41~60：评分专家独立预计的有资格、意愿和能力的社会资本合作方有3~4家；<br>• 21~40：评分专家独立预计的有资格、意愿和能力的社会资本合作方有1~2家；<br>• 0~20：评分专家独立预计的有资格、意愿和能力的社会资本合作方有1家或以下 |
| 5 | 政府机构能力 | 本指标主要通过考察政府方的PPP理念及其PPP能力来评分。PPP理念包括依法依项目合同平等合作、合理风险分担、全生命周期绩效管理等，PPP能力主要包括知识、技能和经验等。<br>• 81~100：政府方具备较为全面、清晰的PPP理念，且本项目相关政府部门及机构具有较强的PPP能力；<br>• 61~80：政府方PPP理念一般，但本项目相关的政府部门及机构具有较强的PPP能力；<br>• 41~60：政府方PPP理念一般，且本项目相关的政府部门及机构的PPP能力一般；<br>• 21~40：政府方PPP理念较欠缺，本项目相关的政府部门及机构的PPP能力较欠缺且不易较快获得；<br>• 0~20：政府方PPP理念欠缺，且本项目相关的政府部门及机构的PPP能力欠缺且难以获得 |
| 6 | 可融资性 | 本指标主要考察三方面，包括项目资产/经营权（收费权）的信用，即项目还本付息的能力；项目投资主体的信用，即专业能力、经营业绩和投资能力；地方政府的信用。<br>• 81~100：项目具有很强的还本付息能力，投资主体的专业能力、经营业绩和投资能力都比较强，并且地方政府的信用也较强；<br>• 61~80：项目还本付息的能力一般，但本项目的投资主体能力较强，且政府的信用也较强；<br>• 41~60：项目还本付息的能力一般，且本项目的投资主体能力一般，且政府的信用也一般；<br>• 21~40：项目还本付息的能力较差，且本项目的投资主体能力较欠缺，且政府的信用也较差；<br>• 0~20：项目无还本付息的能力，且本项目的投资主体能力差，且政府的信用也很差 |
| 7 | 项目规模大小 | 本指标主要通过考察PPP项目的投资额来评分。只有PPP项目规模足够大，才能使前期费用占项目全生命周期成本的比例处于合理和较低水平。一般情况下，项目规模越大，越能够采用PPP模式吸引社会资本参与。<br>• 81~100：新建项目的投资额在10亿元人民币以上；<br>• 61~80：新建项目的投资额在2~10亿元人民币之间；<br>• 41~60：新建项目的投资额在1~2亿元人民币之间；<br>• 21~40：新建项目的投资额在5000万元~1亿元人民币之间；<br>• 0~20：新建项目的投资额在5000万元人民币以下 |

续表

| 编号 | 指标 | 评分标准 |
|---|---|---|
| 8 | 主要固定资产种类 | 本指标主要通过考察PPP项目包含的资产种类的数量来评分。一个项目可以包含多个种类的资产，一般来说，项目的资产种类越多，项目的效率和效果越好。<br>• 81~100：项目的资产种类在三个以上；<br>• 61~80：项目的资产是两类较复杂或技术要求较高资产的组合；<br>• 41~60：项目的资产是两类中等复杂程度资产的组合，或者是若干个同类资产打包项目；<br>• 21~40：项目的资产是两类复杂程度较低资产的组合，或者是一个较复杂的资产；<br>• 0~20：只包括一个较为简单的资产 |
| 9 | 全生命周期成本测算准确性 | 本指标主要通过考察对PPP模式全生命周期成本的理解和认识程度以及全生命周期成本被准备预估的可能性来评分。全生命周期成本是确定PPP合作期长短、付费多少等的重要依据。<br>• 81~100：项目资料表明，项目的全生命周期成本已被很好地理解和认识，并且被准确预估的可能性很大；<br>• 61~80：项目资料表明，项目的全生命周期成本已被较好地理解和认识，并且被准确预估的可能性较大；<br>• 41~60：项目资料表明，项目的全生命周期成本已被较好地理解和认识，但尚无法确定能否被准确预估；<br>• 21~40：项目资料表明，项目的全生命周期成本理解和认识还不够全面清晰；<br>• 0~20：项目资料表明，项目的全生命周期成本基本没有得到理解和认识 |
| 10 | 运营收入增长潜力 | 本指标主要通过预计社会资本增加运营收入的可能程度来评分。社会资本通过实施本项目，在满足公共需求的前提下，增加运营收入，可以降低政府的成本和公众的支出。<br>• 81~100：项目资料表明，预计社会资本在满足公共需求的前提下，非常有可能充分利用项目资产增加运营收入；<br>• 61~80：项目资料表明，预计社会资本在满足公共需求的前提下，较有可能充分利用项目资产增加运营收入；<br>• 41~60：项目资料表明，预计社会资本在满足公共需求的前提下，利用项目资产增加运营收入的可能性一般；<br>• 21~40：项目资料表明，预计社会资本利用项目资产增加运营收入的可能性较小；<br>• 0~20：项目资料表明，预计社会资本利用项目资产增加运营收入的可能性非常小 |

**PPP项目物有所值定性分析专家评分表**　　　　表12-8

| | 指　标 | 权重 | 评分 | 加权分 |
|---|---|---|---|---|
| 基本指标 | 1) 全生命周期整合程度 | 20% | | |
| | 2) 风险识别与分配 | 15% | | |
| | 3) 绩效导向与鼓励创新 | 15% | | |
| | 4) 潜在竞争程度 | 10% | | |
| | 5) 政府机构能力 | 10% | | |
| | 6) 可融资性 | 10% | | |
| | 基本指标小计 | 80% | | |

续表

| 指标 | | 权重 | 评分 | 加权分 |
|---|---|---|---|---|
| 附加指标 | 7) 项目规模大小 | 5% | | |
| | 8) 主要固定资产种类 | 5% | | |
| | 9) 全生命周期成本测算准确性 | 5% | | |
| | 10) 运营收入增长潜力 | 5% | | |
| | 附加指标小计 | 20% | | |
| 加权总分 | | 100% | | |

专家签字：

其他需要说明的事项：

### 12.5.3 物有所值定量评价分析

1. 项目 PSC 值的计算

（1）模拟污水处理厂项目界定

根据模拟项目设定原则，结合阜康市西部城区污水处理厂及配套管网 PPP 项目可研内容，模拟的污水处理项目参数如下：

1) 项目建设内容包括规模为 2 万 $m^3$/日且达到《城镇污水处理厂污染物排放标准》GB 18918—2002 一级 A 标准的污水处理厂一座，及管径为 $d$300~1200mm、管材为钢筋混凝土Ⅱ级管与Ⅲ级管的排水管道 78.38km；

2) 项目周期：建设期 2 年，运营期 25 年；

3) 税率：按照税收相关政策，污水处理厂增值税即征即退 70%，所得税税率为 25%，且污水处理项目所得税享受三免三减半优惠；

4) 营业收入估算：项目建设规模为 2 万 t/d，污水处理量在运营期 1~8 年分别为设计能力的 60%、65%、70%、75%、80%、85%、90%、95%，第 9~25 年为设计能力的 100%；污水处理收费标准按生活污水 0.85 元/$m^3$、工业污水 2 元/$m^3$ 计算；

5) 成本测算：采用平均年限法计算固定资产折旧，折旧年限为 25 年，残值率为 5%，折旧率为 3.8%；

6) 折现率：以 2015 年 9 月 5 日年期国债利率 4.67% 作为计算的折现率。

（2）初始 PSC 现值计算

根据阜康市西部城区污水处理厂及配套管网工程 PPP 项目可行性研究报告中的相关资料，估算建设成本、运营维护成本、其他成本、资本性收益和第三方收入等的净现值。

1) 建设成本现值

建设成本为工程费用、设备购置及安装费用、工程建设其他费用与预备费四项之和，根据可研资料计算模拟污水处理项目建设成本现值为 21021.88 万元，见表 12-9。

**模拟污水处理项目建设成本现值估算表**　　　　　　　　　表 12-9

| 序　号 | 项　目 | 现值（万元） |
|---|---|---|
| 1 | 建筑工程费用 | 7058.77 |
| 1.1 | 污水处理厂 | 4973.58 |
| 1.2 | 污水管网 | 2085.19 |
| 2 | 设备购置及安装费用 | 11599.02 |
| 2.1 | 设备购置费用 | 4738.43 |
| 2.2 | 安装工程费用 | 6860.59 |
| 3 | 工程建设其他费用 | 1363.05 |
| 3.1 | 土地费用 | 0.00 |
| 3.2 | 场地平整费用 | 186.58 |
| 3.3 | 建设单位管理费 | 208.47 |
| 3.4 | 前期工作咨询费 | 43.08 |
| 3.5 | 勘察费 | 760.64 |
| 3.6 | 招标服务费 | 34.88 |
| 3.7 | 施工图预算编制费 | 61.14 |
| 3.8 | 施工图审查费 | 3.94 |
| 3.9 | 工程招标交易服务费 | 7.00 |
| 3.10 | 生产职工培训费 | 3.20 |
| 3.11 | 办公和生活家具购置费 | 5.20 |
| 3.12 | 联合试运转费 | 46.92 |
| 3.13 | 环评影响报告 | 2.00 |
| 4 | 预备费 | 1001.04 |
| 4.1 | 基本预备费 | 1001.04 |
| 4.2 | 价差预备费 | 0.00 |
| 建设成本合计（1+2+3+4） | | 21021.88 |

2）运营维护成本现值

污水处理项目运营维护成本包括药剂费、动力费、电费、膜更换费、污泥处理费、职工薪酬、财务费用等，运营成本的现值为 41065.57 万元，见表 12-10。

**模拟污水处理项目运营维护成本现值估算表**　　　　　　　　表 12-10

| 序　号 | 项　目 | 现值（万元） |
|---|---|---|
| 1 | 物料消耗（药剂） | 1551.53 |
| 2 | 动力费 | 5756.38 |
| 3 | 电费 | 4867.87 |
| 4 | 膜更换费 | 1970.08 |
| 5 | 污泥处理费 | 355.75 |
| 6 | 职工薪酬 | 917.76 |
| 7 | 修理费 | 6134.81 |
| 8 | 其他费用 | 1463.78 |
| 9 | 财务费用 | 18047.62 |
| 运营维护成本（1+2+3+4+5+6+7+8+9+10） | | 41065.57 |

3) 第三方收入

模拟污水处理项目的第三方收入为营业收入,即收取的污水处理费,每年的营业收入见表12-11,由此得出营业收入的现值为40245.66万元。

**模拟污水处理项目年运营收入** 表12-11

| 年份 | 2018 | 2019 | 2020 | 2021 | 2022 | 2023 | 2024 | 2025 | 2026 |
|---|---|---|---|---|---|---|---|---|---|
| 运营收入 | 2452.8 | 3066 | 3066 | 3066 | 3066 | 3066 | 3066 | 3066 | 3066 |
| 年份 | 2027 | 2028 | 2029 | 2030 | 2031 | 2032 | 2033 | 2034 | 2035 |
| 运营收入 | 3066 | 3066 | 3066 | 3066 | 3066 | 3066 | 3066 | 3066 | 3066 |
| 年份 | 2036 | 2037 | 2038 | 2039 | 2040 | 2041 | 2042 | — | — |
| 运营收入 | 3066 | 3066 | 3066 | 3066 | 3066 | 3066 | 3066 | — | — |

本模拟项目中不含其他成本与资本性收益,因此,初始PSC=建设成本现值+运营维护成本现值-第三方收入现值,即21841.79万元。

(3) 竞争性中立调整值计算

本模拟项目的竞争性中立调整值主要体现在印花税费用上。根据《中华人民共和国印花税实施条例》,建筑安装承包合同按合同价万分之三贴花,本项目投资额约21933.89万元,从而可以计算出应纳印花税为6.58万元。假设在建设期均匀投入,则应缴印花税净现值为6.15万元,因此竞争性中立调整值也为6.15万元。

(4) 风险量化

1) 风险识别

风险识别是PPP项目风险量化与分配的前提。结合本污水处理项目的实施方案、特许经营协议等相关文件,采用风险结构分解法分析得到本项目的41个风险因素清单,如表12-12所示。

**污水处理PPP项目风险因素清单** 表12-12

| 分类 | 序号 | 风险因素 | 风险描述 |
|---|---|---|---|
| 前期阶段风险 | R1 | 项目立项风险 | 项目建议书、可行性研究报告未通过审批,项目立项失败 |
| | R2 | 项目审批延误 | 项目审批程序复杂,审批时间长,批准后难以更改 |
| | R3 | 勘察设计缺陷风险 | 勘察报告不正确,存在结构设计不合理、违反标准规范等问题,给工程项目造成隐患 |
| | R4 | 项目招投标风险 | 出现有效投标不足三个的情况,导致项目不能继续进行 |
| | R5 | 项目谈判风险 | 项目谈判失败或谈判内容不全面给项目带来的风险 |
| | R6 | 项目规划风险 | 项目规划是通过对实现既定目标遇到问题的预测,提出解决问题的有效方案的过程,若是规划不当会对项目产生颠覆性的影响 |
| | R7 | 土地征用风险 | 项目获取土地使用权困难或约定的土地不能转让完成 |
| | R8 | 项目融资风险 | 融资渠道单一、融资能力差等问题导致后续资金投入不足,阻碍项目的发展 |

续表

| 分类 | 序号 | 风险因素 | 风险描述 |
|---|---|---|---|
| 建设阶段风险 | R9 | 不良地质条件 | 由于项目选址的自然条件恶劣给项目造成的风险 |
| | R10 | 建设材料供应商选择风险 | 选择的供应商不能履约给项目带来的风险 |
| | R11 | 监理选择风险 | 监理不能按合同约定履行职责给项目带来的风险 |
| | R12 | 项目成本超支风险 | |
| | R13 | 分包商的选择风险 | 分包商不能按合同约定履行职责给项目带来的风险 |
| | R14 | 完工风险 | |
| | R15 | 施工技术风险 | 项目使用的技术不够成熟稳定,不满足使用需求 |
| | R16 | 施工安全事故风险 | |
| | R17 | 工程质量风险 | |
| | R18 | 设备供应商选择风险 | 设备供应商不能按合同约定履行职责给项目带来的风险 |
| | R19 | 组织协调风险 | 社会资本方的协调能力不足,导致项目参与各方沟通困难,以至于项目陷入僵局 |
| 运营阶段风险 | R20 | 外汇风险 | 外汇汇率变动及外汇能否兑换引起的风险 |
| | R21 | 进水水质风险 | 进水水质比合同约定的水质差,运营成本增加 |
| | R22 | 进水量风险 | 进水量少,则污水处理费少;进水量超过污水处理厂的处理能力,则超负荷运转,运营成本增加 |
| | R23 | 配套管网完善风险 | 配套管网不完善,污水难以进入污水处理厂,后续运营困难 |
| | R24 | 运营能力欠缺风险 | 社会资本方运营效力低下导致项目后续运营困难 |
| | R25 | 环境标准变化风险 | 由于环保的要求提高,导致项目环保成本提高 |
| | R26 | 能源供应和价格变化风险 | 能源供应价格上升,运营成本增加 |
| | R27 | 原材料价格变化风险 | 原材料价格上涨,造成运营成本增加 |
| | R28 | 收费困难风险 | 污水处理费难以收齐,政府支付压力大 |
| | R29 | 员工工资风险 | 员工工资上涨,导致项目成本增加 |
| | R30 | 竞争性风险 | 附近新建类似项目,与污水处理PPP项目形成商业竞争关系 |
| 实施周期风险 | R31 | 合同风险 | 合同文本体系不健全或相互冲突 |
| | R32 | 不可抗力风险 | 公私双方都无法控制,且事前及事中都无法防范的风险 |
| | R33 | 政策稳定性风险 | 现在PPP立法层级较低、效力较差,法律法规及政策的变化可能导致合同无效或导致项目成本增加、收益降低等风险 |
| | R34 | 社会环境风险 | 由项目实施引起的社会动荡和环境污染等问题 |
| | R35 | 通货膨胀风险 | 货币购买力下降引起的项目成本增加等风险 |
| | R36 | 利率风险 | 利率变动给污水处理PPP项目带来的风险 |
| | R37 | 政府干预风险 | 政府对项目建设和运营进行干预,降低社会资本方的自主运营决策权 |
| | R38 | 第三方侵权风险 | 其他项目参与方违约或侵权导致项目延误 |
| | R39 | 政府人员腐败 | 政府工作人员存在腐败行为,加大了政府方的违约风险 |
| | R40 | 公众反对风险 | 公众在认为自己的利益受损的情况下反对项目的建设和运营 |
| | R41 | 政府信用 | 政府拒绝按照合同约定履行政府职责或不完全按照合同约定履行自身职责 |

2) 风险量化

本项目采用情景分析法量化项目风险,将已识别的风险按照对某一计算基数(如建设成本、运营维护成本等)不同的影响程度划分为不等距的五组,即有利、基本、不利、较差和最坏五种情景。五种情景代表五种风险后果,取每组的组中值作为该情景下风险后果的估计值。其中,项目前期阶段和建设阶段以建设成本作为计算基数;运营维护阶段涉及成本与收入的测算,运营维护阶段与成本相关的风险以运营维护成本作为计算基础,与收益相关的风险以收入作为计算基础;实施周期的风险贯穿项目全生命周期,以建设运营总成本为计算基数。在此基础上制作风险概率调查表,通过问卷调查,获取专家对已识别风险在不同情境下的发生概率区间。接着计算各风险在不同情景下发生的概率值,然后通过加权平均得出各风险的风险价值。最后,将各风险按照风险发生时点进行折现,即可获得该污水处理项目全部风险的现值,为14205.87万元,见表12-13。

污水处理项目风险价值表　　　　　　　　　　表12-13

| 风险因素 | 风险价值(万元) | 发生时点 | NPV(万元) |
|---|---|---|---|
| 项目立项风险 | 187.30 | 建设期第一年与第二年6:4分配 | 175.75 |
| 项目审批延误 | 109.13 | 建设期第一年与第二年6:4分配 | 102.40 |
| 勘察设计缺陷风险 | 151.40 | 建设期第一年与第二年6:4分配 | 142.06 |
| 项目招投标风险 | 375.14 | 建设期第一年与第二年6:4分配 | 352.01 |
| 项目谈判风险 | 372.68 | 建设期第一年与第二年6:4分配 | 349.70 |
| 项目规划风险 | 100.41 | 建设期第一年与第二年6:4分配 | 94.22 |
| 土地征用风险 | 527.92 | 建设期第一年与第二年6:4分配 | 495.36 |
| 项目融资风险 | 218.07 | 建设期第一年与第二年6:4分配 | 204.62 |
| 不良地质条件 | 174.74 | 建设期第一年与第二年6:4分配 | 163.97 |
| 建设材料供应商选择风险 | 70.41 | 建设期第一年与第二年6:4分配 | 66.07 |
| 监理选择风险 | 87.16 | 建设期第一年与第二年6:4分配 | 81.78 |
| 项目成本超支风险 | 525.54 | 建设期第一年与第二年6:4分配 | 493.13 |
| 分包商的选择风险 | 89.12 | 建设期第一年与第二年6:4分配 | 83.63 |
| 完工风险 | 562.26 | 建设期第一年与第二年6:4分配 | 527.59 |
| 施工技术风险 | 88.20 | 建设期第一年与第二年6:4分配 | 82.76 |
| 施工安全事故风险 | 136.66 | 建设期第一年与第二年6:4分配 | 128.23 |
| 工程质量风险 | 121.41 | 建设期第一年与第二年6:4分配 | 113.92 |
| 设备供应商选择风险 | 68.79 | 建设期第一年与第二年6:4分配 | 64.55 |
| 组织协调风险 | 73.89 | 建设期第一年与第二年6:4分配 | 69.34 |
| 外汇风险 | 2.52 | 运营期平均分配 | 1.34 |
| 进水水质风险 | 1126.58 | 运营期平均分配 | 599.38 |
| 进水量风险 | 1252.60 | 运营期平均分配 | 570.63 |
| 配套管网完善风险 | 597.46 | 运营期平均分配 | 666.42 |
| 运营能力欠缺风险 | 256.44 | 运营期平均分配 | 317.87 |
| 环境标准变化风险 | 690.09 | 运营期平均分配 | 136.43 |
| 能源供应和价格变化风险 | 290.59 | 运营期平均分配 | 367.15 |

续表

| 风险因素 | 风险价值（万元） | 发生时点 | NPV（万元） |
|---|---|---|---|
| 原材料价格变化风险 | 519.24 | 运营期平均分配 | 154.60 |
| 收费困难风险 | 550.01 | 运营期平均分配 | 415.57 |
| 员工工资风险 | 1072.54 | 运营期平均分配 | 276.25 |
| 竞争性风险 | 781.09 | 运营期平均分配 | 292.62 |
| 合同风险 | 1433.71 | 实施周期平均分配 | 805.48 |
| 不可抗力风险 | 1808.43 | 实施周期平均分配 | 1016.00 |
| 政策稳定性风险 | 710.74 | 实施周期平均分配 | 399.30 |
| 社会环境风险 | 1089.23 | 实施周期平均分配 | 611.94 |
| 通货膨胀风险 | 96.48 | 实施周期平均分配 | 54.21 |
| 利率风险 | 1315.29 | 实施周期平均分配 | 738.95 |
| 政府干预风险 | 1548.71 | 实施周期平均分配 | 870.09 |
| 第三方侵权风险 | 1262.78 | 实施周期平均分配 | 709.45 |
| 政府人员腐败 | 92.73 | 实施周期平均分配 | 52.10 |
| 公众反对风险 | 72.24 | 实施周期平均分配 | 40.59 |
| 政府信用 | 2346.70 | 实施周期平均分配 | 1318.41 |
| 合计 | 22956.43 | — | 14205.87 |

将上文已计算出的初始 PSC 值、竞争性中立调整值与全部的风险价值相加即为 PSC 值，为 36053.81 万元。

2. 项目 PPP 值的计算

（1）测算影子报价

测算的影子报价为政府方支付给社会资本方的成本现值。根据我国财政部颁布的指引，可分为可用性付费与运维绩效付费两部分。

1）可用性付费

可用性付费是指 PPP 项目在符合法律法规、达到合同约定的验收标准的基础上项目公司可按合同约定获得的服务收入。根据《关于规范政府和社会资本合作（PPP）综合信息平台项目库管理的通知》，可用性付费与绩效挂钩程度不得低于 30%。本项目采用等额本息视角下的折现现金流模型来计算可用性付费，见表 12-14，从而可得出项目可用性付费现值为 21221.55 万元。

可用性付费测算表　　　　　表 12-14

| 运营年份 | 1 | 2 | 3 | 4 | 5 | 6 | 7 |
|---|---|---|---|---|---|---|---|
| 可用性付费 | 1595.50 | 1595.50 | 1595.50 | 1595.50 | 1595.50 | 1595.50 | 1595.50 |
| 运营年份 | 8 | 9 | 10 | 11 | 12 | 13 | 14 |
| 可用性付费 | 1595.50 | 1,595.50 | 1595.50 | 1595.50 | 1595.50 | 1595.50 | 1595.50 |
| 运营年份 | 15 | 16 | 17 | 18 | 19 | 20 | 21 |
| 可用性付费 | 1595.50 | 1595.50 | 1595.50 | 1595.50 | 1595.50 | 1595.50 | 1595.50 |
| 运营年份 | 22 | 23 | 24 | 25 | — | — | — |
| 可用性付费 | 1595.50 | 1595.50 | 1595.50 | 1595.50 | | | |

2) 运维绩效付费

运维绩效付费是指政府为了维持项目可用性而支付给项目公司的运营维护费用。运营绩效付费在运营期1~12年每年不等额支付,在13~25年,项目营业收入能够覆盖每年的成本,故不用支付运维绩效付费,计算见表12-15。由计算表可知,运维绩效付费现值为6410.6万元。

**运维绩效付费测算表** 表 12-15

| 运营年份 | 1 | 2 | 3 | 4 | 5 | 6 |
|---|---|---|---|---|---|---|
| 运维绩效付费 | 1508.13 | 834.18 | 810.24 | 786.28 | 762.34 | 738.38 |
| 运营年份 | 7 | 8 | 9 | 10 | 11 | 12 |
| 运维绩效付费 | 714.43 | 690.48 | 622.86 | 552.46 | 482.05 | 411.65 |

综上可知,测算的影子价格现值为27632.15万元。

(2) 政府投资支出

本项目总投资为21933.89万元,资本金占比30%,其中政府和社会资本方出资比例为25%、75%。政府投资部分成本主要是政府股权支出,故政府投资部分成本为1645.04万元,按照建设期第一年60%、第二年40%的比例投入,得出政府投资支出现值为1543.6万元。

(3) 政府保留风险成本

本项目的风险分担采用专家打分法,若风险全部由政府承担,打1分;风险主要由政府承担,打2分;风险由政府和社会资本均摊,打3分;风险主要由社会资本承担,打4分;风险全部由社会资本承担,打5分。接着根据专家打分的算术平均值,采用线性内插法确定政府与社会资本之间风险的分担比例。最后,计算政府方承担的各项风险现值,加总即为政府保留风险成本,为6198.31万元,如表12-16所示。

**政府保留风险成本估算表** 表 12-16

| 风险名称 | 专家打分 | | | | | 平均值 | 政府方承担比例 | 保留风险现值（万元） |
|---|---|---|---|---|---|---|---|---|
| | 1 | 2 | 3 | 4 | 5 | | | |
| 项目立项风险 | 2 | 2 | 1 | 1 | 2 | 1.6 | 68% | 119.51 |
| 项目审批延误 | 4 | 3 | 3 | 3 | 4 | 3.4 | 32% | 32.77 |
| 勘察设计缺陷风险 | 4 | 3 | 3 | 3 | 3 | 3.2 | 36% | 51.14 |
| 项目招投标风险 | 1 | 2 | 2 | 1 | 1 | 1.4 | 72% | 253.44 |
| 项目谈判风险 | 3 | 3 | 3 | 3 | 3 | 3 | 40% | 139.88 |
| 项目规划风险 | 3 | 1 | 1 | 2 | 2 | 1.8 | 64% | 60.30 |
| 土地征用风险 | 1 | 2 | 1 | 1 | 2 | 1.4 | 72% | 356.66 |
| 项目融资风险 | 4 | 4 | 5 | 4 | 5 | 4.4 | 12% | 24.55 |
| 不良地质条件 | 4 | 2 | 3 | 4 | 3 | 3.2 | 36% | 59.03 |
| 建设材料供应商选择风险 | 4 | 4 | 4 | 4 | 4 | 4 | 20% | 13.21 |
| 监理选择风险 | 4 | 1 | 3 | 4 | 4 | 3.2 | 36% | 29.44 |
| 项目成本超支风险 | 5 | 4 | 4 | 5 | 5 | 4.6 | 8% | 39.45 |

续表

| 风险名称 | 专家打分 | | | | | 平均值 | 政府方承担比例 | 保留风险现值（万元） |
|---|---|---|---|---|---|---|---|---|
| | 1 | 2 | 3 | 4 | 5 | | | |
| 分包商的选择风险 | 5 | 4 | 3 | 4 | 5 | 4.2 | 16% | 13.38 |
| 完工风险 | 5 | 4 | 4 | 5 | 5 | 4.6 | 8% | 42.21 |
| 施工技术风险 | 5 | 5 | 5 | 5 | 5 | 5 | 0% | 0.00 |
| 施工安全事故风险 | 5 | 4 | 5 | 4 | 5 | 4.6 | 8% | 10.26 |
| 工程质量风险 | 5 | 5 | 5 | 5 | 5 | 5 | 0% | 0.00 |
| 设备供应商选择风险 | 5 | 4 | 4 | 5 | 5 | 4.6 | 8% | 5.16 |
| 组织协调风险 | 4 | 3 | 3 | 3 | 4 | 3.4 | 32% | 22.19 |
| 外汇风险 | 2 | 3 | 3 | 2 | 1 | 2.2 | 56% | 0.75 |
| 进水水质风险 | 4 | 3 | 3 | 2 | 3 | 3 | 40% | 239.75 |
| 进水量风险 | 4 | 2 | 3 | 4 | 4 | 3.4 | 32% | 182.60 |
| 配套管网完善风险 | 4 | 3 | 3 | 4 | 4 | 3.6 | 28% | 186.60 |
| 运营能力欠缺风险 | 5 | 4 | 5 | 5 | 5 | 4.8 | 4% | 12.71 |
| 环境标准变化风险 | 3 | 3 | 3 | 3 | 3 | 3 | 40% | 54.57 |
| 能源供应和价格变化风险 | 3 | 4 | 4 | 4 | 3 | 3.6 | 28% | 102.80 |
| 原材料价格变化风险 | 3 | 4 | 4 | 3 | 4 | 3.6 | 28% | 43.29 |
| 收费困难风险 | 2 | 2 | 1 | 1 | 2 | 1.6 | 68% | 282.58 |
| 员工工资风险 | 5 | 4 | 4 | 5 | 5 | 4.6 | 8% | 22.10 |
| 竞争性风险 | 2 | 4 | 4 | 3 | 4 | 3.4 | 32% | 93.64 |
| 合同风险 | 3 | 4 | 4 | 3 | 3 | 3.4 | 32% | 257.75 |
| 不可抗力风险 | 3 | 3 | 3 | 3 | 3 | 3 | 40% | 406.40 |
| 政策稳定性风险 | 1 | 2 | 2 | 1 | 1 | 1.4 | 72% | 287.50 |
| 社会环境风险 | 2 | 3 | 1 | 2 | 1 | 1.8 | 64% | 391.64 |
| 通货膨胀风险 | 2 | 3 | 4 | 4 | 3 | 3.2 | 36% | 19.51 |
| 利率风险 | 3 | 3 | 4 | 3 | 3 | 3.2 | 36% | 266.02 |
| 政府干预风险 | 1 | 1 | 1 | 1 | 1 | 1 | 80% | 696.07 |
| 第三方侵权风险 | 3 | 3 | 3 | 4 | 3 | 3.2 | 36% | 255.40 |
| 政府人员腐败 | 1 | 1 | 1 | 1 | 1 | 1 | 80% | 41.68 |
| 公众反对风险 | 2 | 2 | 1 | 1 | 2 | 1.6 | 68% | 27.60 |
| 政府信用 | 1 | 1 | 1 | 1 | 1 | 1 | 80% | 1054.73 |
| 合计 | | | | | | | | 6198.31 |

综上，PPP值为测算的影子报价、政府投资支出与政府保留风险成本之和，为35374.06万元。

3. PSC值和PPP值比较

通过前面的测算，分别计算出了阜康市西部城区污水处理厂及配套管网工程PPP项目准备阶段的PSC值和PPP值。

(1) VFM 绝对值为 PSC 与 PPP 值之差
$$VFM = PSC - PPP = 36053.81 - 35374.06 = 679.75 \text{ 万元}$$
(2) VFM 相对值为 PSC 值与 PPP 值之差与 PSC 的比值
$$VFM = \frac{PSC - PPP}{PSC} = \frac{36053.81 - 35374.06}{36053.81} = 1.89\%$$

通过计算得出 VFM 绝对值=679.75 万元>0，VFM 相对值=1.89%>0，表明政府通过 PPP 模式提供服务比在传统采购模式下更加物有所值，可以为政府节约 679.75 万元的财政支出，说明阜康市西部城区污水处理厂及配套管网工程项目适宜采用 PPP 模式来提供。

## 复 习 思 考 题

1. 什么是物有所值评价？
2. 物有所值评价的流程包括哪些步骤？
3. 物有所值评价有哪些局限性？
4. 简述英国、美国、澳大利亚以及加拿大与我国的不同。
5. 我国 PPP 项目物有所值评价的定性评价包括哪些指标？
6. PPP 项目物有所值评价的定量评价方法有哪些？
7. PPP 值的组成有哪些？如何计算？
8. PSC 值的组成有哪些？如何计算？

# 参 考 文 献

[1] 白均生. 现代工程项目技术经济分析实例[M]. 北京:中国电力出版社,2014.
[2] 李开孟. 工程项目市场分析理论方法及应用[M]. 北京:中国电力出版社,2015.
[3] 蒋景楠. 工程经济与项目评估[M]. 上海:华东理工大学出版社,2004.
[4] 徐小慧主编. 房地产市场调查与预测[M]. 北京:科学出版社,2009.
[5] 李晋武. BZ天然气专用输气管道工程建设项目可行性研究[D]. 南京理工大学,2018.
[6] 倪蓉,曹明东. 工程经济学[M]. 北京:化学工业出版社,2012.
[7] 宋建民. 工程经济学[M]. 北京:中国电力出版社,2013.
[8] 于立君. 工程经济学[M]. 北京:清华大学出版社,2014.
[9] 李忠富,杨晓冬. 工程经济学(第2版)[M]. 北京:科学出版社,2016.
[10] 陈立文,陈敬武. 技术经济学概论(第2版)[M]. 北京:机械工业出版社,2013.
[11] 王守清,柯永建. 特许经营项目融资(BOT、PFI和PPP)[M]. 北京:清华大学出版社,2008.
[12] 蒲明书,罗学富,周勤. PPP项目财务评价实战指南[M]. 北京:中信出版社,2016.
[13] 戴大双. 项目融资(第2版)[M]. 北京:机械工业出版社,2017.
[14] 余文恭. PPP模式与结构化融资[M]. 北京:经济日报出版社,2017.
[15] 谭臻,吕汉阳. 政府和社会资本合作(PPP)核心政策法规解读与合同体系解析[M]. 北京:法律出版社,2018.
[16] 方勇,王璞. 技术经济学[M].2版. 北京:机械工业出版社,2019.
[17] 宋永发,石磊. 工程项目融资[M]. 北京:机械工业出版社,2019.
[18] 刘晓君. 工程经济学(第三版)[M]. 北京:中国建筑工业出版社,2014.
[19] 毛义华. 建筑工程经济[M]. 杭州:浙江大学出版社,2012.
[20] 刘长滨. 建筑工程技术经济学(第三版)[M]. 北京:中国建筑工业出版社,2007.
[21] 全国咨询工程师(投资)职业资格考试参考教材编写委员会. 现代咨询方法与实务[M]. 北京:中国统计出版社,2018.
[22] 全国咨询工程师(投资)职业资格考试参考教材编写委员会. 项目决策分析与评价[M]. 北京:中国统计出版社,2018.
[23] 成其谦. 投资项目评价(第三版)[M]. 北京:中国人民大学出版社,2010.
[24] 陈宪. 项目投资决策分析与评价备考精要[M]. 北京:中国电力出版社,2009.
[25] 夏立明,王亦虹. 注册咨询工程师(投资)资格考试应试指南(2008年版)项目决策分析与评价[M]. 北京:中国计划出版社,2008.
[26] 陈进,王永祥. 建设项目经济分析[M]. 上海:同济大学出版社,2009.
[27] 陆宁,史玉芳. 建设项目评价[M]. 北京:化学工业出版社,2009.
[28] 孟新田,刘建生,任晓宇. 工程经济学[M]. 上海:上海交通大学出版社,2018.
[29] 贾仁甫. 工程经济学[M]. 南京:东南大学出版社,2010.
[30] 黄有亮等. 工程经济学[M]. 南京:东南大学出版社,2006.
[31] 申金山. 工程经济学[M]. 郑州:黄河水利出版社,2004.
[32] 郭献芳. 工程经济分析[M]. 北京:化学工业出版社,2008.

[33] 魏娟娟．并购类型与企业价值评估方法选择研究[D]．东北财经大学，2011．

[34] 全国一级建造师职业资格考试用书编写委员会．建设工程经济[M]．北京：中国建筑工业出版社，2011．

[35] 王修贵．工程经济学[M]．北京：中国水利水电出版社，2008．

[36] 刘尔烈．国际工程管理概论[M]．天津：天津大学出版社，2003．

[37] 戚安邦．项目评估学(第2版)[M]．北京：科学出版社，2019．

[38] 李辉主编．建筑工程项目评估与管理[M]．长春：吉林出版集团股份有限公司，2017．

[39] 唐斌斌．基于流域梯级开发的水电工程项目后评价研究[D]．中南大学，2014．

[40] BinbinTang, BaochenLiu, Zhihua Deng. A Study on Sequential Post Project Evaluation of Cascade Hydropower Stations Based on Multi-objective-AHP Decision-Making Model[M]. Springer Berlin Heidelberg: 2014-06-15.

[41] 国家开发投资公司研究中心，北京中天恒管理咨询有限公司编．企业投资项目后评价操作实务[M]．北京：企业管理出版社，2010．

[42] 住房和城乡建设部发布．市政公用设施建设项目后评价导则[M]．北京：中国计划出版社，2010．

[43] 陈自然，喻春梅主编．工程经济教与学[M]．北京：北京理工大学出版社，2012．

[44] 黄琨，张坚编著．工程项目管理[M]．北京：清华大学出版社，2019．

[45] 佘渝娟．工程经济学[M]．重庆：重庆大学出版社，2018．

[46] 雷恒主编．工程经济[M]．北京：清华大学出版社，2019．

[47] 李颖．工程造价控制[M]．武汉：武汉理工大学出版社，2019．

[48] 何勇编著．世界银行贷款项目管理实务精解[M]．南京：东南大学出版社，2017．

[49] 帕特里克·A．高根(Patrick A. Gaughan)著．兼并、收购和公司重组[M]．顾苏秦，李朝晖译．北京：中国人民大学出版社，2017．

[50] 刘灿灿，徐明瑜等．企业并购中的协同效应分析—基于投资价值估值案例的研究[J]．中国资产评估，2018(10)．

[51] 李学峰，刘晓荣．企业并购成本的战略效益分析[J]．财会研究，2012(01)．

[52] 蒋红妍著．工程项目评价[M]．北京：冶金工业出版社，2014．

[53] 王瑶琪，李桂君主编．投资项目评估[M]．北京：中国金融出版社，2011．

[54] 洪军．工程经济学(第二版)[M]．北京：高等教育出版社，2015．

[55] 胡斌．工程经济学[M]．北京：清华大学出版社，2016．

[56] 陆菊春，徐莉．工程经济学[M]．北京：清华大学出版社，2017．

[57] 李南．工程经济学(第五版)[M]．北京：科学出版社，2019．

[58] 钱·S·帕克．工程经济学(第五版)[M]．北京：中国人民大学出版社，2012．

[59] 国家发展和改革委员会，建设部．建设项目经济评价方法与参数[M]．北京：中国计划出版社，2006．

[60] 陶树人．技术经济学[M]．北京：经济管理出版社，1999．

[61] 刘秋华．技术经济学[M]．北京：机械工业出版社，2016．

[62] 白思俊．现代项目管理[M]．北京：机械工业出版社，2010．

[63] 卢家仪，卢有杰．项目融资[M]．北京：清华大学出版社，1998．

[64] 张学英，韩艳华．工程财务管理[M]．北京：北京大学出版社，2009．

[65] 陆惠民，苏振民，王延树．工程项目管理(第三版)[M]．南京：东南大学出版社，2015．

[66] 刘迪．工程财务[M]．北京：机械工业出版社，2012．

[67] 建设工程项目成本管理编委会．建设工程项目成本管理[M]．北京：中国计划出版社，2007．

[68] 范红岩，宋岩丽．建筑工程项目管理(第二版)[M]．北京：北京大学出版社，2016．

# 参考文献

[69] 俞文青. 施工企业财务管理[M]. 上海：立信会计出版社，2009.

[70] 邵颖红，黄渝祥，邢爱芳. 工程经济学[M]. 上海：同济大学出版社，2013.

[71] 都沁军. 工程经济与项目管理[M]. 北京：北京大学出版社，2015.

[72] 王贵春. 工程经济学[M]. 重庆：重庆大学出版社，2016.

[73] 杨双全. 工程经济学[M]. 武汉：武汉理工大学出版社，2009.

[74] 杨克磊. 工程经济学[M]. 上海：复旦大学出版社，2007.

[75] 刘玉明. 工程经济学[M]. 北京：清华大学出版社，2014.

[76] 曾淑君，高洁. 工程经济学[M]. 南京：东南大学出版社，2014.

[77] 都沁军. 工程经济学[M]. 北京：北京大学出版社，2012.

[78] 任旭. 工程风险管理[M]. 北京：清华大学出版社，2010.

[79] 余建星. 工程风险评估与控制[M]. 北京：中国建筑工业出版社，2009.

[80] 叶苏东. 项目融资理论与案例[M]. 北京：清华大学出版社，2008.

[81] 陈辉. PPP模式手册：政府与社会资本合作理论方法与实践操作[M]. 北京：知识产权出版社，2015.

[82] 财政部政府和社会资本合作中心. PPP物有所值研究[M]. 北京：中国商务出版社，2014.

[83] 财政部. PPP物有所值评价指引（试行），2015.

[84] 财政部. 政府和社会资本合作物有所值评价指引（修订稿），2016.

[85] 彭代武，陈涛. 市场调查·商情预测·经营决策[M]. 北京：经济管理出版社，1996.

[86] 赵国杰. 注册咨询工程师（投资）执业资格考试教材习题与案例[M]. 天津：天津大学出版社，2003.

[87] 陆参. 工程建设项目可行性研究实务手册[M]. 北京：中国电力出版社，2006.

[88] 张正华，杨先明. 工程经济学理论与实务[M]. 北京：冶金工业出版社，2010.

[89] 雷培莉，张英奎，秦颖. 市场调查与预测[M]. 北京：经济管理出版社，2014.

[90] 马成英. 解析建设项目投资估算编制影响因素及编制方法[J]. 经济师，2019(10)：131-132.

[91] 井虚. 工程项目投资估算研究[J]. 管理观察，2017(25)：152-153.

[92] 王雪青. 工程造价(第二版)[M]. 北京：中国建筑工业出版社，2011.

[93] 郭少轩. 建设项目投资估算方法研究[J]. 山西建筑，2017，43(20)：223-224.

[94] 虞和锡. 公共项目评估[M]. 天津：天津大学出版社，2011.

[95] 卢有杰. 项目经济学[M]. 北京：中国水利水电出版社：知识产权出版社，2006.

[96] 朴赞锡(Park, C. S.)(美)，李南等译[M]. 北京：机械工业出版社，2014.

[97] (美)沙利文(Sullivan, W. G.)，(美)威尔斯(Wicks, E. M)，(美)凯尔宁(Koelling, C. P)；鲍海军评注[M]. 北京：电子工业出版社，2013.

[98] (美)布兰克(Blank, L.)，塔尔坎(Targuin, A.)，工程经济学＝Engineering Economy：(第5版)[M]. 北京：清华大学出版社，2003.

[99] 陈晓莉. 投资项目评估[M]. 重庆：重庆大学出版社，2017.

[100] 王成东，田洋，崔嵩. 项目可行性研究[M]. 哈尔滨：哈尔滨工程大学出版社，2015.

[101] 王勇. 投资项目可行性分析理论精要与案例解析第3版[M]. 北京：电子工业出版社，2017.

[102] 王维才. 投资项目可行性分析与项目管理[M]. 北京：冶金工业出版社，2000.

[103] 戚安邦. 项目风险管理[M]. 天津：南开大学出版社，2010.

[104] 周锦安，曹玉贵. 工程项目经济分析[M]. 郑州：黄河水利出版社，2011.

[105] 张宇. 项目评估实务[M]. 北京：中国金融出版社，2004.

[106] 戚安邦. 项目评估学[M]. 天津：南开大学出版社，2006.

[107] 戚振东. 业绩评价方法[M]. 大连：东北财经大学出版社，2012.

[108] 路君平．项目评估与管理[M]．北京：中国人民大学出版社，2009．
[109] 余炳文．项目评估[M]．大连：东北财经大学出版社，2014．
[110] 李德荃．项目评估[M]．北京：对外经济贸易大学出版社，2012．
[111] 邱菀华．现代项目管理学第 4 版[M]．北京：科学出版社，2017．
[112] 胡章喜．项目立项与可行性研究[M]．上海：上海交通大学出版社，2010．
[113] 简德三．投资项目评估[M]．上海：上海财经大学出版社，1999．
[114] 于俊年．投资项目可行性研究与项目评估[M]．北京：对外经济贸易大学出版社，2011．